横浜 2大会ぶり19度目の頂点

第103回全国高校野球選手権神奈川大会

JN091055

２大会ぶり19度目の優勝を果たした横浜ナイン

目　　次

編集協力／一般財団法人神奈川県高等学校野球連盟

8回裏、横浜1死二塁。立花が中越え適時二塁打を放ち16点目を挙げる

１回裏、横浜２死一塁。立花の右前打が敵失を誘い、一走・金井が一気に先制の生還。次打者・宮田⑤

横浜が猛攻 24安打17得点

創学館 意地示す本塁打

▽本塁打　長井（杉山）▽三塁打　立花▽二塁打　立花3、金井、緒方、宮田、岸本、高野▽暴投　山岸、遠藤2▽捕逸　井上▽併殺　横1（緒方－増田－玉城）井上＝七回▽残塁　創5、横11▽審判　清水、江崎、奥津、松本▽試合時間　2時間44分

【評】横浜が24安打17得点の猛攻で圧倒した。各打者がコンパクトな振りで、つなぐ打撃を徹底。二回に犠打を挟んでの5連打で2点を追加すると、四回は7短長打を集めて7得点し、試合を早々に決めた。先発杉山は終盤に3失点したが、九回途中まで好投した。横浜創学館は山岸が本来の球威を欠き、4回11失点。打線は長井のソロ本塁打などで応戦したが、六回まで1安打に封じられた。

横浜　17－3　横浜創学館

【創学館】		打	得	安	点	振	球	犠	盗	失	①	②	③	④	⑤	⑥	⑦	⑧	⑨
⑧	倉谷	4	1	0	0	0	0	0	0	0	三ゴ		中飛			三ゴ		三失	
④	光岡	2	0	0	0	2	1	0	0	0	三振			死球		三振			
H	佐藤陽	1	0	0	0	1	0	0	0	0								三振	
4	福田	0	0	0	0	0	0	0	0	0									
⑨	岡本	4	0	1	1	1	0	0	0	1	遊ゴ			三振		遊ゴ		中安	
③	長井	3	1	1	2	1	0	1	0	0		中飛		三振			左本	中犠	
⑤	仲田	4	0	0	0	0	0	0	0	0		左飛		右飛			右飛	右飛	
①	山岸	2	0	0	0	1	0	0	0	0		三振			右飛				
1	遠藤	2	0	1	0	0	0	0	0	0							中安		投ゴ
⑦	斎藤	3	0	1	0	1	1	0	0	0			右安		四球		二失		三振
②	井上	4	0	0	0	0	0	0	0	0			三ゴ		左飛		遊併		右飛
⑥	森	1	0	0	0	0	0	1	0	0			捕犠		左飛				
H	高野	1	0	1	0	0	0	0	0	0								中2	
R6	佐藤汰	0	1	0	0	0	0	0	0	0									
	計	31	3	5	3	7	2	2	0	1									

【横浜】		打	得	安	点	振	球	犠	盗	失	①	②	③	④		⑤		⑥	⑦	⑧
⑥	緒方	5	1	3	3	1	1	0	0	0	中飛	右安		中安	左2	四球			三振	
⑧	安達	5	2	2	0	0	0	1	2	0	投ゴ	左安		一犠	左邪	三邪				右安
⑦1	金井	4	3	2	2	1	2	0	0	0	死球	右安		左2		四球	一ゴ			三振
②	立花	6	3	5	2	0	0	0	0	0	右安	中2		右2		左3		遊ゴ		中2
⑤	宮田	3	3	2	2	0	2	1	0	1	四球		左安	四球		右2		二ゴ		一犠
⑨	岸本	5	2	4	1	1	0	1	0	0	遊安		三犠	中安		中2		三振		中安
③	玉城	6	1	4	4	0	0	0	0	0	二ゴ		中安	左安		左安			中安	中飛
④	増田	3	2	2	1	0	0	2	0	1		中安	三ゴ	投安		一犠			一犠	
①7	杉山	3	0	0	0	2	1	1	0	0		三犠	遊ゴ	三振		四球			三振	
	計	40	17	24	15	5	6	6	2	2										

投手	回	打	投	安	振	球	失	責
山岸	4	29	101	16	1	3	11	10
遠藤	4	23	73	8	4	3	6	5
杉山	8⅔	34	113	5	7	2	3	2
金井	⅓	1	1	0	0	0	0	0

28日（サーティーフォー保土ケ谷球場）

	1	2	3	4	5	6	7	8	9	計
横浜創学館	0	0	0	0	0	0	1	2	0	3
横浜	1	2	1	7	4	0	0	2	×	17

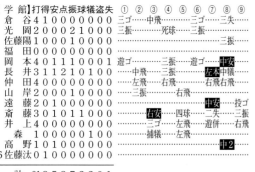

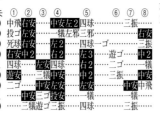

９回２死まで投げ５安打２失点の横浜・杉山

４回裏、横浜２死二、三塁。２巡目の打者・緒方が
左越え適時二塁打を放ち２桁得点を挙げる

２回裏、横浜２死二塁。金井が右前に３点目の適時打を放つ。捕手・井上

8回表、横浜創学館１死一、二塁。岡本が中前に適時打を放ち２点目を挙げる

8回表、横浜創学館１死一、三塁。長井が中犠飛で３点目を挙げる

7回表、横浜創学館無死。左翼に本塁打を放ち笑顔でホームインする長井

優勝ならず、横浜の校歌を聞く横浜創学館ナイン

5回から登板した横浜創学館・遠藤

4回を投げ16安打11失点（自責10）と打ち込まれた横浜創学館の山岸

2年ぶり熱戦
176校の健闘に拍手

閉会式
7月28日
サーティーフォー保土ケ谷球場

念願の優勝を果たし胴上げされる横浜・村田監督

優勝し表彰を受ける横浜

準優勝した横浜創学館

3位となった藤沢翔陵と慶応

準優勝した横浜創学館の森田監督（左）

優勝した横浜の村田監督（中央）

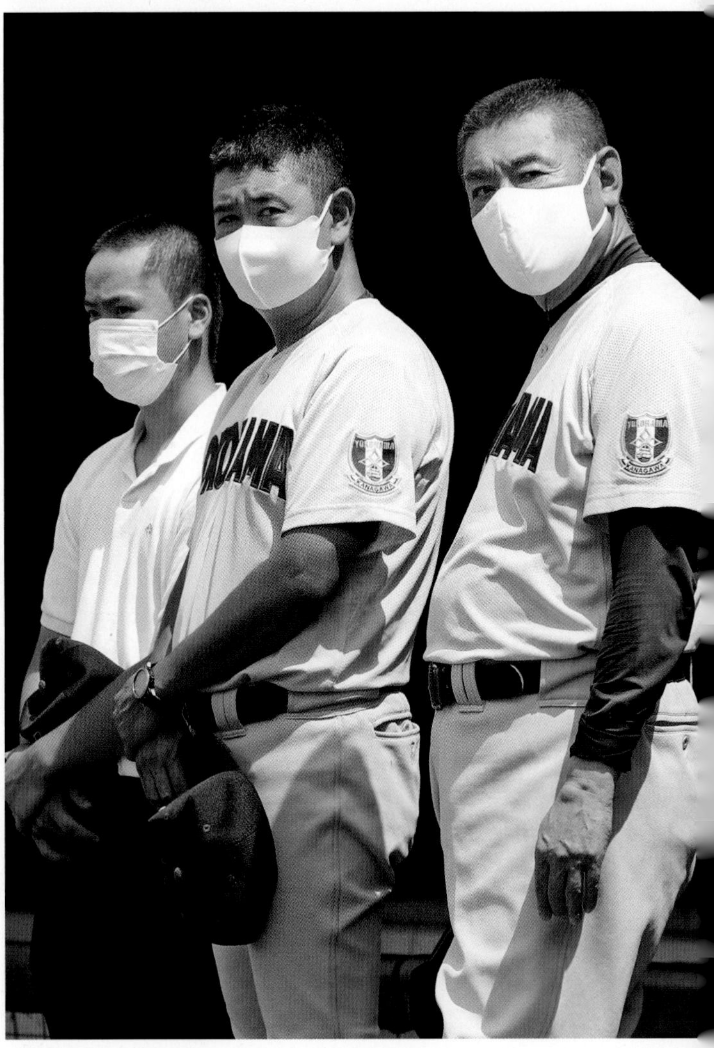

完投勝利で決勝進出を決め喜ぶ横浜創学館主戦・山岸

好守光り 創学館競り勝つ

慶応ノーシード4強

横浜創学館	5－2	慶応

▽三塁打　斎藤▽二塁打　小堀、横地、岡本、坪田▽併殺　慶2（坪田－二宮）＝一回（金岡－二宮）＝七回、創1（光岡－長井）前田＝八回▽残塁　慶11、創9▽審判　高田、岩田、佐藤、湯本▽試合時間　2時間55分

【評】横浜創学館は山岸が12安打を打たれながら2失点で完投した。三回以外は毎回走者を背負ったが、伸びのある直球で内外角を攻めて要所を締めた。七回2死二塁で、中堅への大飛球を好捕した倉谷の好守備も勝因。打線は五回、長井の適時打で加点し、なおも2死満塁から斎藤が走者一掃の右中間三塁打でリードを広げた。慶応は先発荒井が6四死球と苦しんだ。打線は11残塁。鋭い打球が正面を突く不運もあった。

	【慶　応】	打	得	安	点	振	球	犠	盗	失
⑥	二　宮	5	1	1	0	0	0	0	0	0
⑧	横　地	4	0	1	1	1	0	1	0	0
⑨	真　田	5	1	2	0	0	0	0	0	0
⑤	今　泉	4	0	0	0	0	1	0	0	0
③	小　堀	4	0	3	0	0	0	0	0	1
⑦	権　藤	2	0	0	0	0	0	0	0	0
1	前　田	2	0	0	0	1	0	0	0	0
7	大　滝	0	0	0	0	0	0	0	0	0
②	坪　田	4	0	4	1	0	0	0	0	0
④	金　岡	2	0	0	0	1	0	1	0	0
H4	宮　原	0	0	0	0	0	1	0	0	0
①71	荒　井	4	0	1	0	1	0	0	0	0
	計	36	2	12	2	4	2	2	0	1

	【創学館】	打	得	安	点	振	球	犠	盗	失
⑧	倉　谷	3	2	1	0	1	2	0	0	0
④	光　岡	3	0	0	0	2	1	1	0	0
⑨	岡　本	3	1	1	0	1	1	0	0	0
③	長　井	3	1	1	2	0	0	1	0	0
⑤	仲　田	3	1	1	0	1	1	0	0	0
①	山　岸	2	0	0	0	0	2	0	0	0
⑦	斎　藤	3	0	2	3	1	1	0	0	0
②	井　上	3	0	0	0	0	0	1	0	0
⑥	森	4	0	1	0	2	0	0	0	0
	計	27	5	7	5	8	8	3	0	0

投手	回	打	投	安	振	球	失	責
荒井	3⅔	15	76	1	3	6	1	1
前田	4	18	57	4	4	2	4	4
荒井	1	5	18	2	1	0	0	0
山岸	9	40	129	12	4	2	2	2

26日（バッティングパレス相石スタジアムひらつか）

	1	2	3	4	5	6	7	8	9	計
慶　応	0	0	0	0	0	1	1	0	0	2
横浜創学館	0	0	1	0	4	0	0	0	×	5

5回裏、大量得点に沸く横浜創学館ベンチ

7回表、慶応1死一塁。横地が右中間に適時二塁打を放ち2点目を挙げる

5回裏、横浜創学館2死満塁。斎藤が右中間へ適時三塁打を放ち
一走・仲田が5点目の生還。迎える次打者・井上②

3回裏、横浜創学館1死二、三塁。長井の犠飛で先制する

6回表、慶応1死満塁。坪田の右前適時打で三走・真田が生還し1点を返す

決勝進出を逃しがっくり肩を落とす慶応ナイン

1回裏、横浜1死二、三塁。中前に2点適時打を放ち塁上で叫ぶ岸本

序盤に猛攻 横浜圧巻

藤沢翔陵8安打

横浜 9－1 藤沢翔陵

【翔　陵】	打	得	安	点	振	球	犠	盗	失
⑤　斉　藤	4	0	1	0	1	0	0	0	0
⑦　藤　代	4	0	2	0	0	0	0	0	0
②4鈴　木	2	0	0	0	0	1	0	0	0
③　今　井	3	0	1	0	1	0	0	0	0
⑨　福　富	3	1	1	0	0	0	0	0	0
⑧　漆　原	3	0	1	1	1	0	0	0	0
⑥　長　島	3	0	2	0	0	0	0	0	0
④　水　野	2	0	0	0	1	0	0	0	1
H2梅　沢	1	0	0	0	1	0	0	0	0
①　橘	0	0	0	0	0	0	0	0	0
1　冨　田	0	0	0	0	0	0	0	0	0
H　佐久間	1	0	0	0	0	0	0	0	0
1　横　山	1	0	0	0	0	0	0	0	0
H　羽　立	1	0	0	0	1	0	0	0	0
計	28	1	8	1	6	1	0	0	1

【横　浜】	打	得	安	点	振	球	犠	盗	失
⑥　緒　方	2	3	1	0	0	2	0	0	0
⑧　安　達	2	2	1	0	0	2	0	0	0
⑦　金　井	3	0	2	2	0	0	1	1	0
②　立　花	4	2	1	1	1	0	0	0	0
①5宮　田	4	1	2	2	0	0	0	0	0
⑨　岸　本	3	1	2	3	0	0	0	1	0
③　玉　城	3	0	0	0	1	0	0	0	0
⑤4増　田	3	0	1	1	0	0	0	0	0
④　板　倉	2	0	0	0	0	0	0	0	0
1　田　高	1	0	0	0	0	0	0	0	0
計	27	9	10	9	2	4	1	2	0

投　手	回	打	投	安	振	球	失	責
橘	⅓	5	22	2	0	1	4	3
冨　田	1⅔	11	40	6	1	1	4	4
横　山	4	16	53	2	1	2	1	1
宮　田	3⅓	17	63	7	2	1	1	1
田　高	3⅔	12	43	1	4	0	0	0

▽三塁打　福富▽二塁打　緒方、金井▽暴投　冨田、横山、宮田、田高
▽残塁　翔7、横5
▽審判　島田、福寿、上田、松本
▽試合時間　1時間58分

【評】横浜が序盤で試合を決めた。初回は先頭の四球を足掛かりに金井の犠飛や宮田、岸本、増田の適時打などで一挙5得点。二回も立花からの3者連続タイムリーで突き放した。一、二回に10安打のうち8安打を集中させ、相手の戦意を確実にそいだ。投げては宮田、田高が1失点リレー。藤沢翔陵は投手陣が打ち込まれたが、打線が8安打と対抗。四回に1点を返すなど意地を見せた。

26日（サーティーフォー保土ケ谷球場）（7回コールド）

	1	2	3	4	5	6	7	計
藤沢翔陵	0	0	0	1	0	0	0	1
横　　浜	5	3	0	0	0	1	×	9

先発し藤沢翔陵打線を1点に抑えた横浜・宮田

1回裏、横浜1死一、二塁。宮田の右前適時打で二走・安達が2点目の生還。捕手・鈴木

4回表、藤沢翔陵無死三塁。漆原の内野安打で三走・福富が生還する

準決勝

藤沢翔陵 × 横浜

藤沢翔陵の先発・橘

6回裏、横浜1死一、二塁。金井が右越え適時打を放ち9点目を挙げる

決勝進出を逃がし肩を落とす藤沢翔陵ナイン

4回裏、横浜創学館2死二、三塁。倉谷の適時打で三走に続き二走・森が生還し逆転する

創学館 強攻策貫く

日藤 まさかの大敗

横浜創学館 13－3 日大藤沢

▽三塁打　倉谷▽二塁打、遠藤　光岡、岡本、倉谷▽暴投　清水虎2▽併殺　日3（田上－遠藤－宮沢）仲田＝一回（村山－宮沢）仲田＝三回（服部－遠藤－宮沢）山岸＝五回▽残塁　日3、横7▽審判　松本、金子、来福、諏訪▽試合時間　1時間44分

【評】横浜創学館が14安打13得点。六回の猛攻で試合を決めた。先頭打者の四球を足掛かりに井上、森の連打で加点すると、さらに4長短打で畳み掛けて一挙9得点。各打者が逆らわない打撃に徹した。山岸はスライダーとシンカーを巧みに操り、6回3失点。日大藤沢は五回までに3併殺を奪った堅守で接戦に持ち込んだ。だが、六回に2番手服部がつかまり、2失策も絡んで大量失点した。

【日　藤】		打	得	安	点	振	球	犠	盗	失
⑥	田上	3	0	0	0	1	0	0	0	1
⑤	村山	3	0	0	0	1	0	0	0	0
⑧	提坂	3	0	1	0	0	0	0	0	0
⑨	柳沢	3	0	1	0	2	0	0	0	0
④	遠藤	3	2	2	0	0	0	0	0	0
③	宮沢	2	1	1	0	1	0	1	0	1
⑦	鎌田	1	0	0	1	0	0	1	0	0
②	坂田	2	0	0	1	1	0	0	0	0
①	清水虎	1	0	0	0	0	0	0	0	0
H	佐藤	1	0	0	0	0	0	0	0	0
1	服部	0	0	0	0	0	0	0	0	0
	計	22	3	5	2	6	0	2	0	2

【創 学 館】		打	得	安	点	振	球	犠	盗	失
⑧	倉谷	5	2	3	4	1	0	0	0	0
④	光岡	3	1	1	3	0	1	0	0	1
⑨	岡本	3	1	2	2	0	1	0	0	0
③	長井	4	1	3	0	0	0	0	0	0
⑤	仲田	3	0	1	0	0	1	0	0	0
R	福田	0	1	0	0	0	0	0	0	0
①	山岸	3	1	1	0	0	1	0	0	0
⑦	斎藤	2	2	0	0	0	2	0	0	0
②	井上	3	2	2	0	0	0	1	0	0
⑥	森	4	2	1	2	0	0	0	0	0
	計	30	13	14	11	1	6	1	0	1

投手	回	打	投	安	振	球	失	責
清水虎	4	21	73	7	1	4	4	4
服部	1⅔	16	46	7	0	2	9	3
山岸	6	24	75	5	6	0	3	2

24日（等々力球場）　（6回コールド）

日大藤沢	0	2	0	1	0	0	3
横浜創学館	1	1	0	2	0	9X	13

スポーツマンとエンジニアは両立します。
これが、神奈川工科大学のスタイルです。

「好きな野球を本格的にやりたい、学業もしっかりとやり、希望の就職も実現したい」こんな高校生に最も適した大学です。

KAITスタジアム(キャンパス内)

オープンキャンパス日程

8月22日(日)・9月26日(日)・12月5日(日)

3年生 岡田 将宗
(武相高校出身)

2022年度入試情報

●総合型選抜(スポーツ実績評価方式)

硬式野球部対象

※詳細は本学ホームページまたは募集要項でご確認ください。

卒業生(硬式野球部員)の主な就職先

就職率100%!

アイネット／昱／アルファシステムズ／茨城日産自動車(硬式野球)／ANAラインメンテナンステクニクス／荏原製作所／岡村製作所／鹿島建設／神奈川中央交通／神奈川トヨタ自動車／関電工／カンドー／九電工／きんでん／相模鉄道／七十七銀行(硬式野球)／ジャムコ／ソレキア／第一屋製パン／高砂熱学工業／中部ガス／DTS／東京電力ホールディングス／東光電気工事／日本ケミコン／日本製鉄東海REX(硬式野球)／日本ピーマック／東日本電信電話／東日本旅客鉄道／不二サッシ／扶桑電機／北陸電気工事／ユニオンツール／横浜スタジアム／ヨロズ／リコージャパン／レイズネクスト／高校教員／警視庁／消防局 など

神奈川工科大学
KANAGAWA INSTITUTE OF TECHNOLOGY

工学部 創造工学部 応用バイオ科学部 情報学部 健康医療科学部

〒243-0292 神奈川県厚木市下荻野1030 TEL046-291-3000
URL https://www.kait.jp/ E-mail nys@kait.jp
野球部HP http://kaitbc.jp/

QUARTER FINAL

準々決勝

日大藤沢×横浜創学館

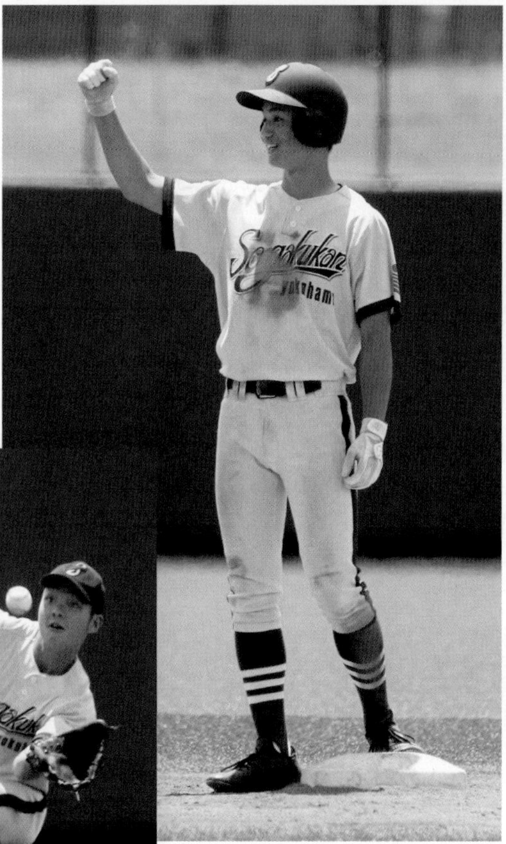

2回裏、横浜創学館無死満塁。走者一掃の適時二塁打を放ち塁上で笑顔を見せる光岡

6回表、日大藤沢・提坂の打球を好捕する横浜創学館の中堅・倉谷

まさかのコールド負けを喫し、肩を落とす日大藤沢ナイン

2回表、日大藤沢1死二、三塁。坂田の犠打で三走・遠藤が生還し同点とする

1回裏、慶応2死一塁。小堀が左翼へ2ランを放つ

慶応 投打に一体感

横浜清陵 胸張れる進撃

慶応	15－3	横浜清陵

▽本塁打　小堀（橋川）今泉（渡辺）▽二塁打　権藤2、今泉、入江、小堀、前田▽ボーク　渡辺▽残塁　清9、慶5▽審判　江藤、島田、上園、安武▽試合時間　1時間38分

【評】慶応が11安打で毎回得点し圧倒した。初回に小堀の2点本塁打などで先制し、三回は今泉が3ランを放つなど打者10人の猛攻で一挙6得点。今大会初の2桁得点とバットが振れていた。前田は救援した三回1死満塁を無失点で切り抜けると、以降も無失点に抑えた。横浜清陵は投手陣が相手強打にのみ込まれた。それでも打線は三回までに8安打をマーク。勝ち上がってきた力を見せた。

24日（サーティーフォー保土ケ谷球場）（5回コールド）

横浜清陵	0	0	3	0	0	3
慶応	3	3	6	3	×	15

【清陵】		打	得	安	点	振	球	犠	盗	失
⑧	柳下	2	1	1	0	0	1	0	0	0
⑤	入江	3	1	1	1	1	0	0	0	2
⑦	鈴木	2	0	0	0	0	1	0	0	0
③	五十嵐	3	1	1	1	1	0	0	0	0
⑨	中西	3	0	1	0	1	0	0	0	0
④	青木	2	0	2	0	0	0	0	0	0
H	片桐	1	0	0	0	1	0	0	0	0
①	橋川	1	0	0	0	1	0	0	0	1
1	渡辺	2	0	2	1	0	0	0	0	0
②	江藤	3	0	1	0	1	0	0	0	0
⑥	平田	3	0	0	0	0	0	0	0	0
	計	25	3	9	3	6	2	0	0	3

【慶応】		打	得	安	点	振	球	犠	盗	失
⑥	二宮	3	3	0	1	0	1	0	0	0
⑧	横地	2	2	1	1	0	1	1	0	0
⑨	真田	1	0	0	1	0	2	1	0	0
⑤	今泉	4	2	4	7	0	0	0	0	1
③	小堀	4	1	2	2	0	0	0	0	0
②	坪田	2	1	0	0	0	1	0	0	0
⑦	権藤	2	3	2	0	0	1	0	0	0
④	金岡	1	1	0	0	0	0	2	0	0
①	沖村	1	0	0	0	1	0	0	0	1
1	前田	2	2	2	2	0	0	0	0	0
	計	22	15	11	14	1	6	4	0	2

投手	回	打	投	安	振	球	失	責
橋川	1⅔	9	28	3	1	1	4	2
渡辺	2⅓	23	55	8	0	5	11	6
沖村	2⅓	16	53	8	2	1	3	2
前田	2⅔	11	40	1	4	1	0	0

総合コンサルティング業

株式会社ビッグ・ジャパン
代表取締役 大野 眞一
〒250-0866 小田原市中曽根305-2
TEL.0465-46-8871
免許番号 知事(2)第29364号

先発した慶応・沖村

3回裏、慶応1死一、二塁。3ランを放った今泉が笑顔でホームイン

コールドで準々決勝を敗退した横浜清陵ナイン

3回表、横浜清陵無死一塁。入江が右中間に適時二塁打を放ち2点目を挙げる

東海、出場を辞退

登録17選手がコロナ陽性

県高校野球連盟は24日、今春の選抜大会を制した東海大相模が第103回全国選手権神奈川大会の出場を辞退したと発表した。登録メンバーのうち17人が新型コロナウイルスの陽性判定を受け、野球部の活動が禁止されたため、同日に予定していた準々決勝は藤沢翔陵の不戦勝となった。

県高野連によると5回戦終了後の22日に、野球部寮の部員1人の陽性が判明。翌23日に寮生や指導者らにPCR検査を実施したところ、集団感染が明らかになった。24日朝に学校長を通じて出場辞退の申し入れがあったという。

1963年創部の同校は春夏5度の全国制覇を誇る高校野球界の名門。今春の甲子園では10年ぶり3度目の頂点に立っていた。今大会もベスト8まで勝ち上がり、県内公式戦の連勝を「45」に伸ばしていた。

高校野球神奈川大会への出場辞退で、最後の夏を終えた東海大相模の門馬監督（中央）

ライバル校も沈痛

史上8校目の甲子園大会春夏連覇への道が、よもやの形で閉ざされた。東海大相模が部内の新型コロナウイルスの感染拡大で出場を辞退。県内大会6連覇中の絶対王者に対し、「打倒」を掲げてきたライバル校の指導者や選手らには沈痛な面持ちが広がった。

「野球の神様はどうしてこんなに意地悪をするのか」。準々決勝で対戦する予定だった藤沢翔陵の竹田和樹部長（42）が悔しそうに言う。

東海大相模OBである竹田部長は2011年から約4年間、今夏限りでの退任を表明していた門馬敬治監督（51）の下でコーチを務めた経歴を持つ。「門馬さんがこのまま退任することを考えると胸が痛い」。ショックを隠しきれなかった。

「選手のことを思うと本当に言葉の掛けようがない」。そう言って苦悶の表情を浮かべたのは、横浜創学館の森田誠一監督（56）だ。

チームはこの日の準々決勝で第1シードの日大藤沢を退け、2大会ぶりの準決勝進出を決めた。「甲子園に行くため、絶対に倒さないといけない相手だと思っていた。それだけの王者。つらい気持ちでいっぱい…」

選手も同じ思いだ。慶応のエース前田は「戦ってから甲子園に行きたかった。何とかできないのかな」と困惑気味。4番の今泉は「甲子園に行くため、最終的にぶつかろうと頑張ってきた。挑戦できなくなったのはすごく残念」と無念さをにじませた。

2019年夏の4回戦で大敗し、対戦を心待ちにしていた慶応の森林貴彦監督（48）は「僕はライバルであり、いい仲間だと思っている。仲間の学校がこういう形で夏を終えるのは、ひとつもうれしくない」と言う。

感染の影響で同じく出場を辞退した城郷や藤沢工科に言及し、「加盟校みんなが力を出し切って夏を終えるというのがこの夏の大会。人ごとではない」と表情を険しくした。

藤沢翔陵	不戦勝	東海大相模

東海大相模の5回戦、藤嶺藤沢戦から

先発したエース石田

3回裏、2死。ソロ本塁打を放った佐藤

2番手で登板した石川

1回裏に先制のホームを踏む大塚

藤嶺藤沢に勝利し、校歌を聞く東海大相模の選手たち

5回表、横浜1死満塁。玉城が左中間に走者一掃の三塁打を放つ

横浜 理想的な大勝

向上 終盤6安打

横浜 11－3 向上

【横	浜】	打	得	安	点	振	球	犠	盗	失
⑥	緒方	5	2	2	0	0	0	0	0	0
⑧	安達	3	0	0	0	2	0	1	0	0
8	笹田	0	0	0	0	0	0	0	0	0
⑦	金井	3	1	1	1	0	1	0	1	0
②	立花	4	2	3	0	0	0	0	0	0
⑤1	宮田	2	2	0	1	0	2	0	0	0
⑨	岸本	3	2	1	1	0	1	0	0	0
③	玉城	3	2	3	5	0	0	1	0	0
④5	増田	3	0	1	2	0	0	1	0	0
①	杉山	2	0	0	0	1	1	0	0	1
H	延末	1	0	0	0	0	0	0	0	0
R	中藤	0	0	0	0	0	0	0	0	0
4	板倉	0	0	0	0	0	0	0	0	0
	計	29	11	11	10	3	5	3	1	1

【向	上】	打	得	安	点	振	球	犠	盗	失
⑦	直理	4	1	2	1	2	0	0	0	0
④	阿万	3	1	0	0	2	0	1	0	0
⑤	海老根	4	0	0	0	1	0	0	0	1
⑧	板倉	3	0	2	0	0	0	0	0	0
③	中山	3	0	0	0	0	0	0	0	0
②	広田	3	0	1	0	0	0	0	0	0
⑨	山中	3	1	2	0	0	0	0	0	0
⑥	徳田	3	0	1	0	0	0	0	0	0
①	佐藤	0	0	0	0	0	0	0	0	0
1	小林	1	0	0	0	1	0	0	0	0
H	小野	1	0	0	0	0	0	0	0	0
1	猿山	0	0	0	0	0	0	0	0	0
H	泉田	1	0	1	0	0	0	0	0	0
	計	29	3	9	1	6	0	1	0	1

投手	回	打	投	安	振	球	失	責
杉山	6	24	74	5	6	0	2	0
宮田	1	6	15	4	0	0	1	1
佐藤	⅔	9	41	4	1	3	5	5
小林	4⅓	18	68	4	2	2	4	4
猿山	2	10	26	3	0	0	2	1

▽三塁打　玉城▽二塁打　玉城、立花、山中、直理▽暴投　佐藤▽捕逸　広田▽併殺　横1（宮田－玉城－立花）海老根＝七回、向1（徳田－阿万－中山）増田＝三回▽残塁　横5、向6
▽審判　奥津、橋本、松下、小笠原
▽試合時間　2時間4分

【評】横浜が11安打で11得点。理想的な試合運びで七回コールド勝ちした。初回に4安打に四球を絡めて5点を先取、五回は2四球を挟んでの連続短長打で4得点した。3安打5打点の玉城の活躍が光った。杉山は6回6奪三振の力投。自らの悪送球による2失点に抑えた。向上は佐藤が一回途中に降板するなど投手陣が誤算。打線は六、七回に6安打を放ったが、走塁ミスもあり攻めきれなかった。

24日（バッティングパレス相石スタジアムひらつか）（7回コールド）

	1	2	3	4	5	6	7	計
横浜	5	0	0	0	4	1	1	11
向上	0	0	0	0	0	2	1	3

あなたの、あしたを、あたらしく。

神奈川創価学会

https://www.sokanet.jp/

山下公園

「創価」とは価値創造 ──

私たちは、国連で採択された

「SDGs（持続可能な開発目標）」の

普及と推進に努めています。

SUSTAINABLE DEVELOPMENT GOALS

QUARTER FINAL 準々決勝 横浜×向上

７回裏、向上１死二、三塁。直理の適時打で三走・山中が３点目の生還

６回表、横浜１死二塁。金井が中前に適時打を放ち10点目を挙げる

６回を５安打６奪三振の横浜先発・杉山

６回裏、向上無死二塁。投前ゴロを放った阿万が、守備が乱れる間に一気に本塁を突き２点目を挙げる

8/12(木)〜8/17(火)

KAAT 神奈川芸術劇場〈大スタジオ〉
13時30分開場 横浜夢座事務局 ☎045-432-0680

チケット一般5,000円(当日5,500円) 学生3,000円(当日3,500円)

弘明寺店

横浜橋通店

真金町店

高橋薬局は横浜ローザを応援しています

優勝

横浜高校ナインらの喜びの声

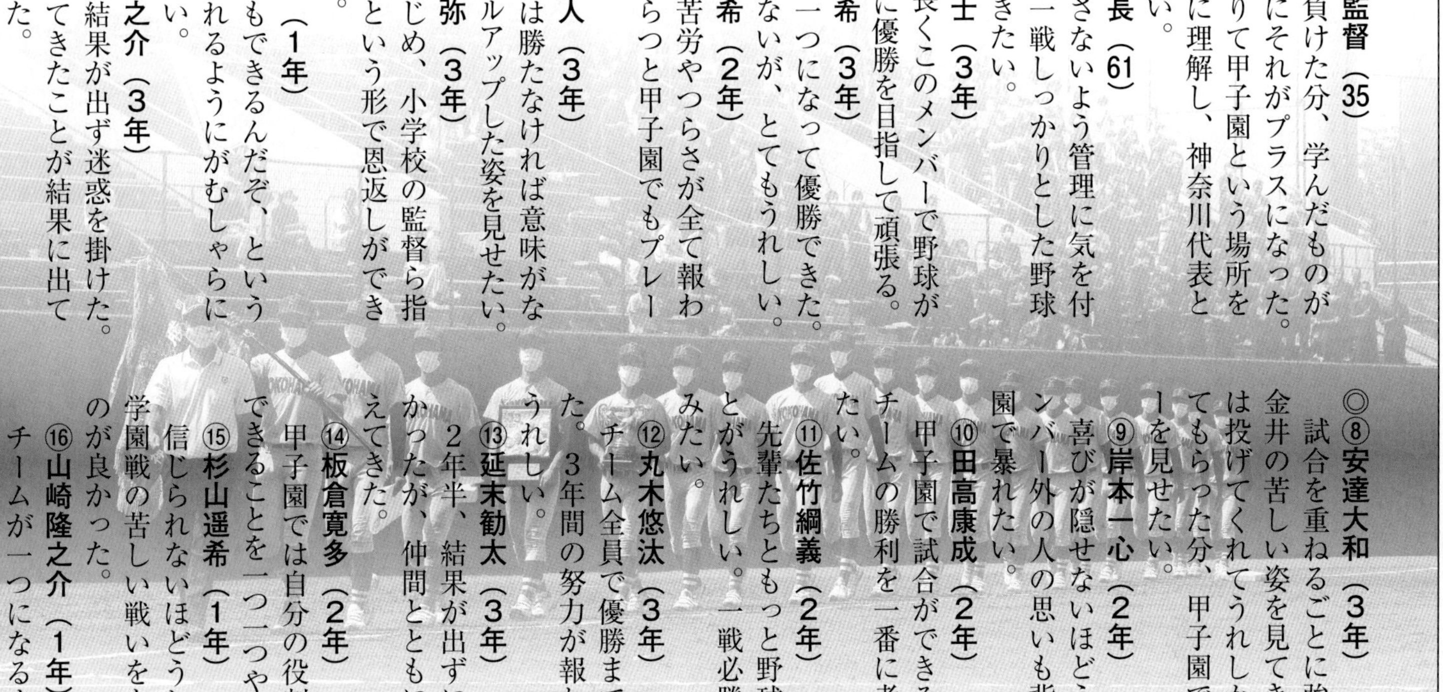

村田浩明監督（35）
秋も春も負けた分、学んだものが多くて本当にそれがプラスになった。一度山を下りて甲子園という場所を選手と一緒に理解し、神奈川代表として臨みたい。

名塚徹部長（61）
体調を崩さないよう管理に気を付けた。一戦一戦しっかりとした野球をやっていきたい。

①山田烈士（3年）
一日でも長くこのメンバーで野球ができるように優勝を目指して頑張る。

②立花祥希（3年）
チームが一つになって優勝できた。実感はまだないが、とてもうれしい。

③玉城陽希（2年）
今までの苦労やつらさが全て報われた。はつらつと甲子園でもプレーしたい。

④増田悠人（3年）
甲子園では勝たなければ意味がないので、レベルアップした姿を見せたい。

⑤宮田知弥（3年）
家族をはじめ、小学校の監督ら指導者に優勝という形で恩返しができてうれしい。

⑥緒方漣（1年）
小さくてもできるんだぞ、という姿を見せられるようにがむしゃらにプレーしたい。

⑦金井慎之介（3年）
秋、春と結果が出ず迷惑を掛けた。今までやってきたことが結果に出てうれしかった。

◎⑧安達大和（3年）
試合を重ねるごとに強くなれた。金井の苦しい姿を見てきたので最後は投げてくれてうれしかった。支えてもらった分、甲子園ではいいプレーを見せたい。

⑨岸本一心（2年）
喜びが隠せないほどうれしい。メンバー外の人の思いも背負って甲子園で暴れたい。

⑩田高康成（2年）
甲子園で試合ができるのが楽しみ。チームの勝利を一番に考えて行動したい。

⑪佐竹綱義（2年）
先輩たちともっと野球ができることがうれしい。一戦必勝で試合に臨みたい。

⑫丸木悠汰（3年）
チーム全員で優勝までたどり着けた。3年間の努力が報われて本当にうれしい。

⑬延末勧太（3年）
2年半、結果が出ずにとても苦しかったが、仲間とともに壁を乗り越えてきた。

⑭板倉寛多（2年）
甲子園では自分の役割を理解して、できることを一つ一つやっていきたい。

⑮杉山遥希（1年）
信じられないほどうれしい。鎌倉学園戦の苦しい戦いをものにできたのが良かった。

⑯山崎隆之介（1年）
チームが一つになるまで苦労したけれど、大会を通じて強くなることができた。

⑰八木田翁雅（2年）
今まで頑張って練習したことやつらかったことに我慢して耐えてきて良かった。

⑱中藤光洋（3年）
一戦必勝、チャレンジャー精神で最後の最後まで野球をする一番長い夏にしたい。

⑲笹田聡也（3年）
一日でも長くこのメンバー、3年生と野球をやるために頂点を目指したい。

⑳小野勝利（1年）
甲子園では打つことでチームに貢献したい。先輩たちと勝てて本当にうれしい。

加藤祥吾記録員（3年）
夢半ばで終わった東海大相模の分まで、神奈川で春夏連覇できるよう頑張る。

（◎が主将）

優勝までの足跡

▽2回戦	31-0（5回コールド）	足柄
▽3回戦	12-0（5回コールド）	県商工
▽4回戦	3-0	鎌倉学園
▽5回戦	11-1（7回コールド）	厚木北
▽準々決勝	11-3（7回コールド）	向上
▽準決勝	9-1（7回コールド）	藤沢翔陵
▽決勝	17-3	横浜創学館

決勝ルポ

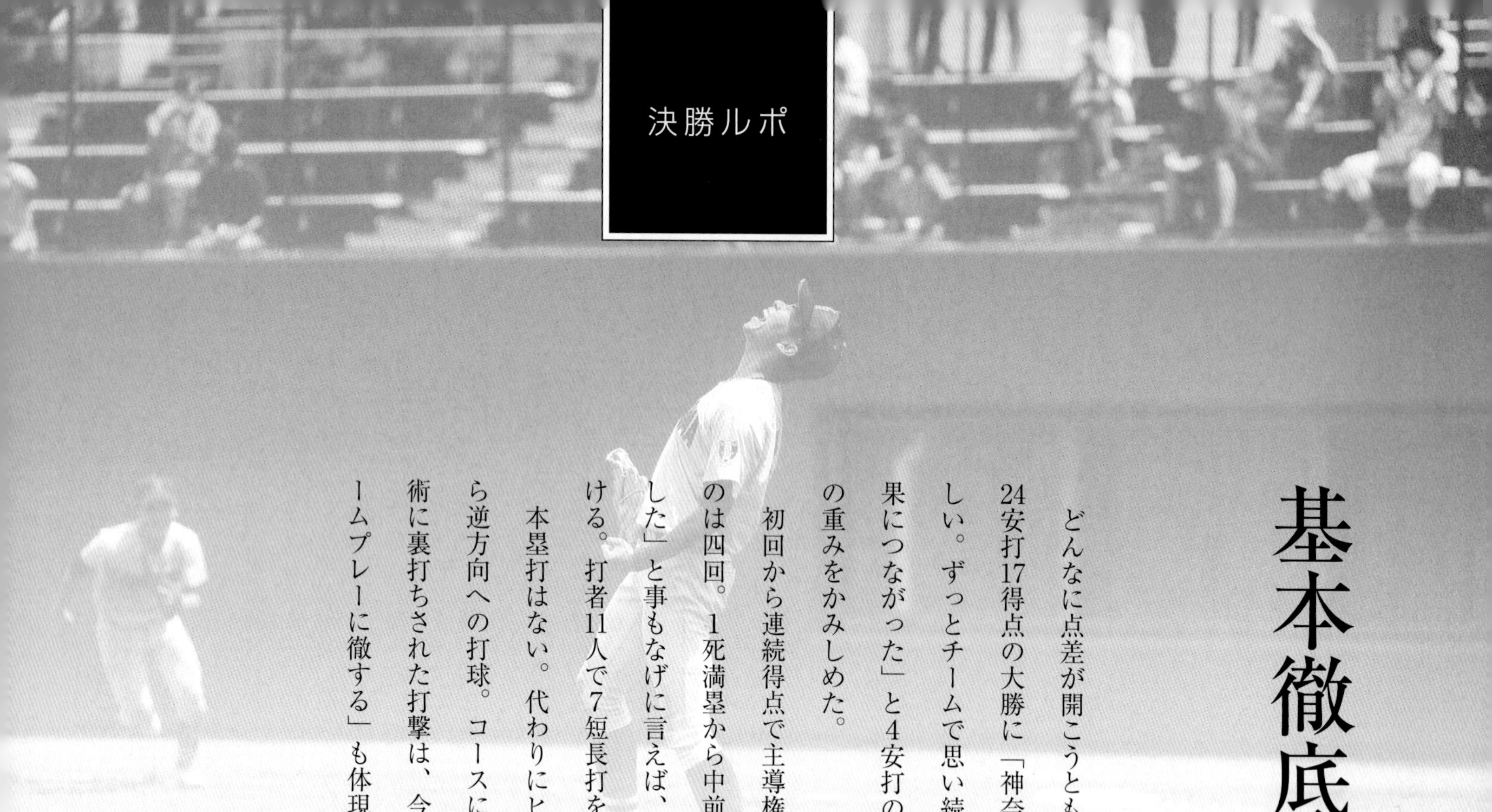

基本徹底、復権へ一歩

——横浜

どんなに点差が開こうとも、横浜は攻撃の手を緩めない。24安打17得点の大勝に「神奈川で一番長い夏にできてうれしい。ずっとチームで思い続けたからこそ、優勝という結果につながった」と4安打の岸本。歓喜の輪をつくり、その重みをかみしめた。

初回から連続得点で主導権を握り、試合の大勢を決めたのは四回。１死満塁から中前打の岸本が「勝手に体が反応した」と事もなげに言えば、増田も投手強襲安打で畳み掛ける。打者11人で7短長打を集めて一挙7得点だった。

本塁打はない。代わりにヒットの7割近くがセンターから逆方向への打球。コースに逆らわず、内野の間を抜く技術に裏打ちされた打撃は、今夏のテーマの「我を捨て、チームプレーに徹する」も体現していた。

「徹底的にボールの内側をたたけ」。村田浩明監督（35）は昨秋以降、毎日のようにバッティングの基本を口酸っぱく説いてきたという。自ら打撃投手を務め、1日５００球近く投げ込むことでナインの体に染み込ませてきた。

横浜は１９９４年以降、一度も3年連続で夏の甲子園を逃したことはない。現3年生が最後のチャンスをつかみ、伝統もつないだ。

ＯＢや高校野球ファンからは「復権」を期待されるが、主将の安達に浮つく様子はない。「それは甲子園で勝つようになってから。まずは一戦一戦。ここからです」。気を緩めることなく、全国の舞台へ乗り込む。

（泉　光太郎）

決勝ルポ

仲間に感謝、涙なく

——横浜創学館

悔しさを通り越し、もう笑うしかなかった。四回だ。あらん限りの力で投じた内角直球が、横浜の1年生緒方に左翼越えに運ばれる。適時二塁打で11失点目。「苦手だと思った内角をあそこまで飛ばされた。勝負したら打たれる。単純に力不足」。横浜創学館のエース山岸は完敗を認めるほかなかった。

立ち上がりを1失点にしのいだものの、「真っすぐに対して、物おじせずに向かってくる」と不安を抱いた。最速149キロの直球は141キロ止まり。生命線の制球も高めに浮いた。

何より低めのボールを見極められ、高めは中堅から逆方向に次々とはじき返された。「疲労がたまっていたので、何とか配球でカバーしたかったけど苦しい戦いになってしまった」と捕手井上。4回を投げて許した安打は16本を数えた。

絶対的な柱として、強打慶応や、スラッガー柳沢を擁する第1シード日大藤沢を一人で抑え込んだ。プロのスカウトから視線を浴びる背番号1は連投も苦にせず、前日は整骨院に通ってケアに努めたが、準決勝まで5試合で35イニング、500球を投じた右腕はもはや限界だった。

ただ、2008年以来の決勝に導いた主戦を責めるものは誰もいない。

森田誠一監督（56）は「良くないなりに、かわしてほしいと思ったが横浜には通用しなかった。山岸で打たれたらしょうがない」。井上も「山岸はこれからもすごく成長する。自分が受けられたのは一生の宝物」と胸を張った。

山岸もまた言う。「ここまで勝ち上がってこられたのは仲間のおかげ。感謝しています」。過酷な神奈川の夏を戦い抜いたエースをはじめとした創学館ナインに涙はなかった。

（小林　剛）

―功績を残した指導者①―

日本高野連「育成功労賞」

2020年度　金沢哲男さん（横浜商大前監督）

日本高野連の2020年度の「育成功労賞」に選ばれた横浜商大前監督の金沢哲男氏（63）の表彰式が４日、春季県大会決勝の前に横浜スタジアムで行われた。

育成功労賞は、野球部の指導や選手の育成に貢献した監督らをたたえる日本高野連の表彰事業。昨夏の神奈川大会で予定された表彰式が新型コロナウイルスの影響で延期されていたが、金沢氏は「32年間支えてくれたチームや家族に感謝したい」と笑顔を見せた。

1983年に監督就任。89年に選抜大会初出場を果たすなど春夏計３度の甲子園出場に導いたほか、好選手を多く輩出し、2015年に退任した。現在は生徒指導部長として教壇に立つ。

金沢氏は「ゲームができることに感謝し、どんな状況でも言い訳をせずベストを尽くしてほしい」とメッセージを送った。

（2021年５月５日付　紙面から）

育成功労賞を受賞した金沢哲男さん

2003年夏の神奈川大会優勝時の金沢哲男さん（写真右）＝神奈川新聞社アーカイブより

2021年度　武藤周二さん（日大藤沢元監督）

１９９６年夏の神奈川大会準優勝時の武藤周二さん（写真左）＝神奈川新聞社アーカイブより

日本高野連は７日、野球部の指導、育成に貢献した監督、責任教師を表彰する本年度の「育成功労賞」を発表し、神奈川からは、日大藤沢を率い、1998年の選抜大会でベスト４に導いた武藤周二さんが選ばれた。

武藤さんは岩手、群馬、長野、静岡、京都、山口、長崎の受賞者とともに、８月15日の全国選手権大会が開催中の甲子園球場で表彰される。

（2021年６月８日付　紙面から一部抜粋）

2021年神奈川大会の勝敗表

189校（176チーム）参加

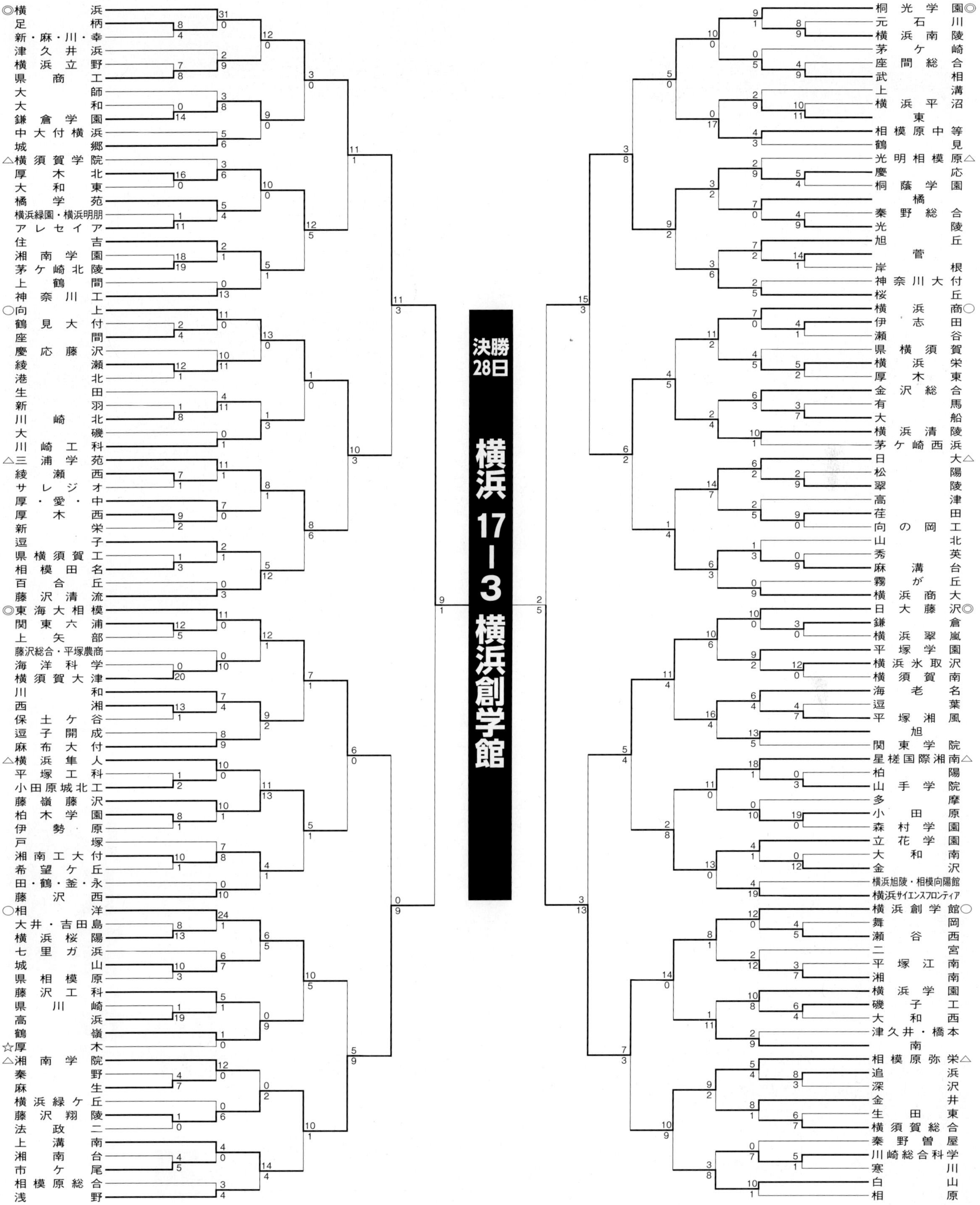

◎＝第1シード　○＝第2シード　△＝第3シード　☆＝選手宣誓校

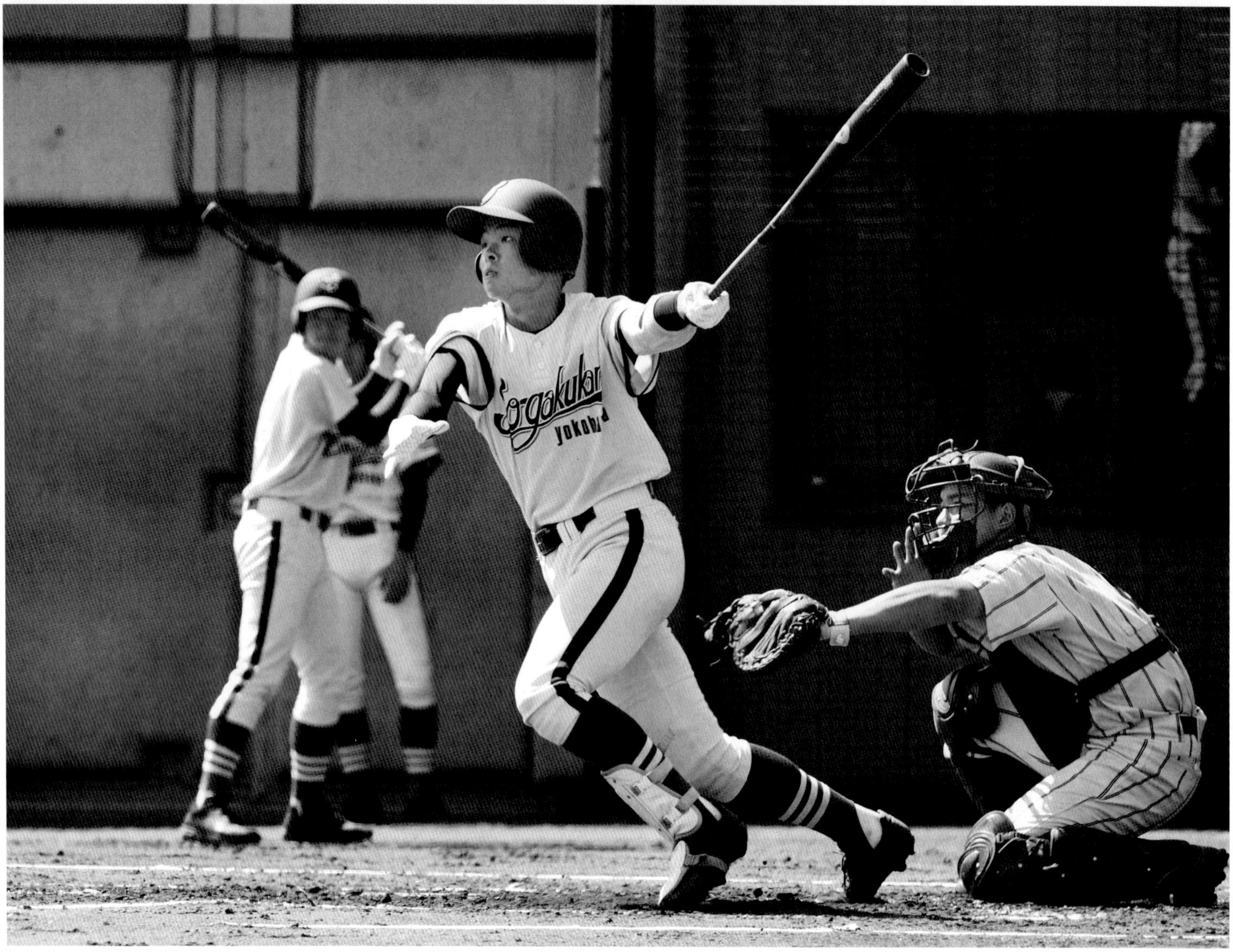

2回表、横浜創学館2死一、二塁。エース・山岸が左越えに先制打を放つ

横浜創学館　7—3　相模原弥栄

横浜創学館 山岸12K完投

▽三塁打　永守▽二塁打　井上、笠井▽犠打　斎藤、井上、渡辺▽失策　仲田、山岸、武田、鈴木、鶴見、村上▽妨害出塁　仲田（鶴見）▽審判　萩野、江藤、橋本、上田▽試合時間　2時間43分

【評】横浜創学館の右腕山岸が12三振を奪い、3失点完投。伸びのある直球は回を追うごとに力を増した。打線は九回に井上、森の連続長短打などで5点を奪って試合を決めた。相模原弥栄は3番手吉田が最後につかまったが、八回に追い付いた粘りは見事だった。

22日（バッティングパレス相石スタジアムひらつか）

	1	2	3	4	5	6	7	8	9	計
横浜創学館	0	2	0	0	0	0	0	0	5	7
相模原弥栄	0	0	0	0	0	0	0	2	1	3

【創学館】		打	安	点	振	球
⑧	倉谷	6	0	0	1	0
④	光岡	5	0	0	1	0
⑨	岡本	5	3	0	1	0
③	長井	4	2	0	1	1
⑤	仲田	3	2	0	0	1
5	福田	0	0	0	0	0
①	山岸	5	2	1	1	0
⑦	斎藤	3	0	1	0	1
②	井上	3	2	3	0	1
⑥	森	5	1	2	1	0

犠	盗	失	併	残	打	安	点	振	球
2	0	2	0	12	39	12	7	6	4

【弥栄】		打	安	点	振	球
③	武田	5	1	0	3	0
④	鈴木	4	1	0	0	0
⑧	林	4	0	0	1	0
①6	永守	4	2	2	1	0
⑨	渡辺	3	0	0	2	0
②	鶴見	3	0	0	1	1
⑤	村上	4	1	0	0	0
⑦	会田	2	0	0	2	0
H	宮本	1	0	0	1	0
7	福田	0	0	0	0	0
H	笠井	1	1	0	0	0
⑥	丸山	0	0	0	0	0
1	伊藤	1	0	0	1	0
1	吉田	2	0	1	0	1

犠	盗	失	併	残	打	安	点	振	球
1	0	4	0	7	34	6	3	12	2

投手	回	打	安	振	球	責
山岸	9	37	6	12	2	3
永守	1 0/3	6	3	1	0	2
伊藤	3 2/3	17	5	1	0	0
吉田	4 1/3	23	4	4	4	4

延長12回裏、日大藤沢1死満塁。遠藤が四球を選び三走・村山がサヨナラのホームイン。捕手・岩田

延長十二回 日藤サヨナラ

日大藤沢　5－4　立花学園

▽三塁打　中村▽二塁打　岩田▽犠打　田上、服部▽盗塁　宮沢、坂田▽失策　上藪、小林、田上、提坂▽暴投　清水虎▽審判　藤森、飯田、斉藤、原▽試合時間　3時間1分

【評】日大藤沢が延長十二回の熱戦を制した。八回に遠藤の2点適時打で同点とし、十二回は連打と敬遠で満塁から、遠藤が四球を選んでサヨナラ勝ちした。服部の好救援も光った。立花学園は3投手が力投。打線は14安打を放つも、九、十二回の逸機が痛かった。

22日（サーティーフォー相模原球場）　（延長12回）

	1	2	3	4	5	6	7	8	9	10	11	12	計
立花学園	2	0	0	0	0	1	1	0	0	0	0	0	4
日大藤沢	1	0	1	0	0	0	0	2	0	0	0	1X	5

【立	花】	打	安	点	振	球
②	岩田	7	1	0	2	0
④	小岩	7	3	1	0	0
⑨	上藪	6	0	0	0	0
⑤	寺内	5	1	0	0	1
③	中村	6	3	2	0	0
⑦	近藤	6	2	0	0	0
⑧	畑尾	3	1	0	0	3
⑥	佐藤知	5	2	0	0	1
①	小林	3	1	1	0	0
H	佐野	1	0	0	0	0
1	永島田	0	0	0	0	0
1	東田	1	0	0	0	1

犠盗失併残――――
0 0 2 0 16 50 14 4 2 6

【日	藤】	打	安	点	振	球
⑥	田上	2	0	0	0	0
H	佐藤	1	0	0	0	0
6	植松	2	0	0	0	0
⑤	村山	4	2	0	0	2
⑧	提坂	6	3	0	1	0
⑨	柳沢	4	1	1	2	2
④	遠藤	5	1	3	2	1
③	宮沢	5	1	0	2	0
⑦	鎌田	5	0	0	2	0
②	坂田	4	1	0	0	1
①	清水虎	2	1	0	1	0
1	服部	2	0	0	1	0

犠盗失併残――――
2 2 2 0 11 42 10 4 11 6

投手	回	打	安	振	球	責
小林	6	24	5	8	1	0
永島田	2	10	2	1	2	2
東田	3⅓	16	3	2	3	1
清水虎	5⅓	28	8	2	3	3
服部	6⅔	28	6	0	3	1

初の８強入りに喜ぶ横浜清陵ナイン

横浜清陵 創部初の8強

横浜清陵　6―2　麻溝台

【清　　陵】	打	安	点	振	球
⑧　柳　下	5	3	1	0	0
⑤　入　江	5	1	0	1	0
⑦　鈴　木	3	0	0	0	0
③　五十嵐	3	3	2	0	2
⑨　中　西	5	3	0	1	0
⑥　平　田	4	0	0	1	0
①　橘　川	4	0	0	0	0
1　渡　辺	1	0	0	0	0
②　江　藤	3	2	0	0	1
④　青　木	4	0	0	1	0

犠	盗	失	併	残	打	安	点	振	球
5	5	1	0	12	37	12	3	4	3

【麻　溝　台】	打	安	点	振	球
⑤　石　井	4	0	0	1	1
④　小　指	2	0	0	0	1
4　山本励	1	0	0	0	1
⑥　関　口	5	2	0	0	0
②　鈴　木	4	1	1	0	1
⑧　吉　池	3	0	0	0	1
③　山本希	2	0	0	1	2
⑦　増　山	1	0	0	1	0
1　市　川	2	0	0	0	1
⑨　山　口	4	0	0	1	0
①7渡　辺	3	0	0	0	1

犠	盗	失	併	残	打	安	点	振	球
0	0	4	0	11	31	3	1	4	9

投　手	回	打	安	振	球	責
橘　川	7 0/3	34	3	4	9	1
渡　辺	2	6	0	0	0	0
渡　辺	3 2/3	19	6	0	1	2
市　川	5 1/3	26	6	4	2	1

▽二塁打　関口、五十嵐▽犠打　鈴木2、平田、江藤、青木▽盗塁　入江、五十嵐、平田、橘川、江藤▽失策　平田、石井、小指2、山本励▽暴投　渡辺（清）▽ボーク　渡辺（清）▽捕逸　鈴木▽審判　三橋、井上、永田、金川▽試合時間　2時間19分

【評】横浜清陵が理想的な攻撃を見せた。初回に五十嵐が先制2点打、四回は柳下の適時打で加点と、ともに犠打が生きた。七回は敵失に乗じてダメ押しした。先発橘川は9四死球も粘投した。麻溝台は中盤までの好機にあと一本を欠き、反撃も届かなかった。

22日（等々力球場）

	1	2	3	4	5	6	7	8	9	計
横浜清陵	2	0	0	1	0	0	3	0	0	6
麻溝台	0	0	0	0	0	0	1	1	0	2

5回表、慶応1死二塁。横地が逆転の2ランを放つ

慶応 V候補圧倒

慶応　8―3　桐光学園

22日（サーティーフォー相模原球場）

慶応	0	1	0	0	2	0	2	3	0	8
桐光学園	0	0	2	0	0	0	1	0	0	3

▽本塁打　横地（渋沢）▽三塁打　内囿▽二塁打　二宮▽犠打　二宮、金岡、荒井、米山▽盗塁　篁、松江、松井▽捕逸　坪田
▽審判　湯本、斎藤、坂上、池田
▽試合時間　2時間46分

【評】16安打の慶応が打ち勝った。1点を追う五回に横地の2ランで逆転。七回は小堀の2点打で突き放した。先発荒井は6回2失点、七回からは前田が1失点でしのいだ。桐光学園も8安打し、三回は連続長短打などで逆転したが、投手陣が踏ん張れなかった。

【慶応】		打	安	点	振	球
⑨3	二宮	5	2	1	1	0
⑧	横地	4	2	2	0	1
⑦9	真田	4	2	0	0	1
9	大滝	0	0	0	0	0
⑤	今泉	5	3	2	0	0
②	坪田	4	0	0	0	1
③	小堀	4	2	2	1	0
1	前田	1	0	0	0	0
⑥	八木	5	1	0	2	0
④	金岡	4	3	0	1	0
①7	荒井	3	1	1	0	1

犠	盗	失	併	残	打	安	点	振	球
3	0	0	1	11	39	16	8	5	4

【桐光】		打	安	点	振	球
⑤	篁	3	1	0	0	2
⑧	松江	4	1	0	0	1
⑥	内囿	2	2	2	0	2
⑨	寺井	4	1	1	0	0
①7	渋沢	3	1	0	0	1
④	米山	3	0	0	0	0
②	石井	4	0	0	0	0
⑦	阿部将	2	0	0	1	0
3	山口	2	0	0	0	0
③7	松井	2	1	0	0	0
1	中嶋	0	0	0	0	0
1	針谷	1	0	0	1	0
H	中本	1	1	0	0	0

犠	盗	失	併	残	打	安	点	振	球
1	3	0	0	8	31	8	3	2	6

投手	回	打	安	振	球	責
荒井	6	25	4	1	4	2
前田	3	13	4	1	2	1
渋沢	5	23	7	5	1	3
中嶋	1⅔	9	2	0	2	2
針谷	2⅓	14	7	0	1	3

8回表、藤沢翔陵1死二、三塁。勝ち越しの左越え適時二塁打を放ち塁上で笑顔を見せる斉藤

藤沢翔陵　終盤突き放す

藤沢翔陵　9―5　相洋

▽二塁打　長島、鈴木、二宮、本多、斉藤、梅沢、今井、笠間▽犠打　斉藤、福富▽失策　長島、橘、崎元、渡辺、梶山▽暴投　加藤2
▽審判　松本新、斉藤、瀬良垣、松本俊
▽試合時間　2時間31分

【評】藤沢翔陵が終盤に突き放した。同点に追い付かれた直後の八回、斉藤が勝ち越しの2点二塁打。九回も4長短打で3点を追加した。エース橘も完投で応えた。四回まで走者を出せなかった相洋だが、粘り強く戦った。176球の加藤は最後に力尽きた。

22日（等々力球場）

	1	2	3	4	5	6	7	8	9	計
藤沢翔陵	0	3	0	0	1	0	0	2	3	9
相洋	0	0	0	0	1	0	3	0	1	5

【翔陵】		打	安	点	振	球
⑤	斉藤	5	1	2	1	0
②	鈴木	3	2	2	0	2
⑦	和田	0	0	0	0	0
H7	羽立	4	0	0	1	0
H	梅沢	1	1	0	0	0
R	札場	0	0	0	0	0
7	佐久間	0	0	0	0	0
③	今井	4	1	1	1	1
⑨	福富	3	1	0	0	1
⑧	漆原	5	1	0	1	0
⑥	長島	4	3	0	0	1
④	水野	3	1	1	0	2
①	橘	5	2	2	0	0

犠	盗	失	併	残	打	安	点	振	球
2	0	2	1	10	37	13	8	4	7

【相洋】		打	安	点	振	球
⑧	土屋	3	0	0	0	0
H	石沢	1	0	0	0	0
8	田中	0	0	0	0	0
③	崎元	4	0	0	2	0
②	渡辺	4	1	0	1	0
⑥	二宮	4	1	0	0	0
⑦	笠間	4	1	0	0	0
⑨	本多	4	2	2	1	0
⑤	梶山	4	1	2	0	0
④	川島	2	1	0	0	2
①	加藤	3	0	0	1	0
H	竹下	1	0	0	0	0

犠	盗	失	併	残	打	安	点	振	球
0	0	3	0	4	34	7	4	5	2

投手	回	打	安	振	球	責
橘	9	36	7	5	2	4
加藤	9	46	13	4	7	5

3回裏、東海大相模2死。本塁打を放ち6点目のホームを踏む佐藤

東海 無失点リレー

東海大相模　6―0　藤嶺藤沢

▽本塁打　佐藤（千島）▽三塁打　佐藤▽二塁打　北井、石井▽犠打　千島▽盗塁　大塚2▽失策　祝、柴田、小林▽暴投　石田▽捕逸　祝▽審判　福寿、江崎、島村、川瀬▽試合時間　2時間14分

【評】東海大相模が無失点リレー。石田は力のある直球を主体に6回を散発3安打7奪三振に封じ、2番手石川も低めに集めて危なげなかった。打線は4安打ながら相手先発の制球難に乗じて序盤に得点した。藤嶺藤沢は相手を上回る6安打を放つも無得点だった。

22日（バッティングパレス相石スタジアムひらつか）

	1	2	3	4	5	6	7	8	9	計
藤嶺藤沢	0	0	0	0	0	0	0	0	0	0
東海大相模	1	4	1	0	0	0	0	0	×	6

【藤	嶺】	打	安	点	振	球
⑨	高橋	4	1	0	1	0
⑦	尾形	3	0	0	1	1
⑥	藤岡	1	0	0	0	0
1	千島	1	0	0	1	0
H	具志	1	0	0	1	0
1	重松	0	0	0	0	0
③	西井	4	1	0	2	0
②	祝	2	0	0	1	2
⑧	石井	4	1	0	1	0
⑤6	北井	4	1	0	1	0
④	岩本	4	1	0	1	0
①	藤木	0	0	0	0	0
1	原沢	0	0	0	0	0
H5	堀内	2	1	0	0	1
H	佐野	1	0	0	0	0
犠盗失併残	1 0 1 1 9	31	6	0	10	4

【東	海】	打	安	点	振	球
⑥	大塚	1	0	0	1	3
④	綛田	3	0	0	2	1
⑧	門馬	4	1	1	0	0
⑤	柴田	3	0	1	0	1
②	小島	3	0	0	0	1
⑨3	求	2	0	0	1	2
③	小林	4	1	0	0	0
R7	仙庭	0	0	0	0	0
⑦9	佐藤	4	2	3	0	0
①	石田	1	0	0	0	1
H	黒沢	1	0	0	0	0
1	石川	1	0	0	0	0
犠盗失併残	0 2 2 1 6	27	4	5	4	9

投手	回	打	安	振	球	責
藤木	1⅔	12	2	1	6	4
原沢	⅓	2	0	0	1	0
千島	5	17	1	3	1	1
重松	1	5	1	0	1	0
石田	6	24	3	7	4	0
石川	3	12	3	3	0	0

3回裏、向上1死三塁。中山が右中間に2ランを放つ。捕手・本間穂

終盤畳み掛け 向上コールド

向上　10―3　三浦学苑

▽本塁打　中山（上村）▽三塁打　阿万▽二塁打　海老根、本多、板倉2、泉田▽犠打　渡辺、真野、広田、山中2▽盗塁　直理、広田、山中、徳田▽失策　本多、阿部、徳田▽暴投　佐藤、上村2、猿山
▽審判　安部、清水、若杉、土屋
▽試合時間　2時間18分

【評】向上が終盤に畳み掛けて大勝した。1点差とされた直後の七回に長短打を生かして2点を挙げ、八回には5連打でコールドに持ち込んだ。好リリーフの猿山が要所を締めた。三浦学苑は七回に1点差に迫ったが、再三の走者を生かし切れなかった。

22日（サーティーフォー保土ケ谷球場）　（8回コールド）

三浦学苑	0	0	0	2	0	0	1	0	3
向上	0	0	4	0	0	0	2	4X	10

【三浦学】		打	安	点	振	球
⑧	船越	4	0	0	0	0
③	松本	4	2	0	1	0
⑥	本多	3	2	0	0	1
①	上村	4	1	1	0	0
⑨	林	3	1	0	2	0
H	飯野	1	0	0	1	0
9	前田	0	0	0	0	0
⑦	渡辺	3	1	1	0	0
④	真野	2	0	0	0	0
②	本間穂	3	1	0	1	0
⑤	阿部	2	1	1	0	1

犠	盗	失	併	残					
2	0	2	0	6	29	9	3	5	2

【向上】		打	安	点	振	球
⑦	直理	4	1	0	1	1
④	阿万	5	2	1	0	0
⑤	海老根	5	2	1	0	0
R	斉藤	0	0	0	0	0
⑧	板倉	5	2	1	1	0
③	中山	4	3	2	0	0
3	泉田	1	1	2	0	0
②	広田	3	2	0	0	1
⑨	山中	1	0	1	0	1
⑥	徳田	4	1	0	0	0
①	佐藤	2	0	0	1	0
1	猿山	2	0	0	1	0

犠	盗	失	併	残					
3	4	1	2	9	36	14	8	4	3

投手	回	打	安	振	球	責
上村	7⅔	42	14	4	3	9
佐藤	3⅔	13	5	1	2	2
猿山	5	20	4	4	0	1

3回裏、厚木北1死二塁。伊藤の投前ゴロを三塁へ悪送球の間に二走・中武が生還、1点を返す

大技小技で横浜コールド

横浜　11―1　厚木北

▽本塁打　立花（伊藤）▽三塁打　増田▽二塁打　山田、玉城、細川▽犠打　緒方、玉城、岸本、増田、笹田、北川、伊藤▽盗塁　立花、増田、八木田▽失策　緒方、山田、井指、川内▽暴投　伊藤
▽審判　岩田、深沢、富樫、赤坂
▽試合時間　2時間17分

【評】大技小技で得点を重ねた横浜が七回コールド勝ち。2点リードの五回に二ゴロと中犠飛で加点、六回は立花の3ランでダメ押しした。3投手が1失点でしのいだ。厚木北は五回1死二塁でけん制死、七回2死満塁も一本が出ず、自慢の強打を生かせなかった。

22日（サーティーフォー保土ケ谷球場）　（7回コールド）

横　浜	0	2	0	1	2	4	2	11
厚木北	0	0	1	0	0	0	0	1

【横　浜】		打	安	点	振	球
⑥	緒方	2	0	1	0	2
③	玉城	3	2	0	0	0
H3	小野	1	1	1	0	0
⑦1	金井	5	1	1	0	0
②	立花	5	2	3	0	0
⑤	宮田	4	3	0	0	0
⑨	岸本	3	0	1	0	0
④7	増田	2	1	0	0	1
⑧	笹田	1	0	1	0	1
H	山崎	1	1	0	0	0
R	八木田	0	0	0	0	0
8	中藤	0	0	0	0	0
①	山田	1	1	2	0	0
H	丸木	0	0	0	0	1
1	田高	2	1	0	1	0
4	板倉	0	0	0	0	0

犠	盗	失	併	残	打	安	点	振	球
5	3	2	1	8	30	13	10	1	5

【厚木北】		打	安	点	振	球
⑧	細川	2	1	0	0	2
④	井指	3	1	0	1	1
⑥	川内	3	1	0	1	1
⑤	菅野	4	0	0	0	0
⑦	亀川	3	1	0	0	0
⑨	横手	3	0	0	0	0
③	中武	3	1	0	0	0
②	北川	1	0	0	1	0
H	松本	1	0	0	0	0
①	伊藤	1	0	0	0	0
1	遠藤	0	0	0	0	0
H	三木	0	0	0	0	1

犠	盗	失	併	残	打	安	点	振	球
2	0	2	0	9	24	5	0	3	5

投手	回	打	安	振	球	責
山田	3	13	1	1	2	0
田高	3	12	4	1	0	0
金井	1	6	0	1	3	0
伊藤	6 0/3	34	10	0	5	5
遠藤	1	6	3	1	0	1

相模原弥栄が4時間熱戦制す

【白 山】		打	安	点	振	球
⑦	鈴木	5	1	1	0	1
7	藤江	1	0	0	0	0
④	阿部	6	2	3	1	1
⑧18	丸	6	3	1	1	1
⑥	林留	5	0	0	1	2
⑤	中村鯨	4	2	1	0	1
⑨89	林大	5	1	1	2	2
③	斉木	2	0	1	0	1
R3	鯨	1	0	0	0	0
H3	小谷	3	0	0	0	0
①8	石井	2	1	0	0	0
H91	平本	3	0	0	0	1
②	金原	5	2	1	0	0

犠	盗	失	併	残	打	安	点	振	球
3	0	3	0	15	48	12	9	5	10

【弥 栄】		打	安	点	振	球
③	武田	6	2	0	0	1
④	鈴木	5	1	0	0	0
⑧	林	7	2	2	1	0
①6	永守	6	1	0	0	0
⑨	渡辺	6	2	1	0	0
②	鶴見	4	2	2	0	2
⑤	村上	5	2	1	0	1
⑦	会田	4	0	0	2	1
⑥	丸山	0	0	0	0	0
1	伊藤	2	1	0	0	0
1	吉田	4	1	0	0	0
R	福田	0	0	0	0	0

犠	盗	失	併	残	打	安	点	振	球
3	1	1	0	13	49	14	7	3	5

投手	回	打	安	振	球	責
石井	3⅓	17	3	0	3	1
丸	⅔	7	5	0	0	5
平本	8 0/3	33	6	3	2	0
永守	2⅔	16	6	2	2	2
伊藤	1⅓	6	1	0	1	2
吉田	9	39	5	3	7	5

延長タイブレーク13回裏、サヨナラ打を放った相模原弥栄・林（中央）を囲み喜ぶナイン

▽三塁打　阿部▽二塁打　丸3、鈴木、渡辺、鶴見▽犠打　中村鯨2、金原、鈴木（弥）2、会田▽盗塁　武田▽失策　阿部、丸、林留、武田▽暴投　永守、伊藤、平本▽審判　諏訪、小林、北林、森口▽試合時間　4時間5分

【評】相模原弥栄が4時間の熱戦を制した。無死一、二塁から始まるタイブレークの十三回に犠打野選で満塁とし、林が右越えの一打で決着をつけた。3番手吉田が六回以降を無失点に封じた。白山も12安打と互角。好救援の平本がタイブレークで力尽きた。

20日（大和スタジアム）　（延長13回、13回からタイブレーク）

	1	2	3	4	5	6	7	8	9	10	11	12	13	計
白山	0	1	1	0	7	0	0	0	0	0	0	0	0	9
相模原弥栄	0	0	1	2	6	0	0	0	0	0	0	0	1X	10

横浜創学館 初回から猛攻

【南】		打	安	点	振	球
⑦	谷津	3	0	0	1	0
⑧	金子	1	0	0	0	1
①63	唱	1	0	0	0	0
⑨	天野	2	0	0	2	0
③1	河村	2	0	0	0	0
⑤6	永野	2	1	0	0	0
R	大形	0	0	0	0	0
②	越智	2	0	0	1	0
④	津戸	2	0	0	1	0
⑥	牧野	0	0	0	0	0
15	秋山	1	0	0	0	1

犠	盗	失	併	残	打	安	点	振	球
1	0	3	0	4	16	1	0	5	2

【創学館】		打	安	点	振	球
⑧	倉谷	2	1	1	0	2
④	光岡	2	0	0	0	1
H3	大橋	1	0	0	0	0
⑨	岡本	3	2	1	0	1
③4	長井	3	1	2	0	1
⑤	仲田	2	2	3	0	1
R5	福田	1	0	0	0	0
⑦	高野	2	1	1	0	0
H7	佐藤陽	1	0	0	0	0
1	渡辺	0	0	0	0	0
②	井上	0	0	0	0	1
H	鈴木	0	0	1	0	0
2	直江	1	0	0	0	0
①7	遠藤	3	2	2	0	0
⑥	森	1	0	0	0	0
H	久慈	0	0	0	0	1
6	佐藤汰	0	0	0	0	1

犠	盗	失	併	残	打	安	点	振	球
1	5	1	0	6	22	9	11	0	9

投手	回	打	安	振	球	責
唱	1⅓	15	6	0	5	9
秋山	1⅔	10	2	0	2	2
河村	1	7	1	0	2	0
遠藤	4	14	0	4	1	0
渡辺	1	5	1	1	1	0

1回裏、横浜創学館1死二、三塁。長井が中前に先制の2点適時打を放つ

▽三塁打　仲田▽二塁打　岡本、遠藤2、仲田、倉谷▽犠打　唱、鈴木▽盗塁　岡本、福田、高野、井上、久慈▽失策　永野、津戸、秋山、仲田▽暴投　唱▽捕逸　越智▽審判　清水、本多、遠藤、古川▽試合時間　1時間25分

【評】横浜創学館が初回から攻め立て、毎回の14得点で五回コールド勝ち。初回は中軸の3長短打などで5点を先取。二回は3連続四球に連打と犠飛で4点を加え、優位に進めた。遠藤は4回を投げ無安打無失点。南は投手陣が9四球と乱れ、攻守で押し切られた。

20日（等々力球場）　（5回コールド）

	1	2	3	4	5	計
南	0	0	0	0	0	0
横浜創学館	5	4	4	1	×	14

立花学園 中盤に集中打

【立　花】		打	安	点	振	球
②	岩　田	5	0	0	0	0
④	小　岩	5	2	3	0	0
⑨	上　藪	5	2	0	0	0
⑤	寺　内	4	0	1	2	1
③	中　村	3	1	0	0	2
⑦	近　藤	5	3	0	0	0
⑧	畑　尾	5	1	0	0	0
8	柴　田	0	0	0	0	0
⑥	佐藤知	5	2	2	0	0
①	小　林	1	0	0	1	0
H	佐　野	1	1	1	0	0
1	永島田	2	1	0	0	0
H	冨　樫	1	0	0	0	0
1	東　田	0	0	0	0	0

犠	盗	失	併	残	打	安	点	振	球
0	2	0	1	10	42	13	7	3	3

【星　槎】		打	安	点	振	球
④	岡　村	5	3	0	2	0
⑤	戸　頃	3	0	0	0	2
⑥7	中　平	4	1	0	0	1
②	佐　野	4	1	0	1	0
⑦9	石　崎	3	1	0	0	1
⑨	高　津	1	0	1	1	1
9	小　泉	1	0	0	1	0
1	松　丸	0	0	0	0	0
1	後　藤	1	1	1	0	0
③	佐　藤	2	0	0	0	0
3	浅　川	1	0	0	0	0
H3	渡　辺	1	0	0	0	0
①	小　林	1	0	0	0	0
H	青　木	1	0	0	1	0
1	松　下	0	0	0	0	0
1	萩　原	0	0	0	0	0
H7	須　崎	2	0	0	0	0
6	山　口	0	0	0	0	0
⑧	平　塚	3	0	0	2	0
H	香　川	0	0	0	0	1

犠	盗	失	併	残	打	安	点	振	球
0	0	4	0	10	33	7	2	8	6

投手	回	打	安	振	球	責
小　林	3	16	2	2	5	1
永島田	5	19	4	6	0	1
東　田	1	4	1	0	1	0
小　林	4	20	5	2	2	1
松　下	1 2/3	10	4	0	1	3
萩　原	1/3	1	0	1	0	0
松　丸	0/3	3	3	0	0	0
後　藤	3	11	1	0	0	1

4回表、立花学園1死二、三塁。中前に勝ち越しの2点適時二塁打を放った佐藤知

▽本塁打　小岩（松下）▽三塁打　岡村▽二塁打　岡村、佐藤知、上藪▽盗塁　小岩、中村▽失策　中平、高津2、山口▽ボーク　永島田▽審判　飯田、高橋、春日、田中▽試合時間　2時間55分

【評】立花学園が中盤の集中打で制した。四回に敵失に乗じ佐藤知、代打佐野の連続適時打で勝ち越し、六回は小岩が3点ランニング本塁打。2失点と踏ん張った3投手の好リレーも光った。星槎国際湘南は初回無死満塁の好機で1点どまり。4失策が痛かった。

20日（横須賀スタジアム）

立花学園	0	0	0	4	0	3	0	1	0	8
星槎国際湘南	1	0	0	0	0	0	0	1	0	2

日大藤沢 七回コールド

【日　藤】		打	安	点	振	球
⑥	田　上	4	0	0	1	1
⑤	村　山	2	1	0	1	2
⑧	提　坂	3	2	1	0	1
⑨	柳　沢	3	0	0	0	1
④	遠　藤	3	2	3	0	1
③	宮　沢	3	0	0	1	0
⑦	鎌　田	4	3	2	1	0
②	坂　田	2	0	1	0	0
①	清水虎	2	1	2	1	1

犠	盗	失	併	残	打	安	点	振	球
4	6	3	0	5	26	9	9	5	7

【海老名】		打	安	点	振	球
⑥	斉　藤	4	1	0	1	0
⑤	当　間	3	2	0	0	0
⑨19	尾羽沢	4	2	0	0	0
⑦171	小　林	3	1	0	1	0
③797	北　条	3	0	0	1	0
⑧	白　鳥	3	1	2	1	0
④	赤　松	3	0	0	0	0
①	工　藤	0	0	0	0	0
1	萩　原	0	0	0	0	0
3	本　間	2	0	0	1	0
3	古　畑	1	0	0	0	0
②	北　原	3	1	0	0	0

犠	盗	失	併	残	打	安	点	振	球
1	1	0	0	5	29	8	2	5	0

投手	回	打	安	振	球	責
清水虎	7	30	8	5	0	3
工　藤	2	10	3	1	1	2
萩　原	0/3	2	1	0	1	1
小　林	4 0/3	20	4	4	4	7
尾羽沢	1/3	2	1	0	0	1
小　林	2/3	3	0	0	1	0

6回裏、海老名1死二、三塁。白鳥の適時打で三走に続き二走・小林が4点目の生還

▽三塁打　鎌田▽二塁打　清水虎▽犠打　宮沢、坂田2、清水虎、当間▽盗塁　田上、村山2、提坂、柳沢、遠藤、白鳥▽失策　田上、村山、遠藤▽暴投　清水虎2、小林2▽ボーク　萩原、小林▽審判　松本、藤橋、大庭、森山▽試合時間　2時間

【評】日大藤沢がビッグイニングをつくってコールド勝ち。七回に遠藤、鎌田の適時打などで一挙5点を挙げて試合を決めた。本盗を含む6盗塁の足技も光った。海老名は4安打を集めて2点差に迫った六回の攻撃は見事だったが、粘投の投手陣が力尽きた。

20日（バッティングパレス相石スタジアムひらつか）　（7回コールド）

日大藤沢	1	1	2	0	1	1	5	11
海老名	0	0	0	0	1	3	0	4

麻溝台 日大を撃破

【日	大】	打	安	点	振	球
⑧	橋本	3	2	0	0	1
⑥	牧内	3	1	0	1	0
⑨	鈴木晴	4	3	0	0	0
⑤	佐久間	4	0	0	1	0
③	沢田	4	1	0	1	0
②	島田	3	1	0	0	1
④	高橋	4	0	0	0	0
①	須藤	1	0	0	0	0
1	月村	1	0	0	0	0
H	上田	1	0	0	0	0
⑦	石川	4	1	1	0	0

犠	盗	失	併	残					
2	0	0	1	8	32	9	1	3	2

【麻溝	台】	打	安	点	振	球
⑤	石井	4	2	1	0	0
④	小指	3	1	1	0	1
⑥	関口	3	2	1	0	1
②	鈴木	3	0	0	0	0
⑧	吉池	4	1	1	1	0
③	山本希	4	1	0	0	0
⑦	増山	2	1	0	0	0
1	市川	1	0	0	0	0
⑨	山口	1	1	0	0	1
H7	片野	1	0	0	0	0
①79	渡辺	2	1	0	0	0

犠	盗	失	併	残					
4	0	2	1	7	28	10	4	1	3

投手	回	打	安	振	球	責
須藤	4⅓	20	5	1	2	4
月村	3⅔	15	5	0	1	0
渡辺	5	20	6	0	1	0
市川	4	16	3	3	1	0

5回裏、麻溝台1死一、二塁。石井が右前に勝ち越しの適時打を放つ

▽二塁打　石川▽犠打　牧内、須藤、鈴木、市川、山口、渡辺▽失策　石井、渡辺▽暴投　市川
▽審判　中原、久野、下地、一居
▽試合時間　1時間50分

【評】麻溝台が中盤に4点を挙げ、継投で逃げ切った。四回に内野ゴロの間に1点を先制し、同点の五回は1死一塁から4連打で3点を勝ち越した。先発渡辺は5回1失点、六回から登板した市川は3安打に抑えた。日大は9安打を放ったが攻めきれなかった。

20日（等々力球場）

										計
日大	0	0	0	0	1	0	0	0	0	1
麻溝台	0	0	0	1	3	0	0	0	×	4

横浜清陵 Y校破る

【清	陵】	打	安	点	振	球
⑧	柳下	5	1	0	0	0
⑤	入江	3	0	0	3	2
⑦	鈴木	4	1	0	2	1
③	五十嵐	4	4	4	0	0
⑨	中西	4	2	0	0	0
①	渡辺	3	0	0	2	0
④	青木	4	0	0	0	0
②	江藤	3	0	0	3	1
⑥	平田	4	0	0	1	0

犠	盗	失	併	残					
1	0	1	0	7	34	8	4	11	4

【Y	校】	打	安	点	振	球
⑤	土屋	3	1	0	0	1
⑧	黒川	4	1	1	0	0
③	村岡	3	1	1	0	2
⑦	畠山	4	0	0	1	0
⑨	松浦	3	1	0	0	1
⑥	長野	2	1	0	0	0
H	藤崎	1	0	0	0	0
6	近藤	1	0	0	0	0
①	奥村	2	0	0	0	0
1	山口	2	1	1	1	0
②	斉藤	4	3	0	1	0
④	明田	4	1	0	0	0

犠	盗	失	併	残					
2	0	1	0	8	33	10	3	3	4

投手	回	打	安	振	球	責
渡辺	9	39	10	3	4	4
奥村	5⅔	24	5	5	3	2
山口	3⅓	15	3	6	1	2

6回表、横浜清陵1死一塁。五十嵐が左翼に先制本塁打を放つ

▽本塁打　五十嵐（奥村）山口（渡辺）
▽三塁打　斉藤▽犠打　渡辺、土屋、黒川▽失策　平田、土屋▽暴投　渡辺2
▽審判　松下、栗田、高橋、祝
▽試合時間　2時間21分

【評】横浜清陵が第2シードのY校に真っ向勝負で競り勝った。六回に五十嵐の2点本塁打などで3点を先制し、七回にも五十嵐の適時打で加点した。Y校は相手を上回る10安打で九回に1点差に迫ったが、清陵・渡辺の思い切りのいい投球を捕まえきれなかった。

20日（サーティーフォー保土ケ谷球場）

										計
横浜清陵	0	0	0	0	0	3	2	0	0	5
横浜商	0	0	0	0	0	0	3	0	1	4

慶応7長打、パワー発揮

【慶応】		打	安	点	振	球
⑥4	二宮	2	1	0	0	2
⑧	横地	4	0	0	1	0
⑨	真田	3	2	0	0	1
⑤	今泉	4	2	3	0	0
②	坪田	4	2	2	0	0
1	宮腰	0	0	0	0	0
1	田中	0	0	0	0	0
③	宮原	4	1	1	0	0
3	中村	0	0	0	0	0
⑦	権藤	4	2	1	0	0
7	大滝	0	0	0	0	0
④	金岡	3	1	0	0	1
6	八木	0	0	0	0	0
①	沖村	2	1	0	0	0
H	小堀	1	1	2	0	0
2	吉開	1	0	0	0	0

犠	盗	失	併	残	打	安	点	振	球
0	2	0	0	6	32	13	9	1	4

【桜丘】		打	安	点	振	球
⑧	長瀬	3	1	0	1	0
⑦	福島	3	0	0	1	0
②	土屋	3	0	0	0	0
③	木曽	3	1	0	1	0
①	小杉	3	1	0	2	0
⑥	斎藤亮	3	1	0	2	0
④	宝蔵寺	3	0	0	1	0
⑨	森川	3	2	1	0	0
⑤	斎藤睦	2	0	0	2	0
H	山田	1	1	1	0	0

犠	盗	失	併	残	打	安	点	振	球
0	0	0	1	4	27	7	2	10	0

投手	回	打	安	振	球	責
沖村	5	18	3	9	0	0
宮腰	1⅓	4	0	1	0	0
田中	⅔	5	4	0	0	2
小杉	7	36	13	1	4	9

3回表、慶応2死二塁。坪田の適時二塁打で二走・真田が2点目の生還

▽本塁打　小堀（小杉）▽三塁打　真田▽二塁打　坪田2、宮原、二宮、今泉、森川▽盗塁　真田2
▽審判　熊倉、小島、田沢、神宮
▽試合時間　1時間52分

【評】慶応が7長打のパワーを見せつけた。三回に坪田、宮原の連続適時二塁打などで4点差とすると、六回には代打小堀が左翼へ2ラン。先発沖村は5回9三振と力投。桜丘も無失策の守備を披露し、七回に連打で2点を奪う意地を見せた。

20日（藤沢八部球場）　（7回コールド）

	1	2	3	4	5	6	7	計
慶応	1	0	3	0	0	5	0	9
桜丘	0	0	0	0	0	0	2	2

桐光学園 無失点リレー

【相中等】		打	安	点	振	球
⑤6	藤田	4	1	0	0	0
⑧	坂本	3	0	0	0	0
⑥1	川野	4	1	0	0	0
②	雄鹿	3	1	0	1	1
①9	遠藤	4	0	0	1	0
⑨5	石井	4	0	0	1	0
③	谷川	4	1	0	0	0
④	田島	3	1	0	0	0
⑦	小南	3	1	0	0	0

犠	盗	失	併	残	打	安	点	振	球
1	0	0	0	7	32	6	0	3	1

【桐光】		打	安	点	振	球
⑤	篁	3	1	0	0	1
⑧	松江	4	2	1	1	0
⑥	内囿	3	0	0	0	0
⑨	寺井	3	2	1	0	1
⑦	渋沢	4	2	1	0	0
②	石井	3	0	0	0	0
④	米山	3	1	1	0	0
③	小沢	3	1	0	0	0
3	山口	1	0	0	0	0
①	中平	1	1	1	0	0
H	中本	1	0	0	0	0
1	針谷	2	0	0	0	0

犠	盗	失	併	残	打	安	点	振	球
3	1	1	0	7	31	10	5	1	2

投手	回	打	安	振	球	責
遠藤	6⅔	32	10	1	2	5
川野	1⅓	4	0	0	0	0
中平	4	18	5	0	1	0
針谷	5	16	1	3	0	0

2回裏、桐光学園2死二塁。中平が先制の適時打を放つ

▽二塁打　小沢、谷川、篁、松江▽暴投　中平▽犠打　坂本、内囿、石井、米山▽盗塁　寺井▽失策　松江
▽審判　太田、青木、真保、米屋
▽試合時間　1時間35分

【評】桐光学園は中平－針谷の無失点リレーで危なげなかった。中平は低めを突き、針谷はテンポ良くアウトを重ねた。打線は七回に4長短打で3点を奪って駄目押しした。相模原中等は四回まで得点圏に走者を進めたが、もう一押しが足りなかった。

20日（サーティーフォー相模原球場）

	1	2	3	4	5	6	7	8	9	計
相模原中等	0	0	0	0	0	0	0	0	0	0
桐光学園	0	1	0	0	0	1	3	0	×	5

藤沢翔陵 二回に打者一巡

【上溝南】		打	安	点	振	球
④	水谷	3	0	0	1	0
H	山田	1	0	0	0	0
⑧	立川	3	1	0	0	1
⑥	木越	3	0	0	0	0
②	大図	3	0	0	0	0
⑤	佐藤	3	1	0	1	0
③	畠中	3	0	0	0	0
⑨	糸谷	1	0	0	1	1
1	山中	1	0	0	0	0
①9	渋江	3	2	1	0	0
⑦	田村	3	0	0	0	0

犠	盗	失	併	残	打	安	点	振	球
0	0	3	1	7	27	4	1	3	2

【翔陵】		打	安	点	振	球
⑨	藤代	4	0	0	1	0
9	佐久間	0	0	0	0	0
④	鈴木	3	2	2	0	1
③	梅沢	4	2	1	0	0
3	札場	0	0	0	0	0
②	今井	3	2	1	0	1
⑦	羽立	3	3	2	0	1
⑧	漆原	3	1	0	0	1
⑥	長島	2	0	0	0	1
⑤	水野	3	1	3	0	0
5	玉城	0	0	0	0	0
①	古沢	2	0	0	2	0
H	大野	1	0	0	1	0
1	沢藤	1	0	0	0	0

犠	盗	失	併	残	打	安	点	振	球
2	1	2	0	8	29	11	9	4	5

投手	回	打	安	振	球	責
渋江	4 2/3	27	6	3	5	2
山中	1 1/3	9	5	1	0	4
古沢	5	21	4	2	2	1
沢藤	2	8	0	1	0	0

5回を1失点の力投でチームを勝利に導いた藤沢翔陵先発・古沢

▽三塁打　鈴木▽二塁打　佐藤、鈴木、水野▽犠打　長島、水野▽盗塁　水野▽失策　水谷、畠中、渋江、羽立、水野▽暴投　山中、沢藤
▽審判　上園、桜庭、若林、菅原
▽試合時間　1時間58分

【評】藤沢翔陵が集中打で圧倒した。1－1の二回に4連打を含む打者10人で一挙4点。5点リードの六回にも4連打などで4点を奪い試合を決めた。2番手沢藤が2回無失点で締めた。上溝南は二回に佐藤の二塁打と渋江の適時打で1点奪い意地を見せた。

20日（俣野公園・横浜薬大スタジアム）　（7回コールド）

上溝南	0	1	0	0	0	0	0	1
藤沢翔陵	1	4	0	0	1	4	×	10

相洋 四死球絡め大量得点

【相洋】		打	安	点	振	球
⑦	笠間	5	2	1	0	1
③	崎元	3	1	0	0	3
②	渡辺	4	2	0	0	2
①6	二宮	4	1	5	0	2
⑤	梶山	4	2	2	0	1
⑨	石沢	4	1	0	0	2
⑥4	桜木	4	3	1	0	2
④	川島	1	0	0	0	1
H	本多	1	0	0	0	0
1	加藤	2	0	0	1	1
⑧	田中	4	0	1	0	0
H8	土屋	1	0	0	0	0

犠	盗	失	併	残	打	安	点	振	球
1	2	1	2	16	37	12	10	1	15

【鶴嶺】		打	安	点	振	球
⑧	望月	5	1	0	0	0
⑦	南沢	3	1	0	1	1
⑨	小林	4	1	0	1	0
③	久保川	4	3	1	0	0
④	伊藤	4	4	3	0	0
⑥	篠崎	4	0	0	1	0
②	清田	4	0	0	1	0
⑤	仲沢	4	0	0	2	0
①	岡	1	0	0	0	0
1	猪田	0	0	0	0	0
1	平川	1	0	0	1	0
H	杉井	1	0	0	1	0
1	安曇	0	0	0	0	0
H	鈴木	1	0	0	0	0

犠	盗	失	併	残	打	安	点	振	球
0	1	0	1	5	36	10	4	8	1

投手	回	打	安	振	球	責
二宮	3	15	5	2	1	3
加藤	6	22	5	6	0	1
岡	3	17	6	0	3	3
猪田	2/3	8	0	0	6	3
平川	2 1/3	15	4	0	3	4
安曇	3	13	2	1	3	0

5回表、相洋1死満塁。右翼に本塁打を放つ二宮

▽本塁打　二宮（平川）▽二塁打　伊藤、梶山、笠間▽犠打　梶山▽盗塁　渡辺、二宮、南沢
▽失策　桜木▽暴投　加藤
▽審判　金子、岩男、瀬間、増田
▽試合時間　2時間19分

【評】相洋が12安打に15四死球を絡めて大量得点した。同点の四回は相手の制球難に乗じ、無安打で3得点。五回には二宮の満塁本塁打で試合を決めた。鶴嶺は序盤互角の戦いを演じたが、投手陣の乱調が痛い。4安打3打点の伊藤ら打線は10安打と振れていた。

20日（大和スタジアム）

相洋	0	2	1	3	4	0	0	0	0	10
鶴嶺	2	0	1	0	1	0	0	1	0	5

藤嶺藤沢3投手好リレー

【藤	嶺】	打	安	点	振	球
⑨	高橋	5	2	0	2	0
⑦	尾形	4	1	0	1	0
⑥	藤岡	5	2	0	0	0
③	西井	5	4	1	0	0
②	祝	4	2	2	1	1
⑧	石井	4	1	0	1	1
⑤	北井	3	1	1	0	0
④	岩本	4	1	0	2	0
①	城島	2	1	0	0	0
1	千島	1	0	0	0	0
H	岩崎	1	0	0	1	0
1	重松	0	0	0	0	0

犠	盗	失	併	残	打	安	点	振	球
3	0	1	0	11	38	15	4	8	2

【湘 工	大】	打	安	点	振	球
⑥	我妻	3	1	0	0	2
④	岩井	3	0	0	1	2
③	中村	5	0	0	2	0
⑧	小林	5	1	0	0	0
⑤	井上	3	1	0	0	2
⑦	田中	4	2	0	0	0
⑨	小松	3	0	1	0	1
①	小柴	2	1	0	0	1
H	有隅	1	1	0	0	0
1	松下	0	0	0	0	0
②	青木	3	0	0	0	0

犠	盗	失	併	残	打	安	点	振	球
3	0	1	1	15	32	7	1	3	8

投手	回	打	安	振	球	責
城島	3⅔	14	1	2	4	0
千島	3	13	2	0	1	1
重松	3	16	4	1	3	0
小柴	8	39	14	7	2	3
松下	1	4	1	1	0	1

9回表、藤嶺藤沢無死。祝が左翼に本塁打を放ち笑顔でホームイン

▽本塁打　祝（松下）▽二塁打　西井、井上、小林▽犠打　尾形、北井2、田中、小松、青木▽失策　藤岡、我妻▽暴投　小柴▽審判　橋本、望月、飯島、奥野▽試合時間　2時間33分

【評】藤嶺藤沢の3投手が要所を締める好リレー。先発の主戦城島が四回途中無失点で、3番手の重松は球威ある直球で押した。15安打の打線も活発で西井は4安打。湘南工大付は主戦小柴が120球の熱投も、15残塁とあと一本が出なかった。

20日（横須賀スタジアム）

	1	2	3	4	5	6	7	8	9	計
藤嶺藤沢	0	0	0	0	2	2	0	0	1	5
湘南工大付	0	0	0	0	0	1	0	0	0	1

東海 九回に地力発揮

【東	海】	打	安	点	振	球
⑥	大塚	5	2	0	1	0
④	綛田	5	1	1	0	0
⑧	門馬	4	1	0	0	1
⑤	柴田	5	1	0	0	0
②	小島	5	1	2	1	0
③	百瀬	5	3	1	1	0
⑨	求	4	4	0	0	0
⑦	佐藤	1	0	0	1	0
H	谷口	1	0	0	0	0
7	黒沢	2	0	0	1	0
①	武井	1	0	0	1	0
H	池本	1	0	0	0	0
1	庄司	0	0	0	0	0
H	小林	1	0	0	0	0
1	石田	1	1	2	0	0

犠	盗	失	併	残	打	安	点	振	球
0	2	0	1	8	41	14	6	6	1

【川	和】	打	安	点	振	球
④	荒畑	5	2	1	2	0
⑦	斉藤	5	0	0	3	0
①9	吉田	1	0	0	0	3
9	丸山	0	0	0	0	0
③	佐伯	4	1	0	2	0
②	祇園	3	2	0	1	1
⑥	新蔵	4	1	0	1	0
⑧	浦山	3	0	0	2	0
⑤	青柳	3	1	0	1	0
H	今井	1	1	0	0	0
⑨	三枝木	3	2	0	0	0
1	小林泰	0	0	0	0	0
H	中村惇	1	0	0	0	0

犠	盗	失	併	残	打	安	点	振	球
1	0	3	1	10	33	10	1	12	4

投手	回	打	安	振	球	責
武井	3	15	4	7	3	1
庄司	3	12	4	2	0	0
石田	3	11	2	3	1	0
吉田	8⅓	37	12	6	0	4
小林泰	⅔	5	2	0	1	0

8回まで東海大相模打線を1失点と好投を見せた川和主戦・吉田

▽本塁打　百瀬（吉田）▽三塁打　三枝木、小島▽二塁打　荒畑、求、百瀬▽犠打　浦山▽盗塁　求2▽失策　荒畑、吉田、新蔵▽暴投　吉田▽審判　奥津、佐藤、萩野、長谷川▽試合時間　2時間25分

【評】八回まで1－1の接戦も東海大相模が九回に地力を発揮。石田の2点打など5長短打6得点で試合を決めた。七回から救援した石田は3回無失点と危なげなかった。川和の先発吉田はカットボールがさえ八回まで1失点に抑えていたが、最後に力尽きた。

20日（サーティーフォー保土ケ谷球場）

	1	2	3	4	5	6	7	8	9	計
東海大相模	0	1	0	0	0	0	0	0	6	7
川和	0	1	0	0	0	0	0	0	0	1

三浦学苑 七回に逆転

【清	流】	打	安	点	振	球
⑦	竹内	4	1	1	0	1
⑧	尾崎	4	2	0	1	1
⑥	田嶋	4	0	0	1	1
③13	木島	5	2	3	2	0
②	林	3	2	1	0	1
⑨	吉永	4	0	0	2	0
⑤	柳下	4	3	0	0	0
①	中谷	3	2	0	1	0
3	五島	0	0	0	0	0
1	山本	0	0	0	0	0
④	石川	3	0	0	2	0

犠	盗	失	併	残	打	安	点	振	球
2	1	1	0	7	34	12	5	9	4

【三浦	学】	打	安	点	振	球
⑧	船越	4	1	0	1	1
⑤	阿部	4	0	0	0	1
⑦	渡辺	3	1	0	0	1
③1	上村	4	1	1	0	1
⑥	本多	4	2	1	0	1
④	真野	1	0	1	0	2
⑨	林	3	1	2	0	1
②	本間穂	2	0	1	1	2
①	坂本	1	0	0	0	0
1	新井	1	0	0	0	0
H	飯野	1	0	0	0	1
3	松本	0	0	0	0	0

犠	盗	失	併	残	打	安	点	振	球
2	1	1	1	9	28	6	6	2	11

投手	回	打	安	振	球	責
中谷	6 1/3	32	6	2	7	6
木島	0/3	4	0	0	4	2
山本	1 2/3	5	0	0	0	0
坂本	3	16	6	2	2	5
新井	3	11	4	5	0	0
上村	3	13	2	2	2	0

3回表、藤沢清流1死三塁。林の適時打で三走・木島が5点目の生還

▽三塁打　木島▽二塁打　竹内、林（藤）▽犠打　山本、石川、渡辺、真野▽盗塁　尾崎、船越▽失策　石川、阿部▽暴投　上村2、山本▽捕逸　本間穂
▽審判　江藤、安武、小島、林
▽試合時間　2時間28分

【評】第3シードの三浦学苑が辛勝した。3点を追う七回、3度の押し出しと暴投などで5点を奪い逆転。その後の反撃を救援のエース上村が封じて逃げ切った。藤沢清流は継投がはまらなかったが、先発中谷は粘投。5短長打を集めて一時逆転した三回の攻撃は見事だった。

20日（俣野公園・横浜薬大スタジアム）

藤沢清流	0	0	5	0	0	0	1	0	0	6
三浦学苑	3	0	0	0	0	0	5	0	×	8

向上・佐藤が2安打完封

【川崎	工】	打	安	点	振	球
⑨	外崎	4	0	0	0	0
②	上原	4	0	0	3	0
⑥	大津	2	0	0	0	1
③	佐藤朋	3	1	0	2	0
①	中里	3	0	0	0	0
⑦	尾形	3	0	0	1	0
④	高久	3	0	0	0	0
⑧	寺地	3	1	0	0	0
⑤	早水	3	0	0	0	0

犠	盗	失	併	残	打	安	点	振	球
0	0	0	1	2	28	2	0	6	1

【向	上】	打	安	点	振	球
⑥	徳田	3	0	0	0	1
⑦	直理	3	0	1	0	0
⑤	海老根	3	0	0	0	0
⑧	板倉	3	1	0	0	0
③	中山	3	0	0	0	0
3	泉田	0	0	0	0	0
④	阿万	2	1	0	0	1
②	広田	3	0	0	0	0
⑨	山中	2	2	0	0	1
①	佐藤	3	0	0	1	0

犠	盗	失	併	残	打	安	点	振	球
0	4	0	1	3	25	4	1	1	3

投手	回	打	安	振	球	責
中里	8	28	4	1	3	1
佐藤	9	29	2	6	1	0

9回を2安打無失点の好投で1点を守り切った向上先発・佐藤

▽盗塁　徳田、山中3
▽審判　井浦、中込、内田、田村
▽試合時間　1時間37分

【評】緊迫した投手戦を向上が制した。先発佐藤は六回1死まで1人の走者も許さない快投。散発2安打完封で虎の子の1点を守り切った。川崎工科の中里も8回を投げて散発4安打1失点と一歩も譲らなかった。打線は七回1死一、二塁での併殺打が悔やまれる。

20日（バッティングパレス相石スタジアムひらつか）

川崎工科	0	0	0	0	0	0	0	0	0	0
向上	0	0	1	0	0	0	0	0	×	1

厚木北 序盤リード守る

【住吉】		打	安	点	振	球
①8	山口	3	1	0	0	1
⑧9	木下	2	1	0	0	1
③43	金子	4	1	0	0	0
⑨131	横山	3	2	2	0	0
⑦	作山	2	0	1	0	1
④6	長沢	3	0	1	1	0
⑤	宮嶋	1	0	0	0	1
H5	加藤	0	0	0	0	1
⑥	横井	1	0	0	0	0
1	石田	1	0	0	0	0
H	友松	1	0	0	0	0
1	岡	0	0	0	0	0
4	小田	0	0	0	0	0
②	橘	1	0	0	0	0
H	西村	1	0	0	0	0
2	福地	1	0	0	0	0
犠盗失併残	2 0 1 1 5	24	5	4	1	5

【厚木北】		打	安	点	振	球
⑧	細川	4	2	0	1	1
④	井指	2	1	0	0	2
⑥	川内	3	2	2	1	2
⑤	菅野	4	1	0	1	1
⑦	亀川	3	3	4	0	1
⑨	横手	2	2	1	0	2
③	中武	4	2	4	1	0
②	北川	3	0	0	0	1
①	遠藤	4	1	0	0	0
犠盗失併残	1 3 2 1 10	29	14	11	4	10

投手	回	打	安	振	球	責
山口	1 ⅓	12	6	1	3	7
横山	⅔	6	2	1	2	2
石田	3	17	5	2	3	2
岡	⅓	3	1	0	1	0
横山	⅔	2	0	0	1	0
遠藤	7	31	5	1	5	3

2回裏、厚木北1死二、三塁。川内が右越えに適時三塁打を放つ

▽三塁打　川内▽二塁打　山口、亀川、中武、川内▽犠打　木下、横山、井指▽盗塁　亀川、横手2▽失策　作山、川内2▽暴投　石田2
▽審判　佐藤、新井、岡本、大橋
▽試合時間　2時間1分

【評】厚木北が序盤の大量リードで押し切った。初回に亀川、中武の2点適時打で4点を先制すると、二回には打者10人の猛攻で5得点。好球を確実に捉えた。先発遠藤は変化球を駆使して、7回を自責点3。住吉は4投手が計10四死球と苦しんだ。

20日（藤沢八部球場）　（7回コールド）

	1	2	3	4	5	6	7	計
住吉	1	0	0	2	2	0	0	5
厚木北	4	5	1	0	2	0	×	12

横浜・杉山が投打で活躍

【鎌学】		打	安	点	振	球
⑨	目崎	3	1	0	0	1
④	山根	3	0	0	1	0
⑤	角谷	2	0	0	0	1
③	小山	2	1	0	0	1
⑦	斎藤	3	0	0	1	0
②	森高	3	0	0	2	0
⑧	佐々木	3	0	0	1	0
①	平本	3	0	0	2	0
⑥	宮尾	3	0	0	0	0
犠盗失併残	1 0 0 0 2	25	2	0	7	3

【横浜】		打	安	点	振	球
⑥	緒方	4	1	0	0	0
③	玉城	4	0	0	1	0
⑦	金井	3	1	0	0	1
②	立花	3	1	1	0	0
①5	宮田	2	0	0	1	2
⑨	岸本	4	0	0	0	0
⑤	増田	0	0	0	0	2
1	杉山	1	1	2	0	0
⑧	笹田	2	0	0	1	1
④	板倉	3	0	0	2	0
犠盗失併残	1 1 0 3 6	26	4	3	5	6

投手	回	打	安	振	球	責
平本	8	33	4	5	6	3
宮田	6 ⅓	21	2	5	3	0
杉山	2 ⅔	8	0	2	0	0

7回裏、横浜2死二、三塁。先制の2点適時打を放ち塁上でガッツポーズの杉山

▽二塁打　杉山、金井▽犠打　山根、立花▽盗塁　立花
▽審判　島田、茅野、増田、実方
▽試合時間　2時間10分

【評】横浜が杉山の投打の活躍で接戦を制した。七回1死一、二塁から救援して無失点に抑えると、直後に決勝の適時二塁打を放った。先発宮田も走者を許しながら要所を締めた。鎌倉学園は五回までに3併殺と突破口を開けず、完投した平本を援護できなかった。

20日（サーティーフォー相模原球場）

	1	2	3	4	5	6	7	8	9	計
鎌倉学園	0	0	0	0	0	0	0	0	0	0
横浜	0	0	0	0	0	0	2	1	×	3

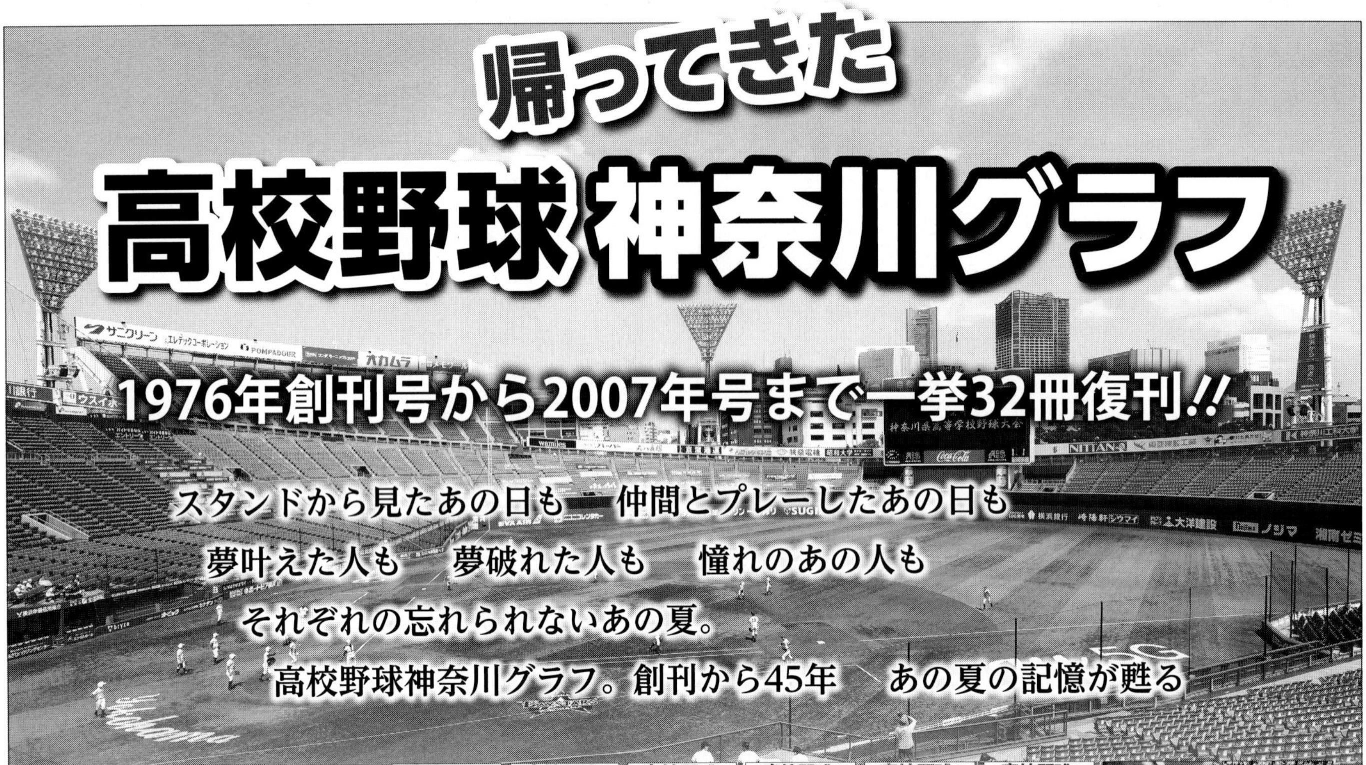

帰ってきた

高校野球 神奈川グラフ

1976年創刊号から2007年号まで一挙32冊復刊!!

スタンドから見たあの日も　仲間とプレーしたあの日も

夢叶えた人も　夢破れた人も　憧れのあの人も

それぞれの忘れられないあの夏。

高校野球神奈川グラフ。創刊から45年　あの夏の記憶が甦る

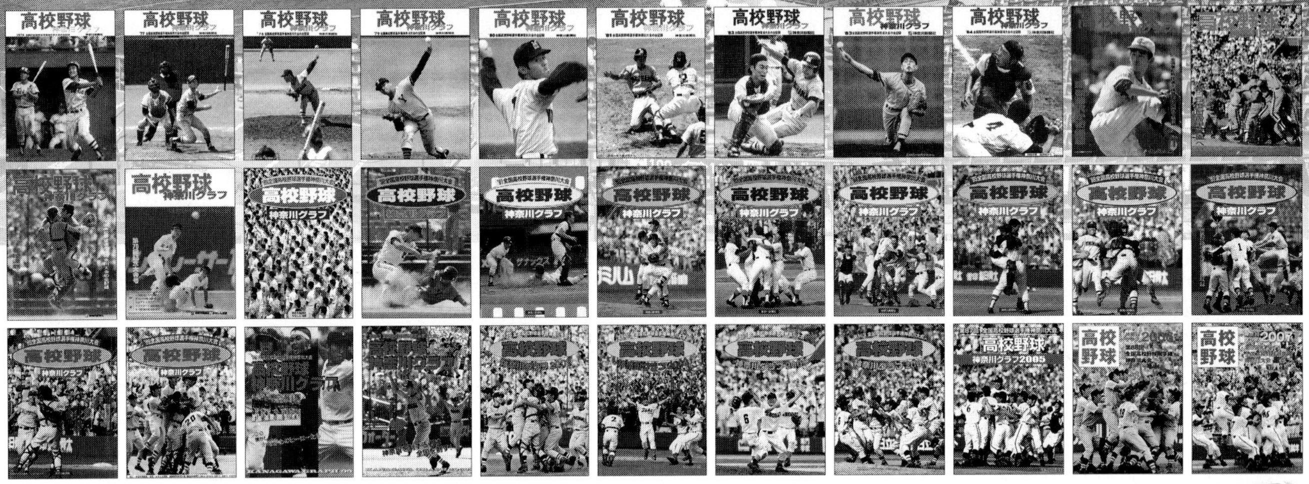

開催年	1976 昭和51年	1977 昭和52年	1978 昭和53年	1979 昭和54年	1980 昭和55年	1981 昭和56年	1982 昭和57年	1983 昭和58年	1984 昭和59年	1985 昭和60年	1986 昭和61年
優　勝	東海大相模	東海大相模	横浜	横浜商	横浜	横浜	法政二	横浜商	桐蔭学園	藤嶺藤沢	横浜商
準優勝	向上	横浜商	横浜商	横浜	桐蔭学園	東海大相模	日大	横浜	向上	横浜	横浜
3　位	多摩	桐蔭学園	桐蔭学園	日大藤沢	武相	日大藤沢	横浜	法政二	綾瀬	山北	津久井浜
	武相	法政二	武相	藤沢商	鎌倉学園	日大	横浜商	相洋	関東六浦	桐蔭学園	藤沢商
活躍した選手	村中 秀人（東海大相模）	中田 良弘（横浜）	三ツ木哲夫（横浜）	宮城 弘明（横浜商）	愛甲 猛（横浜）	片平 保彦（横浜）	高田 誠（法政二）	三浦 将明（横浜商）	志村 亮（桐蔭学園）	相川 英明（横浜）	関川 浩一（桐蔭学園）
	津末 英明（東海大相模）	長谷部淳一（横浜商）	吉田 博之（横浜）	和田 護（日大藤沢）	安西 健二（横浜）	山中 博一（横浜）	阿波野秀幸（桜丘）	中村 大伸（横浜商）	蒲谷 和茂（関東六浦）	大島 公一（法政二）	五味 孝（東海大相模）
	原 辰徳（東海大相模）	渋井 敬一（桐蔭学園）	中島 浩人（横浜商）	曽利田勝二（横浜）	善波 達也（桐蔭学園）	大石 滋昭（南）	荒井 幸雄（横浜商）	山本 昌広（日大藤沢）	高橋 智（向上）	大立 良夫（藤嶺藤沢）	宮川 雄一（津久井浜）

開催年	1987 昭和62年	1988 昭和63年	1989 平成元年	1990 平成2年	1991 平成3年	1992 平成4年	1993 平成5年	1994 平成6年	1995 平成7年	1996 平成8年	1997 平成9年
優　勝	横浜商	法政二	横浜	横浜商	桐蔭学園	桐蔭学園	横浜商大	横浜	日大藤沢	横浜	桐蔭学園
準優勝	東海大相模	鎌倉学園	日大藤沢	神奈川工	横浜	横浜	横浜	日大藤沢	慶応	日大藤沢	横浜商
3　位	鎌倉学園	横浜	山北	桐蔭学園	武相	日大藤沢	山北	横浜商工	横浜	武相	鎌倉学園
	法政二	横浜商	横浜商	川崎北	横浜商	横浜商	日大藤沢	湘南	横浜商大	藤嶺藤沢	横浜
活躍した選手	仙田 聡（横浜商）	小林 由浩（法政二）	鈴木 尚典（横浜）	武藤 孝司（横浜商）	高木 大成（桐蔭学園）	副島 孔太（桐蔭学園）	斉藤 秀光（横浜商大）	矢野 英司（横浜）	尾形 佳紀（日大藤沢）	松井 光介（横浜）	浅井 良（桐蔭学園）
	若田部健一（鎌倉学園）	渡辺 功児（桐蔭学園）	河原 隆一（横浜商）	河原 純一（川崎北）	高橋 由伸（桐蔭学園）	平馬 淳（横浜）	福田 香一（横浜商大）	紀田 彰一（横浜）	佐藤 友亮（慶応）	阿部 真宏（横浜）	平野 恵一（桐蔭学園）
	門馬 敬治（東海大相模）	今関 勝（大楠）	石井 貴（藤嶺藤沢）	川村 丈夫（厚木）	部坂 俊之（横浜）	吉田 道（東海大相模）	高橋 光信（横浜）	多村 仁（横浜）	原 俊介（東海大相模）	森野 将彦（東海大相模）	上地 雄輔（横浜）

開催年	1998 平成10年	1999 平成11年	2000 平成12年	2001 平成13年	2002 平成14年	2003 平成15年	2004 平成16年	2005 平成17年	2006 平成18年	2007 平成19年
優　勝	（東）横浜	桐蔭学園	横浜	横浜	桐光学園	横浜商大	横浜	桐光学園	横浜	桐光学園
準優勝	桐光学園	桜丘	桐光学園	桐光学園	東海大相模	横浜	神奈川工	慶応	東海大相模	東海大相模
3　位	（西）平塚学園	横浜	県商工	桐蔭学園	平塚学園	桐光学園	横浜商大	日大	桐蔭学園	慶応
	東海大相模	桐光学園	横浜商大	東海大相模	桐蔭学園	東海大相模	横浜隼人	東海大相模	横浜商大	横浜
活躍した選手	松坂 大輔（横浜）	由田慎太郎（桐蔭学園）	小澤 晃弘（横浜）	松浦 健介（横浜）	円谷 英俊（横浜）	内 竜也（県川崎工）	涌井 秀章（横浜）	山室公志郎（桐光学園）	福田 永将（横浜）	菅野 智之（東海大相模）
	長田秀一郎（鎌倉学園）	石井 裕也（横浜商工）	筑川利希也（東海大相模）	山口 鉄也（横浜商）	早坂 圭介（横浜商工）	成瀬 善久（横浜）	石川 雄洋（横浜）	中林 伸陽（慶応）	高浜 卓也（横浜）	田中 広輔（東海大相模）
	館山 昌平（日大藤沢）	長崎 元（平塚学園）	小山田貴雄（県川崎工）	内藤 雄太（横浜商工）	栂野 雅史（桐蔭学園）	荒波 翔（横浜）	田澤 純一（横浜商大）	黒羽根利規（日大藤沢）	秋山 翔吾（横浜創学館）	大田 泰示（東海大相模）

＊1998年は記念大会のため、優勝校が２校　裏表紙＝横浜（東）、表表紙＝平塚学園（西）

Amazon限定 書籍発売！

定価　**3,500円**（税込）

購入方法　＊Amazonのみ

❶ Amazonにアクセス ・・・・➜

❷ Amazonの内検索窓で

復刻版神奈川グラフ

＊書店での販売、神奈川新聞社での直販はいたしません

＊初版本とは一部異なる部分があります。

詳細はAmazonの商品ページをご確認ください

2008年～2019年号は、初版在庫がございます

お問い合わせは

神奈川新聞社デジタルビジネス局

TEL.045-640-0125　月～金曜（平日）10時から18時まで。

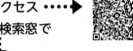

白山 効率よく加点

▷三塁打　丸２、林大、貝瀬、斉木▷二塁打　秋山２、阿部、岩井▷犠打　阿部、林留、中村鯨、小谷▷盗塁　下茂▷失策　小谷、貝瀬２▷暴投　加藤
▷審判　永田、井上、小池、久保寺
▷試合時間　１時間57分

【評】効率よく加点した白山が快勝。初回と四回は１本の長打に２犠打を絡めて各２得点。計７安打中５長打と振りも鋭かった。２番手で登板の丸はテンポ良く５回１失点。川崎総合科学は９安打を放ったが効果的な一本が出ず、力投の加藤を援護できなかった。

【白山】		打	安	点	振	球
⑦	鈴木	4	0	0	1	1
④	阿部	3	1	0	1	1
⑧18	丸	5	2	2	1	0
⑥	林留	2	0	1	0	1
⑤	中村鯨	2	0	0	0	1
⑨89	林大	4	2	1	1	0
③	小谷	2	0	1	1	0
3	鯨	1	1	0	0	0
①9	石井	3	0	0	0	0
H	斉木	1	1	2	0	0
1	平本	0	0	0	0	0
②	金原	4	0	0	0	0

犠	盗	失	併	残	打	安	点	振	球
4	0	1	0	4	31	7	7	5	4

【川総科】		打	安	点	振	球
⑥	貝瀬	5	1	0	2	0
③	岩井	5	1	1	1	0
②	後藤	3	2	0	0	1
①	加藤	4	1	0	0	0
⑦	鳥屋	3	0	0	1	1
⑧	下茂	4	2	2	1	0
⑤	加賀田	4	0	0	2	0
⑨	松永	2	0	0	2	0
H	横山	1	0	0	1	0
9	谷岡	1	0	0	1	0
④	秋山	4	2	0	0	0

犠	盗	失	併	残	打	安	点	振	球
0	1	2	1	8	36	9	3	11	2

投手	回	打	安	振	球	責
石井	2	11	4	4	1	2
丸	5	19	3	5	1	1
平本	2	8	2	2	0	0
加藤	9	39	7	5	4	8

１回表、白山１死二塁。丸が左中間に先制の適時三塁打を放つ

18日（バッティングパレス相石スタジアムひらつか）

白山	2	0	0	2	2	0	0	2	0	8
川崎総合科学	2	0	0	0	0	0	1	0	0	3

相模原弥栄12安打９得点

▷三塁打　笠井▷二塁打　佐藤、前田、武田、永守▷犠打　前田、武田、丸山▷盗塁　森凌、丸山▷失策　松井、羽野、丸山▷暴投　永守、浅岡２
▷審判　鈴木、岩男、後藤、湯川
▷試合時間　２時間２分

【評】相模原弥栄が12安打９得点で七回コールド勝ち。五回に永守の二塁打で追い付くと、六、七回は敵失やバッテリーエラーに乗じて畳み掛けた。思い切りの良い攻めが光った。金井は守備の乱れが失点につながったが、積極果敢な打撃は引けを取らなかった。

【金井】		打	安	点	振	球
⑧	森凌	4	1	0	0	0
8	小川	0	0	0	0	0
⑤	松井	4	1	0	2	0
④	大西	3	0	0	1	0
③	佐藤	3	2	1	0	0
⑦	平沢	3	0	0	0	0
⑥	羽野	3	1	0	1	0
⑨	前田	2	1	1	0	0
②	平岩	3	0	0	0	0
①	石井	3	1	0	2	0
1	浅岡	0	0	0	0	0

犠	盗	失	併	残	打	安	点	振	球
1	1	2	0	6	28	7	2	6	0

【弥栄】		打	安	点	振	球
③	武田	4	1	1	0	0
④	鈴木	3	0	0	0	1
⑧	林	3	1	0	0	1
①	永守	4	3	1	0	0
⑨	渡辺	3	1	0	0	1
②	鶴見	3	1	1	0	1
⑤	村上	4	1	1	0	0
⑦	会田	4	2	1	1	0
R	福田	0	0	0	0	0
⑥	丸山	2	1	0	1	0
H	笠井	1	1	1	0	0

犠	盗	失	併	残	打	安	点	振	球
2	1	1	0	8	31	12	6	2	4

投手	回	打	安	振	球	責
石井	6 0/3	30	9	2	3	3
浅岡	2/3	7	3	0	1	3
永守	7	29	7	6	0	1

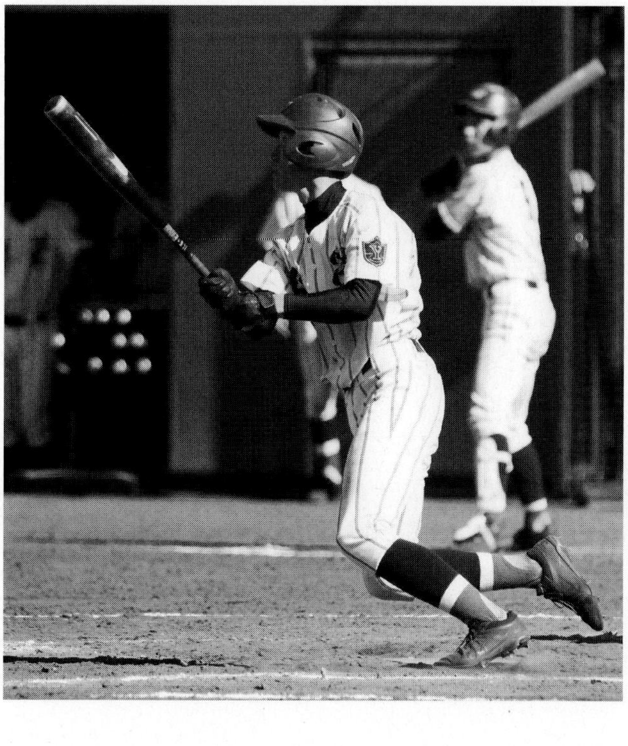

５回裏、相模原弥栄２死三塁。永守が右中間に適時二塁打を放ち同点とする

18日（サーティーフォー保土ケ谷球場）　（７回コールド）

金井	0	1	1	0	0	0	0	2
相模原弥栄	1	0	0	0	1	2	5X	9

南が毎回安打で大勝

▷三塁打　天野▷二塁打　根本波、谷津▷犠打　持田、金子、永野２▷盗塁　谷津、天野、越智、牧野▷失策　藤谷３、斎藤
▷審判　川瀬、鈴木、北林、本間
▷試合時間　２時間

【評】毎回の13安打を放った南が大勝。初回に先制されるも唱、天野の連続タイムリーなど４連打で直後に逆転に成功。その後もバットが振れていた。先発唱は丁寧な投球で二回以降は危なげなかった。横浜学園は５安打ながらつながりを欠き、４失策も響いた。

【横 浜 学】		打	安	点	振	球
⑧	根本波	3	2	0	0	0
⑦1	持　田	2	1	0	0	0
⑥	藤　谷	2	0	0	2	1
⑤	坂　本	3	1	1	0	0
②	深　美	3	0	0	0	0
⑨	三　平	3	1	0	0	0
③	大　橋	0	0	0	0	1
3	根本汐	1	0	0	1	0
①	野　川	1	0	0	0	0
17	太　田	1	0	0	0	0
④	斎　藤	2	0	0	1	0

犠	盗	失	併	残					
1	0	4	0	5	21	5	1	4	2

【　南　】		打	安	点	振	球
⑦	谷　津	5	1	0	0	0
⑧	金　子	4	3	1	1	0
①	唱	3	1	1	0	1
⑨	天　野	4	3	3	0	0
③	河　村	4	0	0	1	0
⑤	永　野	1	0	1	0	1
②	越　智	2	1	0	1	2
④	津　戸	4	2	1	1	0
⑥	牧　野	2	2	0	0	2

犠	盗	失	併	残					
3	4	0	1	10	29	13	7	4	6

投　手	回	打	安	振	球	責
野　川	2 ⅓	18	8	2	2	5
太　田	3 ⅓	18	4	2	4	1
持　田	0/3	2	1	0	0	0
唱	6	24	5	4	2	1

１回表、横浜学園２死三塁。先制の内野安打を放ち塁上でガッツポーズの坂本

18日（横須賀スタジアム）　（6回コールド）

横浜学園	1	0	0	0	0	0	1
南	4	1	2	1	0	3X	11

横浜創学館 中盤に猛攻

▷三塁打　岡本、倉谷▷二塁打　岡本２、長沼、山岸▷犠打　山口、森２▷盗塁　宮崎▷失策　近藤▷暴投　近藤
▷審判　上田、藤森、工藤、向田
▷試合時間　２時間９分

【評】横浜創学館が中盤に畳み掛け、七回コールド勝ち。三回と四回に長短打で２点ずつ挙げ、六回は無死満塁から３点二塁打などでだめ押しした。山岸は五回まで２安打に抑え、リズムをつくった。湘南は２投手が粘ったが、最後は相手打線に押し切られた。

【湘　南】		打	安	点	振	球
①9	宮　崎	4	2	0	0	0
⑤	土井原	3	1	0	1	0
⑦	長　沼	3	1	1	1	0
②	杉　浦	3	0	0	0	0
④	熊　谷	3	1	0	0	0
③	山　口	1	0	0	0	1
R	吉　田	0	0	0	0	0
⑨8	松　岡	3	0	0	1	0
⑧	中　尾	1	0	0	0	0
1	近　藤	1	0	0	1	0
H	上　田	1	1	0	0	0
⑥	高　木	3	0	0	2	0

犠	盗	失	併	残					
1	1	1	1	6	26	6	1	6	1

【創 学 館】		打	安	点	振	球
⑧	倉　谷	5	1	1	1	0
④	光　岡	3	2	1	0	1
⑨	岡　本	4	3	1	0	0
③	長　井	1	1	0	0	3
⑤	仲　田	2	1	1	0	2
①	山　岸	4	1	3	0	0
⑦	斎　藤	4	1	0	1	0
②	井　上	2	1	1	0	2
⑥	森	2	1	0	0	0

犠	盗	失	併	残					
2	0	0	0	11	27	12	8	2	8

投　手	回	打	安	振	球	責
宮　崎	3 0/3	19	7	2	4	4
近　藤	3	18	5	0	4	4
山　岸	7	28	6	6	1	1

３回裏、横浜創学館無死一塁。岡本が右中間に先制の三塁打を放つ

18日（等々力球場）　（7回コールド）

湘　南	0	0	0	0	0	1	0	1
横浜創学館	0	0	2	2	0	4	×	8

立花学園9盗塁で圧倒

▷本塁打　中村（中嶋）
▷三塁打　畑尾▷二塁打　田中▷犠打　岩田、上藪▷盗塁　岩田２、小岩３、近藤、寺内、レホアン、佐藤知▷失策　西島▷暴投　鈴木皓▷捕逸　西島
▷審判　土田、三橋、武田、藤原
▷試合時間　１時間20分

【評】９盗塁の立花学園が序盤から足を絡めて圧倒した。初回に中村の満塁本塁打で先制すると、打者12人の猛攻で７得点。３投手も散発２安打、10奪三振とつけいる隙を与えなかった。ＹＳＦは投手陣が計16四死球と安定感を欠き、打線も力負けした。

【ＹＳＦ】		打	安	点	振	球
②	西島	2	0	0	1	0
⑥1	藤田	2	1	0	1	0
③6	丸田	2	0	0	1	0
①7	中嶋	2	0	0	1	0
⑤	田中	2	1	0	1	0
⑧	三上	2	0	0	2	0
⑨1	鈴木皓	1	0	0	1	0
3	川口	1	0	0	1	0
④	瀬谷	1	0	0	0	0
⑦9	山口修	1	0	0	1	0
犠盗失併残	0 0 1 1 1	16	2	0	10	0

【立花】		打	安	点	振	球
②	岩田	3	1	3	0	0
2	冨樫	0	0	0	0	0
④	小岩	2	1	0	0	2
4	長谷高	0	0	0	0	0
⑦	近藤	2	0	0	0	2
6	関水	0	0	0	0	0
⑤	寺内	1	0	0	0	3
5	金子	0	0	0	0	0
③	中村	1	1	5	0	2
H	佐野	1	0	0	0	0
3	佐藤寿	0	0	0	0	0
①9	上藪	1	0	1	0	1
⑨	レホアン	2	0	0	1	1
1	福岡	0	0	0	0	0
1	東田	0	0	0	0	0
⑧	畑尾	1	1	2	0	2
⑥	佐藤知	0	0	1	0	3
67	柴田	0	0	0	0	0
犠盗失併残	2 9 0 0 7	14	4	12	1	16

投手	回	打	安	振	球	責
中嶋	2	19	3	1	10	7
鈴木皓	⅓	7	1	0	5	5
藤田	1⅔	6	0	0	1	0
上藪	3	10	1	6	0	0
福岡	1	3	1	1	0	0
東田	1	3	0	3	0	0

1回裏、立花学園1死満塁。本塁打を放ちチームメートに迎えられる中村（右）

18日（横須賀スタジアム）　（5回コールド）

	1	2	3	4	5	計
横浜サイエンスフロンティア	0	0	0	0	0	0
立花学園	7	1	5	0	×	13

星槎国際湘南 打線が爆発

▷本塁打　小林（新保）
▷二塁打　平塚、高津▷犠打　中平、高津、平塚▷盗塁　岡村２、佐野、香川、青木▷失策　伊藤、遠藤▷暴投　新保
▷審判　原、池田、堀川、金子
▷試合時間１時間40分

【評】星槎国際湘南が六回に畳み掛けた。先頭戸頃の死球を足掛かりに、打者13人の猛攻で大量９得点。計３盗塁と足でもかき回した。小林は打者の手元で動く変化球を駆使し、５回を１安打。小田原の主戦新保も粘投したが、球威が落ちた中盤につかまった。

【星槎】		打	安	点	振	球
⑥	中平	2	0	0	0	1
④	岡村	3	2	0	0	1
4	渡辺	0	0	0	0	0
②3	佐野	4	3	2	0	0
⑦	石崎	2	0	0	0	1
H	須崎	1	1	1	0	0
R	香川	0	0	0	0	0
7	小泉	0	0	0	0	0
⑤	戸頃	3	1	0	1	1
③	佐藤	2	0	0	0	1
H	青木	1	1	1	0	0
2	浅川	0	0	0	0	0
⑨	高津	2	1	3	0	1
①	小林	3	1	3	0	0
H	山口	1	0	0	0	0
1	松丸	0	0	0	0	0
1	萩原	0	0	0	0	0
⑧	平塚	2	1	0	0	0
犠盗失併残	3 5 0 0 6	26	11	10	1	6

【小田原】		打	安	点	振	球
⑨	村山	3	0	0	1	0
⑧	原田	2	0	0	0	0
④	小池	2	0	0	0	0
⑤6	伊藤	2	0	0	2	0
②	染野	2	0	0	0	0
⑥1	早坂	2	0	0	0	0
⑦	三宅	2	0	0	1	0
③	遠藤	2	0	0	2	0
①	新保	1	1	0	0	0
5	山口雅	0	0	0	0	0
H	古谷	1	0	0	0	0
犠盗失併残	0 0 2 1 1	19	1	0	6	0

投手	回	打	安	振	球	責
小林	5	16	1	4	0	0
松丸	⅔	2	0	1	0	0
萩原	⅓	1	0	1	0	0
新保	5⅓	31	9	0	6	8
早坂	⅔	4	2	1	0	1

6回表、星槎国際湘南無死二、三塁。小林が3ランを放つ

18日（藤沢八部球場）　（6回コールド）

	1	2	3	4	5	6	計
星槎国際湘南	0	0	0	1	1	9	11
小田原	0	0	0	0	0	0	0

海老名が先発全員得点

【海老名】		打	安	点	振	球
⑥	斉藤	5	2	2	0	1
⑤	当間	4	2	2	2	1
①9	尾羽沢	3	1	0	0	0
⑦1	小林	4	2	2	1	1
⑨37	北条	3	2	1	1	2
⑧	白鳥	4	3	1	1	1
④	赤松	4	2	1	0	1
③	本間	2	1	2	1	0
1	萩原	0	0	0	0	0
3	古畑	1	1	2	0	1
②	北原	4	2	1	0	1

犠	盗	失	併	残	打	安	点	振	球
3	7	1	0	9	34	18	14	6	9

【旭】		打	安	点	振	球
⑥	荒井	3	1	0	0	1
④	新田	3	1	0	2	1
4	長倉	0	0	0	0	0
①9	牛腸	2	0	0	0	2
③	桜井	1	0	0	0	0
3	梶田	0	0	0	0	2
1	根崎	0	0	0	0	0
1	持田	0	0	0	0	0
H	斉藤	1	0	0	0	0
⑦	綿貫	4	1	1	1	0
⑨13	山宮	3	0	0	0	1
⑧	新庄	2	0	1	1	0
②	漆原	2	1	1	1	1
⑤	芝田	3	1	0	0	0

犠	盗	失	併	残	打	安	点	振	球
1	0	2	1	8	24	5	3	5	8

投手	回	打	安	振	球	責
尾羽沢	4	18	2	3	5	0
萩原	0/3	3	1	0	2	2
小林	3	12	2	2	1	2
牛腸	2 2/3	17	2	3	7	3
山宮	3 1/3	23	13	3	1	8
根崎	1/3	4	2	0	1	2
持田	2/3	2	1	0	0	0

7回表、海老名無死二、三塁。当間が左前に2点適時打を放つ。三走・北原、捕手・漆原

▽三塁打　北条▽二塁打　本間、北条、斉藤（海）▽犠打　尾羽沢2、本間、新庄▽盗塁　斉藤（海）、当間、小林、白鳥2、赤松、古畑▽失策　古畑、新庄、漆原▽暴投　牛腸、萩原2、根崎▽審判　来福、釼持、岸本、長井▽試合時間　2時間39分

【評】海老名が先発全員の18安打16得点で大勝した。三回に北条、本間の2長打で3点を先制し、七回は2四球に11長短打を絡めて一挙11得点。最後まで集中力が途切れなかった。旭は五回に綿貫、漆原の適時打などで4点を返したが、七回に投手陣が力尽きた。

18日（サーティーフォー相模原球場）　（7回コールド）

								計
海老名	0	0	3	2	0	0	11	16
旭	0	0	0	0	4	0	0	4

日大藤沢　打撃戦ものに

【平学】		打	安	点	振	球
⑧	阿部	4	1	0	0	1
⑦	田中	4	3	1	0	1
⑨	磯田	2	1	3	0	2
⑤	村田	5	0	0	1	0
②	安達	4	1	0	0	1
③	佐々木	3	0	0	2	1
H	久保	1	0	0	0	0
④	三沢	5	2	0	0	0
①	伊藤	1	0	1	0	1
1	森井	1	0	0	0	0
1	小林	1	0	0	1	0
⑥	美登	4	2	0	2	0

犠	盗	失	併	残	打	安	点	振	球
0	1	3	1	10	35	10	5	6	7

【日藤】		打	安	点	振	球
⑥	田上	4	1	0	1	1
⑤	村山	4	2	0	0	0
⑧	提坂	5	3	1	0	0
⑨	柳沢	3	1	0	1	2
④	遠藤	4	4	3	0	0
③	宮沢	3	1	0	0	1
⑦	鎌田	4	1	4	0	0
②	坂田	3	2	1	0	0
①	清水虎	1	0	0	0	0
1	服部	3	0	1	0	0

犠	盗	失	併	残	打	安	点	振	球
3	0	1	1	7	34	15	10	2	4

投手	回	打	安	振	球	責
伊藤	3 0/3	16	7	1	1	3
森井	1 2/3	10	4	1	1	4
小林	3 1/3	15	4	0	2	2
清水虎	2 1/3	17	6	2	4	5
服部	6 2/3	26	4	4	3	0

5回裏、日大藤沢2死満塁。鎌田が右越えに逆転の3点三塁打を放つ

▽三塁打　阿部、磯田、鎌田▽二塁打　田中、遠藤、提坂▽犠打　村山、遠藤、坂田▽盗塁　田中▽失策　田中、三沢、森井、坂田▽妨害出塁　磯田（坂田）▽審判　高田、神之田、高梨、岩男▽試合時間　2時間33分

【評】日大藤沢が15安打で10得点。平塚学園との打撃戦を逆転で制した。1－6の四回に3点を返し、五回に鎌田の3点三塁打などで4得点。2番手服部が三回途中から零封し流れを呼んだ。平塚学園は10安打を放つも中盤からゼロ行進。序盤の勢いが続かなかった。

18日（サーティーフォー保土ケ谷球場）

										計
平塚学園	1	0	5	0	0	0	0	0	0	6
日大藤沢	1	0	0	3	4	1	0	1	×	10

麻溝台　終盤4得点で強豪制す

【商大】		打	安	点	振	球
⑥	阿部	5	1	0	0	0
②	間瀬	4	2	0	1	1
⑧	平綿	3	2	0	0	0
①7	池田	4	0	0	1	0
⑤	吉永	4	1	1	0	0
④	石黒	4	1	0	1	0
⑦9	青木	4	1	1	0	0
③	木下	2	1	0	0	1
H	後藤	1	1	1	0	0
⑨	吉川	3	1	0	0	0
1	小南	0	0	0	0	0
H	岸川	1	0	0	1	0

犠	盗	失	併	残	打	安	点	振	球
1	1	2	0	8	35	11	3	4	2

【麻溝台】		打	安	点	振	球
⑤	石井	4	2	0	0	1
④	小指	2	1	0	1	2
⑥	関口	5	3	3	1	0
②	鈴木	5	3	1	0	0
⑧	吉池	3	1	1	1	1
③	山本	5	1	0	1	0
⑦	増山	2	0	0	1	1
1	市川	2	1	1	1	0
⑨	山口	4	0	0	0	0
①7	渡辺	4	2	0	1	0

犠	盗	失	併	残	打	安	点	振	球
2	0	2	0	13	36	14	6	7	5

投手	回	打	安	振	球	責
池田	7 1/3	41	13	7	5	4
小南	2/3	2	1	0	0	0
渡辺	5 0/3	21	5	0	2	1
市川	4	17	6	4	0	2

試合終了後、応援スタンドに笑顔で駆け出す麻溝台ナイン

▽三塁打　青木▽犠打　平綿、小指、吉池▽盗塁　阿部▽失策　間瀬、石黒、増山、渡辺▽捕逸　間瀬▽審判　井上、萩野、阿部、斉藤▽試合時間　2時間24分

【評】麻溝台が接戦を制した。同点の八回に打者9人で6単打を集め、一挙4得点。全14安打が単打とコンパクトに振り抜いた。渡辺－市川はともに低めを丁寧に突き、落ち着いた守備も固かった。横浜商大は11安打ながら3得点。力投の池田を援護したかった。

18日（サーティーフォー相模原球場）

										計
横浜商大	0	0	0	0	0	1	0	1	1	3
麻溝台	0	0	0	0	2	0	0	4	×	6

日大が乱打戦制す

▽三塁打　高橋▽二塁打　佐久間2、沢田2、見留、長島▽犠打　牧内、島田、鈴木貫2▽盗塁　佐久間▽失策　沢田、長島▽暴投　鈴木貫▽ボーク　杉浦、須田、長島▽捕逸　島田
▽審判　土屋、坂上、長ケ部、乗松
▽試合時間　2時間54分

【評】両チーム33安打の乱打戦は日大が先発全員の18安打で六回まで毎回得点し力を示した。四回には佐久間の二塁打から5長短打4得点の打者一巡の攻撃で相手を寄せ付けなかった。荏田も小刻みに得点を続けたが、七回から継投の日大・須藤に封じられた。

2回表、日大2死満塁。上田が右前に2点適時打を放つ。捕手・勇崎

18日（大和スタジアム）　（8回コールド）

日　大	2	2	2	4	2	1	0	1	14
荏　田	1	0	2	1	0	3	0	0	7

	【日　大】	打	安	点	振	球
⑨8	橋本	5	3	3	0	1
⑥	牧内	5	2	0	1	0
⑧	上田	4	2	2	0	2
7	石川	0	0	0	0	0
⑤	佐久間	5	2	1	0	1
③	沢田	5	2	2	0	1
⑦9	鈴木晴	4	1	0	0	1
②	島田	2	2	1	0	2
①	鈴木貫	2	2	1	0	0
H	右田	0	0	0	0	1
R	曽川	0	0	0	0	0
1	須藤	0	0	0	0	0
④	高橋	4	2	1	0	1

犠盗失併残
4 1 1 0 12 36 18 11 1 10

	【荏　田】	打	安	点	振	球
⑧	平間	5	3	0	0	0
⑤	浅見	5	2	1	0	0
④	森川	5	2	0	0	0
⑦	見留	4	2	1	0	1
②	勇崎	5	1	0	2	0
⑥1	長島	5	3	3	0	0
⑨	尾上	4	0	1	1	0
①	後藤	2	0	0	1	0
1	杉浦	0	0	0	0	0
1	須田	1	0	0	1	0
H	原	1	0	0	0	0
6	仁田	0	0	0	0	0
③	内藤	4	2	0	0	0

犠盗失併残
0 0 1 2 11 41 15 6 5 1

投手	回	打	安	振	球	責
鈴木貫	6	34	13	5	1	3
須藤	2	8	2	0	0	0
後藤	3 2/3	28	11	0	5	10
杉浦	0/3	0	0	0	0	0
須田	3 1/3	17	6	1	3	3
長島	1	5	1	0	2	1

横浜清陵　継投で逃げ切る

▽三塁打　柳下、三宅、田辺▽二塁打　小金丸、柳下、中西、大隅▽犠打　平田▽盗塁　柳下、中西▽失策　平田、大隅▽暴投　真田
▽審判　猪鼻、安部、白根、戸田
▽試合時間　2時間3分

【評】横浜清陵が継投で逃げ切った。橘川は5回を投げ散発2安打で1失点、渡辺は九回に1点を失ったが、その後は2連続三振で締めた。中西が3点目の適時打を含む5打数5安打。金沢総合も継投で粘ったが、打線が攻めきれなかった。

3回表、横浜清陵2死二塁。五十嵐が中前に適時打を放ち2点目を挙げる

18日（等々力球場）

横浜清陵	0	0	2	0	1	0	0	1	0	4
金沢総合	0	0	0	0	1	0	0	0	1	2

	【清　陵】	打	安	点	振	球
⑧	柳下	5	3	1	0	0
④	入江	5	2	1	0	0
⑦	鈴木	4	0	0	0	1
③	五十嵐	4	1	1	1	1
⑨	中西	5	5	1	0	0
⑥	平田	3	0	0	1	1
⑤	青木	4	1	0	1	0
②	江藤	4	1	0	1	0
①	橘川	2	0	0	1	0
H	香味	1	0	0	0	0
1	渡辺	1	0	0	0	0

犠盗失併残
1 2 1 1 11 38 13 4 5 3

	【金沢総】	打	安	点	振	球
⑧	吉田	4	1	0	0	0
⑦	西村	4	0	0	1	0
①5	真田	3	1	0	0	1
②1	田辺	4	1	0	1	0
③	大隅	3	1	1	0	1
⑥	三宅	3	1	0	0	1
⑤	中谷	0	0	0	0	1
2	佐古	3	0	0	1	0
⑨	小金丸	3	1	1	0	0
9	木下	0	0	0	0	0
H	宇田川	1	0	0	1	0
④	久保田	3	0	0	0	0
H	青木	1	0	0	1	0

犠盗失併残
0 0 1 0 7 32 6 2 5 4

投手	回	打	安	振	球	責
橘川	5	19	2	1	2	1
渡辺	4	17	4	4	2	1
真田	4	18	5	4	1	2
田辺	5	24	8	1	2	2

横浜商　得点重ね主導権

▽三塁打　畠山、奥村▽二塁打　村岡2、鶴見、黒川、北川▽犠打　小島▽盗塁　黒川、長野、明田▽失策　北川、谷川、土屋、村岡
▽審判　山口、島田、富樫、小笠原
▽試合時間　1時間55分

【評】横浜商が四回まで毎回得点を重ねて七回コールド勝ち。二回に2連続押し出しで逆転し、村岡の3点二塁打など打者10人6得点で主導権を握った。10奪三振の奥村は三回以降無失点。横浜栄は二回に逆転したが、先発脇山の9四死球が大量失点につながった。

2回裏、横浜商1死満塁。村岡の走者一掃の二塁打で生還する三走・明田。迎える次打者・畠山⑦

18日（大和スタジアム）　（7回コールド）

横浜栄	0	2	0	0	0	0	0	2
横浜商	1	6	2	2	0	0	×	11

	【横浜栄】	打	安	点	振	球
⑦	加藤	4	0	0	1	0
④	北川	4	1	0	2	0
①	脇山	3	0	0	1	1
⑧	谷川	3	0	0	1	1
②	小川	3	2	0	1	0
③	小島	2	1	0	0	0
⑨	鶴見	2	1	2	1	1
⑥	吉川	3	0	0	0	0
⑤	大塚	3	0	0	3	0

犠盗失併残
1 0 2 0 8 27 5 2 10 3

	【Y　校】	打	安	点	振	球
⑤	土屋	2	0	1	0	3
⑧	黒川	3	2	3	0	1
1	鈴木	0	0	0	0	0
③	村岡	4	2	3	1	0
⑦	畠山	4	1	1	0	0
⑨8	松浦	4	0	0	0	0
⑥	長野	3	0	0	0	1
6	近藤	0	0	0	0	0
②	斉藤	2	0	0	0	2
①9	奥村	3	2	1	0	1
④	明田	3	2	1	0	1

犠盗失併残
0 3 2 0 8 28 9 10 1 9

投手	回	打	安	振	球	責
脇山	6	37	9	1	9	9
奥村	6 1/3	28	4	10	3	2
鈴木	2/3	3	1	0	0	0

桜丘 集中打で逆転

▽三塁打 森川、土屋▽犠打 斎藤睦、井上、高森、河野▽盗塁 尾崎、土井、河野▽審判 寺脇、森、田中、安藤▽試合時間 2時間21分

【評】桜丘が集中打で逆転し堅守で逃げ切った。1点を追う三回に4短長打に犠飛を絡め一挙4点。主戦小杉は毎回走者を出したが粘り、バックは無失策で支えた。旭丘は12残塁。八回に3点差に追い上げ、九回も連打で好機をつくったが、あと一本が出なかった。

18日（保野公園・横浜薬大スタジアム）

桜丘	0	0	4	0	0	0	2	0	0	6
旭丘	1	0	0	0	0	0	0	2	0	3

7回表、桜丘2死満塁。木曽が右前に2点適時打を放つ

【桜	丘】	打	安	点	振	球
⑧	長瀬	4	2	0	0	1
⑥	斎藤亮	4	0	0	1	1
②	土屋	3	1	0	1	1
③	木曽	3	2	3	0	1
①	小杉	4	1	1	0	0
⑦	福島	4	0	0	1	0
④	宝蔵寺	3	0	0	0	1
⑨	森川	4	1	1	0	0
⑤	斎藤睦	2	0	1	1	1

犠	盗	失	併	残					
1	0	0	1	5	31	7	6	4	6

【旭	丘】	打	安	点	振	球
⑧	尾崎	4	0	0	1	1
⑤	井上	4	1	0	1	0
④	土井	5	3	1	0	0
①91	山本	3	0	0	1	2
③	久森	4	0	0	1	1
②	三浦	5	3	0	0	0
⑨	橋口	1	1	0	0	1
1	山口	1	0	0	1	0
H	田中	1	1	0	0	0
R	上田	0	2	0	0	0
9	岩田	0	0	0	0	0
⑦	高森	3	0	2	0	0
⑥	河野	1	0	0	1	2

犠	盗	失	併	残					
3	3	0	2	12	32	11	3	6	7

投手	回	打	安	振	球	責
小杉	9	42	11	6	7	3
山本	5	22	5	2	3	4
山口	3	13	2	2	2	2
山本	1	3	0	0	1	0

慶応 薄氷踏むサヨナラ勝ち

▽二塁打 西沢▽犠打 高柳、鵜高、福島、宮腰、大滝▽盗塁 太田恵、宮原▽失策 太田恵、今泉、金岡、八木、田中▽暴投 葛木▽捕逸 戸田▽審判 瀬良垣、江崎、米原、島村▽試合時間 2時間47分

【評】慶応は薄氷を踏む勝利。1点を追う九回1死三塁から二宮の適時打で追い付き、今泉の内野安打でサヨナラ勝ちした。継投の前田、沖村が流れを引き寄せた。橘はミスにつけ込み先制。好投の葛木を堅守で支えたが、七、九回ともバッテリーのミスが響いた。

18日（保野公園・横浜薬大スタジアム）

橘	0	0	0	2	0	0	0	0	0	2
慶応	0	0	0	0	0	0	1	0	2X	3

9回裏、慶応1死満塁。今泉の適時打で三走・二宮がサヨナラの生還

【	橘】	打	安	点	振	球
⑧7	西沢	5	2	0	0	0
7	藤間	0	0	0	0	0
⑥1	高柳	4	0	0	1	0
②	戸田	4	2	0	0	0
③	津川	2	0	0	1	0
R8	鵜高	1	0	0	1	0
⑦3	根岸	4	0	0	2	0
④	太田恵	4	2	1	1	0
⑨	福島	2	0	0	0	0
9	栗原	1	0	0	1	0
⑤	高田	2	0	0	0	2
①	葛木	2	0	1	0	1
6	杉山	1	0	0	0	0

犠	盗	失	併	残					
3	1	1	0	9	32	6	2	7	3

【慶	応】	打	安	点	振	球
⑨6	二宮	5	2	2	0	0
⑧	横地	4	1	0	0	1
⑦9	真田	4	0	0	0	1
⑤	今泉	5	1	1	1	0
③	宮原	3	0	0	0	1
②	坪田	2	0	0	0	2
④	金岡	1	0	0	1	3
⑥	八木	1	0	0	0	1
H	小堀	1	0	0	0	0
1	沖村	0	0	0	0	0
H	権藤	1	1	0	0	0
R	吉開	0	0	0	0	0
①	宮腰	0	0	0	0	0
1	田中	0	0	0	0	0
1	前田	2	1	0	0	0
R7	大滝	0	0	0	0	0

犠	盗	失	併	残					
2	1	4	1	12	29	6	3	2	9

投手	回	打	安	振	球	責
葛木	7	30	3	1	6	1
高柳	1⅓	10	3	1	3	1
宮腰	3⅓	18	3	1	3	0
田中	1	4	1	0	0	0
前田	2⅔	9	1	3	0	0
沖村	2	7	1	3	0	0

相模原中等 部員11人一丸

▽三塁打 坂本、藤田、川野▽二塁打 川野2、谷川、遠藤▽犠打 遠藤、石井、谷川、田島▽盗塁 坂本、雄鹿、石井、谷川▽失策 松井、広川▽暴投 広川、山内▽審判 阿部、金子、山口、八木野▽試合時間 1時間27分

【評】相模原中等が17安打17得点で圧倒。四回に相手の継投機を突き、小南の3点適時打など打者14人の猛攻で10点を奪って勝負を決めた。遠藤、川野は無失点で危なげなくリレー。東は3投手が打ち込まれ、打線は散発2安打で好機をつくれなかった。

18日（藤沢八部球場） （5回コールド）

相模原中等	4	1	2	10	0	17
東	0	0	0	0	0	0

11人でコールド勝ち。校歌を聞く相模原中等

【相	中 等】	打	安	点	振	球
⑤6	藤田	3	2	1	0	1
⑧	坂本	4	3	0	0	0
⑥1	川野	4	4	4	0	0
②	雄鹿	4	3	1	0	0
①9	遠藤	3	1	1	0	0
⑨5	石井	2	2	1	0	1
③	谷川	2	1	3	0	1
④	田島	2	0	1	1	1
⑦	藤村	2	0	0	0	0
7	小南	1	1	3	0	0
7	林	1	0	0	1	0

犠	盗	失	併	残					
4	4	0	0	4	28	17	15	2	4

【	東】	打	安	点	振	球
⑥1	山内	2	0	0	0	0
③7	高柳	2	1	0	0	0
①36	須郷	2	0	0	1	0
②	柳田	2	0	0	0	0
⑧	二宮	2	0	0	1	0
⑨	岡本	0	0	0	0	2
④	岩本	1	0	0	1	0
H	市川	1	0	0	0	0
⑤	松井	2	0	0	2	0
⑦	奥山	0	0	0	0	0
H	小林	1	1	0	0	0
1	広川	0	0	0	0	0
3	柳川	0	0	0	0	0

犠	盗	失	併	残					
0	0	2	0	2	15	2	0	5	2

投手	回	打	安	振	球	責
遠藤	4	13	2	3	1	0
川野	1	4	0	2	1	0
須郷	3	18	9	0	0	6
広川	⅔	8	2	0	4	6
山内	1⅓	10	6	2	0	4

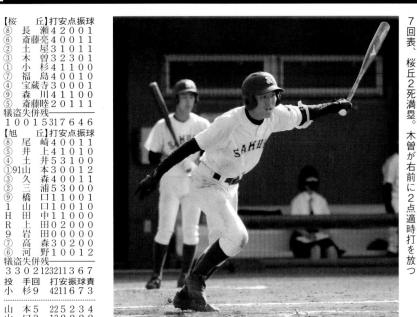

桐光学園 中軸本領で快勝

▽三塁打　松江、渋沢▽二塁打　寺井2、渋沢▽犠打　松江、米山▽盗塁　米山▽失策　古谷、青木、大野
▽審判　斉藤、松本、赤坂、増田
▽試合時間　1時間36分

【評】第1シード桐光学園が快勝。初回に4長短打で3得点と主導権を握った。中軸3人で6打点と勝負強く、芯で捉えた打球とそつのない走塁で重圧をかけた。大会初先発の主戦中嶋も速球を主体に4回零封。武相は8四死球と投手陣が乱れ3失策も痛かった。

18日（バッティングパレス相石スタジアムひらつか）　（5回コールド）

武　　相	0	0	0	0	0	0
桐光学園	3	3	2	1	1X	10

1回裏、桐光学園2死一、三塁。中前に3点目となる適時打を放ち塁上でガッツポーズの米山

【武	相】	打	安	点	振	球
⑧	古谷	2	0	0	1	1
④	青木	2	0	0	0	0
⑤	竹井	1	0	0	0	1
⑥	佐藤登	2	1	0	0	0
⑨	森	2	1	0	1	0
⑦	大野	2	0	0	2	0
②	石野	2	0	0	0	0
①	仲間	0	0	0	0	1
1	永嶋	0	0	0	0	0
H	布川	1	0	0	1	0
1	山之内	0	0	0	0	0
③	天形	2	0	0	1	0
犠盗失併残	0 0 3 0 4	16	2	0	6	3

【桐	光】	打	安	点	振	球
⑤	篁	1	0	0	0	3
⑧	松江	3	1	0	0	0
⑥	内囿	4	2	3	0	0
⑨	寺井	4	2	1	0	0
⑦	渋沢	3	2	2	0	1
②	石井	0	0	0	0	3
④	米山	2	1	1	0	0
①	中嶋	3	0	0	2	0
1	中平	0	0	0	0	0
③	松井	2	0	0	0	1
犠盗失併残	2 1 0 1 9	22	8	7	2	8

投手	回	打	安	振	球	責
仲間	1⅓	13	6	0	3	6
永嶋	2⅔	16	0	2	5	0
山之内	⅓	3	2	0	0	1
中嶋	4	16	2	5	3	0
中平	1	3	0	1	0	0

上溝南 集中打で逆転

▽本塁打　立川（猪俣）
▽二塁打　田村、山崎▽犠打　水谷、木越、北村2▽盗塁　立川3、佐藤▽失策　水谷、大図、鍋倉、鈴木慶、縦山2、新宅、北村▽暴投　猪俣
▽審判　佐藤秀、菅原、佐藤文、遠藤
▽試合時間　2時間9分

【評】集中打が際立った上溝南が逆転勝ち。二回に田村の3点打、立川の2ランなど10人で逆転し、三回は4長短打で4点を追加。ライナー性の鋭い打球が光った。浅野は初回に4点を先制も、投手陣が計13四球、守備も6失策が大量失点につながり苦しくなった。

2回表、上溝南2死二塁。立川が右翼へ逆転の2ランを放つ

17日（サーティーフォー相模原球場）　（6回コールド）

上溝南	0	5	4	0	1	4	14
浅　野	4	0	0	0	0	0	4

【上溝	南】	打	安	点	振	球
④	水谷	3	1	0	0	1
⑧	立川	5	4	5	0	0
⑥	木越	2	1	1	0	2
②	大図	3	1	0	1	2
⑤	佐藤	3	0	0	0	2
③	山崎	3	2	1	0	1
H	秋田	1	1	1	0	0
3	畠中	0	0	0	0	0
3	山田	0	0	0	0	0
⑨	岸	2	0	0	0	2
H9	木村	1	0	0	0	0
①	山中	2	0	0	0	2
⑦	田村	3	2	4	0	1
犠盗失併残	2 4 2 1 11	28	12	12	1	13

【浅	野】	打	安	点	振	球
⑤	鍋倉	3	1	0	0	0
⑦8	鈴木慶	3	1	0	1	0
②	縦山	3	0	0	0	0
③	片平	2	1	0	0	1
⑨	藤井	3	1	1	0	0
⑧	新宅	2	1	1	0	0
7	西松	0	0	0	0	0
H	斎藤	1	1	0	0	0
⑥	新江	1	0	1	1	2
④	北村	0	0	1	0	0
H	座間	1	0	0	0	0
①	猪俣	1	0	0	0	0
1	上木	1	0	0	0	0
1	藤永	0	0	0	0	0
犠盗失併残	2 0 6 1 4	21	6	4	2	3

投手	回	打	安	振	球	責
山中	6	26	6	2	3	2
猪俣	3	21	8	0	4	4
上木	2⅔	17	3	0	8	2
藤永	1	5	1	1	1	0

藤沢翔陵・右腕2安打完封

▽二塁打　海老原、鈴木、今井▽犠打　藤代▽失策　中井、長島
▽審判　金川、湯本、小島、松下
▽試合時間　1時間42分

【評】藤沢翔陵のエース橘が無四球の2安打完封。緩急を使った投球で凡打を積み重ねた。チームはこれで27イニング連続無失点。打線は六回、敵失に乗じ、今井の適時二塁打などで2点を奪った。湘南学院は主戦中井が粘投するも打線が援護できなかった。

完封勝利に笑顔を見せる藤沢翔陵の橘（中央）

17日（大和スタジアム）

湘南学院	0	0	0	0	0	0	0	0	0	0
藤沢翔陵	0	0	0	0	0	2	0	0	×	2

【湘南	院】	打	安	点	振	球
⑧	海老原	4	1	0	0	0
③	米田	3	0	0	1	0
⑥	菅野	3	0	0	0	0
⑨	松岡	3	0	0	0	0
④	谷口	3	1	0	0	0
⑦	酒井	3	0	0	0	0
①	中井	3	0	0	0	0
②	松沢	3	0	0	1	0
⑤	成瀬	2	0	0	1	0
H	沼田	1	0	0	1	0
犠盗失併残	0 0 1 1 1	28	2	0	4	0

【翔	陵】	打	安	点	振	球
⑤	斉藤	4	0	0	1	0
②	鈴木	4	1	0	1	0
⑦	藤代	3	1	0	0	0
③	今井	4	4	1	0	0
⑨	福富	4	2	0	0	0
⑧	漆原	1	1	0	0	3
⑥	長島	4	0	0	0	0
④	水野	4	0	0	0	0
①	橘	3	0	0	0	0
犠盗失併残	1 0 1 1 9	31	9	1	2	3

投手	回	打	安	振	球	責
中井	8	35	9	2	3	0
橘	9	28	2	4	0	0

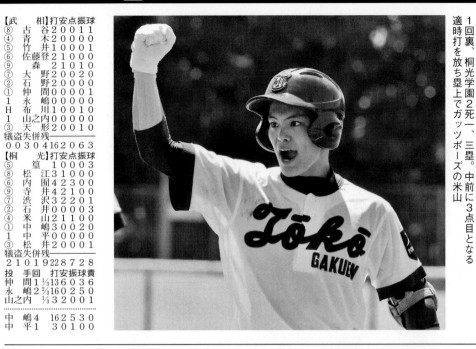

相洋 最終回の好機生かす

▷二塁打 河本、豊田、本多、梶山、比留間、石沢、田中▷犠打 水越、近藤、川島▷盗塁 手塚、河本、近藤、渡辺▷失策 水越２▷暴投 加藤
▷審判 勅使河原、藤原、松岡、新井
▷試合時間 ２時間13分

【評】最終回の好機を生かした相洋がサヨナラ勝ち。４点差を追う九回に４短長打を集めて一挙５得点。鋭い振りから放つ打球が外野を襲った。先発加藤は８四死球と制球を乱したが粘投した。計12安打の城山は終始主導権を握ったが、主戦豊田が最後に力尽きた。

【城 山】		打	安	点	振	球
⑥	立原	6	1	0	1	0
④	手塚	4	1	0	1	1
⑦	河本	4	3	1	1	1
①	豊田	3	1	2	0	2
1	関戸	0	0	0	0	0
②	松岡	3	1	1	0	2
⑤	水越	3	0	0	1	1
⑨	比留間	5	3	1	0	0
R9	大山	0	0	0	0	0
⑧	近藤	3	1	0	0	1
③	沼田	5	1	0	3	0
犠盗失併残 2 3 2 0 14		36	12	5	7	8

【相 洋】		打	安	点	振	球
⑧	土屋	3	0	0	1	0
H8	田中	2	1	2	0	0
③	崎元	4	0	0	1	0
②	渡辺	3	1	0	1	1
⑥	二宮	4	1	0	1	0
⑦	笠間	4	1	0	0	0
⑨	本多	4	3	0	1	0
⑤	梶山	4	1	1	0	0
R	串田	0	0	0	0	0
④	川島	2	0	0	0	0
H	竹下	0	0	1	0	1
①	加藤	3	0	0	1	0
H	石沢	1	1	2	0	0
犠盗失併残 1 1 0 1 7		34	9	6	6	2

投手	回	打	安	振	球	責
豊田	8 0/3	36	8	6	2	5
関戸	0/3	1	1	0	0	0
加藤	9	46	12	7	8	5

9回裏に5失点しサヨナラ負け、肩を落とす城山ナイン

17日（バッティングパレス相石スタジアムひらつか）

	1	2	3	4	5	6	7	8	9	計
城山	2	1	0	0	1	0	0	1	0	5
相洋	0	1	0	0	0	0	0	0	5X	6

湘南工大付エース対決制す

▷本塁打 小林（岩崎）
▷三塁打 小林▷二塁打 井上▷犠打 山田、我妻、小柴▷盗塁 小林▷失策 我妻、井上▷暴投 岩崎
▷審判 祝、春日、森口、内田
▷試合時間 ２時間２分

【評】湘南工大付がエース対決を制した。左腕小柴は終盤に再びギアを上げ、伸びのある直球で低めを攻めて１失点完投。小林が２長打３打点で主砲の活躍を見せた。藤沢西の岩崎は四回以降は３安打に抑えただけに、立ち上がりが悔やまれる。

【藤 沢 西】		打	安	点	振	球
②	今井	2	0	0	0	2
①	岩崎	4	1	0	2	0
⑥	繁野	4	1	0	0	0
⑧	小野	4	1	0	0	0
⑦	竹村	3	2	0	0	1
④	山田	3	1	0	1	0
⑨	石田	3	0	0	2	0
H	大塚	1	0	0	1	0
⑤	山口	4	0	0	1	0
③	副田	3	2	0	0	0
犠盗失併残 1 0 0 0 7		31	8	0	7	3

【湘 工 大】		打	安	点	振	球
⑥	我妻	3	1	1	0	1
④	岩井	3	1	0	0	1
③	中村	4	0	0	1	0
⑧	小林	3	2	3	0	1
⑨	小松	4	0	0	2	0
⑦	田中	2	0	0	0	0
H	田村	1	0	0	0	0
7	森尻	1	0	0	0	0
⑤	井上	2	1	0	0	2
①	小柴	3	0	0	2	0
②	青木	3	2	0	0	1
犠盗失併残 2 1 2 2 9		29	7	4	5	6

投手	回	打	安	振	球	責
岩崎	8	37	7	5	6	4
小柴	9	35	8	7	3	0

3回裏、湘南工大付無死。小林が右翼へソロ本塁打を放つ

17日（藤沢八部球場）

	1	2	3	4	5	6	7	8	9	計
藤沢西	0	0	0	0	1	0	0	0	0	1
湘南工大付	2	1	1	0	0	0	0	0	×	4

※鶴嶺×藤沢工科は鶴嶺の不戦勝

藤嶺藤沢4時間超す熱戦制す

▽本塁打　上本（城島）高橋（城島）渡辺（原沢）▽三塁打　石井、原▽二塁打　前嶋、上本、高橋（隼）、祝、西井▽犠打　高橋（藤）、尾形2、藤岡3、前嶋2、安藤、椎名▽盗塁　近藤、日沢、原2、渡辺▽失策　高橋（藤）、前嶋、上本、西川
▽審判　茅野、井浦、森山、大庭
▽試合時間　4時間5分

【評】藤嶺藤沢が4時間を超える熱戦を制した。5点を追う八回に4安打を集めて同点とし、延長十一回は西井が決勝の2点二塁打を放った。横浜隼人は3本塁打で逆転したが、11四死球の制球の乱れや守備のミスが失点につながった。九回のスクイズ失敗も痛い。

延長戦を制し大喜びの藤嶺藤沢ナイン

17日（サーティーフォー保土ケ谷球場）（延長11回）

藤嶺藤沢	5	0	0	0	0	1	0	5	0	0	2	13
横浜隼人	0	8	1	1	0	1	0	0	0	0	0	11

【藤	嶺】	打	安	点	振	球
⑨7	高橋	4	1	0	0	2
⑦	尾形	3	2	1	0	1
19	藤木	1	1	0	0	0
R9	佐野	0	0	0	0	0
⑥	藤岡	4	1	1	0	0
③53	西井	3	1	3	0	4
②	祝	5	1	2	1	2
⑧	石井	6	1	3	0	0
⑤	北井	2	1	1	0	0
H3	加藤	3	0	0	2	0
5	具志	1	0	0	0	0
④	岩本	5	1	0	1	1
①	城島	1	1	1	0	0
H	岩崎	1	0	0	0	0
1	原沢	0	0	0	0	0
1	千島	0	0	0	0	0
H	堀内	1	1	0	0	0
171	重松	2	1	0	1	1

犠	盗	失	併	残	打	安	点	振	球
6	0	1	1	13	42	13	12	5	11

【隼	人】	打	安	点	振	球
⑤	近藤	5	0	0	0	1
③	斎藤	3	1	1	0	3
R	日沢	0	0	0	0	0
②	前嶋	4	2	0	0	0
⑦	高橋	6	3	4	1	0
④	原	5	2	2	0	1
⑧	安藤	3	0	1	0	1
⑨	渡辺	5	2	1	1	0
⑥	上本	4	2	2	1	1
①	西川	0	0	0	0	0
1	椎名	2	0	0	0	0
1	辻永	2	0	0	1	0

犠	盗	失	併	残	打	安	点	振	球
4	5	3	0	6	39	12	11	4	7

投手	回	打	安	振	球	責
城島	2	14	7	0	1	8
原沢	1 ⅔	8	1	0	3	2
千島	1 ⅓	6	2	0	0	0
重松	3 ⅓	14	2	1	2	1
藤木	⅔	1	0	1	0	0
重松	2	7	0	2	1	0
西川	⅔	7	2	0	2	0
椎名	5 ⅓	24	5	1	3	1
辻永	5	28	6	4	6	5

川和　五回に一挙6点

▽三塁打　斉藤（川）▽二塁打　斉藤（川）松岡▽犠打　吉田2、新蔵、三枝木、岩下▽盗塁　新蔵、小野寺、益子、石橋▽失策　新蔵、塚田、石橋
▽審判　高橋、下地、吉村、田畑
▽試合時間　1時間48分

【評】川和がビッグイニングをつくってリードを広げ7回コールド勝ち。五回に荒畑の2点適時打など打者11人で一挙6点を挙げ、七回には新蔵の2ランスクイズで試合を決めた。麻布大付は2投手が8四死球と乱調。九回に1点を返したが、中盤の失点が響いた。

5回表、川和無死満塁。荒畑が右前へ勝ち越しの2点適時打を放つ

17日（横須賀スタジアム）（7回コールド）

川和	1	0	0	0	6	0	2	9
麻布大付	0	1	0	0	0	0	1	2

【川	和】	打	安	点	振	球
④	荒畑	4	2	2	2	0
⑦	斉藤	4	2	1	1	0
①9	吉田	2	0	2	0	0
③	佐伯	1	0	0	0	3
②	祇園	2	0	0	0	2
⑤	青柳	2	0	1	0	1
H	今井	0	0	0	0	1
5	桜井	0	0	0	0	0
⑥	新蔵	3	1	2	1	0
⑧	浦山	2	0	0	2	1
H8	丸山	1	0	0	0	0
⑨	三枝木	1	0	0	0	0
1	小林泰	1	0	0	1	0

犠	盗	失	併	残	打	安	点	振	球
4	1	1	0	5	23	5	8	7	8

【麻布	大】	打	安	点	振	球
⑧	小野寺	4	2	2	2	0
⑦	益子	4	1	0	1	0
①91	桜井	3	0	0	2	0
③	小山内	2	0	0	2	1
②	塚田	3	0	0	1	0
⑨19	斉藤	3	0	0	0	0
⑤	松岡	3	2	0	0	0
⑥	岩下	1	0	0	0	1
④	石橋	3	1	0	0	0

犠	盗	失	併	残	打	安	点	振	球
1	3	2	0	6	26	6	2	8	2

投手	回	打	安	振	球	責
吉田	4	18	4	4	2	1
小林泰	3	11	2	4	0	0
桜井	4 ⅓	23	5	4	4	6
斉藤	⅔	3	0	1	1	0
桜井	2	9	0	2	3	2

東海大相模・佐藤2アーチ

▽本塁打　佐藤2（鳥居、臼井）▽二塁打　綛田、田村、小林、門馬▽犠打　小島、松田▽盗塁　大塚、綛田2、門馬、小島、小林、黒沢、柳原▽失策　黒沢、川村、宮沢、清野2▽暴投　臼井▽捕逸　宮沢
▽審判　望月、奥津、大橋、岡村
▽試合時間　1時間52分

【評】東海大相模の大塚、綛田、門馬で計6安打4盗塁で5得点と大勝に導いた。初回に綛田が先制打、二回は綛田、門馬の連続適時打で畳み掛けた。2本塁打の佐藤も打線に厚みを与えた。横須賀大津は六回以外は毎回塁上をにぎわせたが、好機が広がらなかった。

2回表、東海大相模1死。佐藤が左翼へソロ本塁打を放つ

17日（サーティーフォー相模原球場）（6回コールド）

東海大相模	2	3	2	0	3	2	12
横須賀大津	0	0	0	1	0	0	1

【東	海】	打	安	点	振	球
⑥	大塚	3	1	0	0	1
④	綛田	4	3	2	0	0
⑧	門馬	4	2	1	0	0
⑤	柴田	3	0	0	0	1
②	小島	3	1	2	0	0
③	小林	4	2	1	0	0
R3	百瀬	0	0	0	0	0
⑦	仙庭	1	0	0	0	0
H7	黒沢	3	1	1	0	0
⑨	佐藤	4	2	3	1	0
①	石川	2	0	0	0	0
1	求	0	0	0	0	0
1	大森	1	0	0	0	0
1	庄司	0	0	0	0	0

犠	盗	失	併	残	打	安	点	振	球
1	7	1	0	5	32	12	10	1	2

【大	津】	打	安	点	振	球
④1	臼井	2	1	0	1	1
⑦	松田	2	1	0	1	0
⑤4	谷口	3	0	0	1	0
③	田村	2	1	0	0	1
⑥	川村	1	0	0	0	2
⑨	内村	2	0	0	2	1
②	宮沢	3	1	0	1	0
①	鳥居	0	0	0	0	0
1	山崎	0	0	0	0	0
H	米谷	0	0	0	0	1
R	柳原	0	0	0	0	0
5	清野	2	0	0	1	0
⑧	鈴木	3	0	0	1	0

犠	盗	失	併	残	打	安	点	振	球
1	1	4	0	8	20	4	0	8	6

投手	回	打	安	振	球	責
石川	2	7	2	2	0	0
求	1	5	1	2	1	0
大森	1 ⁰⁄₃	7	1	1	3	0
庄司	2	8	0	3	2	0
鳥居	2	13	5	0	2	4
山崎	1	6	2	0	0	1
臼井	3	16	5	1	0	4

藤沢清流コールド勝ち

▽三塁打　木島、堀▽二塁打　木島2、柳下、篠平、石川、堀▽犠打　石川2、山本、村松、田中、木口、松本▽盗塁　尾崎、柳下、木口▽失策　田嶋、熊田▽暴投　堀3
▽審判　田山、清水、増子、五十嵐
▽試合時間　2時間41分

【評】藤沢清流がコールド勝ち。ボール球に手を出さず、甘い直球を狙い打って好右腕を攻略した。ともに3安打3打点の木島と柳下の活躍が光った。逗子は0－5の三回に4短長打を集めて1点差に詰め寄ったが、エース堀が11四死球と制球に苦しみ力尽きた。

17日（俣野公園・横浜薬大スタジアム）　（8回コールド）

藤沢清流	1	0	4	1	1	0	3	2	12
逗　　子	0	0	4	0	1	0	0	0	5

3安打3打点と活躍した藤沢清流の木島

【清　流】	打	安	点	振	球
⑦ 竹内	4	0	1	3	1
⑧ 尾崎	5	1	1	0	0
⑥ 田嶋	2	1	0	1	3
③1 木島	5	3	3	1	0
② 林	2	0	0	1	3
⑨ 吉永	4	1	1	1	1
⑤ 柳下	3	3	3	0	2
④ 石川	2	1	1	1	1
① 山本	1	0	0	1	0
1 村松	0	0	0	0	0
H 高橋	1	0	0	1	0
3 五島	0	0	0	0	0
犠盗失併残 4 2 1 0 8	29	10	10	10	11

【逗　子】	打	安	点	振	球
② 長岡	4	1	0	0	0
⑥ 篠平	4	1	2	0	0
① 堀	4	2	0	0	0
⑨ 田中	3	1	2	1	0
⑧ 木口	2	0	1	1	1
⑤ 気仙	4	1	0	2	0
③ 室田	3	1	0	0	1
R 藤江	0	0	0	0	0
⑦ 熊田	4	0	0	1	0
④ 松本	3	2	0	1	0
犠盗失併残 3 1 1 0 7	31	9	5	6	2

投手	回	打	安	振	球	責
山本	3	15	4	1	1	2
村松	3	13	3	1	1	1
木島	2	8	2	4	0	0
堀	8	44	10	10	11	12

三浦学苑　着実に加点

▽三塁打　林、高橋▽二塁打　上村2、新井、船越、真野、阿部▽犠打　阿部、渡辺▽盗塁　阿部2、林▽失策　高橋▽暴投　永井▽ボーク　新井
▽審判　桜庭、橋本、太田、小島
▽試合時間　1時間45分

【評】三浦学苑が毎回の計14安打で着実に加点し、七回コールド勝ち。初回と二回に2死から1点ずつを挙げ、五回は4長短打などで3得点して流れをつくった。3投手で1失点。六回まで1安打の厚木清南・愛川・中央農は七回に連打で1点を返し、一矢報いた。

17日（等々力球場）　（7回コールド）

厚木清南・愛川・中央農	0	0	0	0	0	0	1	1
三浦学苑	1	1	0	0	3	1	2X	8

7回コールド負けながら、笑顔でグラウンドを後にする永井（左）と石井の合同チームバッテリー

【厚　愛　中】	打	安	点	振	球
⑧ 峯崎	3	0	0	0	0
① 永井	3	0	0	0	0
② 石井	3	1	0	0	0
⑥ 高橋	3	2	1	0	0
③ 奈良	3	0	0	2	0
④ 佐藤	3	0	0	1	0
⑦ 黒沼	2	0	0	1	0
⑤ 金田	2	0	0	0	0
⑨ 宮野	0	0	0	0	0
9 コイズミ	2	0	0	1	0
犠盗失併残 0 0 1 0 2	24	3	1	5	0

【三　浦　学】	打	安	点	振	球
⑧ 船越	5	2	1	0	0
⑤ 阿部	4	3	0	1	0
⑦3 渡辺	3	1	1	0	1
③1 上村	4	3	3	0	1
④ 真野	3	1	1	0	1
② 本間穂	3	0	0	1	1
⑥ 谷内	1	0	1	0	2
H 原田	1	0	0	0	0
⑨ 林	4	3	0	1	0
① 新井	1	1	1	0	0
H 相沢	1	0	0	0	0
1 坂本	1	0	0	0	0
7 加耒	0	0	0	0	1
犠盗失併残 2 3 0 0 12	31	14	8	3	7

投手	回	打	安	振	球	責
永井	6⅔	40	14	3	7	8
新井	4	13	1	2	0	0
坂本	2	6	0	3	0	0
上村	1	5	2	0	0	1

川崎工科・中里が完投

▽三塁打　小原▽二塁打　外崎▽犠打　小原、上原、早水▽盗塁　長原、外崎▽暴投　丹羽
▽審判　若杉、米屋、早川、瀬間
▽試合時間　1時間45分

【評】川崎工科の主戦中里が要所で踏ん張り完投勝利。野手陣も無失策で応えた。打線は五回に外崎が勝ち越しの左越え二塁打。直後に三盗を決め、内野ゴロの間に奪った追加点が大きかった。川崎北は丹羽が121球と熱投するも、拙攻が響いた。

2回裏、川崎工科2死一、二塁。早水の右前適時打で二走・尾形が先制の生還

17日（大和スタジアム）

川崎北	0	0	1	0	0	0	0	0	0	1
川崎工科	0	1	0	0	2	0	0	0	×	3

【川　崎　北】	打	安	点	振	球
④ 川下	4	1	0	1	0
⑦ 中川	4	0	0	2	0
① 丹羽	4	1	0	0	0
③ 吉岡	4	2	0	1	0
⑧ 原田	3	0	0	0	1
⑤ 長原	4	1	0	1	0
⑨ 羽鳥	3	1	0	0	0
② 小原	2	1	0	0	0
⑥ 石井	3	0	1	0	0
犠盗失併残 1 1 0 0 5	31	7	1	5	1

【川　崎　工】	打	安	点	振	球
⑨ 外崎	4	2	1	0	0
② 上原	3	0	1	2	0
⑥ 大津	4	1	0	0	0
③ 佐藤朋	4	0	0	0	0
① 中里	3	1	0	0	1
⑦ 尾形	4	1	0	1	0
④ 高久	3	0	0	1	0
⑧ 寺地	1	0	0	0	2
⑤ 早水	2	2	1	0	0
犠盗失併残 2 1 0 0 6	28	7	3	4	3

投手	回	打	安	振	球	責
丹羽	8	33	7	4	3	3
中里	9	33	7	5	1	1

神奈川県高校野球ＯＢ連合
◎加盟校（32校OB会）

横浜高	日大藤沢高
武相高	大師高
法政二高	南高
相洋高	横浜隼人高
横浜商高	横浜商大高
東海大相模高	逗子高
日大高	百合丘高
藤沢翔陵高	座間高
藤沢清流高	相模原高
桜丘高	横須賀高
桐蔭学園高	相模田名高
神奈川工高	厚木高
藤嶺藤沢高	川和高
鶴見工高	桐光学園高
山北高	立花学園高
鎌倉学園高	茅ヶ崎北陵高

神奈川球児

がんばれ！

神奈川県高校野球OB連合
〒231-8445 横浜市中区太田町2-23
TEL.045-227-0737
FAX.045-227-0785

神奈川県高校野球OB連合は
高校球児を応援しています。

向上コールドで圧勝

▷二塁打　阿万、佐藤２、直理、徳田▷盗塁　後藤、徳田、海老根２、板倉２、広田２、中山▷失策　堀越、池田２、山田、長谷川▷暴投　山沢
▷審判　上園、松本、石田、篠田
▷試合時間　１時間18分

【評】向上が序盤から投打で圧倒した。二回に佐藤の先制二塁打など５長短打に敵失を絡め、打者11人で８得点。先発佐藤は４回を無安打無失点に封じるなど隙がなかった。綾瀬は無安打に抑えられ三塁を踏めず。５失策と守備が乱れ大量失点につながった。

	【綾瀬】	打	安	点	振	球
⑧	綿貫	2	0	0	1	0
⑨	堀越	2	0	0	0	0
⑥	高橋	2	0	0	0	0
②	池田	2	0	0	0	0
③	後藤	1	0	0	1	1
⑦	山田	1	0	0	1	0
H	藤田祥	1	0	0	0	0
⑤	長谷川	1	0	0	1	0
H	荒川	1	0	0	0	0
①	井本	0	0	0	0	0
1	本郷	0	0	0	0	0
1	山沢	1	0	0	1	0
④	大山	1	0	0	0	0

犠	盗	失	併	残					
0	1	5	0	1	15	0	0	5	1

	【向上】	打	安	点	振	球
⑦	直理	3	2	2	0	0
⑥	徳田	3	2	1	0	0
⑤	海老根	2	1	0	0	1
⑧	板倉	3	1	1	0	0
②	広田	2	1	0	0	1
④	阿万	2	2	1	0	1
⑨	小野	2	0	0	0	0
H3	泉田	1	0	0	0	0
③	中山	1	0	0	0	1
H9	山中	1	0	0	0	0
①	佐藤	2	2	2	0	0
1	猿山	0	0	0	0	0

犠	盗	失	併	残					
0	8	0	0	1	22	11	7	0	4

投手	回	打	安	振	球	責
井本	$1\frac{2}{3}$	11	5	0	1	3
本郷	$\frac{0}{3}$	4	1	0	3	1
山沢	$2\frac{1}{3}$	11	5	0	0	3
佐藤	4	13	0	4	1	0
猿山	1	3	0	1	0	0

4回を投げ無安打無失点だった向上の佐藤

17日（横須賀スタジアム）　（5回コールド）

	1	2	3	4	5	計
綾瀬	0	0	0	0	0	0
向上	0	8	3	2	×	13

住吉・山口５安打完投

▷二塁打　宮嶋、川原▷犠打　作山２▷盗塁　小池▷失策　川原、藤代、田口、吉田、金子２▷暴投　藤代▷ボーク　山口
▷審判　奥野、真保、吉野、星野
▷試合時間　１時間37分

【評】住吉の山口が５安打１失点で完投。七回以降は３者凡退で終えた。打線は四回に長沢の２点打など４安打に敵失を絡めて４点を先取。五回は宮嶋の適時二塁打で加点した。神奈川工の藤代は粘り強く投げたが、４失策が重なった四回が悔やまれる。

	【神工】	打	安	点	振	球
⑦	西岡優	4	0	0	0	0
②	川越	4	2	0	0	0
③	川原	4	1	1	0	0
①	藤代	3	0	0	0	1
⑧	小池	4	2	0	0	0
⑨	田口	2	0	0	0	0
H9	伊藤	2	0	0	1	0
⑤	吉田	3	0	0	0	1
⑥	大渕	3	0	0	1	0
④	金子	1	0	0	0	0
4	岡	2	0	0	0	0

犠	盗	失	併	残					
0	1	6	0	6	32	5	1	2	2

	【住吉】	打	安	点	振	球
①	山口	3	0	0	1	1
⑧	木下	4	0	0	2	0
③	金子	4	1	0	0	0
⑨	横山	4	1	0	1	0
⑦	作山	1	0	0	0	1
④	長沢	4	1	2	0	0
⑤	宮嶋	4	2	1	0	0
⑥	横井	4	1	0	0	0
②	橘	4	1	0	0	0

犠	盗	失	併	残					
2	0	0	1	7	32	7	3	4	2

投手	回	打	安	振	球	責
藤代	8	36	7	4	2	2
山口	9	34	5	2	2	1

5回裏、住吉2死三塁。宮嶋が右越えに適時二塁打を放つ

17日（等々力球場）

	1	2	3	4	5	6	7	8	9	計
神奈川工	0	0	0	0	0	1	0	0	0	1
住吉	0	0	0	4	1	0	0	0	×	5

厚木北 毎回得点重ねる

▷三塁打　川内▷二塁打　亀川２▷犠打　細川、菅野、中武▷盗塁　細川２、川内、横手
▷審判　深沢、石岡、飯田、斉藤
▷試合時間　１時間16分

【評】厚木北が毎回得点で五回コールド勝ちした。初回３連続四球から菅野、亀川の連続適時打などで６点先制。遠藤の好投と堅守で３併殺を奪うなど付け入る隙を与えなかった。橘学苑は３投手が計12四死球と乱調。打線は３安打とつながりを欠いた。

【橘学苑】	打	安	点	振	球
③1 村田	2	0	0	0	0
⑧ 佐野	2	1	0	0	0
⑤2 山本	1	0	0	0	1
②5 平岡	2	1	0	0	0
⑨ 崎尾	2	0	0	2	0
⑦ 伴	2	0	0	0	0
④ 白石	2	0	0	0	0
① 坂尻	0	0	0	0	0
1 森田	1	1	0	0	0
3 三沢	0	0	0	0	0
⑥ 成宮	1	0	0	0	0
犠盗失併残 0 0 0 0 1	15	3	0	2	1

【厚木北】	打	安	点	振	球
⑧ 細川	1	0	1	0	2
④ 井指	2	1	0	1	2
⑥ 川内	2	1	1	0	2
⑤ 菅野	1	1	2	0	1
⑦ 亀川	3	2	3	1	0
⑨ 横手	0	0	0	0	3
③ 中武	1	0	1	0	1
② 北川	2	0	1	0	1
① 遠藤	3	1	1	1	0
犠盗失併残 3 4 0 3 8	15	6	10	3	12

投手	回	打	安	振	球	責
坂尻	0/3	6	2	0	4	6
森田	3	17	1	3	7	2
村田	1 0/3	7	3	0	1	2
遠藤	5	16	3	2	1	0

５回を投げ、３安打無失点だった厚木北の遠藤

17日（保野公園・横浜薬大スタジアム）　（５回コールド）

橘学苑	0	0	0	0	0	0
厚木北	6	1	1	1	1X	10

横浜が無失点リレー

▷三塁打　笹田▷二塁打　山田、立花▷犠打　玉城、立花▷盗塁　緒方、玉城２、宮田、増田、山田▷失策　浜、潮田、井村▷捕逸　浜
▷審判　佐藤、中原、熊倉、高橋
▷試合時間　１時間36分

【評】横浜は投打に隙がなかった。打線は12安打12得点。緩い球を引きつけての打撃が光り、大きな投球動作を突いた６盗塁も目を引いた。山田、杉山は速球を主体に無失点継投。県商工は守備のミスが失点に直結。振りは鋭かったが快音を連ねるのは難しかった。

【県商工】	打	安	点	振	球
⑥ 森時	2	0	0	1	0
⑨ 森康	2	0	0	0	0
③ 三浦	1	1	0	0	1
⑤2 浜	2	0	0	0	0
⑧1 臼井	2	2	0	0	0
④ 潮田	2	0	0	1	0
② 井村	1	0	0	1	0
5 佐藤	1	0	0	1	0
① 篠田	1	0	0	1	0
1 田中	0	0	0	0	0
8 渡辺	1	0	0	1	0
⑦ 石井	1	0	0	0	0
犠盗失併残 0 0 3 0 2	16	3	0	6	1

【横浜】	打	安	点	振	球
⑥ 緒方	1	0	1	0	3
③ 玉城	1	1	2	0	2
⑦ 金井	4	1	2	0	0
1 杉山	0	0	0	0	0
② 立花	3	2	2	0	0
⑤ 宮田	3	3	0	0	1
⑨ 岸本	2	0	0	0	1
H 安達	1	0	0	0	0
4 板倉	0	0	0	0	0
④9 増田	3	2	0	0	0
⑧ 笹田	2	1	2	0	1
① 山田	2	2	1	0	0
H 小野	1	0	0	0	0
R 八木田	0	0	0	0	0
7 中藤	0	0	0	0	0
犠盗失併残 2 6 0 1 9	23	12	10	0	8

投手	回	打	安	振	球	責
篠田	3	21	7	0	4	5
田中	2/3	10	5	0	3	4
臼井	1/3	2	0	0	1	0
山田	4	13	2	3	1	0
杉山	1	4	1	3	0	0

３回裏、横浜２死二、三塁。笹田が左中間に２点三塁打を放つ

17日（サーティーフォー保土ケ谷球場）　（５回コールド）

県商工	0	0	0	0	0	0
横浜	2	1	3	6	×	12

※鎌倉学園×城郷は鎌倉学園の不戦勝

白山14安打10得点

【相	原】	打	安	点	振	球
⑥	梅津	3	1	0	0	0
④14	新鞍	3	0	1	0	0
①8	田村	3	0	0	1	0
②	園部	3	0	0	1	0
⑧41	重原	3	1	0	0	0
⑤	桑野	2	0	0	2	1
③	鈴木	2	0	0	0	0
⑨	田中	2	0	0	1	0
⑦	土肥	2	0	0	1	0

犠	盗	失	併	残	打	安	点	振	球
0	1	1	0	2	23	2	1	6	1

【白	山】	打	安	点	振	球
⑦	鈴木	4	0	0	0	0
7	藤江	1	1	1	0	0
⑤	中村鯨	4	1	0	2	1
①8	丸	3	3	0	0	1
⑥	林留	3	1	1	0	1
③	小谷	3	1	2	1	1
3	鯨	0	0	0	0	0
⑧9	石井	2	1	1	0	0
H	加藤	1	0	0	0	0
9	後藤	0	0	0	0	0
⑨	林大	2	2	1	0	0
1	高橋優	0	0	0	0	0
1	平本	1	0	0	0	0
④	阿部	3	2	1	0	1
②	高橋雄	2	1	2	0	0
H	斉木	1	1	1	0	0
2	金原	0	0	0	0	0

犠	盗	失	併	残	打	安	点	振	球
3	1	0	0	10	30	14	10	3	5

投手	回	打	安	振	球	責
田村	3	19	7	0	3	5
新鞍	⅔	8	5	1	0	1
重原	2⅓	11	2	2	2	1
丸	3	9	0	4	0	0
高橋優	2	8	1	1	1	1
平本	2	7	1	1	0	0

3回裏、白山2死一、二塁。高橋雄の適時二塁打で二走・林大がホームイン。迎える次打者・鈴木⑦

15日（サーティーフォー相模原球場）　（7回コールド）

相原	0	0	0	1	0	0	0	1
白山	3	0	2	4	0	1	×	10

▽三塁打 梅津▽二塁打 丸、高橋雄、藤江、重原▽犠打 石井、高橋優、金原▽盗塁 桑野、林留▽失策 新鞍▽審判 岩田、池田、安部、安田▽試合時間 1時間28分

【評】白山が14安打10得点で大勝した。初回は4単打を集めて3点を先行、以降も積極的な打撃で加点した。先発丸は3回を無安打無失点。好投で流れを呼んだ。相原は2安打に抑えられ継投も実らず。梅津、重原らの振りに見応えがあった。

川崎総合科学 零封リレー

【曽	屋】	打	安	点	振	球
⑤	山口	3	1	0	0	0
④	橋本	3	0	0	1	0
⑥	藤沢	3	0	0	1	0
①	頼田	3	0	0	0	0
③	神山	3	1	0	1	0
⑦	宇賀神	3	0	0	0	0
⑧	長谷川	3	2	0	0	0
②	片岡	3	0	0	1	0
⑨	守屋	2	0	0	1	0
H9	茅ノ間	1	0	0	1	0

犠	盗	失	併	残	打	安	点	振	球
0	0	1	0	6	27	4	0	6	0

【川	総 科】	打	安	点	振	球
⑥	貝瀬	3	2	2	0	1
③1	岩井	3	1	0	0	1
②	後藤	3	1	2	0	0
⑤	加藤	4	1	0	0	0
⑦3	鳥屋	3	2	1	0	1
⑧	下茂	3	1	1	0	0
④	加賀田	3	0	0	0	0
①	山口	1	0	0	0	1
H7	横山	0	0	0	0	1
⑨	松永	1	0	0	1	0
H	武藤	1	0	0	0	0
9	谷岡	0	0	0	0	0

犠	盗	失	併	残	打	安	点	振	球
2	3	2	0	6	25	8	6	1	5

投手	回	打	安	振	球	責
頼田	6⅓	32	8	1	5	6
山口	6	22	2	4	0	0
岩井	1	5	2	2	0	0

1回裏、川崎総合科学2死一、三塁。下茂が右前適時打を放ち2点目を挙げる

15日（中栄信金スタジアム秦野）　（7回コールド）

秦野曽屋	0	0	0	0	0	0	0	0
川崎総合科学	2	2	0	0	0	2	1X	7

▽三塁打 貝瀬▽犠打 後藤、松永▽盗塁 貝瀬、岩井、加藤▽失策 神山、貝瀬、加賀田▽暴投 頼田2▽審判 増田、岸本、湯川、高橋▽試合時間 1時間36分

【評】川崎総合科学が無四球で零封リレー。先発山口は緩急を巧みに使い、四回までパーフェクト。七回から継投した岩井もピンチを2者連続三振で切り抜けた。打線はそつなく攻めて8安打7得点。秦野曽屋は先発頼田が不安定な立ち上がりを捉えられた。

金井・平岩が駄目押し3ラン

【横	須 総】	打	安	点	振	球
⑧	浅羽	4	0	0	0	0
⑥	石渡悠	4	0	0	1	0
⑨	桐ケ谷	4	2	0	0	0
②	守屋	3	0	0	0	1
④	岩崎	3	0	0	1	0
③	坂内	1	0	0	0	1
1	長沢	2	1	1	1	0
⑤	小浜	2	0	0	0	1
⑦	石渡凪	2	2	0	0	1
①	伊藤	0	0	0	0	0
H	光本	1	0	0	0	0
13	水戸	2	0	0	0	0
3	山本	0	0	0	0	0

犠	盗	失	併	残	打	安	点	振	球
1	1	1	0	8	28	5	1	3	4

【金	井】	打	安	点	振	球
⑧	森	4	1	0	0	1
⑤	松井	5	3	0	0	0
④	大西	4	2	1	0	1
③	佐藤	4	1	3	0	0
⑦	平沢	4	0	0	0	0
⑥	羽野	4	0	0	1	0
⑨	小川	2	0	0	1	2
②	平岩	4	2	3	0	0
①	石井	4	2	0	0	0
R	吉永	0	0	0	0	0

犠	盗	失	併	残	打	安	点	振	球
0	2	1	1	8	35	11	7	2	4

投手	回	打	安	振	球	責
伊藤	2	9	1	1	2	1
水戸	2 0/3	12	5	1	1	3
長沢	3⅔	18	5	0	1	0
石井	8	33	5	3	4	1

8回裏、金井2死一、三塁。3ランを放った平岩が笑顔のホームイン。迎える一走・小川⑨

15日（藤沢八部球場）　（8回コールド）

横須賀総合	0	0	0	0	1	0	0	0	1
金井	0	1	2	0	1	0	0	4X	8

▽本塁打 平岩（長沢）▽二塁打 石渡凪2、佐藤、桐ケ谷、長沢▽犠打 岩崎▽盗塁 桐ケ谷、羽野2▽失策 小浜、大西▽暴投 伊藤、石井2、水戸▽ボーク 伊藤▽審判 古川、田中、加藤、藤原▽試合時間 2時間5分

【評】金井は右腕石井が直球を主体に8回1失点の力投。手堅い守備もあって再三のピンチをしのいだ。打線は4番佐藤が3打点。八回に平岩の3ランで駄目を押した。横須賀総合は三回無死三塁、四回1死満塁でそれぞれ無得点と流れをつかめなかった。

頑張れ高校球児!!

硬式グラブ多数在庫!!

グラブの型付け・修理も承っています。

YOKOHAMA

ANDO

SPORTS

アンドウスポーツ 検索

LINE 友だち追加

LINE@お友達募集中！
最新情報＆クーポンをお届けします。

〒240-0006 横浜市保土ケ谷区星川2-6-30 TEL 045-331-2461

☆相鉄線「星川駅」徒歩3分 ☆バス停「星川駅前」徒歩1分、「峯小学校前」徒歩9分

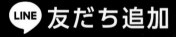

2回戦

追浜×相模原弥栄 ／ 津久井・橋本×南 ／ 横浜学園×磯子工

相模原弥栄・鶴見、殊勲の一打

【追	浜】	打	安	点	振	球
⑥	沢中	1	0	0	0	0
6	岩下	3	0	0	1	2
⑦	朝倉	4	0	0	2	0
④	佐野	4	1	0	1	1
⑧	諸泉	4	2	0	1	1
②	遠藤	3	0	0	1	1
③	日野	4	2	1	0	0
⑨	加藤	1	0	2	0	2
①	山崎	4	0	0	2	1
⑤	熊谷	4	0	0	3	0
H	秋本	1	1	1	0	0
5	篠平	0	0	0	0	0

犠	盗	失	併	残	打	安	点	振	球
5	1	1	1	12	33	6	4	11	8

【弥	栄】	打	安	点	振	球
③	武田	4	1	0	1	1
④	鈴木	4	1	0	0	1
⑧	林	5	2	1	0	0
⑤	永守	5	2	0	0	0
⑨	渡辺	5	2	2	0	0
⑦	会田	3	0	0	0	0
H	村上	1	0	0	0	0
7	伊藤	1	0	0	1	0
②	鶴見	4	1	2	1	1
①	酒井	1	0	0	0	0
1	祢津	1	0	0	0	0
1	吉田	2	0	0	1	0
⑥	丸山	1	0	0	0	2
H	宮本	1	0	0	0	0
6	斎藤	0	0	0	0	0

犠	盗	失	併	残	打	安	点	振	球
0	2	2	0	9	38	9	5	4	5

投手	回	打	安	振	球	責
山崎	9⅔	43	9	4	5	4
酒井	3	14	3	3	2	1
祢津	2⅓	10	2	2	0	1
吉田	4⅔	22	1	6	6	1

延長10回裏、相模原弥栄２死二、三塁。サヨナラ打を放ち、ガッツポーズの鶴見

15日（保野公園・横浜薬大スタジアム）　（延長10回）

追浜	0	1	0	0	0	2	0	0	0	1	4
相模原弥栄	3	0	0	0	0	0	0	0	0	2X	5

▽二塁打　諸泉▽犠打　朝倉、遠藤、日野、加藤2▽盗塁　加藤、永守、渡辺▽失策　熊谷、鈴木、丸山▽暴投　酒井
▽審判　岩男、実方、古沢、中村
▽試合時間　2時間23分

【評】相模原弥栄が1点を追う延長十回、2死二、三塁から鶴見の中前2点打でサヨナラ勝ち。六回途中から継投の3番手吉田が1安打に抑えてリズムをつくった。追浜は、延長十回に代打秋本が勝ち越しの左前適時打を放ったが、粘投していた山崎が最後に力尽きた。

南が主導権譲らず

【津・	橋】	打	安	点	振	球
④6	木村	3	0	0	0	1
⑥1	長島	3	2	0	0	1
①73	大塚	4	1	0	0	0
⑤	岩田	4	1	0	0	0
③9	細川	3	2	0	0	0
⑧	浜谷	2	0	0	0	1
⑨4	永田	2	0	0	0	1
⑦97	遠田	3	1	1	0	0
②	大森	3	1	0	1	0

犠	盗	失	併	残	打	安	点	振	球
0	1	4	0	8	27	8	1	1	4

【	南】	打	安	点	振	球
⑦	谷津	3	1	1	0	0
⑧	金子	3	1	0	1	0
①6	唱	2	1	1	0	2
⑨	天野	4	1	0	0	0
③	河村	3	1	0	0	1
⑤	永野	4	1	1	1	0
②	越智	3	1	0	0	0
④	津戸	1	1	1	0	2
⑥	牧野	3	1	0	1	1
1	秋山	0	0	0	0	0

犠	盗	失	併	残	打	安	点	振	球
4	2	3	4	9	26	9	4	3	6

投手	回	打	安	振	球	責
大塚	1⅓	9	3	0	1	0
長島	4⅔	27	6	3	5	3
唱	6	27	6	1	4	1
秋山	1	4	2	0	0	0

7回コールド勝ちした南ナイン

15日（中栄信金スタジアム秦野）　（7回コールド）

津久井・橋本	0	1	0	0	0	1	0	2
南	1	3	1	1	1	2	×	9

▽二塁打　金子、長島▽犠打　谷津、金子、越智、津戸▽盗塁　長島、唱、天野▽失策　長島、大塚、岩田、永田、永野2、牧野▽暴投　唱、大塚2、長島2
▽審判　田村、久保寺、岡田、林
▽試合時間　1時間59分

【評】南が毎回得点で主導権を譲らなかった。同点の二回に相手守備の乱れを突き3点を奪い勝ち越し。粘投の先発唱を、バックは4併殺で援護した。津久井・橋本は8安打で見せ場をつくるも8残塁。継投も流れを断ち切れず、4失策が失点に絡んだのが痛かった。

横浜学園 乱戦制す

【横浜	学】	打	安	点	振	球
⑧	根本波	5	0	1	1	0
⑦1	持田	6	3	3	1	0
⑥	藤谷	5	2	1	2	1
⑤	坂本	6	2	2	3	0
②	深美	5	2	1	0	0
③	根本汐	2	0	0	1	3
⑨	三平	4	1	1	2	1
①	野川	1	1	0	0	0
17	太田	1	0	0	1	3
④	斎藤	2	2	1	0	2

犠	盗	失	併	残	打	安	点	振	球
2	1	3	0	12	37	13	10	11	10

【磯子	工】	打	安	点	振	球
②	町田	4	2	1	1	1
⑧	松田	2	0	1	0	2
⑤	広田	5	1	1	0	1
⑦	島村	4	1	0	0	1
①	内山	2	1	0	0	2
③	菊池	5	2	2	0	0
⑨	寺嶋	3	0	1	0	1
⑥	三国	3	2	0	0	0
④	橋岡	2	0	0	1	1

犠	盗	失	併	残	打	安	点	振	球
9	0	1	0	13	30	9	6	2	9

投手	回	打	安	振	球	責
野川	3⅓	21	5	2	5	4
太田	3⅔	18	3	0	2	2
持田	2	9	1	0	2	0
内山	9	49	13	11	10	10

3回裏、磯子工2死満塁。勝ち越しの2点二塁打を放ち、ガッツポーズする菊池

15日（いせはらサンシャインスタジアム）

横浜学園	0	0	1	0	3	0	2	2	2	10
磯子工	1	0	2	2	0	0	3	0	0	8

▽本塁打　坂本（内山）▽二塁打　広田、斎藤、菊池、内山▽犠打　根本波、斎藤、町田、松田2、内山、寺嶋、三国2、橋岡2▽盗塁　持田▽失策　藤谷、深美、根本汐、寺嶋▽暴投　野川、内山
▽審判　北林、林、仙田、藤田、島田、土屋
▽試合時間　2時間53分

【評】両チーム合わせて22安打19四死球の乱戦を横浜学園が制した。6－8の八回、坂本の2点本塁打で同点とすると、九回に2本の適時内野安打で勝ち越した。3番手持田が終盤2回を無失点。磯子工は七回に内山の二塁打を口火に一時逆転して、意地を見せた。

湘南 六回コールド勝ち

▽二塁打　宮崎、長沼、土井原、関根▽犠打　岩井▽盗塁　宮崎、中尾、長沼、熊谷、杉浦、吉田▽失策　高橋、谷中、長島、貝木4▽暴投　藤巻▽審判　藤橋、田中、湯田、栗田▽試合時間　1時間59分

【評】序盤から主導権を握った湘南が六回コールド勝ち。初回、先頭から長短打で無死1、3塁とし、長沼の二塁打で2点を先制。その後も敵失などに乗じて加点した。二宮は四回に2点を返したが、守備でミスが多く、5投手の小刻みな継投を捉えきれなかった。

15日（小田原球場）　（6回コールド）

	1	2	3	4	5	6	計
湘南	4	3	0	4	0	1	12
二宮	0	0	0	2	0	0	2

4回裏、二宮2死一、二塁。関根が右中間に2点二塁打を放つ

【湘	南】	打	安	点	振	球
⑨1	宮崎	4	1	0	0	1
⑤6	土井原	3	2	0	0	2
⑦	長沼	4	1	2	0	0
9	内海	1	0	0	0	0
②	杉浦	5	2	0	0	0
3	小坂	0	0	0	0	0
④1	熊谷	3	0	1	0	0
1	藤巻	0	0	0	0	0
17	梅沢	1	1	1	0	1
③	山口	3	2	2	1	1
H2	豊原	1	0	0	0	0
⑧	中尾	2	1	0	0	0
H8	鈴木	1	1	0	0	1
①	岩井	0	0	1	0	0
H	福島	1	0	0	1	0
4	吉田	2	1	0	0	0
⑥	高木	2	1	0	1	0
H5	上田	2	0	0	0	0

犠	盗	失	併	残	打	安	点	振	球
1	6	0	0	12	35	13	7	3	6

【二	宮】	打	安	点	振	球
④5	貝木	3	0	0	1	0
⑧	野崎	2	0	0	0	1
②	猪瀬	3	2	0	0	0
⑥	長島	3	0	0	0	0
⑤1	高橋	2	0	0	0	1
⑦	関根	2	1	2	0	0
⑨	谷中	2	0	0	0	0
①4	阿久根	1	0	0	1	1
③	向川	2	0	0	2	0

犠	盗	失	併	残	打	安	点	振	球
0	0	7	1	3	20	3	2	4	3

投手	回	打	安	振	球	責
岩井	2	6	0	0	0	0
熊谷	1	4	0	1	1	0
藤巻	⅔	5	2	0	2	2
梅沢	1⅔	6	1	3	0	0
宮崎	⅔	2	0	0	0	0
阿久根	3⅓	27	10	2	2	3
高橋	2⅔	15	3	1	4	1

横浜創学館 投打押し切る

▽二塁打　斎藤、松井、仲田▽犠打　内野、井上▽盗塁　小川▽失策　近村、山岸▽暴投　近村▽審判　小林、上田、原、藤森▽試合時間　1時間37分

【評】横浜創学館が投打に押し切った。各打者が甘い球を捉えて毎回の12安打。岡本、長井、仲田の中軸が計6安打4打点と機能し、先発山岸も4回無失点の好投で応えた。瀬谷西は三回無死一、三塁の逸機と、投手陣の三回の4四死球が尾を引いた。

15日（バッティングパレス相石スタジアムひらつか）　（5回コールド）

	1	2	3	4	5	計
瀬谷西	0	0	0	0	0	0
横浜創学館	1	1	7	3	×	12

3回裏、横浜創学館1死一、二塁。仲田が右越えに適時二塁打を放つ

【瀬谷	西】	打	安	点	振	球
②	梅原	2	0	0	1	0
⑧	守屋	2	0	0	0	0
①9	近村	2	0	0	1	0
③	久保田	2	0	0	1	0
⑥	小川	1	1	0	0	1
⑨	小山内	1	0	0	0	0
1	寺前	0	0	0	0	0
1	武田	1	0	0	0	0
⑦	阿部	2	0	0	1	0
④	松井	1	1	0	0	0
H	笠井	1	0	0	1	0
⑤	内野	1	0	0	0	0

犠	盗	失	併	残	打	安	点	振	球
1	1	1	0	3	16	2	0	5	1

【創学	館】	打	安	点	振	球
⑧	倉谷	3	2	3	0	1
④	光岡	2	1	1	0	1
4	佐藤汰	0	0	0	0	0
⑨	岡本	2	1	2	0	1
③	長井	3	2	1	0	0
⑤	仲田	3	3	1	0	0
R5	福田	0	0	0	0	0
①7	山岸	2	0	0	0	1
⑦	斎藤	2	2	1	0	0
H	高野	1	0	0	0	0
1	遠藤	0	0	0	0	0
②	井上	1	1	1	0	1
⑥	森	2	0	1	0	1

犠	盗	失	併	残	打	安	点	振	球
1	0	1	0	4	21	12	11	0	6

投手	回	打	安	振	球	責
近村	2⅓	14	7	0	1	5
寺前	⅓	5	1	0	3	4
武田	1⅓	9	4	0	2	1
山岸	4	15	2	3	1	0
遠藤	1	3	0	2	0	0

YSF 二回一挙8得点

▽三塁打　内山、藤田▽二塁打　田中、山口修▽犠打　鈴木皓、西島、瀬谷▽盗塁　井上、荒川、鈴木皓、藤田、丸田2、西島、三上▽失策　坪井2、内山、藤田▽暴投　森2、井上4、太田▽審判　三橋、堀川、富樫、篠原▽試合時間　1時間54分

【評】YSFが17安打19得点で五回コールド勝ち。初回に4点を先制されたが、直後に3安打を集めて2点を返し、二回は犠打と四球を挟んで8連打などで8得点し、主導権を握った。中軸は3人で計7安打6打点。旭・向は、二回以降は打線が1安打に抑えられた。

15日（俣野公園・横浜薬大スタジアム）　（5回コールド）

	1	2	3	4	5	計
横浜旭陵・相模向陽館	4	0	0	0	0	4
横浜サイエンスフロンティア	2	8	2	7	×	19

3回裏、横浜サイエンスフロンティア1死三塁。西島の中犠飛で三走・丸田が12点目のホームイン

【旭・	向】	打	安	点	振	球
⑥16	井上	2	0	0	1	1
①81	森	3	1	0	1	0
②	坪井	2	0	0	0	1
⑧318	太田	3	1	0	2	0
④	大野	3	1	0	1	0
③63	内山	2	1	3	1	0
⑤	入内嶋	2	0	0	1	0
⑨	多田	1	0	0	1	1
⑦	荒川	1	0	0	1	1

犠	盗	失	併	残	打	安	点	振	球
0	2	3	0	4	19	4	3	9	4

【YS	F】	打	安	点	振	球
⑤	田中	3	1	1	0	2
⑨	鈴木皓	3	1	1	0	0
H9	横山	1	0	0	0	0
⑥	藤田	3	3	3	0	1
③	丸田	4	2	0	0	0
①	中嶋	3	2	3	0	1
②	西島	3	3	3	0	0
⑧	三上	2	0	0	0	2
⑦	山口修	3	3	2	0	1
④	瀬谷	2	2	1	0	1

犠	盗	失	併	残	打	安	点	振	球
3	6	1	0	7	27	17	14	0	8

投手	回	打	安	振	球	責
森	1⅓	12	7	0	1	6
井上	2⅓	21	9	0	4	8
太田	0/3	4	1	0	3	0
森	⅓	1	0	0	0	0
中嶋	5	23	4	9	4	3

立花学園 好機逃さず逆転

15日（大和スタジアム）

立花学園	0	0	0	0	0	3	0	0	1	4
金　沢	0	1	0	0	0	0	0	0	0	1

▽二塁打　飛田▽犠打　畑尾、切無沢▽失策　早川3、亀山
▽審判　松本、神之田、後藤、島村
▽試合時間　2時間17分

【評】立花学園が好機で畳み掛けて逆転勝ち。六回に敵失から3連続四死球の押し出しで同点、岩田と小岩の2連打で勝ち越しに成功した。守っては2投手の1失点リレーで抑えた。金沢は二回に藤井の適時打で先制したが、三回以降は4安打に終わった。

6回表、立花学園2死満塁。代打・上藪が四球を選び三走・レホアンが同点のホームイン

【立	花】	打	安	点	振	球
②	岩田	5	3	1	0	0
④	小岩	5	3	1	0	0
⑦	近藤	4	0	0	0	0
1	永島田	1	0	0	1	0
⑤	寺内	5	1	0	1	0
③	中村	4	1	0	1	1
⑨7	レホアン	5	2	0	0	0
⑧	畑尾	3	0	1	1	1
⑥	佐藤知	4	0	0	0	1
①	小林	2	0	0	0	0
H9	上藪	1	1	1	0	1

犠	盗	失	併	残	打	安	点	振	球
1	0	0	0	13	39	11	4	4	4

【金	沢】	打	安	点	振	球
⑤	早川	3	0	0	1	1
⑥	亀山	3	0	0	1	0
H	大河内	0	0	0	0	1
R6	小林	0	0	0	0	0
③	杉山	3	0	0	1	1
⑨	切無沢	3	2	0	0	0
⑧	阿部	4	1	0	0	0
⑦	玉橋	4	1	0	2	0
②	藤井	2	1	1	1	1
H	鳥海	1	0	0	1	0
①	金井	2	0	0	1	0
1	永山	1	0	0	0	0
H	井本	1	0	0	0	0
④	飛田	4	1	0	2	0

犠	盗	失	併	残	打	安	点	振	球
1	0	4	1	8	31	6	1	10	4

投手	回	打	安	振	球	責
小林	5	20	4	5	2	1
永島田	4	16	2	5	2	0
金井	5 ⅔	29	8	3	3	0
永山	3 ⅓	15	3	1	1	0

小田原 打者一巡の攻撃

15日（等々力球場）　（5回コールド）

多　摩	0	0	0	0	0	0
小田原	1	3	0	6	×	10

▽三塁打　早坂▽犠打　原田、小池、山口、遠藤2▽盗塁　佐伯▽失策　佐伯、小林、大塚、山口▽暴投　大塚▽捕逸　染野
▽審判　久野、阿部、乗松、工藤
▽試合時間　1時間36分

【評】小田原が初戦に続く五回コールド勝ち。前戦無安打無得点9奪三振の左腕新保は一転、リズム良く打たせて取る投球。打線も四回、早坂の走者一掃の三塁打など打者一巡の攻めで突き放した。多摩は2度の盗塁失敗など序盤で好機を逃して波に乗れなかった。

4回裏、小田原1死満塁。早坂が走者一掃の中越え三塁打を放つ

【多	摩】	打	安	点	振	球
⑧9	高田	2	1	0	0	0
H	田島	1	0	0	1	0
⑨	佐伯	2	1	0	0	0
1	江名	1	0	0	1	0
⑤	小林	2	1	0	0	0
②	櫺渕	2	0	0	1	0
⑦	小田嶋	1	0	0	0	1
③	森	2	0	0	0	0
⑥	伊神	2	0	0	1	0
①8	大塚	2	2	0	0	0
④	二宮	1	0	0	1	0
H	井上	1	0	0	0	0

犠	盗	失	併	残	打	安	点	振	球
0	0	3	0	5	19	5	0	5	1

【小田原】		打	安	点	振	球
⑨	村山	2	0	0	1	2
⑧	原田	2	1	2	0	1
④	小池	2	1	2	0	1
⑤	伊藤	2	1	1	0	1
②	染野	2	1	0	0	1
⑥	早坂	3	1	3	0	0
⑦	山口	1	1	1	0	1
7	三宅	0	0	0	0	0
③	遠藤	1	0	0	0	0
①	新保	1	1	0	0	2

犠	盗	失	併	残	打	安	点	振	球
5	1	1	0	8	16	7	9	1	9

投手	回	打	安	振	球	責
大塚	3 ⅔	29	7	1	9	5
江名	⅓	1	0	0	0	0
新保	5	20	5	5	1	0

星槎国際湘南が大勝

15日（等々力球場）　（5回コールド）

星槎国際湘南	2	1	9	1	5	18
山手学院	1	0	0	0	0	1

▽三塁打　佐野、戸頃▽二塁打　岡村、山本、佐藤▽犠打　岡村、佐野、浅川▽盗塁　石崎、山口、香川、平塚2▽失策　菅沼2、杉山
▽審判　高田、来福、宮崎、納谷
▽試合時間　1時間48分

【評】星槎国際湘南が毎回得点の猛攻で大勝した。序盤こそ凡フライが目立ったが三回は短打を集めて一挙9得点。点差が開いてもスクイズを試みるなど攻め手を緩めなかった。山手学院は初回は安濃の左前適時打で反撃したが、後が続かなかった。

1回表、星槎国際湘南2死二塁。石崎が先制の右前適時打を放つ

【星	槎】	打	安	点	振	球
④	岡村	3	2	0	0	0
4	佐藤	1	1	2	0	0
⑤	戸頃	4	2	2	0	1
⑥	中平	4	2	2	0	1
⑨7	石崎	3	2	2	0	2
③2	佐野	3	3	4	0	1
⑦	須崎	1	0	0	0	1
R9	高津	1	0	0	0	1
9	小泉	0	0	0	0	1
②	浅川	1	0	0	0	0
H	青木	1	0	0	0	0
3	山口	2	1	0	0	0
①	小林	2	1	1	0	0
H	渡辺	1	0	0	0	0
1	萩原	0	0	0	0	0
H	香川	1	1	0	0	0
1	松下	0	0	0	0	0
⑧	平塚	4	3	1	0	0

犠	盗	失	併	残	打	安	点	振	球
3	5	0	1	10	32	18	14	0	8

【山手学】		打	安	点	振	球
⑦9	山本	2	1	0	0	0
⑤4	今井	2	0	0	0	0
⑧	安濃	2	1	1	1	0
③	山中	2	0	0	1	0
⑨5	船城	2	0	0	1	0
⑥	宮崎	1	0	0	0	1
②	上島	1	0	0	0	0
H	木田	1	0	0	0	0
④	菅沼	0	0	0	0	0
H7	杉山	1	0	0	0	0
H	熊谷	1	1	0	0	0
R	大井	0	0	0	0	0
①	隅田	0	0	0	0	0
1	岡本	1	0	0	0	0
1	岡田	0	0	0	0	0
H	今野	1	0	0	1	0

犠	盗	失	併	残	打	安	点	振	球
0	0	3	1	2	17	3	1	4	1

投手	回	打	安	振	球	責
小林	2	8	2	1	0	1
萩原	2	6	0	2	0	0
松下	1	4	1	1	1	0
隅田	2 0/3	15	6	0	2	3
岡本	2	23	12	0	4	11
岡田	1	5	0	0	2	0

旭が猛攻16安打

【旭】		打	安	点	振	球
⑥	荒井	1	0	1	1	4
④	新田	3	1	1	0	0
H	斉藤	1	1	1	0	0
R	亀江	0	0	0	0	0
3	梶田	1	0	0	0	0
⑨	牛腸	5	4	2	0	1
1	根崎	0	0	0	0	0
1	持田	0	0	0	0	0
③	桜井	3	2	3	0	0
R4	長倉	1	0	0	0	0
⑦	綿貫	3	1	1	1	2
7	多田	0	0	0	0	0
①9	山宮	4	2	2	0	1
⑧	新庄	2	0	0	1	0
H8	平野	2	1	0	0	0
②	漆原	3	1	1	0	1
⑤	芝田	5	3	1	0	0
5	風間	0	0	0	0	0
犠盗失併残	6 8 4 0 9	34	16	13	3	9

【関東学】		打	安	点	振	球
⑧	広瀬	4	1	0	0	1
⑦	香山	2	0	0	0	2
⑥1	神谷	3	0	0	0	2
②	青木	5	1	1	1	0
④6	油田	4	1	1	0	1
⑤4	鳥居	5	2	1	0	0
③	関	2	1	0	0	1
3	城戸	1	0	0	0	0
H	伊丹	0	0	0	0	1
⑨	依田	5	0	0	2	0
①	豊田	0	0	0	0	0
1	志田	1	0	0	0	0
4	小森	1	0	0	0	0
H5	前泊	2	0	0	0	0
犠盗失併残	0 2 1 0 12	35	6	3	3	8

投手	回	打	安	振	球	責
山宮	8	38	5	3	6	1
根崎	⅔	2	0	0	0	0
持田	⅓	4	1	0	2	0
豊田	⅔	6	3	0	1	3
志田	2⅔	15	5	2	3	3
神谷	5⅔	28	8	1	5	7

1回表、旭1死二、三塁。山宮の中前適時打で三走に続き二走・綿貫が3点目のホームイン

▽三塁打　芝田、牛腸▽二塁打　広瀬▽犠打　荒井、新田、桜井2、新庄、漆原▽盗塁　荒井3、牛腸2、長倉、綿貫、芝田、広瀬、油田▽失策　荒井2、新田、漆原、依田▽暴投　山宮、神谷3▽ボーク　神谷▽妨害出塁　香山（漆原）
▽審判　一居、米原、石井、谷
▽試合時間　3時間28分

【評】計16安打の猛攻で旭が大勝した。初回に綿貫、山宮の連続適時打で先制。その後も小刻みに加点し、九回に短長4安打3得点で駄目押しした。計8盗塁と足でもかき回し、牛腸は4安打2打点2盗塁。関東学院は六回に2点差まで詰め寄ったが、終盤に力尽きた。

15日（横須賀スタジアム）

	1	2	3	4	5	6	7	8	9	計
旭	3	1	1	1	1	0	0	3	3	13
関東学院	0	1	0	0	3	1	0	0	0	5

海老名 中盤に逆転

【湘風】		打	安	点	振	球
⑥	山本藍	4	1	0	0	1
⑧	渡辺	4	1	0	1	1
①9	磯部	5	2	1	0	0
②	上村	5	2	1	1	0
⑤	荒井	4	1	0	1	0
⑨1	三留	4	2	2	2	0
⑦	富田	4	1	0	3	0
③	江藤	3	1	0	0	1
④	山本紅	4	0	0	2	0
犠盗失併残	0 1 0 0 9	37	11	4	10	3

【海老名】		打	安	点	振	球
①6	斉藤	4	3	1	0	1
⑤	當間	3	0	0	1	1
⑧9	尾羽沢	4	2	1	2	1
⑦1	小林	3	1	1	0	1
⑨7	北条	3	0	1	0	2
④	赤松	3	0	0	0	0
③	古堀	3	0	0	2	1
⑥	青沼	0	0	0	0	0
8	白鳥	4	2	2	0	0
②	北原	3	2	0	0	0
犠盗失併残	4 2 0 0 11	30	10	6	5	7

投手	回	打	安	振	球	責
磯部	4⅔	27	9	3	4	5
三留	3⅓	14	1	2	3	1
斉藤	2⅓	14	6	2	1	3
小林	6⅔	26	5	8	2	1

5回裏、海老名1死一、三塁。赤松のスクイズで三走・尾羽沢が本塁を突くもタッチアウト。捕手・上村

▽二塁打　三留、荒井、斉藤、磯部▽犠打　當間、小林、赤松、北原▽盗塁　山本藍、渡辺、斉藤2▽暴投　三留
▽審判　伊藤、鈴木、若林、山口、島村、神之田
▽試合時間　2時間21分

【評】海老名が中盤に逆転した。四回で同点に追い付き、五回には白鳥の2点打で勝ち越しに成功。守っては三回途中から救援の小林が6回⅔1失点8奪三振で好投した。平塚湘風は初回に3点を先制したが、以降は八回まで先頭打者を出せず。攻めが淡泊だった。

15日（大和スタジアム）

	1	2	3	4	5	6	7	8	9	計
平塚湘風	3	0	0	0	0	0	0	0	1	4
海老名	0	0	2	1	2	0	0	1	×	6

平塚学園 終盤に底力

【平学】		打	安	点	振	球
⑧	阿部	4	4	3	0	1
⑦	田中	4	2	0	0	1
7	大岡	0	0	0	0	0
⑨	磯田	4	1	1	0	1
⑤	村田	4	3	3	0	0
②	安達	5	1	1	0	0
④	三沢	4	0	0	0	1
③	佐々木	4	3	0	0	0
①	伊藤	2	1	0	0	0
1	小林	0	0	0	0	0
⑥	美登	4	0	1	0	0
犠盗失併残	3 5 2 2 9	35	15	9	0	4

【氷取沢】		打	安	点	振	球
⑧	関	3	1	0	0	0
⑥	斉田	3	2	0	0	0
③	林	4	1	1	0	0
⑨	上村	4	0	0	0	0
②	柳沢	4	2	0	0	0
④	赤井	4	2	0	1	0
⑦	石田	4	1	1	0	0
①	吉村	3	1	0	0	0
1	三村	0	0	0	0	0
⑤	森崎	3	0	0	1	0
犠盗失併残	2 0 1 1 8	32	10	2	2	0

投手	回	打	安	振	球	責
伊藤	6	27	9	2	0	2
小林	2	7	1	0	0	0
吉村	7⅓	40	15	0	4	8
三村	⅔	2	0	0	0	0

3回表、平塚学園2死一、二塁。村田の適時二塁打で二走・田中が勝ち越しのホームイン

▽二塁打　斉田、村田、阿部▽犠打　村田、伊藤、小林、関、斉田▽盗塁　阿部2、田中、磯田、美登▽失策　村田、美登、石田▽暴投　吉村
▽審判　安武、諏訪、阿部、永田
▽試合時間　2時間11分

【評】平塚学園が終盤の競り合いをものにした。4－2の八回、四球を足掛かりに甘い球を捉えて4単打で5得点。先発伊藤の6回9安打2失点の粘投に応えた。氷取沢は強豪相手に10安打で応戦。先発吉村をもり立てた野手陣の好守は見事だった。

15日（バッティングパレス相石スタジアムひらつか）　（8回コールド）

	1	2	3	4	5	6	7	8	計
平塚学園	1	0	1	0	1	1	0	5	9
横浜氷取沢	1	0	0	0	0	1	0	0	2

かなしん
かながわ信用金庫
かなしんの最新情報はコチラ

日大藤沢の主戦5回無安打

▷三塁打　佐藤（日）▷二塁打　提坂、宮沢、植松▷犠打　村山、柳沢▷盗塁　清水尊２、遠藤▷失策　石原、船串
▷審判　福寿、猪鼻、戸田、瀬良垣
▷試合時間　１時間30分

【評】日大藤沢が六回コールドで初戦突破した。主戦清水虎が威力ある直球で５回を無安打に封じ、打線は毎回の13安打。提坂が４打点、村山が３安打と活躍した。鎌倉は０－９の五回無死一、二塁で登板した戎谷が三者凡退に抑え、福住が唯一の安打で意地を見せた。

【鎌	倉】	打	安	点	振	球
③	石原	1	0	0	0	2
⑦	奥山	2	0	0	1	0
7	佐藤	0	0	0	0	0
⑥	力石	2	0	0	0	0
②	秋山	2	0	0	0	0
⑨	高橋	2	0	0	1	0
⑤	勝又	2	0	0	2	0
1	戎谷	0	0	0	0	0
⑧	小松田	2	0	0	1	0
④	福住	2	1	0	1	0
①	関	1	0	0	1	0
15	船串	1	0	0	0	0
犠盗失併残	0 0 2 0 1	17	1	0	7	2

【日	藤】	打	安	点	振	球
⑦	清水尊	2	1	0	0	2
⑤	村山	3	3	2	0	0
⑧	提坂	4	3	4	0	0
⑨	柳沢	2	0	1	0	1
④	遠藤	3	1	0	0	1
③	宮沢	2	1	1	0	2
⑥	田上	3	1	0	0	0
H	植松	1	1	1	0	0
②	坂田	3	0	0	0	0
①	清水虎	2	1	0	0	0
H	佐藤	1	1	1	0	0
R	阿部	0	0	0	0	0
1	椙山	0	0	0	0	0
犠盗失併残	2 3 0 2 9	26	13	10	0	6

投手	回	打	安	振	球	責
関	2⅔	14	7	0	0	4
船串	1⅓	15	4	0	6	4
戎谷	1 0/3	5	2	0	0	1
清水虎	5	15	0	7	2	0
椙山	1	4	1	0	0	0

3回裏、日大藤沢1死一、二塁。提坂が右中間に2点二塁打を放つ

15日（サーティーフォー保土ケ谷球場）（6回コールド）

鎌倉	0	0	0	0	0	0	0
日大藤沢	1	0	3	3	2	1X	10

横浜商大12安打完勝

▷三塁打　青木▷二塁打　池田２▷犠打　間瀬、石黒▷盗塁　吉永▷失策　林、小南
▷審判　青木、土田、川瀬、北林
▷試合時間　１時間46分

【評】横浜商大が12安打で完勝した。初回２死から四球を挟み４連打で３点先制。二回以降も毎回安打で加点し、浜田－小南のリレーで零封した。霧が丘は３番手で二回途中から登板したエース大島が粘投し、９番打者の福本が２安打で意地を見せた。

【霧が	丘】	打	安	点	振	球
⑦	塩田	2	0	0	1	1
⑧	小金井	3	0	0	0	0
⑥	武島	2	0	0	0	1
③	安藤	3	1	0	0	0
②	奥浜	2	1	0	0	1
①	楠木	1	0	0	1	0
1	竹野	0	0	0	0	0
1	大島	2	0	0	0	0
⑤	林	3	0	0	0	0
④	二ノ宮	3	0	0	2	0
⑨	福本	3	2	0	1	0
犠盗失併残	0 0 1 0 6	24	4	0	5	3

【商	大】	打	安	点	振	球
⑥	阿部	3	1	0	0	2
②	間瀬	3	1	0	0	1
③8	平綿	4	1	0	0	0
⑦	池田	3	2	3	0	1
⑤	吉永	2	2	1	0	2
④	石黒	2	2	2	0	1
⑧9	青木	4	2	3	0	0
①	浜田	3	0	0	1	0
1	小南	1	0	0	1	0
⑨	吉川	3	1	0	2	0
H3	木下	1	0	0	0	0
犠盗失併残	2 1 1 1 11	29	12	9	4	7

投手	回	打	安	振	球	責
楠木	1⅓	10	4	1	2	4
竹野	⅓	3	1	0	1	2
大島	4⅓	25	7	3	4	2
浜田	5	19	3	4	3	0
小南	2	8	1	1	0	0

5回を3安打無失点の横浜商大先発・浜田

15日（サーティーフォー保土ケ谷球場）（7回コールド）

霧が丘	0	0	0	0	0	0	0	0
横浜商大	3	3	0	2	1	0	×	9

麻溝台 継投で逃げ切る

▷三塁打　山本匠▷二塁打　内田、渡辺、井上、金子▷犠打　石井２、関口、井上、加藤▷盗塁　吉池、井上▷失策　小指、井上、高山、金子▷暴投　荻野
▷審判　中込、小池、池田、小菅
▷試合時間　２時間15分

【評】中盤に逆転した麻溝台が２投手の継投で逃げ切った。四回に同点に追い付き五回、単打と敵失で１死１、３塁とし、関口の犠飛で勝ち越した。エース渡辺と２番手市川が１点に抑えた。山北は投手陣の好投に応えられなかった。五回の守りのミスが悔やまれる。

【麻溝台】		打	安	点	振	球
⑤	石井	3	1	0	0	0
④	小指	4	1	0	0	1
⑥	関口	4	0	1	0	0
②	鈴木	4	1	1	0	0
⑧	吉池	2	0	0	0	2
⑦	増山	3	0	0	1	0
1	市川	1	0	0	1	0
③	山本希	4	1	1	1	0
⑨	山口	4	0	0	0	0
①7	渡辺	4	2	0	0	0
犠盗失併残	3 1 1 0 9	33	6	3	3	3

【山北】		打	安	点	振	球
⑥	井上	3	1	1	0	1
④	高山	4	0	0	1	1
⑧	矢野	3	1	0	0	1
③	加藤	3	0	0	1	0
②	金子	3	1	0	1	1
⑤	内田	4	1	0	0	0
⑦	鈴木	4	1	0	0	0
①	田中遥	1	0	0	1	0
H	田中昌	1	1	0	0	0
1	荻野	2	0	0	1	0
⑨	山本	3	1	0	0	0
H	清野	1	0	0	1	0
犠盗失併残	2 1 3 0 10	32	7	1	6	4

投手	回	打	安	振	球	責
渡辺	5 0/3	21	4	4	2	1
市川	4	17	3	2	2	0
田中遥	5	23	5	0	2	1
荻野	4	16	1	3	1	0

5回表、麻溝台1死一、三塁。関口の中犠飛で勝ち越す

15日（小田原球場）

麻溝台	0	0	0	1	2	0	0	0	0	3
山北	0	0	1	0	0	0	0	0	0	1

荏田 九回勝ち越し

▷二塁打　内藤、森川▷犠打　川上、郡司▷盗塁　辻、小林▷失策　小林▷暴投　岩井
▷審判　田畑、菅原、横山、檀上
▷試合時間　２時間７分

【評】荏田が粘る高津を振り切った。振り出しに戻された直後の九回、後藤、内藤、平間の３連打などで再び勝ち越した。後藤は６安打２失点で完投。バックも無失策で支えた。高津は八回に重盗で好機を広げて同点。最後は力尽きたが、果敢な姿勢が光った。

【荏田】		打	安	点	振	球
⑧	平間	5	3	1	1	0
⑤	浅見	4	0	0	1	1
④	森川	4	1	1	1	1
⑦	見留	4	3	0	0	1
②	勇崎	4	2	2	0	1
⑥	長島	5	0	0	0	0
⑨	尾上	4	1	0	0	0
①	後藤	4	1	0	1	0
③	内藤	4	1	0	0	0
犠盗失併残	0 0 0 2 10	38	12	4	4	4

【高津】		打	安	点	振	球
⑥1	エジコム	4	1	0	0	0
④	西川	3	0	0	0	1
⑧	川上	3	1	0	1	0
①7	岩井	4	1	0	0	0
②	辻	3	0	0	2	1
③	小林	4	1	0	2	0
⑨	内田	2	0	0	1	0
H9	篠田	1	0	0	1	0
⑦6	伊藤	3	1	0	2	0
⑤	郡司	2	1	2	0	0
犠盗失併残	2 2 1 1 4	29	6	2	9	2

投手	回	打	安	振	球	責
後藤	9	33	6	9	2	2
岩井	4	18	3	1	3	0
エジコム	5	24	9	3	1	4

9回表、荏田無死二、三塁。平間が中前に勝ち越しの適時打を放つ

15日（サーティーフォー相模原球場）

荏田	0	0	1	0	1	0	0	0	3	5
高津	0	0	0	0	0	0	0	2	0	2

日大 効率よく得点

▷本塁打　上田（市川）
▷二塁打　佐久間、伊原２▷犠打　田村、牧内、高橋▷失策　増原、鈴木晴▷暴投　市川
▷審判　高橋、飯島、井上、望月
▷試合時間　１時間54分

【評】日大の右腕月村が８回１／３を１失点の好投。要所で直球の精度が高かった。打線は初回に上田の２ラン、八回は佐久間の適時二塁打と長打で効率よく得点した。翠陵は相手を上回る８安打も四、六、七回の好機で一本が出ず、粘投の市川を援護できなかった。

【翠	陵】	打	安	点	振	球
⑧	伊原	5	2	0	1	0
⑥	小浦	5	1	1	0	0
③	佐藤	3	0	0	2	2
⑨	島津	3	0	0	1	1
④	増原	4	3	0	0	0
⑦	飯野	3	1	0	0	1
②	田村	3	0	1	2	0
①	市川	3	1	0	2	0
1	小原	0	0	0	0	0
H	掃部	1	0	0	1	0
⑤	小間	3	0	0	0	0
H	川嶋	1	0	0	1	0
犠盗失併残	1 0 1 0 10	34	8	2	10	4

【日	大】	打	安	点	振	球
⑨8	橋本	4	2	0	0	0
⑥	牧内	2	1	0	0	1
⑧	上田	2	1	2	1	2
7	石川	0	0	0	0	0
⑤	佐久間	4	1	2	0	0
③	沢田	4	0	0	0	0
⑦9	鈴木晴	2	1	1	0	2
②	島田	4	0	0	0	0
①	月村	3	1	0	0	0
1	永谷	0	0	0	0	0
1	三橋	0	0	0	0	0
④	高橋	2	0	0	1	0
犠盗失併残	2 0 1 0 4	27	7	5	2	5

投手	回	打	安	振	球	責
市川	7⅔	33	7	2	5	4
小原	⅓	1	0	0	0	0
月村	8⅓	35	6	9	4	1
永谷	⅓	1	0	1	0	0
三橋	⅓	3	2	0	0	0

1回裏、日大1死一塁。上田が右翼へ先制の2ランを放つ

15日（藤沢八部球場）

翠陵	0	1	0	0	0	0	0	0	1	2
日大	2	0	0	0	0	0	0	4	×	6

横浜清陵 走攻守で圧倒

▷二塁打　中西、五十嵐、柳下、平野▷犠打　小林、入江、鈴木▷盗塁　平田、渡辺▷失策　平野、富樫▷暴投　渡辺２
▷審判　赤坂、斉藤、鈴木、豊島
▷試合時間　１時間41分

【評】走攻守で横浜清陵が圧倒した。一回に２死から平田の左前打と押し出し死球で２点を先制。四回は五十嵐の２点二塁打などで突き放した。小技や足を絡め次塁を狙うそつなさを披露し、球際の強い守備も無失策。茅ケ崎西浜は序盤の攻守のミスで流れをつかめなかった。

【西	浜】	打	安	点	振	球
⑨	日吉田	2	1	0	0	0
1	亀山	1	0	0	0	0
⑤	平野	3	1	0	0	0
①8	大貫	3	1	0	0	0
③	四家	3	0	0	0	0
⑦	武田	2	0	0	1	1
⑥	富樫	3	0	0	0	0
⑧9	入山	3	1	0	1	0
④	遠藤	3	1	0	0	0
②	小林	1	0	0	0	0
犠盗失併残	1 0 2 0 4	24	5	0	2	1

【清	陵】	打	安	点	振	球
⑧	柳下	4	2	0	0	0
⑤46	入江	3	0	0	0	0
⑦	鈴木	0	0	1	0	3
③	五十嵐	4	3	3	0	0
⑨	中西	4	1	1	0	0
1	橋川	0	0	0	0	0
4	上原	0	0	0	0	0
⑥1	平田	3	1	1	0	1
④	青木	2	1	3	0	1
H	片桐	1	0	0	0	0
5	春日	0	0	0	0	0
②	江藤	4	0	0	0	0
①9	渡辺	3	2	0	0	0
犠盗失併残	2 2 0 0 7	28	10	9	0	5

投手	回	打	安	振	球	責
大貫	4	26	8	0	5	6
亀山	2	9	2	0	0	0
渡辺	6	22	4	2	1	1
橋川	⅔	2	0	0	0	0
平田	⅓	2	1	0	0	0

3回表、茅ケ崎西浜1死一、三塁。暴投で三走・遠藤が生還。ベースカバーは渡辺①

15日（横須賀スタジアム）　（7回コールド）

茅ケ崎西浜	0	0	1	0	0	0	0	1
横浜清陵	2	2	0	4	2	0	×	10

―功績を残した指導者②―

東海大相模・門馬監督、今夏で退任

甲子園4度制覇

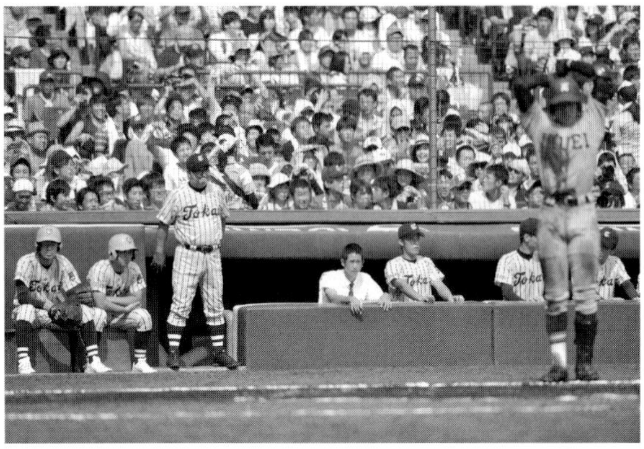

甲子園決勝：対仙台育英戦でベンチから戦況を見守る門馬監督（2015年８月20日）

高校野球で今春の選抜大会を制した東海大相模の門馬敬治監督（51）が今夏限りで退任することが分かった。健康上の理由で、後任は未定。門馬監督は神奈川新聞社の取材に「23年間突っ走ってきた。相模の野球というより原貢の野球を貫いてきたが、心身ともにいっぱいいっぱい」と語った。

横浜市出身の門馬監督は、東海大相模中・高と進んだ。高校３年だった1987年夏は神奈川大会決勝で敗退。東海大ではマネジャーに転身し、原貢監督＝当時＝の下で指導者としての学びを深めた。卒業後は大学のコーチを務め、95年から東海大相模高に赴任。コーチを経て99年から監督に就任した。

翌年の2000年に選抜大会で優勝し、10年には33年ぶりに夏の甲子園に出場。小笠原慎之介（中日）を擁した15年に45年ぶりの全国制覇を成すなど、春夏４度の日本一に導いた。

菅野智之（巨人）、大田泰示（日本ハム）、田中広輔（広島）、田中俊太（横浜DeNA）兄弟ら多くの教え子をプロ野球界に輩出。走攻守で圧倒する「アグレッシブ・ベースボール」を標榜《ひょうぼう》して常勝チームを築き上げながら、選手の人格形成、人間教育にも重きを置いた。

７月10日開幕の全国選手権神奈川大会で県内公式戦７連覇が懸かる中での決断。「この夏も変わらず、貪欲に、選手とともに目の前の試合に全力を尽くして戦い抜きたい」と話した。

春夏４度の日本一。常に高校球界の頂点を争ってきた闘将は去来する思いを紡いだ。「悔いばかり。思い出すのは負けた試合や甲子園に出られなかった世代のこと。まだやれた、もっとやれたと」。東海大相模の門馬敬治監督（51）は絶頂期に退くことを決めた。

決断は４月の選抜大会を制した直後だという。「山を下りて、また新たな山に登ろうというときにね」。最前線をひた走るさなかだ。健康上の理由。その一言に全てを込める。まだやれる、もっとやれる。だが、自身との対話の末の選択だった。

門馬敬治には縦じまの血が流れている――。そんな呼称が誇らしい。「中学からお世話になってきた。誰より相模が好きだし、学園には感謝しかない」。だから、極致にある今を引き際に定めたのかもしれない。

果敢な攻めを追い求めた。「原貢という太い幹がある。僕はその根っこになろうと思った」。東海大でマネジャー、コーチを務め、当時監督の原氏に師事。「おやじさん」と慕い、薫陶を受けた。技術論、精神論から人としてのあるべき姿まで。1999年の監督就任後も厳しき視線を一身に受けながら模索を続けた。

だが、2014年５月、敬愛する師はこの世を去る。「分かってるな、今年の夏だ。また練習を見に来るな」。短い言葉に名門のプライドを託して。

「怖くなった。怒ってくれた人。ストレートにズドンと胸に刺さる言葉をくれた人だったから」。迷うとき、道を照らしてくれる人はもういない。自らに問いかけ、答えを探した。

翌15年夏、45年ぶりの全国制覇。その道程にはもう一人の師の存在がある。幾度も名勝負を演じた宿敵、横浜を率いた渡辺元智氏（76）だ。

最初の対戦では全く動けなかった。はね返されるたび「打倒横浜」の宿願を強め、一心に身をささげた。渡辺氏の最後の夏となった15年は決勝で９－０と圧勝。試合後のダッグアウト裏で交わした握手は終生忘れられないという。

「渡辺先生はずっと神奈川に旗がないといけないと言われていた。その思いで死にものぐるいでやってきた」。区切りを定めた今、思う。「家族と戦ってきた時間だった。選手に恵まれ、スタッフに恵まれ、家族に恵まれ、周りの人に恵まれたと渡辺先生は語っていたが、自分が同じ心境になるとは思わなかった」

「就任当時のことを思えば、この若造が、と思う。いろいろなことがあったが、今も分からないことだらけ」

甲子園通算30勝７敗、勝率は８割１分１厘に上る。その足跡が飾られた監督室。宙を見上げ、つぶやく。「おやじさんはなんて言ってくれるかな」。今も内面をのぞけば師の姿がある。

今年も負けられない夏が始まる。「変わらないよ。急には優しくできないし。特別なことはないよ」。勇敢に、貪欲に、大旗を奪いにいく。

（2021年７月１日付　紙面から）

※写真はいずれも神奈川新聞社アーカイブより

甲子園決勝：対仙台育英戦ベンチ前で選手らに指示を送る門馬監督（２０１５年８月20日）

第97回全国高校野球選手権大会で全国制覇を成し遂げた東海大相模（２０１５年８月20日）

県大会決勝試合終了後、勇退する横浜・渡辺監督（右）のもとを訪れ、握手を交わす門馬監督（２０１５年７月28日横浜スタジアム）

金沢総合 中盤で逆転

▷三塁打　佐古▷二塁打　田辺２、大隅、尾曲▷犠打　宝徳、三宅、中谷、久保田▷盗塁　川名、吉田、西村、真田、三宅、小金丸、佐古▷失策　宮本２、真田、三宅
▷審判　瀬間、土屋、石川、島田
▷試合時間　２時間18分

【評】金沢総合が中盤の４得点で主導権を握った。１－２の四回に吉田の２点適時打で逆転すると、五回は大隅、佐古の適時打で２点を加えて突き放した。大船は四回に香取の適時打で一時勝ち越し。３点を追う六回には尾曲の適時打で詰め寄るなど粘りを見せた。

【大　船】	打	安	点	振	球
⑦　山　神	4	0	0	2	1
⑥　宮　本	4	0	0	0	1
⑧　川　名	3	0	0	1	1
②　八　矢	3	1	0	0	1
⑤　香　取	4	1	1	0	0
④　丸　子	4	1	0	2	0
①3尾　曲	3	2	1	0	1
③1宝　徳	3	0	0	2	0
⑨　加　藤	3	1	0	0	0
H　阿　部	1	0	0	0	0
犠盗失併残 1 1 2 0 8	32	6	2	7	5

【金沢総】	打	安	点	振	球
⑧　吉　田	5	3	2	0	0
⑦　西　村	5	1	0	0	0
①5真　田	4	0	0	0	1
②1田　辺	4	2	1	1	0
③　大　隅	4	2	1	2	0
⑥　三　宅	3	0	0	0	0
⑤　中　谷	0	0	0	0	1
R　小金丸	0	0	0	0	0
2　佐　古	2	2	2	0	0
⑨　木　下	1	0	0	1	0
H9宇田川	2	0	0	0	1
④　久保田	3	0	0	1	0
犠盗失併残 3 6 2 1 9	33	10	6	5	3

投　手	回	打	安	振	球	責
尾　曲	5	26	7	2	3	4
宝　徳	3	13	3	3	0	0
真　田	4	17	2	1	3	0
田　辺	5	21	4	6	2	1

3回戦進出を果たし、笑顔で応援スタンドに向かう金沢総合ナイン

15日（いせはらサンシャインスタジアム）

大　船	0	0	1	1	0	1	0	0	0	3
金沢総合	0	0	1	2	2	0	1	0	×	6

横浜栄 最終盤にドラマ

▷三塁打　吉井▷二塁打　奥野▷犠打　小島、鶴見▷盗塁　北川、吉井、小川２、小島、大塚▷失策　吉井２▷暴投　奥野、脇山▷ボーク　脇山▷捕逸　岡田
▷審判　藤原、藤橋、工藤、猪鼻、田中、佐藤
▷試合時間　３時間12分

【評】横浜栄が最終盤に試合をひっくり返した。１点を追う九回２死一、二塁から相手内野守備の乱れで２点を奪って逆転。右腕脇山は四回以降に立ち直り、13奪三振の力投で流れを呼んだ。県横須賀は主戦奥野を中心に好プレーを連発したが、最後のミスに泣いた。

【横浜栄】	打	安	点	振	球
⑦3加　藤	4	0	0	2	1
④　北　川	5	2	0	2	0
①　脇　山	5	0	0	0	0
⑧　谷　川	3	0	0	1	2
②　小　川	5	3	1	0	0
③6小　島	4	3	1	0	0
⑨　鶴　見	0	0	0	0	4
⑥　吉　川	3	0	0	1	0
H　吉　村	0	0	0	0	1
R7尾　崎	1	0	0	0	0
⑤　大　塚	5	2	0	0	0
犠盗失併残 2 5 0 0 13	35	10	2	6	8

【横須賀】	打	安	点	振	球
⑧　菅　田	4	2	0	0	1
⑥　玉　川	5	0	0	3	0
③5原　田	5	1	1	1	0
⑦　篠　田	4	1	0	1	1
④　杉　浦	3	0	0	2	1
②　岡　田	3	2	0	1	1
⑨3吉　井	4	2	3	1	0
⑤　和　田	3	0	0	0	0
H　高　橋	1	0	0	1	0
9　長谷川	0	0	0	0	0
①　奥　野	4	1	0	3	0
犠盗失併残 0 1 2 0 9	36	9	4	13	4

投　手	回	打	安	振	球	責
脇　山	9	40	9	13	4	4
奥　野	9	45	10	6	8	2

9回表、横浜栄2死一、二塁。尾崎の打球に守備が乱れ、二走に続き一走・鶴見が本塁を突き逆転する

14日（横須賀スタジアム）

横浜栄	2	0	1	0	0	0	0	0	2	5
県横須賀	0	0	4	0	0	0	0	0	0	4

横浜商・山口10K完全試合

14日（バッティングパレス相石スタジアムひらつか）（7回コールド）

	1	2	3	4	5	6	7	計
伊志田	0	0	0	0	0	0	0	0
横浜商	0	0	1	2	1	3	×	7

▽二塁打　畠山▽犠打　松浦、長野2、山口2、明田▽盗塁　土屋、斉藤▽失策　吉川、中村▽捕逸　高井▽審判　湯本、上園、斉藤、後藤▽試合時間　1時間17分

【評】横浜商は右腕山口が7回参考ながら完全試合を達成した。緩急を駆使して10奪三振。フライアウトは三つと相手打線を翻弄（ほんろう）した。主砲畠山は3安打。伊志田は先発永野が高めを有効に使い、五回まで連打を許さなかっただけに打線が応えたかった。

【伊志田】		打	安	点	振	球
⑥	米山	2	0	0	2	0
H	獅々倉	1	0	0	1	0
④	吉川	3	0	0	0	0
⑧	中村	3	0	0	3	0
⑨	長縄	2	0	0	0	0
⑤	玉木	2	0	0	1	0
①	永野	2	0	0	1	0
⑦	布施	2	0	0	0	0
③	木田	2	0	0	1	0
②	高井	2	0	0	1	0

犠盗失併残
0 0 2 0 0　21 0 0 10 0

【Y校】		打	安	点	振	球
⑤	土屋	3	2	1	0	1
⑧	黒川	3	0	0	1	0
③	村岡	3	1	1	0	0
⑦	畠山	3	3	0	0	0
⑨	松浦	0	0	0	0	2
⑥	長野	1	0	0	0	0
①	山口	1	0	2	1	0
②	斉藤	2	1	1	0	1
④	明田	2	1	1	1	0

犠盗失併残
6 2 0 0 3　18 8 6 3 4

投手	回	打	安	振	球	責
永野	6	28	8	3	4	5
山口	7	21	0	10	0	0

7回を無安打無失点10奪三振で完投した横浜商の山口

桜丘　中盤に集中打

14日（サーティーフォー保土ケ谷球場）

	1	2	3	4	5	6	7	8	9	計
神奈川大付	0	0	0	0	0	0	2	0	0	2
桜丘	0	0	0	3	2	0	0	0	×	5

▽二塁打　土屋、森川、福島2▽犠打　久和野、木曽、小杉▽盗塁　菱山▽審判　斉藤、若杉、鈴木、太田▽試合時間　2時間13分

【評】桜丘が中盤の集中打で主導権を握り逃げ切った。四回に3連打などで3点先制し、五回は四球を足掛かりに2点加えた。3安打の福島、2安打2打点の宝蔵寺の活躍が光った。神大付は七回に無死から4連打で2点を返し意地を見せ、無失策の堅守も披露した。

【神大付】		打	安	点	振	球
②	野場	4	1	0	0	0
⑥	菱山	3	0	0	2	1
⑤	土屋	4	2	0	0	0
⑧	小板	4	1	0	1	0
④	吉田	3	1	0	1	1
⑦	川尻	2	0	0	0	0
H	富原	1	1	1	0	0
7	宮本	0	0	0	0	0
H	上村	1	0	0	0	0
⑨	久和野	3	0	1	0	0
①	浅川	1	0	0	1	2
③	渡辺	3	1	0	1	0

犠盗失併残
1 1 0 0 5　29 7 2 6 4

【桜丘】		打	安	点	振	球
⑧	長瀬	4	0	0	0	1
⑥	斎藤亮	5	0	0	0	0
②	土屋	2	1	0	0	3
③	木曽	3	0	0	0	1
①	小杉	1	0	0	0	2
⑦	福島	4	3	2	0	0
④	宝蔵寺	4	2	2	0	0
⑨	森川	4	1	1	0	0
⑤	斎藤睦	3	1	0	2	1

犠盗失併残
2 0 0 2 11　30 8 5 2 8

投手	回	打	安	振	球	責
浅川	8	40	8	2	8	5
小杉	9	34	7	6	4	2

2失点7安打6奪三振で完投した桜丘の小杉

旭丘　中盤突き放す

14日（小田原球場）

	1	2	3	4	5	6	7	8	9	計
菅	0	0	1	0	1	0	0	0	0	2
旭丘	0	0	1	1	0	2	3	0	×	7

▽三塁打　秋月▽二塁打　玉ノ井、三浦2、辻永▽犠打　蔵下、尾崎、井上2▽盗塁　岩瀬2、秋月、土井、河野▽失策　玉ノ井▽暴投　辻永2▽審判　松下、大橋、藤川、古川▽試合時間　1時間58分

【評】旭丘が中盤以降に突き放した。同点の六回1死から三浦が勝ち越しの2点適時打を放つと、七回には敵失を突いて3点を追加。先発山口は伸びのある直球で押して7安打完投した。菅の辻永も力投したが、打線が六回以降1安打と援護できなかった。

【菅】		打	安	点	振	球
⑦	岩瀬	3	1	0	2	2
⑥	曽根	4	1	0	0	0
⑧	秋月	4	3	2	0	0
⑨	蔵下	2	0	0	1	0
H	河村	1	0	0	1	0
9	恋川	0	0	0	0	0
⑤	沖	4	0	0	1	0
③	大庭	4	0	0	0	0
②	玉ノ井	3	1	0	1	1
④	小畑	3	0	0	1	0
H	吉井	0	0	0	0	1
R	押見	0	0	0	0	0
①	辻永	4	1	0	1	0

犠盗失併残
1 3 1 1 8　32 7 2 8 4

【旭丘】		打	安	点	振	球
⑧	尾崎	2	0	0	1	1
⑤	井上	2	0	1	0	0
④	土井	4	3	1	0	0
⑨	山本	3	2	1	0	1
③	久森	4	0	0	1	0
②	三浦	4	3	2	0	0
⑦	高森	3	1	0	2	0
H	田中	1	0	0	0	0
7	岩田	0	0	0	0	0
①	山口	4	1	0	1	0
⑥	河野	4	2	0	1	0

犠盗失併残
3 2 0 1 5　31 12 5 6 2

投手	回	打	安	振	球	責
辻永	8	36	12	6	2	6
山口	9	37	7	8	4	2

3回表、菅1死三塁。右前に適時打を放ち喜ぶ秋月

神奈川新聞 フォトサービス

高校野球神奈川グラフ
神奈川新聞 掲載の
写真をご希望の方は

“カナロコ フォトサービス”を
パソコンで検索

サイズ	価格(送料込・税込)
2L (127mm×178mm)	1,650円
A4 (210mm×297mm)	2,200円
4PW (254mm×366mm)	3,850円
A3 (297mm×420mm)	5,500円
A3 アルミパネル	8,800円

※本人および関係者からのご注文に限ります。提供写真で神奈川新聞社以外にも著作権があるものや、人権、肖像権に配慮して頒布できない場合があります。また撮影日から3年以内の写真に限定。

写真は10日程度でお届けします

フォームからお申込ください
https://www.kanaloco.jp/company/contact/photoservice

※神奈川新聞フォトサービスは、株式会社ネットプロテクションズの決済サービスを利用しています。写真プリントは富士フイルムイメージングシステムズ株式会社の提携会社株式会社ウェブ・ラリアットに依頼しています。

お客様の個人情報は、これらのサービスに必要な範囲内で両社に提供させていただきます。

●後払いについての詳細
請求書は商品とは別に郵送されます。発行から14日以内にお支払いください。
株式会社ネットプロテクションズの提供するNP後払いサービスが適用され、サービス範囲内で個人情報を提供し代金債権を譲渡します。
詳細URL：https://np-atobarai.jp/about/
▶ご利用限度額：55,000円(税込)
▶後払い手数料：無料

※万一不良品がありました際はお取り替えさせていただきます。1週間以内にお電話ください。

株式会社 神奈川新聞社
☎045-227-0805
〒231-8445 横浜市中区太田町2-23
http://www.kanaloco.jp

橘・葛木が10奪三振

▷二塁打　西沢、高柳▷犠打　長谷、高柳、津川▷盗塁　西沢
▷審判　本多、大橋、斉藤、長谷川
▷試合時間　1時間34分

【評】投打がかみ合った橘の快勝。初回、先発葛木が3者連続三振で立ち上がると、打線は直後に4番津川の犠飛で先制。四回も葛木がけん制で反撃の芽を摘み、その裏打者一巡の攻めで突き放した。光陵は無失策とよく守ったが投打に力及ばなかった。

【光　陵】		打	安	点	振	球
③43	千村	3	1	0	1	0
⑨	倉沢	3	0	0	3	0
⑤	吉田	3	0	0	2	0
⑥	浅野	2	1	0	0	1
⑧37	長谷	0	0	0	0	1
H	井田	1	0	0	1	0
⑦	白石	2	0	0	2	0
1	田崎	0	0	0	0	0
①8	恒川	2	0	0	0	0
④14	長谷川	2	0	0	1	0
②	田代	2	0	0	0	0
犠盗失併残	1 0 0 0 2	20	2	0	10	2

【橘】		打	安	点	振	球
⑧7	西沢	4	2	1	0	0
⑥	高柳	2	1	1	0	1
②	戸田	4	1	0	0	0
③	津川	2	2	2	0	1
R8	鵜高	0	0	0	0	0
⑦3	根岸	3	1	0	0	0
④	太田恵	2	1	0	0	1
⑨	福島	3	1	2	1	0
⑤	高田	3	1	1	0	0
①	葛木	2	0	0	0	1
犠盗失併残	2 1 0 0 6	25	10	7	1	4

投手	回	打	安	振	球	責
恒川	3 1/3	17	5	1	2	5
長谷川	2	12	4	0	2	2
田崎	2/3	2	1	0	0	0
葛木	7	23	2	10	2	0

1回裏、橘1死三塁。津川の中犠飛で三走・西沢が先制のホームイン

14日（等々力球場）　（7回コールド）

	1	2	3	4	5	6	7	計
光陵	0	0	0	0	0	0	0	0
橘	1	0	0	4	0	2	×	7

慶応・主砲が2安打3打点

▷本塁打　荒井（野村）
▷三塁打　横地▷二塁打　金子、横地、今泉▷犠打　中島、小堀▷盗塁　吉田、真田▷失策　比留間、真田、小堀
▷審判　橋本、勅使河原、本間、高田
▷試合時間　2時間12分

【評】慶応は12安打で9得点と快勝した。打者一巡した二回は4短長打で4得点、三回には荒井が2ラン。積極的なスイングで畳み掛けた。荒井－宮腰も自責0の継投で危なげなかった。光明相模原は金子が3安打と気を吐いたが、失策から大量失点の二回に泣いた。

【光　明】		打	安	点	振	球
②	町田	4	0	0	1	0
④	小林	4	0	0	0	0
⑥	金子	4	3	0	0	0
③	中島	3	2	1	0	0
⑨	吉田	4	1	0	0	0
⑤	岡城	3	0	0	0	0
⑦	竹内	1	0	0	0	2
①	比留間	1	0	0	0	0
1	野村	2	0	0	1	0
⑧	染野	3	0	0	0	0
犠盗失併残	1 1 1 1 6	29	6	1	2	2

【慶　応】		打	安	点	振	球
⑦9	真田	2	1	2	0	3
⑥	八木	3	1	0	2	2
⑧	横地	5	2	1	0	0
⑤	今泉	4	2	3	0	1
②	坪田	3	1	1	0	2
⑨3	二宮	4	1	0	0	0
③	小堀	2	1	0	0	0
1	宮腰	1	0	0	1	0
④	金岡	3	0	0	0	1
①7	荒井	3	3	2	0	0
7	権藤	1	0	0	1	0
犠盗失併残	1 1 2 1 11	31	12	9	4	9

投手	回	打	安	振	球	責
比留間	1 1/3	10	5	1	1	2
野村	5 2/3	31	7	3	8	4
荒井	4 1/3	17	3	2	1	0
宮腰	3 2/3	15	3	0	1	0

2回裏、慶応2死満塁。今泉が左翼線に2点適時二塁打を放つ

14日（サーティーフォー相模原球場）　（8回コールド）

	1	2	3	4	5	6	7	8	計
光明相模原	1	0	0	1	0	0	0	0	2
慶応	1	4	2	0	0	0	0	2X	9

相模原中等が先発全員安打

▽二塁打　石井、阿部、藤田、佐竹▽犠打　雄鹿、谷川、田島、中村圭、織田、長谷川▽盗塁　坂本、田島▽失策　藤田、川野、中村圭▽審判　吉村、斉藤、米屋、白根▽試合時間　2時間11分（中断1時間6分）

【評】先発全員安打の相模原中等が逃げ切った。四回に先制し五回には坂本と川野の2連打、雄鹿の中犠飛で主導権を握った。七回から救援の川野は3回2安打で無失点の好投ぶりだった。鶴見は九回に長打と犠打で一打同点の好機をつくったが、一歩及ばなかった。

15日（大和スタジアム）

相模原中等	0	0	0	1	3	0	0	0	0	4
鶴　　見	0	0	0	0	0	3	0	0	0	3

4回表、相模原中等1死二、三塁。田島が先制の内野安打を放つ

【相	中　等】	打	安	点	振	球
⑤6	藤　田	5	1	0	0	0
⑧	坂　本	2	1	0	0	3
⑥1	川　野	4	2	1	0	1
②	雄　鹿	3	1	1	0	1
①5	遠　藤	4	1	1	0	1
③	谷　川	4	2	0	0	0
④	田　島	4	1	1	1	0
⑨	石　井	5	1	0	0	0
⑦	小　南	3	1	0	1	1

犠盗失併残
3 2 2 0 13　34 11 4 2 7

【鶴	見】	打	安	点	振	球
⑥	阿　部	4	1	1	1	0
⑤1	中村圭	3	0	1	3	0
②	中村大	3	1	0	0	1
③	遠　藤	4	0	0	1	0
①9	石　橋	3	0	0	0	1
⑧	佐　竹	4	2	0	0	0
④	織　田	3	0	0	0	0
⑨5	長谷川	3	1	0	1	0
⑦	猪　狩	4	1	0	1	0

犠盗失併残
3 0 1 1 6　31 6 2 7 2

投手	回	打	安	振	球	責
遠　藤	6	24	4	4	2	2
川　野	3	12	2	3	0	0
石　橋	5	24	6	1	3	4
中村圭	4	20	5	1	4	0

東　打線好調14安打

▽三塁打　奥山、二宮▽二塁打　須郷、落合、山内▽犠打　高柳2、柳田、岩本、松井▽盗塁　柳田、二宮▽失策　柳田、岩本▽暴投　落合2▽審判　熊倉、岩田、新井、石田▽試合時間　2時間5分

【評】投打がかみ合った東が快勝した。5長打を含む14安打と打線が好調だったが、犠飛やスクイズなど5犠打を絡める攻撃も効果的だった。主戦須郷はコーナーを丁寧に突き2失点で投げ抜いた。上溝は7回の2得点と無失策で意地を見せた。

14日（中栄信金スタジアム秦野）　（8回コールド）

上　　溝	0	0	0	0	0	0	2	0	2
東	1	0	3	0	2	1	1	1X	9

8回裏、東1死満塁。試合を決める適時打を放ちナインに迎えられる岩本（中央）

【上	溝】	打	安	点	振	球
⑥1	飯　嶋	3	0	0	0	1
③	勝　連	4	1	0	1	0
⑤	渋　谷	4	1	0	1	0
⑨17	吉　川	4	0	0	2	0
②	関　原	3	1	0	0	1
⑧	蛭　田	4	1	0	1	0
④	西　村	4	1	0	1	0
①9	落　合	3	1	1	0	0
⑦	星　野	2	0	0	1	0
H6	菅　原	0	0	0	0	1

犠盗失併残
0 0 0 0 8　31 6 1 7 3

【	東　】	打	安	点	振	球
⑥	山　内	4	3	1	0	1
③	高　柳	3	1	0	1	0
①	須　郷	3	1	2	0	2
②	柳　田	3	3	2	0	1
⑧	二　宮	4	2	1	0	1
⑨	岡　本	3	1	0	1	2
④	岩　本	4	2	2	1	0
⑤	松　井	2	0	1	0	1
⑦	奥　山	4	1	0	0	0

犠盗失併残
5 2 2 0 12　30 14 9 3 8

投手	回	打	安	振	球	責
落　合	2⅓	12	5	0	1	4
吉　川	3⅔	21	6	2	4	3
飯　嶋	1⅓	10	3	1	3	2
須　郷	8	34	6	7	3	1

武相・佐藤日4安打完封

▽三塁打　郡司掛▽二塁打　大野▽犠打　佐藤日▽盗塁　京島▽暴投　郡司掛、佐藤日▽審判　内田、茅野、浦田、秋葉▽試合時間　2時間7分

【評】武相のエース佐藤日が散発4安打に封じて完封。切れのある直球と変化球の制球がさえ、わずか1四球と危なげなかった。打線は初回に青木の適時打などで3点を先制し、主導権を握った。茅ケ崎は粘投の郡司掛が四回に三塁打を放つも、決め手を欠いた。

14日（いせはらサンシャインスタジアム）

茅 ケ 崎	0	0	0	0	0	0	0	0	0	0
武　　相	3	0	1	0	0	0	0	1	×	5

4安打無失点で完封した武相・佐藤日

【茅	ケ　崎】	打	安	点	振	球
⑤	小　泉	4	0	0	0	0
⑥	寺　崎	4	1	0	1	0
⑧	坂　田	4	1	0	1	0
②	遠　藤	4	0	0	0	0
①	郡司掛	4	1	0	1	0
④	清　田	3	0	0	2	0
③	寺　島	2	1	0	0	1
⑦	久　川	3	0	0	1	0
⑨	鈴　木	3	0	0	0	0

犠盗失併残
0 0 0 1 5　31 4 0 6 1

【武	相】	打	安	点	振	球
⑥	佐藤登	3	0	0	1	2
⑦	大　野	5	1	0	2	0
④	青　木	4	1	2	0	0
⑤	竹　井	1	0	0	0	3
③	三　井	2	0	1	0	1
R3	天　形	1	0	0	1	0
⑧	古　谷	4	1	0	0	0
⑨	森	3	2	1	0	1
R9	京　島	0	0	0	0	0
②	石　野	4	1	1	1	0
①	佐藤日	2	1	0	0	1

犠盗失併残
1 1 0 0 9　29 7 5 5 8

投手	回	打	安	振	球	責
郡司掛	8	38	7	5	8	5
佐藤日	9	32	4	6	1	0

桐光 猛攻7回コールド

▽二塁打　吉住、木村、篁2、寺井2▽犠打　久保田、松江、内囿、石井▽盗塁　松江、米山▽暴投　池田壮
▽審判　松本、望月、田畑、桜庭
▽試合時間　1時間18分

【評】桐光学園が盤石の試合で初戦突破した。初回に篁の先頭打者二塁打などで先制すると、四回に5本の単打、六回には4長短打を集めて攻略。先発渋沢は威力十分の直球で圧倒した。横浜南陵は先頭吉住が2安打と奮闘。七回に瀬川、木村の連打で1点を返し意地を見せた。

14日（サーティーフォー保土ケ谷球場）　（7回コールド）

	1	2	3	4	5	6	7	計
横浜南陵	0	0	0	0	0	0	1	1
桐光学園	1	0	0	3	1	4	×	9

7回表、横浜南陵無死一塁。木村の左越え二塁打で一走・瀬川が生還、1点を返す

【南　陵】		打	安	点	振	球
⑦	吉　住	3	2	0	0	0
⑧	久保田	2	0	0	0	0
⑤	瀬　川	2	1	0	0	1
⑥	木　村	3	1	1	0	0
②	橋　口	3	0	0	1	0
⑨	浜　本	2	0	0	0	0
H	大　塚	1	0	0	0	0
①	池田壮	2	0	0	1	0
H	下　浦	1	0	0	1	0
③	野　村	2	0	0	0	0
④	池田悠	2	0	0	0	0

犠	盗	失	併	残	打	安	点	振	球
1	0	0	0	3	23	4	1	3	1

【桐　光】		打	安	点	振	球
⑤	篁	4	3	0	0	0
⑧	松　江	2	0	0	0	1
⑥	内　囿	3	1	2	0	0
⑨	寺　井	4	3	1	0	0
①7	渋　沢	3	1	1	0	1
④	米　山	3	2	1	0	0
H	中　本	1	1	0	0	0
1	大　内	0	0	0	0	0
②	石　井	3	1	1	0	0
③	山　口	2	0	1	0	2
⑦4	松　井	3	1	2	0	0

犠	盗	失	併	残	打	安	点	振	球
3	2	0	1	8	28	13	9	0	4

投　手	回	打	安	振	球	責
池田壮	6	35	13	0	4	9
渋　沢	6	20	2	1	1	0
大　内	1	5	2	2	0	1

浅野 鮮やか逆転劇

▽三塁打　阿部▽二塁打　片平、青柳、新宅、藤井▽犠打　猪俣、浜端、新田、鈴木（相）▽盗塁　新宅、阿部、田中▽暴投　浜端
▽審判　神宮、斉藤、神之田、松本
▽試合時間　2時間22分

【評】浅野が終盤に鮮やかな逆転劇をみせた。3点を追う八回、樅山の2点適時打と暴投で同点とすると、藤井の右翼線二塁打で一気に勝ち越し。再逆転の窮地も3番手上木が連続三振で切り抜けた。小刻みに加点した相模原総合だが中盤での逸機が最後に響いた。

14日（等々力球場）

	1	2	3	4	5	6	7	8	9	計
浅野	0	0	0	0	0	0	0	4	0	4
相模原総合	1	0	1	1	0	0	0	0	0	3

8回表、浅野2死三塁。藤井のライトへの二塁打で三走・樅山が笑顔で勝ち越しの生還

【浅　野】		打	安	点	振	球
⑥	新　江	4	1	0	1	0
⑦8	鈴木慶	4	0	0	1	0
②	樅　山	4	1	2	0	0
③	片　平	4	1	0	1	0
⑨	藤　井	4	2	1	1	0
⑤	鍋　倉	4	0	0	1	0
④	北　村	2	0	0	1	0
H	小　山	1	0	0	1	0
4	木　下	1	0	0	1	0
⑧	新　宅	2	2	0	0	1
R	西　松	0	0	0	0	0
1	藤　永	0	0	0	0	0
1	上　木	1	0	0	1	0
①	猪　俣	1	0	0	0	0
H7	斉　藤	2	0	0	0	0

犠	盗	失	併	残	打	安	点	振	球
1	1	0	0	5	34	7	3	9	1

【相　模　総】		打	安	点	振	球
⑥	阿　部	5	2	0	1	0
⑦	似　里	4	1	0	1	1
①2	浜　端	4	1	2	0	0
②1	田　中	5	1	0	2	0
⑨	人　見	3	0	0	0	1
③	神　沢	3	2	0	0	1
R3	柿　沢	0	0	0	0	0
⑤	新　田	3	0	0	0	0
⑧	青　柳	3	2	1	1	1
④	鈴　木	3	0	0	2	0

犠	盗	失	併	残	打	安	点	振	球
3	2	0	0	10	33	9	3	7	4

投　手	回	打	安	振	球	責
猪　俣	7	32	9	3	2	3
藤　永	⅓	3	0	0	2	0
上　木	1⅔	5	0	4	0	0
浜　端	7⅔	32	7	7	1	4
田　中	1⅓	4	0	2	0	0

上溝南エースが3安打完封

▽二塁打　仁科▽犠打　水谷、木越2、大図、畠中、糸谷、小永井、布施、伊藤▽盗塁　立川3、木越、仁科▽失策　篠田
▽審判　萩野、石原、祝、荒井
▽試合時間　2時間14分

【評】上溝南のエース渋江が3安打完封。五回までに7四死球と制球に苦しんだが、高めを効果的に使って要所を締めた。打線は3安打ながら6犠打4盗塁と小技を絡めてそつなく4得点。市ケ尾は五回まで毎回先頭打者が出塁するも、本塁に届かなかった。

14日（いせはらサンシャインスタジアム）

	1	2	3	4	5	6	7	8	9	計
上溝南	2	0	0	0	1	0	0	1	0	4
市ケ尾	0	0	0	0	0	0	0	0	0	0

1回表、上溝南2死一、二塁。畠中の左前打で守備が乱れる間に二走・立川が2点目のホームイン。迎える次打者・糸谷⑱

【上　溝　南】		打	安	点	振	球
④	水　谷	3	0	0	0	1
⑧	立　川	3	1	0	1	2
⑥	木　越	1	0	0	0	2
②	大　図	3	1	2	0	1
⑤	佐　藤	2	0	0	1	2
5	渡　会	0	0	0	0	0
③	畠　中	3	1	0	1	0
⑨	糸　谷	2	0	1	0	1
①	渋　江	4	0	0	2	0
⑦	田　村	3	0	0	0	0
H	山　田	0	0	0	0	1
R	磯　川	0	0	0	0	0
7	岸	0	0	0	0	0

犠	盗	失	併	残	打	安	点	振	球
6	4	0	0	9	24	3	3	5	10

【市　ケ　尾】		打	安	点	振	球
⑥	仁　科	5	2	0	0	0
⑧	青　木	3	0	0	1	1
③	小永井	2	0	0	0	1
⑨	高　柳	3	0	0	1	1
⑦	篠　田	2	0	0	1	2
④	伊　東	4	1	0	0	0
②	布　施	1	0	0	0	1
H2	三　田	1	0	0	0	0
①	及　川	0	0	0	0	0
H	三　浦	1	0	0	1	0
1	伊　藤	0	0	0	0	0
1	木　沢	1	0	0	1	0
H	疋　田	1	0	0	1	0
⑤	野　田	2	0	0	0	1
H	亀　山	1	0	0	1	0

犠	盗	失	併	残	打	安	点	振	球
3	1	1	0	10	27	3	0	7	7

投　手	回	打	安	振	球	責
渋　江	9	37	3	7	7	0
及　川	2	10	1	1	3	1
伊　藤	3	14	2	2	3	1
木　沢	4	16	0	2	4	1

藤沢翔陵　無失点リレー

▽三塁打　長島▽二塁打　梅沢▽犠打　鈴木、冨田、橋本▽盗塁　鈴木、長島▽失策　岡田、田島▽暴投　水越
▽審判　下地、清水、菅原、石井
▽試合時間　2時間6分

【評】藤沢翔陵は冨田―古沢の無失点リレーで快勝。先発冨田は要所で内外に投げ分け、八回までゼロを並べた。打線も甘い球を逃さず11安打で相手に重圧をかけた。横浜緑ケ丘は水越が6失点で投げ抜き、打線も2度の盗塁死を喫しながら攻めの姿勢を見せた。

5回表、藤沢翔陵2死一・三塁。藤代が先制の中前打を放つ

14日（バッティングパレス相石スタジアムひらつか）

藤沢翔陵	0	0	0	0	3	0	0	0	3	6
横浜緑ケ丘	0	0	0	0	0	0	0	0	0	0

【翔　陵】		打	安	点	振	球
⑦9	藤代	4	1	1	0	1
④	鈴木	4	2	2	0	0
⑥	長島	4	1	2	1	1
5	玉城	0	0	0	0	0
②	今井	5	1	0	0	0
⑧	漆原	4	0	0	0	0
③	梅沢	3	1	0	0	1
⑨	佐久間	2	0	0	0	0
7	羽立	2	1	0	0	0
⑤6	水野	4	3	0	0	0
①	冨田	2	1	0	0	0
H	札場	1	0	0	0	0
1	古沢	0	0	0	0	0
犠盗失併残	2 2 0 1 7	35	11	5	1	3

【緑ケ丘】		打	安	点	振	球
⑧6	岡田	4	0	0	1	0
⑤	田島	3	1	0	0	0
H	竹谷	1	0	0	0	0
⑨	深沢	3	0	0	2	1
①	水越	4	2	0	1	0
③	小原	3	1	0	0	0
⑦	滝谷	3	0	0	0	0
②	篠田	3	1	0	1	0
④	飯野	2	1	0	1	0
H	梅本	1	1	0	0	0
4	湯田	0	0	0	0	0
⑥	橋本	0	0	0	0	0
H8	近藤	2	1	0	1	0
犠盗失併残	1 0 2 0 4	29	8	0	7	1

投手	回	打	安	振	球	責
冨田	8	28	8	6	1	0
古沢	1	3	0	1	0	0
水越	9	40	11	1	3	6

湘南学院　先発全員得点

▽二塁打　谷口▽犠打　中井▽盗塁　海老原、米田2、松岡▽失策　今川、盛内▽暴投　藤原
▽審判　増田、大中、小西、菅原
▽試合時間　1時間25分

【評】先発全員得点の湘南学院が圧倒した。二回に4四死球に2安打を絡めて効率よく3点を加えるなど、12安打が単打のコンパクトな打撃が際立った。中井―晒谷の継投も隙を与えなかった。麻生は投手陣が9四死球と崩れ、打線も二塁を踏めなかった。

4回表、湘南学院2死満塁。海老原が右前に2点適時打を放つ

14日（サーティーフォー相模原球場）　（5回コールド）

湘南学院	1	3	0	6	2	12
麻生	0	0	0	0	0	0

【湘南院】		打	安	点	振	球
⑧	海老原	3	1	2	0	1
H7	酒井	1	0	0	0	0
⑦8	沼田	4	2	2	2	0
③	米田	3	2	0	1	1
⑨	松岡	3	2	3	0	1
⑥	菅野	4	2	2	0	0
④	谷口	2	2	1	0	2
①5	中井	2	1	1	0	1
②	松沢	3	1	0	0	1
⑤	成瀬	2	0	1	0	2
1	晒谷	0	0	0	0	0
犠盗失併残	1 4 0 0 10	27	13	12	3	9

【麻　生】		打	安	点	振	球
⑥	大久保	3	0	0	0	0
⑤	高橋	2	1	0	0	0
③	佐藤	2	1	0	0	0
⑦	織田	2	0	0	2	0
⑧	一森	2	0	0	0	0
④	宮川	2	0	0	1	0
②	今川	1	0	0	0	1
①9	盛内	2	1	0	0	0
⑨1	藤原	2	0	0	2	0
犠盗失併残	0 0 2 0 4	18	3	0	5	1

投手	回	打	安	振	球	責
中井	4	15	2	4	1	0
晒谷	1	4	1	1	0	0
盛内	3⅓	23	8	2	5	7
藤原	1⅔	14	5	1	4	4

鶴嶺　右腕岡1安打完封

▽三塁打　田辺▽二塁打　久保川▽犠打　南沢▽失策　金山、内田素
▽審判　北村、佐藤、壷井、小島
▽試合時間　1時間35分

【評】鶴嶺の右腕岡が1安打完封。直曲球を巧みに織り交ぜ、五回を除いて得点圏に進ませなかった。バックも無失策の好守を披露。鶴嶺の内田素、田辺も9安打を浴びながら1失点で踏ん張ったが、打線は早打ちが裏目に出て、1点が遠かった。

終了後、笑顔でスタンドに向かう鶴嶺ナイン

14日（小田原球場）

厚木	0	0	0	0	0	0	0	0	0	0
鶴嶺	0	0	1	0	0	0	0	0	×	1

【厚　木】		打	安	点	振	球
⑧	椡沢	3	0	0	2	1
⑦	内田温	3	0	0	0	0
③	杉山	3	0	0	2	0
②	中沢	3	0	0	0	0
⑨1	田辺	3	1	0	0	0
④	臼井	3	0	0	1	0
⑤	金山	3	0	0	0	0
①	内田素	1	0	0	1	0
9	宮沢	2	0	0	0	0
⑥	鈴木	2	0	0	1	0
H	井上	1	0	0	0	0
犠盗失併残	0 0 2 1 1	27	1	0	7	1

【鶴　嶺】		打	安	点	振	球
⑧	望月	4	1	0	0	0
⑦	南沢	3	0	0	1	0
⑨	小林	4	2	0	0	0
③	久保川	4	1	1	0	0
④	伊藤	4	1	0	0	0
⑥	篠崎	4	0	0	0	0
②	清田	3	2	0	0	1
⑤	仲沢	3	2	0	0	0
①	岡	3	0	0	0	0
犠盗失併残	1 0 0 0 9	32	9	1	1	1

投手	回	打	安	振	球	責
内田素	4	19	5	0	1	1
田辺	4	15	4	1	0	0
岡	9	28	1	7	1	0

藤沢工科 投打がっちり

▽三塁打　額田、江頭、大原▽二塁打　山本、江頭、安藤▽犠打　勝亦、石田▽盗塁　諏訪部2、吉田▽失策　勝亦、松本、安藤▽暴投　大原▽捕逸　井村
▽審判　新保、石岡、高味、青木
▽試合時間　2時間19分

【評】藤沢工科の左腕大原が13三振を奪い、5安打1失点で完投。直球に力強さがあり、落差のあるカーブも生きた。打線は先発全員の13安打で5得点、振りが鋭かった。高浜は二回に無安打で先制するも以降はゼロ行進。2併殺の守りは鍛えられていた。

14日（藤沢八部球場）

藤沢工科	0	0	0	2	2	0	0	0	1	5
高　　浜	0	1	0	0	0	0	0	0	0	1

完投し、捕手・井村とタッチする藤沢工科・大原

【藤沢工】		打	安	点	振	球
⑥	江頭	5	3	0	0	0
③	勝亦	3	1	1	1	1
①	大原	4	1	1	0	1
②	井村	5	1	0	1	0
⑧	額田	3	2	1	0	1
8	尾崎	0	0	0	0	1
④	大森	5	2	1	0	0
⑨	今野	5	1	0	0	0
⑤	山本	4	1	0	0	0
⑦	奥島	4	1	0	2	0
犠盗失併残	1 0 1 1 11	38	13	4	4	4

【高浜】		打	安	点	振	球
⑦17	松本	4	0	0	2	1
⑤	山本	5	1	0	0	0
⑥	安藤	3	1	0	2	1
③	諏訪部	3	2	0	1	1
④	夏目	3	0	0	1	1
①871	戸川	2	0	0	0	2
⑨	堀江	2	0	0	2	0
H	伊藤	1	0	0	0	0
9	新倉	1	0	0	1	0
②	吉田	4	1	0	3	0
⑧18	石田	1	0	0	0	1
H	斎藤	1	0	0	1	0
犠盗失併残	1 3 2 2 10	30	5	0	13	7

投手	回	打	安	振	球	責
大原	9	38	5	13	7	0
戸川	4	18	5	3	1	2
石田	1	7	3	0	1	1
松本	3 0/3	13	3	1	1	1
戸川	1	5	2	0	1	0

城山 乱打戦で逆転勝ち

▽二塁打　村井2、桜井、飯塚、向井、長田、立林、河本2、比留間、水越2、手塚2▽犠打　松岡、近藤▽盗塁　桜井、浜野3、鈴木▽失策　浜野、立原▽暴投　飯塚
▽審判　森口、井浦、江藤、小島
▽試合時間　1時間51分

【評】両軍2桁安打の乱打戦は城山が逆転勝ち。主戦豊田が終盤5回を零封。緩急を使い、切れのある変化球が有効だった。打線も15安打で援護し最大5点差をはねのけた。先発全員安打の七里ガ浜は二塁打7本と打線が好調だったが、あと一本が続かなかった。

14日（中栄信金スタジアム秦野）

七里ガ浜	1	3	1	1	0	0	0	0	0	6
城　　山	0	0	1	2	0	0	3	1	×	7

8回裏、城山2死一塁。手塚の二塁適時二塁打で一走・立原が勝ち越しのホームイン

【七里浜】		打	安	点	振	球
⑤	村井	5	2	0	2	0
②	立林	4	1	1	1	1
⑨	桜井	5	2	2	0	0
④	安藤翼	5	1	0	2	0
⑧	長田	4	1	1	0	0
①	飯塚	4	1	0	0	0
⑥	浜野	3	1	0	1	1
③	鈴木	3	1	0	0	1
⑦	向井	3	1	2	1	1
犠盗失併残	0 5 1 1 7	36	11	6	7	4

【城山】		打	安	点	振	球
⑥	立原	4	1	1	0	1
④	手塚	5	2	1	1	0
②	松岡	4	1	1	0	0
⑦	河本	4	2	0	0	0
⑤	水越	4	2	1	0	0
⑧	近藤	3	0	0	0	0
⑨	比留間	4	2	1	0	0
①	菊池	0	0	0	0	0
1	関戸	1	1	0	0	0
H1	豊田	3	1	1	0	0
③	沼田	4	3	0	0	0
犠盗失併残	2 0 1 0 8	36	15	6	1	1

投手	回	打	安	振	球	責
飯塚	8	39	15	1	1	5
菊池	1 0/3	9	5	1	2	4
関戸	3	13	4	1	0	1
豊田	5	18	2	5	2	0

相洋 長打攻勢で圧倒

▽三塁打　二宮▽二塁打　笠間、崎元2、田中2、二宮2、梶山、金木、石沢、本多▽犠打　渡辺、梶山2▽盗塁　笠間、小西2▽失策　末広、麻生2、金木▽暴投　二宮、末広2
▽審判　江藤、奥野、安藤、出浜
▽試合時間　1時間40分

【評】相洋が11長打を含む18安打で24点を挙げ、五回コールド勝ち。初回に犠飛と四球を挟んだ6連打などで、11点を先取。二回以降も毎回長打が飛び出し加点した。先発二宮は3回無失点で、打っては4安打4打点。横浜桜陽は13四死球と投手陣が苦しんだ。

14日（大和スタジアム）　（5回コールド）

横浜桜陽	0	0	0	1	0	1
相　　洋	11	2	6	5	×	24

4回裏、相洋無死二、三塁。二宮が左中間に2点二塁打を放つ

【桜陽】		打	安	点	振	球
⑥1	末広	2	2	0	0	1
④6	麻生	2	0	0	0	1
⑧	金木	3	2	0	1	0
②	相原	2	0	0	0	0
③	古谷	2	0	0	0	0
⑤	下地	1	1	1	0	1
①9	小島	2	0	0	0	0
⑨4	高橋	1	0	0	0	0
H	鈴木	0	0	0	0	1
R	馬渡	0	0	0	0	0
⑦	石井	1	0	0	1	0
H	小泉	1	0	0	0	0
犠盗失併残	0 0 4 0 5	17	5	1	2	4

【相洋】		打	安	点	振	球
③	崎元	2	2	2	0	3
②	渡辺	1	0	1	0	2
1	角田	0	0	0	0	0
H7	本多	1	1	1	0	0
①6	二宮	5	4	4	0	0
⑦	笠間	2	2	2	0	3
1	一ノ木戸	0	0	0	0	0
⑤	梶山	2	1	3	0	1
⑧	田中	5	3	3	0	0
4	桜木	0	0	0	0	0
⑨	竹下	2	1	0	0	2
2	相沢	0	0	0	0	0
④	川島	2	1	0	0	2
R8	土屋	0	0	0	0	0
⑥	小西	3	2	4	0	0
29	石沢	1	1	1	0	0
犠盗失併残	3 3 0 2 6	26	18	21	0	13

投手	回	打	安	振	球	責
小島	2	24	9	0	8	9
末広	2	18	9	0	5	10
二宮	3	11	2	1	2	0
角田	1	5	2	0	0	1
一ノ木戸	1	5	1	1	2	0

藤沢西 好機で力発揮

▽本塁打 竹村（亀井）▽三塁打 岩崎▽二塁打 山田、今井▽盗塁 岩崎、繁野2▽失策 山田▽暴投 蓜島
▽審判 春日、高橋、向田、戸田
▽試合時間 1時間21分

【評】藤沢西が好機で力を発揮し五回コールド勝ち。初回に4得点すると、二回には竹村のランニング本塁打など5短長打。五回には山口の左前適時打で試合を決めた。田奈・鶴見総合・釜利谷・永谷は2安打を放ったが、二塁を踏めず力尽きた。

14日（保野公園・横浜薬大スタジアム） （5回コールド）

田奈・鶴見総合・釜利谷・永谷	0	0	0	0	0	0
藤沢西	4	5	0	0	1X	10

1回裏、藤沢西2死二、三塁。高橋の右翼への適時打で三走・竹村⑦に続き、二走・山田が4点目のホームイン

【田鶴釜永】		打	安	点	振	球
⑤	松田	2	0	0	0	0
⑧	真田	2	0	0	2	0
②	駒木根	2	1	0	0	0
③	大井	2	0	0	0	0
⑥	羽田野	2	1	0	1	0
⑨1	亀井	2	0	0	1	0
①9	蓜島	2	0	0	0	0
⑦	前田	1	0	0	1	0
④	山田	1	0	0	0	0
犠盗失併残	0 0 1 0 1	16	2	0	5	0

【藤沢西】		打	安	点	振	球
②	今井	3	1	0	0	0
③	岩崎	2	1	1	0	1
⑥	繁野	1	0	0	1	2
⑧	小野	1	1	1	0	2
⑦	竹村	2	2	2	0	1
④	山田	3	2	2	1	0
⑤	高橋	1	1	2	0	0
H	鳥居	1	0	0	1	0
1	池田	0	0	0	0	0
H	下石	1	0	0	1	0
⑨	大塚	3	0	0	0	0
①5	山口	3	2	1	0	0
犠盗失併残	0 3 0 1 3	21	10	9	4	6

投手	回	打	安	振	球	責
蓜島	1⅔	13	6	0	5	8
亀井	3	14	4	4	1	2
山口	3	9	0	4	0	0
池田	2	7	2	1	0	0

湘南工大付がサヨナラ弾

▽本塁打 小林（小原）井上（小原）▽二塁打 中村、足立2、中村、青木、小林、山本▽犠打 岡本、猪原、田中伸、岩井、田中、小柴▽失策 小原、我妻2、岩井2▽暴投 小柴2、川崎▽捕逸 青木
▽審判 岩男、金子、高木、八木野
▽試合時間 2時間42分

【評】両チーム12安打ずつの打撃戦は湘南工大付・井上のサヨナラ本塁打で決着。最大5点差から小刻みに得点し六回に田中の適時打で追い付くなど粘り強さがあった。戸塚は序盤に7得点を挙げたが、四回以降は4安打に抑えられリードを広げられなかった。

14日（保野公園・横浜薬大スタジアム）

戸塚	2	0	5	0	0	0	0	0	0	7
湘南工大付	1	1	2	0	2	1	0	0	1X	8

9回裏、湘南工大付2死。井上が本塁打を放ちサヨナラとする

【戸塚】		打	安	点	振	球
⑧	金沢	5	1	1	3	0
⑨	谷石	4	2	1	0	1
③	岡本	4	1	1	0	0
④	猪原	4	1	1	0	0
⑤	田中伸	2	1	0	0	0
1	川崎	0	0	0	0	0
H7	田中景	2	0	0	1	0
②	山本	5	2	2	1	0
⑥	慶野	4	0	0	2	1
⑦5	足立	5	2	0	0	0
①71	小原	4	2	1	0	0
犠盗失併残	3 0 1 0 10	39	12	7	7	2

【湘工大】		打	安	点	振	球
⑥	我妻	2	0	0	0	3
④	岩井	4	0	0	0	0
③	中村	5	2	1	0	0
⑧	小林	5	2	2	0	0
⑨	小松	5	1	0	1	0
⑦	田中	4	3	1	0	0
⑤	井上	4	3	1	0	1
①	小柴	3	0	0	1	0
②	青木	4	1	2	1	0
犠盗失併残	3 0 4 0 9	36	12	7	3	4

投手	回	打	安	振	球	責
小原	3⅓	19	6	1	3	3
川崎	2	10	3	2	1	2
小原	3⅔	14	3	0	0	2
小柴	9	44	12	7	2	1

藤嶺 攻撃の幅見せ快勝

▽二塁打 高橋、祝2、岩本、北井、三上▽犠打 尾形、北井、岩本、城島、原田、有嶋▽盗塁 尾形▽失策 佐野、山口▽暴投 城島2、山口2▽捕逸 松本
▽審判 五十嵐、増子、金子、井上
▽試合時間 2時間20分

【評】藤嶺藤沢は右腕城島が多彩な変化球で的を絞らせず、7回を無失点。打線は5本の長打攻勢にスクイズバントを多用、10得点に攻め幅の広さを見せた。祝は5安打4打点と大活躍。柏木学園は打線が4安打1得点に抑えられたが、投手陣の粘投が目を引いた。

14日（藤沢八部球場） （8回コールド）

藤嶺藤沢	0	1	1	1	0	0	0	7	10
柏木学園	0	0	0	0	0	0	0	1	1

2回表、藤嶺藤沢2死三塁。祝が左前に先制適時打を放つ

【藤嶺】		打	安	点	振	球
⑨	高橋	5	1	0	2	0
⑦	尾形	4	2	1	1	0
2	菅野	0	0	0	0	0
⑥	藤岡	4	1	1	0	1
1	原沢	0	0	0	0	0
1	藤木	0	0	0	0	0
③	西井	2	0	1	0	3
⑤	北井	4	1	1	0	0
6	具志	0	0	0	0	0
⑧	石井	4	1	0	0	1
②	祝	5	5	4	0	0
R5	堀内	0	0	0	0	0
④	岩本	2	1	1	0	2
①	城島	2	0	0	0	0
H7	佐野	1	1	0	0	0
犠盗失併残	4 1 1 1 10	33	13	9	3	7

【柏木学】		打	安	点	振	球
①41	山口	4	1	0	2	0
⑦	原田	2	0	0	2	0
8	有嶋	0	0	1	0	0
②	松本	3	0	0	0	0
2	篠原	1	0	0	0	0
⑨	三上	3	2	0	0	1
⑧7	藤井	4	1	0	2	0
⑤	大原	2	0	0	0	1
③	木村	2	0	0	0	1
⑥	根来	3	0	0	0	0
④1	清水辺	2	0	0	0	0
4	諸節	0	0	0	0	0
H	格地	1	0	0	0	0
R	亀井	0	0	0	0	0
犠盗失併残	2 0 1 0 7	27	4	1	6	3

投手	回	打	安	振	球	責
城島	7	26	3	6	2	0
原沢	⅔	4	1	0	0	0
藤木	⅓	2	0	0	1	0
山口	5	24	6	1	3	3
清水辺	2⅓	16	6	2	3	6
山口	⅔	4	1	0	1	1

横浜隼人8安打10点

▽三塁打　渡辺、安藤▽二塁打　渡辺2▽犠打　近藤、斎藤2▽盗塁　近藤▽失策　大谷
▽審判　大庭、金子、宇野、瀬良垣
▽試合時間　1時間10分（中断33分）

【評】横浜隼人が8安打10得点と効率良く攻め、五回コールド勝ち。初回は2四球と3長短打で4点を先取。以降も犠打を絡めてそつなく加点した。渡辺が3長打で6打点。先発辻永は5回無失点。小田原城北工は2安打に抑えられ、反撃の糸口をつかめなかった。

14日（大和スタジアム）　（5回コールド）

小田原城北工	0	0	0	0	0	0
横浜隼人	4	1	1	4	×	10

4回裏、横浜隼人2死満塁。渡辺が走者一掃の中越え二塁打を放つ

【城北工】		打	安	点	振	球
⑥	大谷	1	0	0	0	1
④	森谷	2	1	0	0	0
⑤8	東出	1	0	0	1	1
③	稲葉	1	0	0	0	1
②	新屋敷琉	2	0	0	1	0
⑨	尾上	2	0	0	1	0
①5	新屋敷陸	2	1	0	0	0
⑦	稲福	2	0	0	1	0
⑧1	香川	2	0	0	0	0

犠	盗	失	併	残	打	安	点	振	球
0	0	1	1	3	15	2	0	4	3

【隼人】		打	安	点	振	球
⑤	近藤	1	1	0	0	1
③	斎藤	0	0	0	0	1
②	前嶋	1	1	1	0	2
⑦	高橋	3	1	1	0	0
④	原	3	0	0	0	0
⑧	安藤	2	2	1	0	1
⑨	渡辺	3	3	6	0	0
⑥	上本	3	0	0	0	0
①	辻永	1	0	0	0	1

犠	盗	失	併	残	打	安	点	振	球
3	1	0	0	4	17	8	9	0	6

投手	回	打	安	振	球	責
新屋敷陸	1⅓	10	3	0	3	5
香川	2⅔	16	5	0	3	1
辻永	5	18	2	4	3	0

乱戦・麻布大付に軍配

▽二塁打　塚田▽犠打　山口、寺嶋、西山2、小野寺、岩下▽盗塁　松田、青柳、益子2、桜井、小山内2、松岡2、岩下、石橋▽失策　青柳▽暴投　桜井、斉藤3、岡本、小久江2▽捕逸　塚田
▽審判　武田、佐藤、三木、田中
▽試合時間　2時間40分

【評】両チーム合わせ28四死球の乱戦を麻布大付が制した。7－6の七回1死二塁に塚田の適時二塁打で同点とし、岩下の中犠飛で勝ち越した。二回途中から継投の左腕斉藤が勝機を引き寄せた。逗子開成は九回に1点差まで迫ったが投手陣の乱調が響いた。

1回表、逗子開成2死三塁。先制打を放ち一塁上でガッツポーズする城田

14日（横須賀スタジアム）

逗子開成	1	4	0	0	1	1	0	0	1	8
麻布大付	1	0	2	1	1	1	2	1	×	9

【逗子開】		打	安	点	振	球
⑨	山口	3	0	1	0	2
⑥	寺嶋	5	1	1	1	0
②	松本	2	1	1	1	3
⑦	松田	4	1	0	0	1
⑤	城田	4	2	2	0	1
①	尾高	1	0	1	1	1
1	相墨	1	0	0	1	0
4	青柳	2	0	0	1	0
③	鈴木	3	0	0	1	0
1	岡本	1	0	0	1	0
1	小久江	0	0	0	0	0
H	江本	0	0	0	0	1
⑧	高橋	3	2	0	1	2
R	宮嶋	0	0	0	0	0
④	山田	1	0	0	0	1
H3	西山	1	1	0	0	0

犠	盗	失	併	残	打	安	点	振	球
4	0	1	0	12	31	8	6	8	12

【麻布大】		打	安	点	振	球
⑧	小野寺	4	0	0	1	1
⑦	益子	4	1	1	0	2
①9	桜井	5	3	1	1	1
③	小山内	5	2	1	0	1
⑨1	斉藤	5	1	0	0	1
②	塚田	5	1	1	1	1
⑤	松岡	1	1	1	0	4
⑥	岩下	3	1	2	0	1
④	石橋	1	1	1	0	4

犠	盗	失	併	残	打	安	点	振	球
2	9	0	0	18	33	11	8	3	16

投手	回	打	安	振	球	責
尾高	2⅔	16	2	0	6	3
相墨	1⅓	10	3	0	3	1
岡本	3	20	4	2	6	3
小久江	1	5	2	1	1	1
桜井	1⅓	12	2	3	6	5
斉藤	7⅔	35	6	5	6	3

川和　延長十回集中打

▽三塁打　斉藤▽二塁打　新蔵、山越、丸山▽犠打　祇園、青柳、小林泰、北川、石村、大津、三好、木本▽盗塁　吉田、新蔵、浦山2、北川▽失策　新蔵3、三好
▽審判　斎藤、増田、島田、岡田
▽試合時間　2時間39分

【評】川和が集中打で延長戦を制した。十回2死三塁で途中出場の丸山が適時二塁打を放って勝ち越すと、荒畑と斉藤も続き、さらに2点を加えた。七回から登板の吉田は同点にされてから踏ん張った。西湘は梶、石川、嘉村の3投手が粘投したが最後に力尽きた。

延長10回表、川和2死三塁。勝ち越しの左越え二塁打を放ちガッツポーズする丸山

13日（いせはらサンシャインスタジアム）　（延長10回）

川和	2	0	1	0	0	1	0	0	0	3	7
西湘	1	2	0	0	0	0	1	0	0	0	4

【川和】		打	安	点	振	球
④	荒畑	6	2	1	3	0
⑦	斉藤	6	3	1	0	0
⑨1	吉田	5	2	0	1	1
③	佐伯	4	1	0	0	1
②	祇園	4	1	2	1	0
⑤	青柳	4	0	1	0	0
⑥	新蔵	4	2	0	0	1
⑧	浦山	5	1	0	0	0
①	小林泰	1	0	1	1	1
9	三枝木	0	0	0	0	0
H	中村惇	1	0	0	0	0
9	丸山	1	1	1	0	0

犠	盗	失	併	残	打	安	点	振	球
3	4	3	1	11	41	13	7	6	4

【西湘】		打	安	点	振	球
⑨	北川	3	1	1	0	1
③	石村	4	2	1	0	0
⑥1	嘉村	5	1	0	0	0
②	高橋	4	3	1	0	1
⑦	大津	4	0	0	1	0
⑤15	石川	5	2	0	0	0
①	梶	1	0	0	0	0
H56	山越	4	1	0	0	0
④	三好	4	1	0	1	0
⑧	木本	4	1	1	0	0

犠	盗	失	併	残	打	安	点	振	球
5	1	1	0	11	38	12	4	2	2

投手	回	打	安	振	球	責
小林泰	6	25	7	1	0	1
吉田	4	20	5	1	2	1
梶	4	19	4	4	2	3
石川	2	9	3	1	0	1
嘉村	4	20	6	1	2	3

横須賀大津が投打に圧倒

▽三塁打　内村▽盗塁　松田▽失策　小川、新居▽暴投　小川2▽捕逸　山口3
▽審判　原、池田、納谷、安田
▽試合時間　1時間25分（中断2時間54分）

【評】横須賀大津が投打に圧倒。二、三回に相手のミスに乗じて得点し、五回は5四死球に5短長打を絡め一挙8得点。吉倉、谷口の継投も二塁を踏ませなかった。藤沢総合・平塚農商は毎回走者を背負う苦しい展開でも粘っていたが、五回に先発小川が力尽きた。

13日（バッティングパレス相石スタジアムひらつか）　（5回コールド）

横須賀大津	0	1	1	0	8	10
藤沢総合・平塚農商	0	0	0	0	0	0

5回表、横須賀大津2死満塁。内村が右越えに走者一掃の三塁打を放つ

【大　津】		打	安	点	振	球
④	臼井	3	1	1	0	1
⑧7	松田	2	0	1	0	2
⑤1	谷口	2	0	0	0	2
③	田村	3	0	1	1	1
⑥	川村	4	2	0	0	0
⑨	内村	3	2	3	0	1
②	宮沢	2	1	0	0	2
①	吉倉	1	1	1	0	0
H7	猪狩	2	1	1	0	0
8	鈴木	0	0	0	0	0
⑦5	清野	1	0	1	0	2

犠	盗	失	併	残	打	安	点	振	球
0	1	0	0	9	23	8	9	1	11

【藤・平】		打	安	点	振	球
⑥	河野	2	1	0	1	0
④	伊藤	2	0	0	1	0
②1	山口	2	1	0	0	0
①2	小川	2	0	0	0	0
⑨	井上	2	0	0	1	0
⑧	新居	2	0	0	1	0
③	荒川	2	0	0	2	0
⑤	與那覇	1	0	0	1	1
⑦	佐藤	2	0	0	1	0

犠	盗	失	併	残	打	安	点	振	球
0	0	2	0	3	17	2	0	8	1

投手	回	打	安	振	球	責
吉倉	3	11	2	7	0	0
谷口	2	7	0	1	1	0
小川	4⅔	27	6	1	8	5
山口	1	7	2	0	3	3

東海大相模11得点完勝

▽本塁打　小島（島）
▽三塁打　大塚▽二塁打　綛田▽犠打　門馬、小林、深谷▽盗塁　大塚2、柴田、仙庭、黒沢▽失策　山本彪▽暴投　島5
▽審判　江崎、来福、諏訪、北林
▽試合時間　1時間10分

【評】東海大相模が機先を制した。大塚、綛田の1、2番で計5安打5得点。投げては先発石田が3回無失点、庄司、武井も含め二塁を踏ませなかった。関東六浦は右腕島が打ち込まれたが、落差のある変化球を武器に三、四回は散発3安打で意地を見せた。

13日（サーティーフォー保土ケ谷球場）　（5回コールド）

関東六浦	0	0	0	0	0	0
東海大相模	4	3	3	1	×	11

4回裏、東海大相模無死。小島が右翼へソロ本塁打を放つ

【関東六】		打	安	点	振	球
⑧	吉田	2	1	0	0	0
⑤	東	2	0	0	1	0
①	島	1	0	0	0	1
⑥	山本彪	2	0	0	0	0
②	保坂	2	0	0	0	0
③	宍戸	2	1	0	1	0
R	枌	0	0	0	0	0
⑦	清水	2	0	0	2	0
⑨	古川	1	0	0	0	0
H	山本瑞	1	0	0	0	0
④	西村	1	0	0	0	0

犠	盗	失	併	残	打	安	点	振	球
0	0	1	1	2	16	2	0	4	1

【東　海】		打	安	点	振	球
⑥	大塚	2	2	0	0	1
④	綛田	3	3	4	0	0
⑧	門馬	1	1	1	0	1
⑤	柴田	3	0	2	0	0
②	小島	3	1	2	0	0
③	小林	2	0	1	0	0
3	百瀬	0	0	0	0	0
⑦	仙庭	0	0	0	0	3
7	佐藤	0	0	0	0	0
⑨	黒沢	2	1	0	0	1
9	求	0	0	0	0	0
①	石田	1	0	0	0	0
H	深谷	0	0	0	0	0
1	庄司	0	0	0	0	0
1	武井	0	0	0	0	0

犠	盗	失	併	残	打	安	点	振	球
3	5	0	1	3	17	8	10	0	6

投手	回	打	安	振	球	責
島	4	26	8	0	6	9
石田	3	9	1	3	0	0
庄司	1	4	0	0	1	0
武井	1	4	1	1	0	0

藤沢清流・中谷5安打完封

▽二塁打　吉永▽犠打　中谷▽盗塁　水江、飯沼、尾崎2、木島、林▽失策　山口、二村、鈴木、柳下
▽審判　阿部、藤原、中込、堀川
▽試合時間　1時間49分

【評】藤沢清流のエース中谷が5安打完封。直曲球を低めに集め、八回まで三塁を踏ませなかった。打線は2安打ながら敵失を突いて3得点。百合丘の山口も六回途中まで1安打と力投。吉田と自責点0で継投したが打線の援護がなかった。

13日（小田原球場）

百合丘	0	0	0	0	0	0	0	0	0	0
藤沢清流	0	0	1	0	0	2	0	0	×	3

5安打で完封した藤沢清流の中谷

【百合丘】		打	安	点	振	球
⑧	小田	3	0	0	0	1
①6	山口	4	1	0	0	0
②	水江	4	1	0	0	0
⑨	柿沢	3	0	0	1	1
③	飯沼	4	2	0	0	0
④	船戸	4	0	0	1	0
⑤	二村	3	0	0	0	0
H	大西	0	0	0	0	1
R	千葉	0	0	0	0	0
⑥	鈴木	2	0	0	1	0
1	吉田	2	0	0	0	0
⑦	原	2	1	0	0	0
H	山名	0	0	0	0	1
R	小川	0	0	0	0	0
7	小倉	0	0	0	0	0

犠	盗	失	併	残	打	安	点	振	球
0	2	3	0	8	31	5	0	3	4

【清　流】		打	安	点	振	球
⑦	竹内	4	0	0	2	0
⑧	尾崎	4	0	0	0	0
⑥	田嶋	3	0	0	0	1
③	木島	4	0	0	0	0
②	林	3	1	0	1	0
⑨	吉永	3	1	2	1	0
⑤	柳下	2	0	0	0	1
①	中谷	2	0	0	1	0
④	石川	3	0	0	0	0

犠	盗	失	併	残	打	安	点	振	球
1	4	1	1	4	28	2	2	5	2

投手	回	打	安	振	球	責
山口	5⅔	21	1	3	2	0
吉田	3	10	1	2	0	0
中谷	9	35	5	3	4	0

逗子・右腕堀12K

▽三塁打　熊田▽犠打　横川、梅田▽失策　十文字、室田▽暴投　梅田▽捕逸　望月
▽審判　阿部、工藤、跡部、鈴木
▽試合時間　2時間4分

【評】逗子がサヨナラで投手戦をものにした。1－1の九回に3連打で好機を広げ、熊田の右前打で終止符を打った。右腕堀は散発5安打1失点（自責0）完投。力強い直球を軸に12三振を奪った。相模田名の右腕梅田は一歩も引かなかったが援護がなく力尽きた。

13日（横須賀スタジアム）

相模田名	0	0	0	0	1	0	0	0	0	1
逗　子	1	0	0	0	0	0	0	0	1X	2

サヨナラ勝ちに喜ぶ逗子ナイン

【田	名】	打	安	点	振	球
⑥	横川	2	0	0	2	1
④	堀越蓮	4	2	0	2	0
⑨	篠田	4	0	0	1	0
②	望月	4	1	0	2	0
①	梅田	3	1	0	1	0
③	十文字	2	1	0	1	2
⑤	石田	4	0	0	2	0
⑦	岡辺	3	0	0	1	0
⑧	堀越皐	2	0	0	0	1

犠	盗	失	併	残	打	安	点	振	球
2	0	1	0	6	28	5	0	12	4

【逗	子】	打	安	点	振	球
②	長岡	4	1	0	0	0
③	篠平	4	0	0	0	0
①	堀	4	2	1	1	0
⑨	田中	4	2	0	1	0
⑧	木口	3	1	0	1	1
⑤	気仙	4	1	0	0	0
④	室田	4	0	0	1	0
⑥	松本	4	0	0	2	0
⑦	熊田	4	2	1	0	0

犠	盗	失	併	残	打	安	点	振	球
0	0	1	1	8	35	9	2	6	1

投手	回	打	安	振	球	責
梅田	8⅔	36	9	6	1	2
堀	9	34	5	12	4	0

厚木清南・愛川・中央農コールド

▽三塁打　黒沼▽二塁打　永井、石井、コイズミ、奈良▽犠打　金田、林、花井▽盗塁　石井2、高橋、コイズミ2、大内、吉村▽失策　永井、花井、近藤
▽審判　土屋、藤橋、藤田、小池
▽試合時間　2時間8分

【評】厚木清南・愛川・中央農は投打がかみ合った。永井は7回を散発3安打無失点。右横手から小気味よく投げ、三塁を踏ませなかった。打線は5長打を含む9安打で7得点。5盗塁と足も生かした。厚木西は5度の得点圏を生かせず、主導権を握れなかった。

13日（中栄信金スタジアム秦野）　（7回コールド）

厚木清南・愛川・中央農	0	0	0	2	1	1	3	7
厚木西	0	0	0	0	0	0	0	0

コールド勝ちで初戦を突破した厚木清南・愛川・中央農ナイン

【厚愛	中】	打	安	点	振	球
⑧	峯崎	4	0	0	0	1
①	永井	5	2	0	0	0
②	石井	3	1	1	0	1
⑥	高橋	3	1	1	0	1
③	奈良	3	1	1	2	1
④	佐藤	3	0	0	1	1
⑨	コイズミ	4	2	1	0	0
⑤	金田	2	0	0	0	1
⑦	黒沼	4	2	2	0	0

犠	盗	失	併	残	打	安	点	振	球
1	5	1	0	10	31	9	6	3	6

【厚木	西】	打	安	点	振	球
④	山田	1	1	0	0	1
4	鈴木	1	0	0	0	0
H	井上	1	0	0	0	0
⑨	林	3	0	0	0	0
⑧	大内	2	0	0	0	1
②	清水	2	0	0	0	1
⑥	花井	1	0	0	0	1
③	天野	3	0	0	1	0
1	堺	0	0	0	0	0
⑦	吉村	3	2	0	0	0
①	小田島	1	0	0	1	0
13	伊藤	2	0	0	1	0
⑤	近藤	3	0	0	3	0

犠	盗	失	併	残	打	安	点	振	球
2	2	2	0	8	23	3	0	6	4

投手	回	打	安	振	球	責
永井	7	29	3	6	4	0
小田島	3⅔	15	1	1	2	1
伊藤	2⅓	17	7	2	2	4
堺	1	6	1	0	2	1

三浦学苑　序盤畳み掛け

▽三塁打　阿部▽二塁打　渡辺▽犠打　上村▽盗塁　船越、阿部、本多2、林、飯野▽失策　井戸2、武藤、河野▽暴投　石塚、大塚
▽審判　小笠原、古川、青木、安部
▽試合時間　1時間27分

【評】三浦学苑が序盤に畳み掛けた。初回に阿部、本多の連続適時打などで3点を先制。二回は渡辺の二塁打で加点した。6盗塁の足技でも揺さぶり、ミスを誘った。新井は直球で押して5回1失点、9奪三振。綾瀬西は三回に3安打を集めて1点を返した。

13日（バッティングパレス相石スタジアムひらつか）　（6回コールド）

綾瀬西	0	0	1	0	0	0	1
三浦学苑	3	3	0	1	2	2X	11

1回裏、三浦学苑無死三塁。阿部が先制の右越え三塁打を放つ

【綾瀬	西】	打	安	点	振	球
⑥	神山	3	1	0	1	0
④	和智	3	0	0	1	0
⑦17	大塚	1	0	1	1	2
②	井戸	3	0	0	0	0
①9	石塚	3	0	0	1	0
93	桜井	0	0	0	0	0
⑧	福田	2	0	0	2	0
③1	一色	2	1	0	1	0
⑤	武藤	2	1	0	0	0
⑨17	安倍	2	0	0	2	0
1	寺田	0	0	0	0	0
9	河野	0	0	0	0	0

犠	盗	失	併	残	打	安	点	振	球
0	0	4	0	4	21	3	1	9	2

【三浦	学】	打	安	点	振	球
⑧	船越	3	0	0	0	1
⑤	阿部	4	3	1	0	0
⑥	本多	3	1	1	1	1
③	上村	2	0	1	0	1
⑦	渡辺	3	2	2	0	0
H	加耒	1	1	1	0	0
④	真野	2	0	1	0	1
②	本間穂	1	0	0	0	2
⑨	林	3	0	0	0	0
1	田之上	0	0	0	0	0
①	新井	2	1	0	0	0
H9	飯野	1	1	1	0	0

犠	盗	失	併	残	打	安	点	振	球
1	6	0	0	6	25	9	8	1	6

投手	回	打	安	振	球	責
石塚	2	16	5	1	4	3
安倍	2	8	2	0	0	0
大塚	1	5	1	0	1	2
寺田	⁰⁄₃	2	0	0	1	0
一色	⁰⁄₃	1	1	0	0	0
新井	5	19	3	9	1	1
田之上	1	4	0	0	1	0

川崎工科・中里4安打完封

▽犠打　岡田、上原▽盗塁　中里▽失策　宮腰、早水
▽審判　須山、三橋、藤原、仙田
▽試合時間　1時間29分

【評】川崎工科は中里が散発4安打完封。変化球の制球がさえ、走者を出しても粘り強かった。打っても中里は四回2死から右前打で出塁。二盗を決め、尾形の左前打で決勝のホームを踏んだ。大磯の2投手の継投で1失点。勝者に引けを取らない内容だった。

13日（等々力球場）

	1	2	3	4	5	6	7	8	9	計
大磯	0	0	0	0	0	0	0	0	0	0
川崎工科	0	0	0	1	0	0	0	0	×	1

8回裏、川崎工科2死一塁。大津の右飛を大磯の右翼手・坂井が好捕する

【大　磯】	打	安	点	振	球
④　天野	3	0	0	0	1
⑧　岡田	3	1	0	0	0
①2小久保	4	1	0	0	0
②39坂井	3	1	0	0	1
③53宮腰	4	0	0	0	0
⑥1斉藤	3	1	0	1	0
⑦　鈴木皓	3	0	0	1	0
⑨　熊沢	2	0	0	1	0
H　藤平	1	0	0	0	0
5　山岡	0	0	0	0	0
⑤6米村	2	0	0	1	1
犠盗失併残 1 0 1 0 5	28	4	0	4	3

【川崎工】	打	安	点	振	球
⑨　外崎	3	1	0	0	1
②　上原	3	1	0	1	0
⑥　大津	4	0	0	0	0
③　佐藤朋	3	0	0	1	0
①　中里	3	1	0	0	0
⑦　尾形	3	1	1	0	0
④　高久	3	0	0	0	0
⑧　寺地	2	0	0	0	1
⑤　早水	3	0	0	0	0
犠盗失併残 1 1 1 2 5	27	4	1	2	2

投手	回	打	安	振	球	責
小久保	4	16	3	1	2	1
斉藤	4	14	1	1	0	0
中里	9	32	4	4	3	0

川崎北　上位打線が奮起

▽三塁打　川下、山本進、石井、丹羽▽二塁打　山本進、中川▽犠打　山本脩、泉沢、斉藤、吉岡、羽鳥
▽盗塁　山本進、泉沢、西尾、川下、中川、原田、長原、石井▽失策　山本進、松本、前野3▽暴投　前野
▽捕逸　松本
▽審判　奥津、長ケ部、羽毛田、白根
▽試合時間　1時間57分

【評】上位打線が活発な川崎北が攻め勝った。先頭川下は2試合連続の3安打で同点、勝ち越し、中押しのホームを踏むけん引ぶり。中軸もそろって打点を挙げコールド勝利につなげた。生田は山本進が3安打と気を吐いたが、失点につながる守りのミスが痛かった。

14日（等々力球場）　（7回コールド）

	1	2	3	4	5	6	7	計
生田	1	2	0	0	1	0	0	4
川崎北	3	2	0	3	0	1	2X	11

7回裏、川崎北2死三塁。吉岡がコールド勝ちを決める左前適時打を放つ

【生　田】	打	安	点	振	球
⑧　山本進	4	3	1	1	0
④　山本脩	3	0	1	1	0
⑤　泉沢	2	0	1	0	0
⑦　西尾	3	1	0	2	0
⑨　中村聞	3	0	0	1	0
②　松本	1	0	0	0	1
2　高江	1	0	0	0	0
③1斉藤	2	1	0	1	0
⑥　丸本	3	0	0	1	0
①3前野	3	1	1	0	0
犠盗失併残 3 3 5 0 4	25	6	4	7	1

【川崎北】	打	安	点	振	球
④　川下	5	3	0	0	0
⑦1中川	4	1	1	0	1
①9丹羽	4	1	2	0	1
③　吉岡	4	3	2	0	0
⑧　原田	4	1	1	0	0
⑤　長原	2	0	0	0	2
⑨　羽鳥	1	0	2	0	1
17佐藤	1	0	0	0	0
②　小原	4	0	0	0	0
⑥　石井	4	2	0	0	0
犠盗失併残 2 5 0 0 9	33	11	8	0	5

投手	回	打	安	振	球	責
前野	⅓	6	2	0	3	2
斉藤	6⅓	34	9	0	2	4
丹羽	4	18	4	5	1	3
佐藤	2	8	2	1	0	1
中川	1	3	0	1	0	0

綾瀬がタイブレーク制す

▽二塁打　高橋2、玉津、山田、竹本▽犠打　近藤、白石、堀越、山沢▽盗塁　高橋、池田、山沢、大山2
▽失策　近藤、玉津、白石、高橋▽暴投　鳥越、田上
▽ボーク　田上▽捕逸　玉津、池田
▽審判　川瀬、栗田、豊島、井上
▽試合時間　4時間6分

【評】綾瀬が4時間を超える延長戦を制した。2点を追う十三回、無死満塁から後藤の2点打で同点。さらに満塁から藤田航がサヨナラ打を放った。ロングリリーフした山沢の11奪三振の力投が光った。慶応藤沢は序盤のリードを守り切れず最後に力尽きた。

13日（藤沢八部球場）　（延長13回、13回からタイブレーク）

	1	2	3	4	5	6	7	8	9	10	11	12	13	計
慶応藤沢	0	6	0	0	2	0	0	0	0	0	0	0	2	10
綾瀬	1	0	5	0	1	0	1	0	0	0	0	0	3X	11

延長タイブレーク13回裏、綾瀬無死満塁。藤田航の右前適時打で三走・池田がサヨナラのホームイン

【慶応藤】	打	安	点	振	球
④　近藤	6	1	0	3	0
⑤　大江	7	1	1	3	0
②　玉津	5	1	3	1	1
⑨　常松	5	2	0	0	1
⑦1田上	6	2	0	2	0
⑥　河村	6	2	0	1	0
①7鳥越	5	2	2	1	1
7　若林	0	0	0	0	0
③　辻	2	1	1	1	0
H3白石	2	0	1	1	1
⑧　竹本	5	2	2	2	1
犠盗失併残 2 0 3 1 9	49	14	10	15	5

【綾　瀬】	打	安	点	振	球
⑧　綿貫	6	2	0	0	1
⑨　堀越	5	1	0	1	1
⑥　高橋	6	2	2	1	1
②　池田	6	2	1	2	1
③　後藤	4	2	2	2	3
⑦　山田	6	3	2	1	0
7　藤原	1	1	0	0	0
⑤　長谷川	5	1	1	1	1
R　林	0	0	0	0	0
5　藤田航	1	1	1	0	0
①　井本	0	0	0	0	0
1　本郷	2	0	0	1	0
1　山沢	3	0	0	2	0
④　大山	5	2	0	1	1
犠盗失併残 2 5 1 1 16	50	17	9	12	9

投手	回	打	安	振	球	責
鳥越	3	17	7	2	1	6
田上	9⅔	44	10	10	8	1
井本	1⅓	8	4	2	0	4
本郷	3	18	6	2	3	4
山沢	8⅔	30	4	11	2	0

向上10安打11得点

▽二塁打　板倉、海老根▽盗塁　直理、徳田、海老根、広田、板倉、阿万、佐藤2▽失策　広田、工藤、近藤、亀山2
▽審判　深沢、安武、赤坂、古沢
▽試合時間　1時間50分

【評】向上が10安打11得点で七回コールド勝ち。二回に2連打を足掛かりに先制し、三回は4連打と4盗塁を絡めて5得点。七回も3長短打を集めて5点を加えた。先発佐藤は七回途中まで投げて無失点。座間は7四球に4失策。守備から流れをつくれなかった。

13日（大和スタジアム）（7回コールド）

向　上	0	1	5	0	0	0	5	11
座　間	0	0	0	0	0	0	0	0

3回表、向上無死二、三塁。板倉が中前2点適時打を放つ

【向　上】		打	安	点	振	球
⑦	直　理	3	0	0	1	2
⑥	徳　田	4	1	0	1	1
⑤	海老根	4	2	3	0	1
②	広　田	5	1	0	1	0
⑧	板　倉	4	2	2	1	1
④	阿　万	4	1	0	0	0
③	中　山	2	1	0	0	1
H	山　中	1	0	0	0	0
3	泉　田	0	0	0	0	0
⑨	小　野	3	1	1	1	1
①	佐　藤	4	1	3	0	0
1	小　林	0	0	0	0	0

犠盗失併残
0 8 1 1 9 34 10 9 5 7

【座　間】		打	安	点	振	球
③	田　中	3	1	0	0	0
⑧	工　藤	3	0	0	0	0
⑨	成　川	3	0	0	1	0
⑦2	平　木	3	1	0	0	0
R	金　子	0	0	0	0	0
④	奥　山	3	0	0	0	0
②7	根　本	2	0	0	0	0
H	松　本	1	0	0	1	0
⑥	松　政	2	0	0	0	0
①	近　藤	2	1	0	1	0
⑤	亀　山	2	0	0	0	0

犠盗失併残
0 0 4 0 3 24 3 0 3 0

投手	回	打	安	振	球	責
佐　藤	6⅔	23	3	2	0	0
小　林	⅓	1	0	1	0	0
近　藤	7	41	10	5	7	8

神奈川工 攻撃そつなく

▽二塁打　西岡大3、金子▽犠打　西岡優、川越、大渕▽盗塁　高橋、西岡優▽失策　堀越、大塚、門池、望月▽暴投　門池▽捕逸　望月
▽審判　小島、釼持、檀上、石川
▽試合時間　1時間15分

【評】神奈川工が投打で上回った。打線は3安打の4番川原を筆頭にコンパクトな振りで技巧派右腕を攻略。再三バント安打で揺さぶり、そつなく畳み掛けた。主戦藤代も4回1安打と寄せ付けず。食い下がりたい上鶴間だったが失策で傷口を広げてしまった。

13日（サーティーフォー相模原球場）（5回コールド）

上鶴間	0	0	0	0	0	0
神奈川工	5	0	4	4	×	13

1回裏、神奈川工無死二、三塁。川越が先制の内野安打を放つ

【上鶴間】		打	安	点	振	球
④	矢田部	2	0	0	1	0
⑨	野　沢	1	0	0	1	0
1	海老塚	1	0	0	1	0
⑥	堀　越	2	0	0	0	0
③	大　塚	2	0	0	1	0
⑦9	吉　野	2	0	0	2	0
⑧	村　井	2	0	0	0	0
②7	高　橋	2	1	0	0	0
①5	門　池	1	0	0	0	0
⑤2	望　月	1	0	0	0	0

犠盗失併残
0 1 4 0 1 16 1 0 6 0

【神　工】		打	安	点	振	球
⑧	西岡大	3	3	2	0	1
⑦	西岡優	2	1	0	0	0
H	七　戸	0	0	0	0	1
1	樋　口	0	0	0	0	0
②	川　越	3	2	2	0	0
③	川　原	4	3	2	0	0
①7	藤　代	4	2	1	0	0
⑨	田　口	2	0	0	1	0
H	伊　藤	1	0	0	0	0
9	小　池	1	0	0	0	0
⑤	吉　田	2	1	0	0	1
⑥	大　渕	2	2	0	0	0
④	金　子	2	2	2	0	1

犠盗失併残
3 1 0 0 8 26 16 9 1 4

投手	回	打	安	振	球	責
門　池	2⅔	18	9	1	3	5
海老塚	2	15	7	0	1	3
藤　代	4⅔	13	1	5	0	0
樋　口	1	3	0	1	0	0

住吉 競り合い制す

▽二塁打　横山▽犠打　木下2、山口、宮嶋、若林▽盗塁　長沢、鶴岡、丸山▽失策　若林▽暴投　帰山▽捕逸　橘、真壁
▽審判　岩男、永田、望月、半原
▽試合時間　2時間16分

【評】住吉が競り合いを制した。右腕山口は丁寧な投球で5安打に抑え、1失点完投。暴投と押し出し四球による2点を守り抜いた。バックは無失策の堅守で支えた。茅ケ崎北陵は得点圏に再三走者を送ったが、あと一本が出ず、2投手の好投に応えられなかった。

13日（藤沢八部球場）

住　吉	1	0	0	0	0	1	0	0	0	2
茅ケ崎北陵	0	0	0	0	1	0	0	0	0	1

5回裏、茅ケ崎北陵1死二塁。鶴岡の中前適時打で二走・新井田が生還。捕手・橘

【住　吉】		打	安	点	振	球
③	金　子	4	1	0	1	1
⑧	木　下	1	1	0	0	2
①	山　口	4	0	0	1	0
⑨	横　山	5	1	0	0	0
⑦	作　山	3	1	0	0	2
④	長　沢	4	1	0	0	1
⑤	宮　嶋	2	1	0	0	1
②	橘	2	0	1	1	2
⑥	横　井	4	0	0	0	0

犠盗失併残
4 1 0 1 13 29 6 1 3 9

【北　陵】		打	安	点	振	球
④	若　林	3	0	0	1	0
⑥	鶴　岡	3	1	1	0	1
⑧	猪　野	4	0	0	0	0
⑨	原　田	3	0	0	0	1
R	林	0	0	0	0	0
9	寺　本	0	0	0	0	0
③	丸　山	3	0	0	0	1
②	真　壁	3	0	0	1	1
⑦	土　屋	3	2	0	0	1
①	帰　山	2	1	0	0	0
1	細　野	2	0	0	0	0
⑤	新井田	4	1	0	1	0

犠盗失併残
1 2 1 1 8 30 5 1 3 5

投手	回	打	安	振	球	責
山　口	9	36	5	3	5	1
帰　山	5⅓	24	4	2	5	1
細　野	3⅔	18	2	1	4	0

橘学苑 粘って逆転勝ち

▽二塁打　崎尾、白石▽犠打　佐野2、平岡、成宮、吉井、渡辺▽盗塁　村田2▽失策　山本2、白石、成宮
▽審判　猪鼻、北林、小林、土田
▽試合時間　1時間59分

【評】橘学苑が驚異的な粘りで逆転勝ち。2－4の九回2死一、二塁から山本の右前打で1点を返すと、続く平岡の2点打でひっくり返した。打線がここ一番で集中力を発揮した。アレセイアは無失策、2併殺と堅守を披露。好投の羽倉が最後につかまった。

13日（保野公園・横浜薬大スタジアム）

橘学苑	2	0	0	0	0	0	0	0	3	5
アレセイア	0	0	4	0	0	0	0	0	0	4

9回表、橘学苑2死一、三塁。平岡の左前適時打で三走・佐野（左）に続き、一走・山本も生還し逆転

【橘学苑】		打	安	点	振	球
①	村田	2	0	0	1	3
⑧	佐野	3	1	0	0	0
②6	山本	4	3	2	0	1
⑤2	平岡	3	1	2	1	1
⑨	崎尾	4	1	1	1	1
③	三沢	3	0	0	1	1
⑦	伴	4	0	0	1	0
④	白石	3	1	0	1	1
⑥	成宮	2	0	0	0	0
H	伊礼門	1	1	0	0	0
5	板倉	0	0	0	0	0
犠盗失併残	4 2 4 1 9	29	8	5	6	8

【アレセ】		打	安	点	振	球
⑦	高橋	5	0	0	1	0
④	橋本	3	1	0	0	2
⑥	金城	5	2	0	0	0
⑨	吉井	4	1	1	2	0
⑤	田村	4	0	0	0	0
⑧	大森	2	1	1	0	2
③	渡辺	2	0	1	1	0
3	尾崎	1	0	0	0	0
②	川口	3	1	0	0	1
①	木村	0	0	0	0	0
H	水戸部	1	0	0	0	0
1	羽倉	2	0	0	2	1
犠盗失併残	2 0 0 2 9	32	6	3	6	6

投手	回	打	安	振	球	責
村田	9	40	6	6	6	0
木村	2	9	2	2	2	2
羽倉	7	32	6	4	6	3

厚木北がシード下す

▽二塁打　川内、北川、細川▽犠打　川内、横手2、中武（厚）横田、米田▽盗塁　川内、松尾▽失策　中武（厚）、松尾▽暴投　遠藤
▽審判　金川、田畑、久野、横山
▽試合時間　2時間20分（中断30分）

【評】厚木北が理想的な試合運びで第3シードを下した。二、三回はいずれも犠打で好機を広げ、4点を先行。六、七回にも加点し主導権を握り続けた。伊藤は七回途中まで3失点の粘投。横須賀学院は好機に2併殺に倒れるなど適時打がなく、波に乗れなかった。

13日（サーティーフォー保土ケ谷球場）

厚木北	0	3	1	0	0	1	1	0	0	6
横須賀学院	0	0	0	0	0	2	1	0	0	3

6回のピンチを切り抜け笑顔を見せる厚木北先発・伊藤

【厚木北】		打	安	点	振	球
⑧	細川	4	2	0	2	1
④	井指	4	1	1	0	1
⑥	川内	3	1	1	0	1
⑤	菅野	5	2	0	0	0
⑦	亀川	4	1	0	1	1
⑨	横手	2	0	0	1	1
③	中武	3	1	1	2	1
3	永水	0	0	0	0	0
②	北川	5	2	2	1	0
①	伊藤	3	1	1	0	1
1	遠藤	0	0	0	0	0
犠盗失併残	4 1 1 2 11	33	11	6	7	7

【横須学】		打	安	点	振	球
⑧	横田	2	0	1	1	1
⑦	大村	2	0	0	0	1
H9	伊東	1	0	0	0	0
⑨7	宇賀神	3	0	0	0	1
③	下井	3	0	1	0	1
④	松尾	3	2	1	0	1
⑥	米田	3	0	0	1	0
①	山内悠	2	0	0	0	0
1	中武	1	1	0	0	0
H	阿川	1	0	0	0	0
②	石田	3	0	0	1	1
⑤	伊藤	1	0	0	1	1
R5	保坂	2	0	0	1	0
犠盗失併残	2 1 1 0 6	27	3	3	5	7

投手	回	打	安	振	球	責
伊藤	6⅔	26	2	3	7	3
遠藤	3	10	1	2	0	0
山内悠	6	32	8	5	6	5
中武	3	12	3	2	1	1

城郷5点差はね返す

▽二塁打　保田、岩崎▽犠打　岩崎、増田、青柳、長谷川2▽盗塁　佐野、増田、青柳、安藤▽失策　本田、保田▽暴投　川端
▽審判　内山、乗松、実方、宮崎
▽試合時間　2時間32分

【評】城郷が終盤の粘りで5点差をはね返し、サヨナラ勝ちした。0－5の七回に2点を返すと、九回は増田、安藤の適時打で同点。延長十回は1死二塁から細谷が左前打で決着をつけた。中大付は二、四回の集中打で主導権を握ったが、投手陣がつかまった。

延長10回裏、城郷1死二塁。サヨナラ打を放った細谷（右から3人目）を迎えるナイン

13日（保野公園・横浜薬大スタジアム）　（延長10回）

中大付横浜	0	2	0	2	0	0	1	0	0	0	5
城郷	0	0	0	0	0	0	2	0	3	1X	6

【中大付】		打	安	点	振	球
⑤	白川	4	0	0	2	1
④	本田	4	0	0	0	1
③	中谷	4	1	0	0	1
⑧9	岩崎	4	2	1	0	0
②	高島	5	2	0	2	0
①8	保田	5	1	1	1	0
⑦	加藤	4	1	1	1	0
⑥	森口	4	3	2	1	0
⑨	山崎	2	1	0	0	1
H9	塚本	1	0	0	0	0
1	山内	0	0	0	0	0
犠盗失併残	1 0 2 1 7	37	11	5	7	4

【城郷】		打	安	点	振	球
⑧	佐野	4	2	1	0	1
⑤	増田	4	2	2	0	0
⑨	青柳	3	0	0	0	1
③	安藤	4	1	2	0	1
①7	川端	5	1	0	0	0
⑦	松井	2	0	0	1	0
1	小太刀	3	2	0	0	0
⑥	長谷川	3	0	0	0	0
②	金子	2	0	0	1	0
H2	細谷	2	2	1	0	1
④	吉岡	2	0	0	0	0
H	渡辺	1	0	0	0	0
4	矢治	0	0	0	0	0
H	高木	0	0	0	0	1
R	横田	0	0	0	0	0
4	今川	0	0	0	0	0
犠盗失併残	4 4 0 0 10	35	10	6	2	5

投手	回	打	安	振	球	責
保田	8⅔	40	8	2	5	5
山内	⅔	4	2	0	0	1
川端	4	19	7	2	3	4
小太刀	6	23	4	5	1	1

2回戦　鎌倉学園×大師 ／ 津久井浜×県商工 ／ 足柄×横浜

鎌倉学園 八回勝ち越し

13日（大和スタジアム）

鎌倉学園	0	0	0	2	0	1	0	4	1	8
大　師	0	3	0	0	0	0	0	0	0	3

▽二塁打　角谷、庄司▽犠打　目崎、山根、角谷、佐々木3、増島、関杉2、神定、山下▽盗塁　角谷2
▽失策　大越信、山下2
▽審判　後藤、瀬良垣、富樫、瀬間、安武、古沢
▽試合時間　2時間47分（中断11分）

【評】鎌倉学園は2番手平本が7回無失点と好投、逆転勝ちを呼び込んだ。攻めあぐねた打線だが、同点の八回1死満塁から斎藤の2点中前打などで4点を勝ち越した。大師は二回に庄司の2点二塁打などで3点を先行。粘投の沢田を含めて見せ場をつくった。

4回表、鎌倉学園1死一、三塁。目崎がスクイズバントを決める

【鎌	学】	打	安	点	振	球
⑨	目崎	4	0	1	1	0
H	馬渕	1	0	0	0	0
9	今村	0	0	0	0	0
④	山根	4	2	0	0	1
⑤	角谷	3	2	2	0	2
③	小山	4	1	0	0	2
R3	阿部	0	0	0	0	0
⑦	斎藤	6	1	2	0	0
②	森高	4	3	0	0	2
⑧	佐々木	1	0	2	0	2
①	増島	0	0	0	0	0
1	平本	4	1	0	0	1
⑥	宮尾	3	0	1	0	2

犠盗失併残
7 2 0 0 18 34 10 8 1 12

【大	師】	打	安	点	振	球
⑧	原	3	0	0	1	1
⑦	大越宗	3	0	0	1	1
⑥	大越信	4	0	0	0	0
①91	沢田	4	2	0	0	0
⑨1	関杉	1	1	0	0	0
4	田川	0	0	0	0	0
19	小林	0	0	0	0	0
H9	奥寺	1	0	0	0	0
④14	神定	2	0	0	1	1
③	小森	3	0	0	1	1
②	庄司	4	1	2	0	0
⑤	山下	2	0	1	0	0

犠盗失併残
4 0 3 0 5 27 4 3 4 4

投手	回	打	安	振	球	責
増島	2	11	2	2	3	3
平本	7	24	2	2	1	0
沢田	7⅓	40	8	1	6	3
関杉	0/3	1	1	0	0	1
神定	0/3	1	0	0	1	0
小林	0/3	1	0	0	1	0
沢田	1⅔	10	1	0	4	1

県商工 投打かみ合う

14日（横須賀スタジアム）（7回コールド）

津久井浜	0	0	1	0	1	0	0	2
県商工	1	0	5	0	2	0	1X	9

▽二塁打　臼井、石井▽犠打　三宅、牧野、森康、潮田▽盗塁　菱沼、森時、臼井▽失策　小川、牧野▽暴投　田中▽捕逸　井村
▽審判　高梨、西村、飯田、石田
▽試合時間　2時間9分

【評】投打がかみ合った県商工が七回コールド勝ちした。1－1の三回に2四球、敵失を生かして勝ち越し、臼井の2点二塁打などで一挙5得点。左腕田中は毎回走者を背負いながらも、7回4安打2失点で粘った。津久井浜は要所のミスで流れに乗れなかった。

3回裏、県商工1死満塁。臼井が左中間に2点適時二塁打を放つ

【津	浜】	打	安	点	振	球
⑥1	三宅	2	0	0	0	1
⑧	徳永	4	1	2	1	0
②	三堀	2	0	0	1	1
⑦	北島	1	0	0	0	2
⑤	橋本	3	1	0	0	0
①96	小川	2	0	0	0	1
④	菱沼	3	1	0	0	0
③	新原	3	1	0	2	0
⑨	布施	0	0	0	0	1
19	牧野	1	0	0	1	0

犠盗失併残
2 1 2 0 6 21 4 2 5 6

【県商工】		打	安	点	振	球
⑥	森時	4	3	1	0	1
⑨	森康	2	0	1	0	1
③	三浦	3	1	2	0	1
⑤	浜	4	1	0	0	0
⑧	臼井	3	1	2	0	1
④	潮田	3	0	1	0	0
②	井村	3	0	0	0	1
①	田中	3	2	0	1	1
⑦	石井	4	3	1	0	0

犠盗失併残
2 2 0 1 8 29 11 8 1 6

投手	回	打	安	振	球	責
小川	2⅓	14	5	0	2	3
牧野	2	11	1	0	4	1
三宅	2⅓	12	5	1	0	1
田中	7	29	4	5	6	1

横浜31得点大勝発進

13日（サーティーフォー相模原球場）（5回コールド）

足　柄	0	0	0	0	0	0
横　浜	8	5	7	11	×	31

▽本塁打　小野（鈴木）岸本（鈴木）笹田2（鈴木、竹内）
▽三塁打　緒方、金井、板倉▽二塁打　岸本2、田高、小野、千葉、笹田、立花▽犠打　緒方▽盗塁　金井2、立花、岸本、増田、笹田▽失策　西尾▽暴投　鈴木2、高橋、竹内
▽審判　遠藤、井上、斉藤、石井
▽試合時間　1時間44分

【評】横浜が26安打31得点の大勝で滑り出した。笹田の2本塁打を含む13長打に6盗塁を絡め効果的に得点を重ねた。3安打4得点の1番緒方、代打3ランの小野と1年生の躍動も目を引いた。足柄は先発鈴木が初回からつかまり打線も2安打と及ばなかった。

2回裏横浜2死一、二塁。左翼へ3ランを放った代打・小野

【足	柄】	打	安	点	振	球
④	中山	2	1	0	0	0
⑥1	竹内	2	0	0	2	0
⑧5	千葉	2	1	0	1	0
③	西尾	2	0	0	0	0
⑤6	依田	2	0	0	1	0
⑨	高山	2	0	0	0	0
⑦17	高橋	1	0	0	1	0
H	米山	1	0	0	1	0
②	星	2	0	0	1	0
①78	鈴木	1	0	0	0	0

犠盗失併残
0 0 1 0 2 17 2 0 7 0

【横	浜】	打	安	点	振	球
⑥	緒方	3	3	2	0	2
③	玉城	2	0	0	0	0
H3	小野	4	2	4	0	0
⑦1	金井	4	3	4	0	1
②	立花	4	3	4	0	1
⑤	宮田	4	1	1	0	1
⑨	岸本	5	5	4	0	0
④	増田	2	1	2	0	0
H	山崎	0	0	0	0	1
R4	板倉	2	2	2	0	0
⑧7	笹田	4	4	5	0	1
①	田高	1	1	2	0	1
H	延末	1	0	0	0	0
1	佐竹	0	0	0	0	0
H	丸木	2	1	0	0	0
8	中藤	0	0	0	0	0

犠盗失併残
1 6 0 0 4 38 26 30 0 8

投手	回	打	安	振	球	責
鈴木	3 0/3	34	18	0	6	21
高橋	⅔	7	3	0	2	5
竹内	⅓	6	5	0	0	4
田高	3	10	1	4	0	0
佐竹	1	4	1	1	0	0
金井	1	3	0	2	0	0

川崎総合科学 小刻み加点

▷三塁打　鳥屋▷二塁打　梅田、加賀田▷犠打　鳥屋▷盗塁　藤原、貝瀬、加賀田、松永、秋山▷失策　遠藤、糸村▷暴投　高橋２▷捕逸　遠藤、小川
▷審判　高橋誠、伊藤、高橋博、松本
▷試合時間　２時間11分

【評】速球派両好投手の投げ合いを川崎総合科学が制した。加藤は前後半で配球を切り替え、１失点12奪三振の完投勝利。打線は五回以降に小刻みに毎回得点した。寒川の高橋も力で押して完投し７奪三振。打線が五回以降１安打と援護できなかった。

【寒川】		打	安	点	振	球
⑧	梅田	4	1	0	1	0
④	菊沢	4	1	0	2	0
③9	小松	4	3	1	0	0
①	高橋	4	0	0	0	0
⑦	藤原	3	0	0	2	1
②3	遠藤	4	0	0	1	0
⑤	青木	4	1	0	1	0
⑥	糸村	4	0	0	4	0
⑨	吉田	2	0	0	1	0
9	佐々木	1	0	0	0	0
2	小川	0	0	0	0	0
犠盗失併残	0 1 2 0 7	34	6	1	12	1

【川総科】		打	安	点	振	球
⑥	貝瀬	2	1	0	1	3
③	岩井	5	1	0	0	0
②	後藤	5	1	0	0	0
①	加藤	4	1	0	2	1
⑦	鳥屋	4	2	0	0	0
⑧	下茂	4	0	0	0	0
⑤	加賀田	4	2	1	1	0
⑨	松永	2	0	0	2	1
H	横山	0	0	0	0	1
R9	谷岡	0	0	0	0	0
④	秋山	3	0	0	1	0
H	武藤	1	1	0	0	0
4	阿部	0	0	0	0	0
犠盗失併残	1 4 2 1 12	34	9	1	7	6

投手	回	打	安	振	球	責
高橋	8	41	9	7	6	3
加藤	9	35	6	12	1	1

1失点で完投した川崎総合科学の加藤

13日（等々力球場）

寒川	0	0	1	0	0	0	0	0	0	1
川崎総合科学	0	0	0	0	1	1	1	2	×	5

横須賀総合 終盤勝負強さ

▷二塁打　桐ケ谷、青山、山口、松井▷犠打　小浜▷盗塁　桑原、高橋、藤田▷失策　松井、高橋、水戸
▷審判　神之田、島村、藤森、島田
▷試合時間　２時間30分

【評】横須賀総合が終盤に５点差の劣勢をはねのけた。１－６の七回に６本の単打を集めて１点差に詰め寄ると、八回に３四球と敵失に乗じて逆転。四回途中から救援した長沢が力投し、反撃につなげた。生田東は要所でミスが出たが、積極的な打撃が光った。

【生田東】		打	安	点	振	球
③63	松井	4	1	1	1	1
⑧	桑原	4	3	1	0	1
⑥46	高橋	5	2	0	0	0
②	三浦	5	1	0	0	0
⑤	伊藤	5	1	1	0	0
①	青山	3	1	0	2	0
3	田嶋	1	1	0	0	0
1	篠田	1	0	0	0	0
⑦	山口	4	1	3	1	0
⑨	具志堅	4	1	0	1	0
④14	藤田	4	2	0	0	0
犠盗失併残	0 3 2 0 9	40	14	6	5	2

【横須総】		打	安	点	振	球
⑧	浅羽	4	0	0	2	1
⑥	石渡悠	4	1	1	2	1
⑨	桐ケ谷	4	3	2	0	1
⑤	佐藤	5	0	0	0	0
②	守屋	4	2	1	0	1
④	岩崎	2	1	1	0	2
①3	水戸	4	0	0	0	0
③	小浜	0	0	0	0	0
1	長沢	3	1	0	1	0
⑦	石渡凪	3	2	0	0	1
犠盗失併残	1 0 1 1 10	33	10	5	5	7

投手	回	打	安	振	球	責
青山	5⅔	24	4	5	4	1
藤田	1	9	6	0	0	2
篠田	1⅓	8	0	0	3	0
水戸	3⅔	19	8	1	1	2
長沢	5⅓	23	6	4	1	2

8回裏、横須賀総合2死満塁。佐藤の内野ゴロが守備の乱れを誘い、三走・石渡凪⑦に続き二走・石渡悠が生還。7－6と逆転

13日（横須賀スタジアム）

生田東	0	4	0	0	0	0	2	0	0	6
横須賀総合	1	0	0	0	0	0	4	2	×	7

追浜がミス誘い得点

▷二塁打　日野▷犠打　朝倉、諸泉、遠藤、秋本、山崎２、加藤▷盗塁　岩下２、遠藤４、佐野、諸泉▷失策　石倉、梅本３、今関３、中丸２▷暴投　佐藤２、岩下▷捕逸　楠本
▷審判　中原、祝、向田、斎藤
▷試合時間　２時間21分（中断２時間19分）

【評】追浜は11四死球に乗じて得点を重ねた。７犠打と８盗塁の小技も効果的でミスを誘った。テンポの良い投球で先発山崎は終盤のリリーフと合わせて計６回を無失点。深沢は五回に今関の適時打などで３点を返したが、９失策が全て失点に絡んだのが痛かった。

【追	浜】	打	安	点	振	球
⑥16	岩下	4	1	0	2	2
⑨7	朝倉	1	1	1	0	3
④	佐野	3	0	0	0	2
⑧	諸泉	3	0	1	0	1
②	遠藤	2	1	1	0	0
2	尼崎	1	0	0	0	1
⑦	秋本	1	0	0	1	0
H	吉岡	1	0	0	1	0
1	辻	0	0	0	0	0
65	篠平	2	0	0	1	0
③	日野	4	1	0	0	1
①51	山崎	2	0	1	1	1
⑤	熊谷	2	0	0	0	0
9	加藤	2	0	0	0	0

犠	盗	失	併	残	打	安	点	振	球
7	8	0	0	11	28	4	4	6	11

【深	沢】	打	安	点	振	球
④	西岡	3	1	0	0	2
③1	石倉	4	1	0	0	1
⑨	片岡	4	1	0	1	0
②	梅本	3	1	0	0	1
⑤	今関	4	2	1	0	0
⑥	中丸	4	0	0	1	0
⑧	瀬戸	3	0	0	0	1
⑦	矢嶋	4	0	0	1	0
①	佐藤	1	0	0	0	0
13	佐瀬	2	0	0	1	1

犠	盗	失	併	残	打	安	点	振	球
0	0	9	0	8	32	6	1	4	6

投手	回	打	安	振	球	責
山崎	3	11	0	1	2	0
辻	1	5	2	2	0	0
岩下	2	11	3	1	2	3
山崎	3	11	1	0	2	0
佐藤	4	24	3	2	5	0
佐瀬	1	6	0	0	3	0
石倉	4	16	1	4	3	0

１回表、追浜無死二塁。朝倉の打球で守備が乱れる間に二走・岩下が先制のホームイン

12日（サーティーフォー相模原球場）

追浜	2	3	1	1	0	0	0	1	0	8
深沢	0	0	0	0	3	0	0	0	0	3

磯子工12安打で振り切る

▷三塁打　内山▷二塁打　内山、近藤▷犠打　松田、広田２、橋岡▷盗塁　広田、菅井、田口、首藤、須田２、福田▷失策　内山、榎戸▷暴投　内山３、高橋▷捕逸　町田
▷審判　桜庭、栗田、今野、江藤
▷試合時間　２時間10分（中断１時間38分）

【評】12安打の磯子工が打力で上回り、粘る相手を振り切った。同点の九回２死二塁から内山が決勝の三塁打を放つと、菊地が中前打で続いて加点した。内山は投げても４失点完投、10三振を奪った。大和西は互角の戦いを演じたが、六回以降は無得点に終わった。

【磯子	工】	打	安	点	振	球
②	町田	5	1	0	0	0
⑧	松田	4	2	0	1	0
⑤	広田	2	1	1	1	1
⑦	島村	5	0	0	2	0
①	内山	5	3	3	0	0
③	菊地	5	2	1	0	0
⑨	寺嶋	4	2	1	0	1
⑥	三国	4	1	0	0	1
④	橋岡	2	0	0	2	1

犠	盗	失	併	残	打	安	点	振	球
4	1	1	0	11	36	12	6	6	4

【大和	西】	打	安	点	振	球
⑥	菅井	5	0	0	2	0
⑨	田口	3	0	0	1	2
④	近藤	5	1	0	1	0
②	岩田	4	1	0	1	0
⑤	榎戸	4	2	1	2	0
⑧	首藤	3	1	0	0	1
③	須田	2	1	0	0	2
⑦	福田	3	1	1	2	1
①	阿部	4	0	0	1	0
1	高橋	0	0	0	0	0

犠	盗	失	併	残	打	安	点	振	球
0	6	1	0	8	33	7	2	10	6

投手	回	打	安	振	球	責
内山	9	39	7	10	6	1
阿部	8⅔	42	12	6	3	4
高橋	⅓	2	0	0	1	0

９回表、磯子工２死二塁。内山が決勝の右越え三塁打を放つ

12日（大和スタジアム）

磯子工	2	0	0	0	2	0	0	0	2	6
大和西	0	3	0	0	1	0	0	0	0	4

湘南 小技絡め逆転勝利

▷二塁打　近藤▷犠打　藤平、泉、土井原２、高木▷盗塁　山田、宮崎、上田、長沼、吉田２、中尾▷失策　吉川、広岡、高木
▷審判　小島、橋本、本多、真保
▷試合時間　２時間38分

【評】湘南が逆転勝ちした。五回に３連打で同点とすると、六回は３長短打で勝ち越した。中盤以降に10安打を集め、スクイズや機動力を使うそつのなさも光った。２番手近藤が４回無失点で流れを呼び込んだ。平塚江南は10安打を放ったが、あと一押しを欠いた。

【江	南】	打	安	点	振	球
⑨	藤平	2	0	0	0	0
9	佐久間	2	1	0	1	0
②	吉川	5	1	0	2	0
⑥	泉	2	1	0	0	2
④	山田	4	3	1	0	1
③	鶴田	4	1	2	0	1
⑦	広岡	4	0	0	1	0
⑤	鯖江	4	0	0	0	0
①	加藤	1	0	0	0	0
1	中山	2	1	0	0	0
H	池本	1	0	0	0	0
1	高木祐	0	0	0	0	0
⑧	中川	4	2	0	0	0

犠	盗	失	併	残	打	安	点	振	球
2	1	2	0	11	35	10	3	4	4

【湘	南】	打	安	点	振	球
⑨	宮崎	4	2	0	1	1
⑤	土井原	2	1	1	0	0
H3	上田	1	1	0	0	0
①7	長沼	5	3	1	0	0
②	杉浦	4	0	0	1	1
④	熊谷	4	1	1	0	1
③	山口	4	1	0	0	0
R3	吉田	0	0	0	0	0
1	小坂	0	0	0	0	0
⑧	松岡	2	0	0	0	0
15	近藤	2	1	0	1	0
⑦8	中尾	4	3	1	0	0
⑥	高木	3	0	1	0	0

犠	盗	失	併	残	打	安	点	振	球
3	6	1	0	10	35	13	5	3	3

投手	回	打	安	振	球	責
加藤	2	11	2	0	2	2
中山	5	25	9	2	1	4
高木祐	1	5	2	1	0	0
長沼	4	19	6	1	1	3
近藤	4	17	3	1	2	0
小坂	1	5	1	2	1	0

7回裏、湘南2死三塁。中尾が左前適時打を放ち6点目を挙げる。捕手・吉川

12日（バッティングパレス相石スタジアムひらつか）

平塚江南	0	0	3	0	0	0	0	0	0	3
湘南	2	0	0	0	1	2	1	1	×	7

瀬谷西 終盤に逆転

▷三塁打　田尻▷二塁打　森戸、佐藤２、阿部２、倉園▷犠打　小山内、松井２、森戸▷盗塁　守屋、内野▷失策　今岡、鈴木颯▷捕逸　倉園
▷審判　若杉、武田、増田、石原
▷試合時間　２時間６分（中断42分）

【評】瀬谷西が終盤に追い上げた。八回に守屋が二盗を決め、２死から久保田、小川、近村の連打でひっくり返した。三回から救援の近村は６回２／３を無失点。舞岡は山口が無四球で完投。打線は六、九回に好機をつくったが、２死からでものにできなかった。

8回表、瀬谷西2死一、二塁。近村が決勝の中前適時打を放つ

【瀬谷	西】	打	安	点	振	球
②	梅原	5	1	1	0	0
⑧	守屋	5	2	0	0	0
⑨	小山内	3	0	0	0	0
9	笠井	0	0	0	0	0
③	久保田	4	1	1	0	0
①6	小川	4	1	0	0	0
⑤1	近村	4	1	1	1	0
⑦	阿部	4	3	0	0	0
⑥4	松井	2	1	0	0	0
④5	内野	4	0	1	1	0

犠	盗	失	併	残	打	安	点	振	球
3	2	0	1	6	35	10	4	2	0

【舞	岡】	打	安	点	振	球
②	倉園	5	2	0	2	0
④	沖田	5	1	0	2	0
⑧	田尻	3	1	0	1	1
⑤	今岡	3	0	0	0	1
③	森戸	3	1	2	1	0
⑨	佐藤	4	2	2	1	0
⑦	簗井	4	0	0	1	0
①	山口	4	1	0	0	0
⑥	鈴木颯	3	1	0	0	1

犠	盗	失	併	残	打	安	点	振	球
1	0	2	0	7	34	9	4	8	3

投手	回	打	安	振	球	責
小川	2⅓	15	6	2	2	4
近村	6⅔	23	3	6	1	0
山口	9	38	10	2	0	4

12日（サーティーフォー保土ケ谷球場）

瀬谷西	0	0	1	0	1	0	1	2	0	5
舞岡	3	0	1	0	0	0	0	0	0	4

人と、都市と、時代と——
紙でネット、包みたいハート。

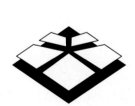

桔梗屋紙商事株式会社
横浜市金沢区幸浦2-23-8
Tel045-784-1411
Fax045-784-1419

金沢 集中打浴びせ快勝

▷三塁打　杉山▷二塁打　小林、阿部、切無沢、杉田▷犠打　沢木、飛田▷盗塁　早川、亀山、大河内、永山、西原▷失策　竹内、亀山
▷審判　望月、清水、石田、増子
▷試合時間　１時間15分

【評】金沢が集中打を浴びせて五回コールド勝ちした。二回は先頭阿部の二塁打を突破口に、四球を挟んでの５者連続の短長打で６得点。四回は死球を足掛かりに６点を追加した。永山、西原は無四球の零封リレー。大和南は毎回走者を出すも逸機が続いた。

【大和南】		打	安	点	振	球
②	日下	3	0	0	0	0
⑥	菅村	3	0	0	2	0
③1	小林	2	1	0	0	0
⑤	竹内	2	0	0	1	0
①3	杉田	2	2	0	0	0
④	沢木	1	0	0	0	0
⑦	栗野	2	0	0	0	0
⑧	田中	2	0	0	1	0
⑨	今津	1	0	0	1	0
H	天笠	1	1	0	0	0
犠盗失併残	1 0 1 0 5	19	4	0	5	0

【金沢】		打	安	点	振	球
⑤	早川	3	2	1	0	0
⑥	亀山	3	2	1	0	0
6	小林	0	0	0	0	0
③	杉山	2	1	3	0	1
⑨	切無沢	3	2	2	0	0
⑧	阿部	2	1	0	1	1
⑦	大河内	2	0	1	1	1
7	曽根	0	0	0	0	0
④	飛田	2	0	1	1	0
4	鳥海	0	0	0	0	0
①	永山	1	1	1	0	0
H	森永	1	0	0	0	0
1	西原	1	1	2	0	0
②	大垣	1	0	0	1	2
犠盗失併残	1 5 1 0 3	21	10	12	4	5

投手	回	打	安	振	球	責
杉田	1⅔	13	6	1	1	6
小林	2⅓	14	4	3	4	6
永山	3	12	2	3	0	0
西原	2	8	2	2	0	0

２回裏、金沢２死二塁。永山の適時打で二走・阿部が先制のホームイン。捕手・日下

12日（横須賀スタジアム）　（５回コールド）

	1	2	3	4	5	計
大和南	0	0	0	0	0	0
金沢	0	6	0	6	×	12

小田原・新保が無安打無得点

▷本塁打　伊藤（杉崎）
▷二塁打　伊藤、早坂▷犠打　原田、小池、山口雅▷盗塁　一柳、村山、原田▷失策　一柳、坂井、小池▷暴投　星２、杉崎
▷審判　大庭、高田、青木、松下
▷試合時間　１時間13分

【評】小田原は左腕新保が５回参考ながら無安打無得点試合を達成。伸びのある直球で内外角を攻め、９三振を奪った。打線は甘い球を逃さず、先発全員の16安打で19得点した。森村学園は３投手の継投で勝機を見いだそうとしたが、流れを断ち切れなかった。

【森村】		打	安	点	振	球
④	深沢	2	0	0	1	0
⑨	荒井	2	0	0	0	0
③18	一柳	2	0	0	0	0
⑤	西方	2	0	0	2	0
⑧1	杉崎	2	0	0	2	0
⑦	鈴木	2	0	0	1	0
①3	星	1	0	0	0	0
3	坂井	1	0	0	1	0
⑥	露木	1	0	0	1	0
②	平山	1	0	0	1	0
犠盗失併残	0 1 2 1 1	16	0	0	9	0

【小田原】		打	安	点	振	球
⑨	村山	1	1	1	0	4
⑧	原田	3	2	2	0	1
④	小池	3	2	3	0	1
⑤6	伊藤	3	2	3	0	1
②	染野	2	2	2	0	2
⑥	早坂	3	1	1	0	1
7	三宅	0	0	0	0	0
⑦5	山口雅	2	2	2	0	1
③	遠藤	3	3	3	0	1
①	新保	4	1	0	1	0
犠盗失併残	3 2 1 0 8	24	16	17	1	12

投手	回	打	安	振	球	責
星	1⅔	15	7	0	5	8
一柳	1⅓	15	7	0	4	7
杉崎	1	9	2	1	3	3
新保	5	16	0	9	0	0

５回を投げて無安打無失点と好投した小田原主戦・新保

12日（小田原球場）　（５回コールド）

	1	2	3	4	5	計
森村学園	0	0	0	0	0	0
小田原	1	7	4	7	×	19

山手学院 初回に先制

▷二塁打　山中、飯野▷犠打　山本▷盗塁　吉田、宮崎▷失策　宮崎、安濃▷暴投　富田
▷審判　岸本、茅野、大橋、浦田
▷試合時間　1時間59分（中断37分）

【評】山手学院の主戦岡本が完封。一、三回を除いて毎回走者を出しながらも粘り、10三振を奪った。打線は初回に３四死球を足掛かりに２点を先制、三回は山本の適時打で１点を加えた。柏陽は無失策で富田をもり立て、８安打と応戦したが本塁が遠かった。

【柏　陽】		打	安	点	振	球
④	石　井	5	1	0	1	0
⑧	鈴木祥	4	0	0	2	0
⑤	百　瀬	4	1	0	1	0
①	富　田	4	2	0	0	0
⑥	吉　田	4	2	0	2	0
③	長　沢	3	1	0	1	1
⑨	飯　野	4	1	0	0	0
②	植　田	4	0	0	1	0
⑦	橋　本	2	0	0	2	0
H	阿　部	1	0	0	0	0
7	浅　井	0	0	0	0	0
H	鈴木空	1	0	0	0	0
犠盗失併残	0 1 0 1 10	36	8	0	10	1

【山　手】		打	安	点	振	球
⑨	船　城	3	0	0	1	1
⑥	宮　崎	2	0	0	2	2
⑧	安　濃	4	0	0	1	0
③	山　中	2	2	0	0	2
⑦	山　本	3	1	2	1	0
⑤	今　井	4	0	0	2	0
①	岡　本	3	0	0	0	1
②	上　島	2	1	0	0	2
④	菅　沼	3	0	0	1	1
犠盗失併残	1 1 2 0 9	26	4	2	8	9

投　手	回	打	安	振	球	責
富　田	8	36	4	8	9	3
岡　本	9	37	8	10	1	0

10奪三振の完封勝利に雄たけびを上げる山手学院の岡本

12日（保野公園・横浜薬大スタジアム）

柏　陽	0	0	0	0	0	0	0	0	0	0
山手学院	2	0	1	0	0	0	0	0	×	3

平塚湘風 七回に集中打

▷本塁打　山本紅（篠原）
▷三塁打　三留▷二塁打　工藤２、大津、山本紅、植松、富田、篠原▷犠打　渡辺、三留▷盗塁　篠原、中山、渡辺、磯部２▷失策　植松、工藤、荒井２▷暴投　篠原２、磯部、浜田２
▷審判　五十嵐、田畑、斉藤、春日、真保、橋本
▷試合時間　２時間27分（中断１時間29分）

【評】平塚湘風が七回の集中打で試合をものにした。先頭山本紅のソロ本塁打など７安打６得点で逆転。エース磯部が要所を力でねじ伏せる投球で応えた。逗葉も植松、工藤、大津らの５長打に７四球で再三の好機をつくったが、飛球が多く逸機が続いた。

【逗　葉】		打	安	点	振	球
⑥	飯　嶋	4	0	0	1	1
③	植　松	4	2	0	1	1
⑨1	工　藤	4	2	0	0	1
②	三　浦	5	0	0	2	0
①5	篠　原	4	1	1	1	1
④	大　津	5	2	1	1	0
⑧	中　山	4	0	0	0	1
⑦	鈴　木	3	0	0	1	1
⑤	横　山	3	0	0	0	0
1	土　屋	0	0	0	0	0
9	井　手	0	0	0	0	1
犠盗失併残	0 2 2 3 12	36	7	2	7	7

【湘　風】		打	安	点	振	球
⑥	山本藍	4	2	1	0	1
⑧	渡　辺	4	2	0	1	0
①91	磯　部	1	0	0	0	4
②	上　村	5	2	2	2	0
⑤	荒　井	3	1	1	0	2
⑨	三　留	3	2	1	0	0
1 9	浜　田	1	0	0	1	0
⑦	富　田	4	1	1	0	1
③	江　藤	4	0	0	0	0
④	山本紅	3	2	1	0	1
犠盗失併残	2 3 2 0 12	32	12	7	4	9

投　手	回	打	安	振	球	責
篠　原	6	31	8	2	6	6
土　屋	⅔	3	3	0	0	1
工　藤	2	9	1	2	3	0
磯　部	7	31	5	4	3	1
浜　田	⅓	5	0	0	4	1
磯　部	1⅔	7	2	3	0	1

3回裏、平塚湘風無死三塁。山本藍が中前適時打を放つ

12日（バッティングパレス相石スタジアムひらつか）

逗　葉	2	0	0	0	0	0	0	1	1	4
平塚湘風	0	0	1	0	0	0	6	0	×	7

横浜氷取沢15安打猛攻

▷三塁打　石田、関▷二塁打　柳沢、青木、関、石田▷犠打　上村▷盗塁　斉田２▷失策　栗原、山本、千葉▷捕逸　住吉
▷審判　林、白根、大中、高味
▷試合時間　１時間13分

【評】計15安打の猛攻で横浜氷取沢が圧倒した。一回に柳沢の適時二塁打で先制し、二回は先頭石田からの５連打などで一挙５得点。好球必打で三回にも６点を追加した。３人の継投は３安打で零封。横須賀南は一方的な展開に苦しんだが、打撃は積極的だった。

【横須南】	打	安	点	振	球
⑧4西沢	3	0	0	1	0
⑥12住吉	2	0	0	0	1
④6栗原	2	0	0	0	0
②1山本	1	0	0	1	1
③8永田	2	0	0	0	0
⑨千葉	1	0	0	1	1
①3田村	2	2	0	0	0
⑦青木	2	1	0	0	0
⑤菅原	2	0	0	2	0
犠盗失併残 0 0 3 0 5	17	3	0	5	3

【氷取沢】	打	安	点	振	球
⑧関	4	2	3	0	0
⑥斉田	2	2	0	0	1
H4吹沢	1	0	0	0	0
③林	3	1	0	0	1
⑨上村	1	1	3	0	1
R後藤	0	0	0	0	0
1阿部	0	0	0	0	0
H7川村	1	0	0	0	0
②柳沢	3	2	1	1	0
④赤井	3	2	2	0	0
6大久保	0	0	0	0	0
⑦石田	3	2	1	0	0
1三村	0	0	0	0	0
①木村	1	1	1	0	0
H奥津	0	0	0	0	1
H9榊原	1	1	0	0	0
⑤森崎	3	1	0	0	0
犠盗失併残 1 2 0 1 7	26	15	11	1	4

投手	回	打	安	振	球	責
田村	2	16	9	0	1	4
住吉	1	11	5	1	3	5
山本	1	4	1	0	0	0

投手	回	打	安	振	球	責
木村	3	12	2	2	2	0
阿部	1	5	1	1	1	0
三村	1	3	0	2	0	0

2回裏、横浜氷取沢無死一、二塁。関が走者一掃の三塁打を放つ

12日（横須賀スタジアム）　（5回コールド）

横須賀南	0	0	0	0	0	0
横浜氷取沢	1	5	6	0	×	12

鎌倉エースが1安打完封

▷犠打　奥山▷盗塁　力石、秋山、熊坂、佐伯▷失策　力石、嶋邑、内尾▷捕逸　嶋邑、秋山２
▷審判　井上、岩田、長谷川、池田
▷試合時間　２時間４分

【評】鎌倉はエース右腕船串が完封。緩急をつけた投球で五回まで走者を許さず、六回以降も要所を締めてわずか１安打に抑えた。打線は敵失や四球に絡めて効率良く攻めた。横浜翠嵐は六回以降、得点圏に走者を出すものの、好機を生かせなかった。

【鎌倉】	打	安	点	振	球
③石原	3	0	0	0	2
⑦奥山	2	0	0	0	2
⑥力石	4	1	1	1	1
②秋山	4	2	1	1	0
①船串	3	0	1	1	1
⑨高橋	4	0	0	0	0
⑤勝又	4	1	0	0	0
④福住	4	1	0	1	0
⑧佐藤	2	0	0	1	1
8小松田	1	1	0	0	0
犠盗失併残 1 2 1 0 9	31	6	3	5	7

【翠嵐】	打	安	点	振	球
⑨久保田	2	0	0	0	2
⑤植田	4	0	0	1	0
④熊坂	4	1	0	0	0
⑦河本	4	0	0	2	0
②嶋邑	3	0	0	0	0
⑧長沢	2	0	0	0	0
H8小山	1	0	0	0	0
③由上	3	0	0	0	0
①佐伯	2	0	0	0	0
1渡辺	0	0	0	0	0
H押山	0	0	0	0	1
R松田	0	0	0	0	0
1永田	0	0	0	0	0
⑥内尾	3	0	0	0	0
犠盗失併残 0 2 1 2 4	28	1	0	3	3

投手	回	打	安	振	球	責
船串	9	31	1	3	3	0

投手	回	打	安	振	球	責
佐伯	6	25	4	2	3	2
渡辺	2	10	1	3	3	0
永田	1	4	1	0	1	0

1安打完封で勝利した鎌倉エース・船串

12日（大和スタジアム）

鎌倉	1	0	0	0	0	2	0	0	0	3
横浜翠嵐	0	0	0	0	0	0	0	0	0	0

麻溝台は先発全員安打

▷二塁打　加登、鈴木、吉池、関口、増山▷犠打　増山、伊藤、中村、加登、金子▷盗塁　寺岡▷失策　関口、山口、是枝▷暴投　相原▷捕逸　寺田
▷審判　田沢、小島、安藤、松本
▷試合時間　1時間58分

【評】麻溝台が先発全員の12安打９得点で快勝。四回は５長短打に２犠飛を絡めて３点を加えるなど、初球から積極的にスイングする打撃が光った。伊藤－市川の無失点リレーも決まった。秀英は犠打を絡めて得点圏に進めた序盤に得点し、流れをつかみたかった。

【麻溝台】		打	安	点	振	球
⑤	石井	4	2	2	0	1
④	小指	5	1	1	0	0
4	飯塚	0	0	0	0	0
⑥	関口	4	2	1	0	0
②	鈴木	3	1	0	0	1
⑧	吉池	3	1	1	1	1
⑦	増山	2	1	1	0	1
③	山本希	3	1	1	1	1
⑨	山口	3	1	0	1	0
H9	片野	1	1	1	0	0
①	伊藤	1	1	1	0	0
H	相浦	1	0	0	0	0
1	市川	1	0	0	0	0

犠	盗	失	併	残	打	安	点	振	球
2	0	2	1	8	31	12	9	3	5

【秀英】		打	安	点	振	球
⑥	是枝	3	1	0	0	0
④	中村	2	0	0	1	0
③	加登	2	1	0	1	0
①	相原	3	0	0	1	0
⑧	白田	3	0	0	1	0
⑤	森	3	1	0	0	0
⑦	金子	0	0	0	0	1
H	中沢	1	0	0	0	0
⑨	寺岡	2	1	0	0	0
H	前田	1	0	0	1	0
②	寺田	2	0	0	1	0

犠	盗	失	併	残	打	安	点	振	球
3	1	1	1	5	22	4	0	6	1

投手	回	打	安	振	球	責
伊藤	5	20	4	3	1	0
市川	2	6	0	3	0	0
相原	7	38	12	3	5	7

７回表、麻溝台２死満塁。石井の内野安打で三走・山本希（中央）、二走・片野が笑顔で生還

12日（サーティーフォー相模原球場）　（７回コールド）

	1	2	3	4	5	6	7	計
麻溝台	1	0	0	3	1	1	3	9
秀英	0	0	0	0	0	0	0	0

荏田が7回コールド

▷本塁打　内藤（小山）
▷三塁打　尾上▷二塁打　長島、星原▷犠打　浅見、杉浦▷盗塁　平間２▷失策　伊藤、星原２、廻谷▷暴投　小山
▷審判　若林、一居、石田、高橋
▷試合時間　1時間57分（中断２時間２分）

【評】荏田が着実に加点し、七回コールド勝ち。初回に敵失に乗じて先制し、三回は死球を挟んでの３連打などで５点を追加。四回は内藤が右越えにランニング本塁打を放った。先発後藤は４回無失点、７奪三振。向の岡工は４失策が傷口を広げた。

【荏田】		打	安	点	振	球
⑧	平間	4	2	0	0	1
⑤	浅見	3	0	1	1	1
④	森川	4	2	0	0	0
⑦	見留	3	1	1	0	1
②	勇崎	3	0	0	2	1
⑥	長島	3	1	3	0	1
⑨	尾上	4	2	0	0	0
①	後藤	2	0	0	1	0
H	原	1	0	0	1	0
1	須田	0	0	0	0	0
1	杉浦	0	0	1	0	0
③	内藤	4	1	1	0	0

犠	盗	失	併	残	打	安	点	振	球
2	2	0	2	8	31	9	7	5	5

【向岡工】		打	安	点	振	球
③1	瀬谷	3	0	0	1	0
④	伊藤	3	2	0	1	0
①3	小山	3	0	0	2	0
⑥	水戸	3	1	0	1	0
⑤	星原	3	1	0	0	0
②	下地	2	1	0	1	1
⑧	斎藤	3	0	0	2	0
⑦	廻谷	3	0	0	2	0
⑨	宮崎	1	1	0	0	1

犠	盗	失	併	残	打	安	点	振	球
0	0	4	1	5	24	6	0	10	2

投手	回	打	安	振	球	責
後藤	4	13	2	7	0	0
須田	1	4	1	0	1	0
杉浦	2	9	3	3	1	0
小山	4	25	7	4	4	5
瀬谷	3	13	2	1	1	1

4回表、荏田無死。ライトへ安打を放った内藤が一気に本塁を突きランニング本塁打となる

12日（等々力球場）　（７回コールド）

	1	2	3	4	5	6	7	計
荏田	1	0	5	2	0	0	1	9
向の岡工	0	0	0	0	0	0	0	0

翠陵9得点で快勝

▽本塁打　田村（樫本）▽三塁打　伊原▽二塁打　平出、増原、飯野、田村▽犠打　飯野、小原▽盗塁　小浦、島津2、山口、北川、関▽失策　関▽暴投　樫本、小原▽審判　田中剛、内田、太田、田中欣、鈴木、熊倉▽試合時間　2時間24分（中断1時間23分）

【評】計14安打の翠陵が快勝。四回2死満塁から増原の適時二塁打などで、この回4得点。鋭い振りからの打球が外野を次々と襲った。主戦市川は五回から登板し、5回を1安打。守備も無失策で援護した。松陽は終盤に打線が封じられ、樫本を援護できなかった。

5回から登板し1安打無失点の翠陵・市川

12日（中栄信金スタジアム秦野）

翠陵	0	1	0	4	1	0	0	0	3	9
松陽	0	1	1	0	0	0	0	0	0	2

【翠陵】		打	安	点	振	球
⑧	伊原	5	3	1	0	1
⑥	小浦	4	2	1	0	2
③	佐藤	6	0	0	1	0
⑨	島津	3	2	0	0	2
④	増原	3	2	2	0	2
⑦	飯野	4	1	2	2	0
⑤	田村	4	3	2	0	1
②	川嶋	5	1	1	3	0
①	小原	1	0	0	0	0
H	掃部	1	0	0	1	0
1	市川	2	0	0	1	0

犠	盗	失	併	残	打	安	点	振	球
2	3	0	0	12	38	14	9	8	8

【松陽】		打	安	点	振	球
⑥	山口	4	1	0	1	0
②	平出	2	1	1	0	2
④	原	4	0	0	1	0
⑧	鞍馬	4	0	0	0	0
⑨	北川	4	1	0	1	0
③	田中	4	1	0	0	0
①	樫本	4	1	0	0	0
⑤	関	4	2	1	0	0
⑦	清水	3	1	0	0	0
7	大根	0	0	0	0	0

犠	盗	失	併	残	打	安	点	振	球
0	3	1	1	6	33	8	2	3	2

投手	回	打	安	振	球	責
小原	4	18	7	1	1	2
市川	5	17	1	2	1	0
樫本	9	48	14	8	8	5

大船　抜け目なく加点

▽二塁打　山神、尾曲、香取▽犠打　山田2、森下、宮本、宝徳、尾曲、加藤▽失策　松本2、山道、小菅▽審判　新井、北村、出浜、金子▽試合時間　2時間45分（中断50分）

【評】大船が抜け目なかった。四回に敵失に乗じて好機を広げ、加藤の2ランスクイズなどで4点を先制。以降も相手のミスに絡めて加点した。先発尾曲は7四球と苦しむも、6回2失点で踏ん張った。有馬は9安打を放つも15残塁とつながりを欠いた。

4回裏、大船1死満塁。加藤が先制スクイズを決める

12日（小田原球場）

有馬	0	0	0	0	1	1	0	0	1	3
大船	0	0	0	4	2	0	0	1	×	7

【有馬】		打	安	点	振	球
⑧	宮崎	3	2	0	0	2
④	山田	2	1	1	0	1
⑤	松本	4	1	0	0	1
⑦	阿部	3	1	1	1	2
③	大森	5	1	0	0	0
⑨	国吉	3	0	0	3	2
①	山道	4	1	0	1	0
1	中野	0	0	0	0	0
H	金城	0	0	0	0	1
②	森下	3	1	1	0	1
⑥	小菅	4	1	0	0	1

犠	盗	失	併	残	打	安	点	振	球
3	0	4	0	15	31	9	3	5	11

【大船】		打	安	点	振	球
⑦	山神	4	1	1	1	1
⑥	宮本	3	1	1	0	1
⑧	川名	4	1	1	0	1
②	八矢	4	0	0	2	1
④	丸子	4	0	0	1	1
⑤	香取	4	2	0	0	0
③1	宝徳	2	0	0	0	1
①3	尾曲	2	1	2	0	1
⑨	加藤	2	0	2	1	1

犠	盗	失	併	残	打	安	点	振	球
4	0	0	1	10	29	6	7	5	8

投手	回	打	安	振	球	責
山道	6⅔	33	6	4	5	0
中野	1⅓	8	0	1	3	0
尾曲	6	30	6	3	7	2
宝徳	3	15	3	2	4	1

横浜栄が先制パンチ

▽三塁打　橋本▽二塁打　北川、浅生▽犠打　橋本▽盗塁　加藤、北川▽失策　嵯峨根、北川▽審判　飯島、本間、笠間、三木、藤川、森口▽試合時間　1時間52分（中断4時間9分）

【評】横浜栄は初回の先制パンチが効いた。6長短打を集めて相手投手の出ばなをくじき、一気に5点を奪った。先発脇山は4時間を超える中断にも動じず、無四球で2失点完投。厚木東の須藤は二回以降、無失点。八回は橋本の三塁打を口火に3点差に迫った。

完投し笑顔を見せる横浜栄の脇山

12日（いせはらサンシャインスタジアム）

厚木東	0	0	1	0	0	0	0	1	0	2
横浜栄	5	0	0	0	0	0	0	0	×	5

【厚木東】		打	安	点	振	球
⑧	浅岡	4	1	0	1	0
④	門倉	4	2	2	0	0
⑤	嵯峨根	4	0	0	4	0
②	中村	4	0	0	0	0
③	浅尾	4	1	0	2	0
⑨	斎藤	4	0	0	1	0
⑦	中山	2	0	0	0	0
H7	稲木	1	0	0	0	0
①	須藤	3	1	0	2	0
⑥	橋本	2	2	0	0	0

犠	盗	失	併	残	打	安	点	振	球
1	0	1	1	4	32	7	2	10	0

【横浜栄】		打	安	点	振	球
⑦	加藤	3	1	0	0	1
④	北川	4	2	0	1	0
①	脇山	4	2	2	1	0
⑧	谷川	3	1	0	1	1
②	小川	4	0	0	0	0
③	小島	4	1	0	0	0
⑨	鶴見	4	1	1	2	0
⑥	吉川	3	1	0	1	0
⑤	大塚	3	1	1	0	0

犠	盗	失	併	残	打	安	点	振	球
0	2	1	0	5	32	10	4	6	2

投手	回	打	安	振	球	責
須藤	8	34	10	6	2	4
脇山	9	33	7	10	0	2

伊志田 先発が1失点好投

▽三塁打　長縄▽二塁打　永野、大川、玉木▽犠打　小川2、米山、中村、玉木、布施▽失策　札木
▽審判　来福、森口、宮崎、藤川
▽試合時間　1時間51分

【評】伊志田の長縄が九回途中まで散発6安打1失点の好投。2度併殺打に仕留めるなど、打たせて取る投球で要所を締めた。長縄は打っても4点目となる三塁打をマークした。瀬谷は2番手高橋が3回⅔を無失点。打線は六回に1点を返したが及ばなかった。

12日（いせはらサンシャインスタジアム）

	1	2	3	4	5	6	7	8	9	計
瀬谷	0	0	0	0	0	1	0	0	0	1
伊志田	0	0	1	1	2	0	0	0	×	4

投打に活躍した伊志田先発・長縄

【瀬　谷】		打	安	点	振	球
⑨	中谷	4	2	0	0	0
⑥	小川	1	0	0	0	1
⑦8	下山	3	0	0	1	1
⑧1	高橋	3	1	1	0	1
①7	鈴木	3	1	0	0	1
③	札木	3	0	0	0	1
R	須藤	0	0	0	0	0
②	大川	4	1	0	0	0
⑤	八木	3	1	0	0	0
④	金岡	2	0	0	0	0
H4	和嶋	1	0	0	0	0

犠盗失併残
2 0 1 1 6　27 6 1 1 5

【伊志田】		打	安	点	振	球
⑥	米山	2	1	0	0	1
④	吉川	4	1	0	0	0
⑧	中村	3	1	0	0	0
⑤	玉木	2	1	2	0	1
①	長縄	4	1	1	0	0
9	獅々倉	0	0	0	0	0
⑨1	永野	4	2	0	0	0
⑦	布施	3	1	0	1	0
7	三橋	0	0	0	0	0
③	木田	4	1	1	0	0
②	高井	2	0	0	0	1

犠盗失併残
4 0 0 2 7　28 9 4 1 3

投手	回	打	安	振	球	責
鈴木	4⅓	23	8	0	1	3
高橋	3⅔	12	1	1	2	0
長縄	8⅔	33	6	1	5	1
永野	⅓	1	0	0	0	0

菅 14得点コールド勝ち

▽三塁打　曽根2、沖▽二塁打　沖、曽根、秋月、松下▽犠打　沖、島倉▽盗塁　岩瀬2、曽根、秋月4、蔵下3▽失策　曽根、大塚、津田▽ボーク　穴吹
▽審判　森、福寿、下地、壺井
▽試合時間　1時間36分

【評】菅が6長打を含む11安打で14点を挙げ、五回コールド勝ち。曽根が3長打2打点、沖が2長打4打点と活躍し、チームは10盗塁と機動力も光った。辻永彗は4回を散発3安打1失点の好投。岸根は投手陣が10四死球と苦しみ、打線は4安打に抑えられた。

12日（等々力球場）　（5回コールド）

	1	2	3	4	5	計
菅	3	4	6	1	0	14
岸根	0	0	1	0	0	1

3回表、菅2死二塁。曽根が右越えに適時二塁打を放つ

【　菅　】		打	安	点	振	球
⑦	岩瀬	3	1	0	1	2
⑥	曽根	3	3	2	0	1
⑧	秋月	3	3	2	0	1
⑨	蔵下	1	0	0	0	3
⑤	沖	3	2	4	0	0
③	大庭	3	1	1	0	0
4	杉田	1	0	0	0	0
②	玉ノ井	1	0	0	0	3
④	小畑	2	0	0	0	0
H3	吉井	2	1	1	0	0
①	辻永彗	4	0	0	0	0
1	河村	0	0	0	0	0
1	恋川	0	0	0	0	0

犠盗失併残
1 10 1 1 8　26 11 10 1 10

【岸　根】		打	安	点	振	球
①2	松下	3	2	0	0	0
②3	島倉	2	1	1	1	0
④	古屋	2	0	0	0	0
⑤6	大塚	2	0	0	1	0
⑧	清水	2	1	0	0	0
⑥1	津田	1	0	0	0	1
③	斉藤賢	0	0	0	0	0
1	穴吹	1	0	0	0	0
7	田中	1	0	0	1	0
⑦5	相崎	1	0	0	1	1
⑨	梶原	1	0	0	0	0
H	唐沢	1	0	0	0	0

犠盗失併残
1 0 2 0 4　17 4 1 4 2

投手	回	打	安	振	球	責
辻永彗	4	17	3	3	2	1
河村	⅔	2	1	0	0	0
恋川	⅓	1	0	1	0	0
松下	1⅓	12	4	0	3	4
穴吹	1⅓	14	6	0	3	2
津田	2⅓	11	1	1	4	1

光陵 十回に5得点の猛攻

▽二塁打　上田、石垣、塚本、吉田、田崎▽犠打　長谷、恒川、田代、上村、石垣▽盗塁　吉田2、浅野2、長谷▽失策　長谷川、上村、上田2
▽審判　森山、熊倉、荒井、鈴木
▽試合時間　2時間55分

【評】光陵が延長戦を制した。十回1死一塁から吉田の二塁打で勝ち越すと、3短長打などでさらに4点を加えた。同点とされた八回途中から登板した田崎が2回⅓を零封。勝利を引き寄せた。秦野総合は投手陣が14四死球と乱調。2度追い付く粘りは見事だった。

12日（中栄信金スタジアム秦野）　（延長10回）

	1	2	3	4	5	6	7	8	9	10	計
光陵	0	0	0	1	0	0	3	0	0	5	9
秦野総合	0	0	0	0	0	1	0	3	0	0	4

延長10回、光陵1死一塁。吉田の適時二塁打で一走・倉沢が勝ち越しのホームイン。捕手・石垣

【光　陵】		打	安	点	振	球
⑨	倉沢	4	0	0	0	2
⑤	吉田	5	2	1	0	1
⑥	浅野	5	1	0	0	1
⑧	岡部	2	1	1	0	0
7	白石	2	1	0	1	0
H	井田	0	0	0	0	1
R7	武田	0	0	0	0	1
①3	長谷	5	1	2	2	0
③4	千村	2	0	0	0	4
⑦8	恒川	4	1	3	2	1
④	長谷川	1	0	1	0	3
1	田崎	2	1	1	1	0
②	田代	5	0	0	2	0

犠盗失併残
3 5 1 0 15　37 8 9 8 14

【秦野総】		打	安	点	振	球
⑨	笹川	2	0	0	2	1
1	梅原	1	0	0	0	1
⑥	上村	3	1	0	0	1
②	石垣	4	1	1	0	0
⑦5	松井	4	1	1	1	1
③	桐生	3	0	0	1	2
⑧	塚本	4	2	2	0	0
⑤	竹下	3	0	0	0	0
H9	丸山	1	0	0	0	0
①	山口	2	0	0	0	0
197	小野	2	0	0	1	0
④	上田	4	1	0	1	0

犠盗失併残
2 0 3 0 7　33 6 4 6 6

投手	回	打	安	振	球	責
長谷	7⅔	33	6	3	5	4
田崎	2⅓	8	0	3	1	0
山口	6	27	3	4	4	1
小野	1	9	1	1	5	0
梅原	3	18	4	3	5	5

強豪対決、慶応に軍配

接戦を制し大喜びの慶応ナイン

12日（サーティーフォー保土ケ谷球場）

慶応	0	0	0	0	1	0	3	1	0	5
桐蔭学園	0	0	0	0	2	0	0	2	0	4

▽本塁打　二宮（山口凱）▽三塁打　木本▽二塁打　小堀、相沢、真田、金岡、小林、慶野▽犠打　八木、坪田、荒井、田中、進藤▽失策　田中、木本▽審判　山口、飯田、高梨、勅使河原▽試合時間　2時間58分

【評】慶応が終盤に勝負強さを発揮した。七回に二宮が同点ソロ本塁打を放つと、真田の2点二塁打で勝ち越しに成功。八回にも貴重な追加点を挙げた。無失策の堅守も勝因だった。桐蔭は12安打を浴びせるも11残塁。鋭い当たりが正面を突く不運にも泣いた。

【慶　応】		打	安	点	振	球
⑦9	真田	4	3	2	0	1
⑥	八木	4	0	0	0	0
⑧	横地	5	0	0	1	0
⑤	今泉	3	0	0	0	2
②	坪田	3	0	0	1	0
⑨3	二宮	4	2	1	0	0
③	小堀	2	1	0	0	0
1	前田	2	1	1	0	0
7	大滝	0	0	0	0	0
④	金岡	4	2	0	0	0
①71	荒井	3	0	0	1	0

犠	盗	失	併	残	打	安	点	振	球
3	0	0	0	8	34	9	4	3	3

【桐　蔭】		打	安	点	振	球
⑧	慶野	5	3	1	0	0
③	田中	4	1	0	1	0
④	木本	3	1	0	1	2
⑥	松下	5	0	0	0	0
⑤	相沢	5	2	2	2	0
⑨	進藤	1	1	0	0	2
R9	牧野	0	0	0	0	0
H	木原	1	0	0	0	0
⑦	小林	4	2	1	1	0
②	勝間田	4	0	0	0	0
①	山口凱	3	2	0	1	0
1	増本	0	0	0	0	0
1	今野	0	0	0	0	0
H	竹内	1	0	0	1	0
1	上田	0	0	0	0	0

犠	盗	失	併	残	打	安	点	振	球
2	0	2	0	11	36	12	4	7	4

投手	回	打	安	振	球	責
荒井	4 ⅔	23	6	1	3	2
前田	3 ⅓	15	5	6	1	2
荒井	1	4	1	0	0	0
山口凱	6 ⅓	28	7	1	1	2
増本	1	5	1	1	1	1
今野	⅔	3	1	1	0	0
上田	1	4	0	0	1	0

東が乱戦制しサヨナラ

9回裏、東2死二、三塁。柳田の適時打で三走・山内（左）がサヨナラのホームイン、喜ぶ東ナイン。捕手・窪

12日（保野公園・横浜薬大スタジアム）

横浜平沼	0	0	0	2	3	1	0	0	4	10
東	2	4	0	0	0	0	4	0	1X	11

▽三塁打　須郷、二宮、浅田▽二塁打　平井、中山、松井、山内▽犠打　松井2、中山、矢野、柳田、奥山▽失策　南2、窪、山内、柳田▽暴投　山口▽審判　佐藤、湯本、古川、田中▽試合時間　3時間3分

【評】東がサヨナラで乱戦を制した。10－10の九回2死二、三塁から主砲柳田が右前に運んで決着をつけた。計7安打の山内、高柳の1、2番コンビが光った。横浜平沼は最大6点差を追い付き、4点を追う最終回も同点として粘りを見せた。

【平　沼】		打	安	点	振	球
④74	浅田	5	1	3	1	1
⑥	南	4	2	1	0	2
⑧	中山	5	1	1	2	0
②	窪	4	0	1	1	1
③	柏井	4	2	0	0	1
⑤	平井	4	2	1	0	1
⑨	矢野	2	1	1	1	2
①7	山口	4	1	1	1	1
⑦	片川	2	0	1	0	1
H	山形	1	0	0	0	0
4	露木	0	0	0	0	0
1	堀田	1	0	0	1	0

犠	盗	失	併	残	打	安	点	振	球
2	7	3	0	11	36	10	10	7	10

【　東　】		打	安	点	振	球
⑥1	山内	5	3	3	1	1
③	高柳	5	4	1	1	1
①6	須郷	5	1	1	2	1
②	柳田	4	3	3	0	1
⑧	二宮	5	1	0	1	0
⑨	岡本	4	0	0	2	1
④	岩本	2	0	0	1	3
⑤	松井	3	1	2	1	0
⑦	奥山	3	0	0	1	0
H	柳川	1	0	0	1	0

犠	盗	失	併	残	打	安	点	振	球
4	3	2	0	12	37	13	10	11	8

投手	回	打	安	振	球	責
山口	6 ⅔	38	11	9	5	10
堀田	2 0/3	11	2	2	3	1
須郷	4 ⅓	25	8	1	3	5
山内	4 ⅔	23	2	6	7	5

武相　序盤に集中打

7回裏、武相無死。先頭打者・竹井がソロ本塁打を放ち8点目を挙げる

11日（サーティーフォー保土ケ谷球場）

座間総合	0	2	0	1	0	1	0	0	0	4
武相	1	0	5	0	1	0	1	1	×	9

▽本塁打　竹井（菊池）▽三塁打　森▽二塁打　青木、深野、菊池、竹井、荒川▽犠打　山本、大橋▽失策　杉村、竹井2▽暴投　菊池▽捕逸　荒川2▽審判　島田、小笠原、伊藤、長ケ部▽試合時間　2時間17分

【評】武相は序盤の集中打で押し切った。1－2の三回、2四球を足場に4短長打を集めて5得点。打者10人の攻撃で逆転し、以降も竹井のソロ本塁打などで突き放した。座間総合は菊池の二塁打で一時は逆転。併殺や右翼大橋の好捕などで鍛えた成果を見せた。

【座間総】		打	安	点	振	球
①	菊池	5	1	2	0	0
⑦	真家	4	0	0	0	0
H	宮崎	1	0	0	1	0
⑥	杉村	3	1	0	0	1
②	荒川	4	2	0	0	0
⑤	深野	4	1	0	0	0
③	山本	2	1	0	0	1
④	青島	4	1	0	1	0
⑨8	大橋	2	0	0	0	1
⑧	矢島	1	0	0	0	1
H	岡本	1	0	1	0	0
9	田村	1	0	0	0	0

犠	盗	失	併	残	打	安	点	振	球
2	0	1	2	7	32	7	3	2	4

【武　相】		打	安	点	振	球
⑥	佐藤登	4	0	0	2	1
⑦	大野	3	1	1	0	1
H	谷口	1	0	0	1	0
7	京島	0	0	0	0	0
④	青木	5	2	1	0	0
⑤	竹井	3	2	2	0	2
③	武岡	1	0	0	0	0
H3	天形	3	0	1	1	1
⑧	古谷	4	2	1	0	1
⑨	森	4	2	2	0	0
②	石野	3	1	0	0	1
①	佐藤日	2	0	0	1	2

犠	盗	失	併	残	打	安	点	振	球
0	0	2	1	9	33	10	8	5	9

投手	回	打	安	振	球	責
菊池	8	42	10	5	9	5
佐藤日	9	38	7	2	4	3

横浜南陵 延長サヨナラ

▽三塁打　久保田、下浦▽二塁打　久保田、福沢、橋口、瀬川、浜本▽犠打　荒井、森、葛山、柴田、木下幸3、鈴木、橋口、野村▽盗塁　瀬川、木村▽失策　福沢2、末広、吉住、久保田、瀬川、池田壮、大本、下浦2▽暴投　地主2、佐々木
▽審判　星野、岡村、遠藤、今野
▽試合時間　3時間24分

【評】横浜南陵が粘った末にサヨナラ勝ち。両チーム計25安打の打撃戦を制した。2点差の九回に途中出場の下浦、吉住の連続適時打で追い付き、延長十一回に再び吉住が中前打で決着をつけた。元石川はリードを最大5点に広げるも、投手陣が踏ん張れなかった。

11日（大和スタジアム）　（延長11回）

	1	2	3	4	5	6	7	8	9	10	11	計
元石川	2	1	0	2	0	0	1	2	0	0	0	8
横浜南陵	0	0	0	2	3	1	0	0	2	0	1X	9

延長11回裏、横浜南陵2死一、三塁。吉住が中前にサヨナラ打を放つ

【元石川】		打	安	点	振	球
⑥1	福沢	6	2	2	0	0
R8	森田	0	0	0	0	0
④	荒井	4	1	1	1	0
R4	森	0	0	0	0	0
⑤	末広	3	1	1	0	3
⑦	酒井	5	1	1	1	1
7	堀内	0	0	0	0	0
①9	地主	3	2	1	0	0
9	葛山	2	0	0	0	0
②	若林	5	1	0	1	1
⑨181	柴田	4	1	0	0	1
③	木下幸	2	1	0	0	1
⑧	山下	1	0	0	0	1
H6	鈴木	2	0	0	1	1

犠	盗	失	併	残	打	安	点	振	球
8	0	3	0	13	37	10	6	4	9

【南陵】		打	安	点	振	球
⑦137	吉住	7	2	2	1	0
⑧	久保田	6	3	0	0	0
⑤1575	瀬川	6	3	2	0	0
⑥56	木村	4	0	0	0	2
②	橋口	4	1	2	0	1
⑨	浜本	4	1	0	1	2
①	池田壮	1	0	0	0	0
H	大塚	1	1	1	0	0
4	大本	3	2	1	0	0
3	金子	0	0	0	0	0
H	佐野	1	0	0	0	0
③1	野村	5	1	0	0	0
④5	池田悠	2	0	0	1	1
1	佐々木	1	0	0	0	0
564	下浦	1	1	1	0	1

犠	盗	失	併	残	打	安	点	振	球
2	2	7	2	14	46	15	9	3	7

投手	回	打	安	振	球	責
地主	4	19	4	1	3	2
柴田	1	7	3	0	0	2
福沢	4	21	6	2	3	3
柴田	1⅔	8	2	0	1	1
池田壮	4	20	5	1	3	2
瀬川	2	9	1	0	2	0
佐々木	1⅔	10	3	1	2	2
吉住	1⅓	6	1	2	1	0
野村	2	9	0	0	1	0

市ケ尾 打力で競り勝つ

▽三塁打　小永井▽二塁打　仁科▽犠打　野田、篠田2、及川、布施、上能、飯田▽盗塁　仁科、篠田、白木▽失策　及川、布施、本田、赤平▽暴投　飯田
▽審判　実方、川瀬、豊島、猪鼻
▽試合時間　2時間

【評】市ケ尾が13安打と打力で勝り、競り合いを制した。五回に逆転されたものの六、七回に1点ずつを返すと、八回に小永井、木沢の連続適時打で再逆転。2番手木沢は4回無失点の好救援だった。湘南台はミスに乗じて奪った3点のリードを守り切れなかった。

11日（横須賀スタジアム）

	1	2	3	4	5	6	7	8	9	計
市ケ尾	0	0	1	0	0	1	1	2	0	5
湘南台	0	0	0	0	4	0	0	0	0	4

4打数4安打の活躍を見せた市ケ尾・仁科

【市ケ尾】		打	安	点	振	球
⑥	仁科	4	4	0	0	1
⑧	青木	5	0	0	1	0
⑤	野田	3	1	1	1	0
H	亀山	1	0	0	0	0
5	志村	0	0	0	0	0
⑨	高柳	5	2	0	0	0
R9	若宮	0	0	0	0	0
⑦	篠田	2	1	0	0	1
④	伊東	5	2	0	0	0
③	小永井	4	2	2	1	0
①	及川	1	0	0	0	0
H	山田	1	0	0	0	0
1	木沢	1	1	1	0	0
②	布施	3	0	0	0	0

犠	盗	失	併	残	打	安	点	振	球
5	2	2	0	10	35	13	4	3	2

【湘南台】		打	安	点	振	球
⑧	江口	4	0	0	0	0
②	鶴野	4	1	1	1	0
⑤	本田	4	0	0	0	0
⑥	上能	2	0	1	1	1
⑨	白木	3	1	0	0	1
④	赤平	2	0	0	0	1
4	荒木	1	0	0	1	0
③	山内	3	0	0	0	1
①	飯田	2	0	0	0	0
H	杉本	1	1	0	0	0
⑦	増田	3	0	0	0	1

犠	盗	失	併	残	打	安	点	振	球
2	1	2	2	5	29	3	2	3	5

投手	回	打	安	振	球	責
及川	5	23	2	1	5	0
木沢	4	13	1	2	0	0
飯田	9	42	13	3	2	4

藤沢翔陵エース無四球完封

▽二塁打　藤代、大森▽犠打　今井▽盗塁　鈴木▽失策　伊藤▽暴投　橘
▽審判　西村、赤坂、戸田、出浜
▽試合時間　1時間54分

【評】藤沢翔陵のエース橘が無四球完封。制球良く打者を打ち取り、1点を守り抜いた。今井の犠飛で先制した直後の六回は1死から二塁打で窮地に立ったが、冷静にコーナーを突いてしのいだ。法政二は赤間が1失点完投。打線が5安打無得点に封じられた。

11日（等々力球場）

	1	2	3	4	5	6	7	8	9	計
藤沢翔陵	0	0	0	0	0	1	0	0	0	1
法政二	0	0	0	0	0	0	0	0	0	0

無四球完封にガッツポーズする藤沢翔陵の橘

【翔陵】		打	安	点	振	球
③	藤代	4	1	0	0	0
④	鈴木	3	1	0	0	1
⑥	長島	3	0	0	0	1
5	玉城	0	0	0	0	0
②	今井	3	0	1	1	0
⑨	福富	4	2	0	0	0
⑧	漆原	3	1	0	1	0
⑦	羽立	3	0	0	0	0
⑤6	水野	3	0	0	0	0
①	橘	3	1	0	0	0

犠	盗	失	併	残	打	安	点	振	球
1	1	0	0	4	29	6	1	2	2

【法政二】		打	安	点	振	球
⑥	大森	4	2	0	0	0
⑧	伊藤	4	0	0	1	0
⑤	大下	4	0	0	2	0
③	佐藤	3	1	0	1	0
⑨	坂野	3	0	0	0	0
⑦	袴田	3	0	0	1	0
②	中岩	3	0	0	0	0
④	鈴木滉	3	1	0	1	0
①	赤間	3	1	0	1	0

犠	盗	失	併	残	打	安	点	振	球
0	0	1	1	3	30	5	0	7	0

投手	回	打	安	振	球	責
橘	9	30	5	7	0	0
赤間	9	32	6	2	2	1

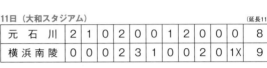

麻生12大会ぶり初戦突破

▷三塁打　大久保、高橋、一森▷二塁打　杉本、宮川、竹下、高橋▷犠打　野崎、佐藤、竹下、小林、中村、盛内▷盗塁　小林、山口、佐藤２、今川、盛内２▷失策　竹下、小沢、高橋、盛内▷暴投　盛内、藤原
▷審判　久保寺、篠田、土谷、増田
▷試合時間　２時間11分

【評】13安打の麻生が鮮やかな逆転勝ちを収めた。１点を追う七回１死から５者連続の短長打などで一挙５得点。中堅方向への鋭い打球が目立った。２番手藤原は４回１失点の好投。秦野は要所での守りの乱れが痛かったが、５犠打と鍛えられた堅実さを見せた。

【秦野】		打	安	点	振	球
⑨	野崎	3	1	0	0	0
H	石田	1	0	0	0	0
③	佐藤	2	0	0	0	1
⑥	竹下	3	2	1	0	0
⑦	大谷部	4	0	0	1	0
⑤	小林	2	2	0	0	1
②	田崎	0	0	0	0	0
2	善波	4	0	1	1	0
④	杉本	4	1	0	1	0
①	中村	2	0	0	0	0
1	小沢	0	0	0	0	0
H	石原	1	0	0	1	0
⑧	山口	3	2	1	0	0
H	加藤	1	0	0	0	0

犠	盗	失	併	残	打	安	点	振	球
5	2	2	0	6	30	8	3	4	2

【麻生】		打	安	点	振	球
⑥	大久保	5	1	0	1	0
⑤	高橋	5	3	1	0	0
③	佐藤	3	1	0	0	2
⑦	織田	5	2	2	1	0
⑧	一森	5	2	1	2	0
④	宮川	4	2	1	2	0
②	今川	3	0	0	0	1
①9	盛内	3	2	1	0	0
⑨	山崎	2	0	0	2	0
1	藤原	2	0	0	1	0

犠	盗	失	併	残	打	安	点	振	球
1	5	2	0	10	37	13	6	9	3

投手	回	打	安	振	球	責
中村	6⅓	32	11	7	2	6
小沢	1⅔	9	2	2	1	0
盛内	5	21	6	2	1	2
藤原	4	16	2	2	1	1

12大会ぶりに初戦突破を果たし、校歌を聞く麻生ナイン

11日（中栄信金スタジアム秦野）

	1	2	3	4	5	6	7	8	9	計
秦野	0	0	1	0	2	0	0	1	0	4
麻生	0	0	0	1	1	0	5	0	×	7

高浜 三回猛攻14得点

▷三塁打　山本、森▷二塁打　吉田▷盗塁　松本、安藤、戸川２、吉田２、石田３▷失策　山崎、仁平、栗原、森、寺田▷暴投　池田４▷ボーク　池田
▷捕逸　榊原
▷審判　田山、三橋、古川、寺脇
▷試合時間　１時間29分

【評】高浜は三回に打者20人を送る猛攻で一挙14得点し、試合を決めた。山本が３安打５打点、戸川と吉田が２打点と活躍。３投手の継投で２安打１失点と反撃を許さなかった。県川崎は池田がつかまった。五回に森の三塁打を含む２安打を浴びせ、１点を返した。

【県川崎】		打	安	点	振	球
④	山崎	2	0	0	1	1
⑤	仁平	2	0	0	2	0
⑥	田中	2	0	0	1	0
①	池田	2	0	0	0	0
③	栗原	2	0	0	2	0
⑧	森	2	1	0	0	0
⑦	軽部	1	0	0	1	1
⑨	寺田	2	0	0	2	0
②	榊原	2	1	1	0	0

犠	盗	失	併	残	打	安	点	振	球
0	0	5	0	3	17	2	1	9	2

【高浜】		打	安	点	振	球
⑦	松本	4	0	0	1	1
⑤2	山本	4	3	5	0	1
⑥	安藤	2	1	1	0	2
③	諏訪部	2	2	1	0	1
H3	斎藤	1	0	0	1	0
④	夏目	2	1	1	0	2
①8	戸川	4	2	2	0	0
⑨	堀江	2	0	0	0	0
H9	新倉	1	0	0	0	0
H	伊藤	1	1	0	0	0
5	杉山	0	0	0	0	0
②51	吉田	3	2	2	0	1
⑧1	石田	3	2	1	0	0
H9	朝倉	1	1	1	0	0

犠	盗	失	併	残	打	安	点	振	球
0	9	0	0	7	30	15	14	2	8

投手	回	打	安	振	球	責
池田	4	38	15	2	8	7
戸川	3	9	0	5	0	0
石田	1	4	0	2	1	0
吉田	1	6	2	2	1	1

２回裏、高浜２死二、三塁。山本の適時打で二走・松本が３点目のホームイン

11日（等々力球場）（5回コールド）

	1	2	3	4	5	計
県川崎	0	0	0	0	1	1
高浜	1	2	14	2	×	19

城山 先発全員13安打

▷三塁打　河本▷二塁打　松岡、沼田、立原、水野▷犠打　水野、手塚２、河本▷失策　白井、水野、水越、比留間▷暴投　豊田
▷審判　永田、江藤、長井、菅原
▷試合時間　２時間３分

【評】城山が先発全員の13安打で快勝した。初回に犠打と２四球を挟んでの５連打で５点を先制。逆らわない打撃で効率よく得点を挙げた。豊田は緩急を巧みに使い、７回３失点。県相模原は序盤の失点で流れに乗れず。七回無死満塁で無得点の逸機も痛かった。

【県	相】	打	安	点	振	球
⑧	佐々木	4	1	0	1	0
⑦9	宮崎	4	0	0	0	0
②	大崎	3	0	0	0	1
③	白井	3	2	0	0	0
⑨	吉田	2	0	0	0	0
7	渡辺	1	1	0	0	0
④	水野	2	2	3	0	0
⑤	枡屋	2	0	0	0	0
5	橘	1	0	0	0	0
①	菊地	0	0	0	0	0
1	近藤	0	0	0	0	0
1	小林	2	0	0	0	0
1	山田	0	0	0	0	1
⑥	福島	3	2	0	0	0

犠	盗	失	併	残	打	安	点	振	球
1	0	2	0	6	27	8	3	1	2

【城	山】	打	安	点	振	球
⑥	立原	3	2	1	0	1
④	手塚	2	1	0	0	0
⑦	河本	1	1	2	0	1
7	大山	1	0	0	0	0
①	豊田	4	1	1	2	0
②	松岡	4	2	2	1	0
⑤	水越	4	1	0	1	0
⑨	比留間	3	1	0	1	1
⑧	近藤	4	2	2	0	0
③	沼田	4	2	0	1	0

犠	盗	失	併	残	打	安	点	振	球
3	0	2	1	6	30	13	8	6	3

投手	回	打	安	振	球	責
菊地	⅓	4	2	0	1	3
近藤	1	8	5	1	1	3
小林	3⅓	16	4	4	1	1
山田	2	8	2	1	0	0
豊田	7	30	8	1	2	2

1回裏、城山1死一、二塁。豊田の右前適時打で三塁を回り先制の本塁を目指す二走・立原

11日（サーティーフォー相模原球場）　（7回コールド）

	1	2	3	4	5	6	7	計
県相模原	0	0	0	1	0	2	0	3
城山	5	1	0	2	1	0	1X	10

横浜桜陽 乱打戦制す

▷二塁打　末広、下地、外山、金木▷犠打　古谷、小島、高橋、小柳、秋山▷盗塁　末広、麻生、金木３、相原３、古谷、下地、小島、高橋、石井▷失策　末広、下地、外山２、渋谷、秋山▷暴投　内田３▷ボーク　内田▷捕逸　相原、外山
▷審判　瀬川、青木、秋葉、藤原
▷試合時間　２時間39分

【評】横浜桜陽が両チーム２桁安打の乱打戦を制した。７－８の八回、４短長打とスクイズを含む２犠打で５得点。先発全員の13盗塁で揺さぶり、先発全員の13点を挙げた。小島は自責点４の粘投だった。大井・吉田島は一時は逆転するなど打線が活発だった。

【桜	陽】	打	安	点	振	球
⑥	末広	4	1	0	0	2
④	麻生	5	2	3	0	1
⑧	金木	4	3	1	0	2
②	相原	5	2	3	0	1
③	古谷	5	0	1	2	0
⑤	下地	5	2	1	0	1
①	小島	4	0	1	1	0
⑨	高橋	3	1	1	0	1
⑦	石井	2	0	0	1	3

犠	盗	失	併	残	打	安	点	振	球
3	13	2	1	11	37	11	11	4	11

【大・	吉】	打	安	点	振	球
⑧	加瀬	5	0	0	1	0
⑥	太田	4	3	1	1	1
②	外山	5	1	2	0	0
①	内田	4	2	1	0	1
③	山口	5	1	0	0	0
④	渋谷	5	1	0	0	0
⑦	中野	2	1	0	0	2
⑨	小柳	2	0	0	1	1
⑤	秋山	3	1	1	0	0

犠	盗	失	併	残	打	安	点	振	球
2	0	4	0	7	35	10	5	3	5

投手	回	打	安	振	球	責
小島	9	42	10	3	5	4
内田	9	51	11	4	11	9

4回表、横浜桜陽2死満塁。相原が右前に2点適時打を放つ

11日（中栄信金スタジアム秦野）

	1	2	3	4	5	6	7	8	9	計
横浜桜陽	1	0	0	4	1	1	0	5	1	13
大井・吉田島	0	1	0	0	3	4	0	0	0	8

湘南工大付 犠打絡め加点

▷本塁打　井上（橋本征）
▷二塁打　青木２、大塚▷犠打　岩井、中村、小松、田中、小柴２▷盗塁　岩井２、小林２▷失策　我妻、岩井、橋本光▷暴投　橋本征
▷審判　斉藤、奥津、石井、大橋
▷試合時間　１時間53分

【評】湘南工大付が快勝した。序盤は犠打を絡めて着実に加点し、中盤以降は六回の井上のソロ本塁打など長打攻勢に機動力も駆使して得点を重ねた。小柴は切れのある直球を軸に６回１失点の好投。希望ケ丘は六回に３安打を集め、１点を返す意地を見せた。

【湘工大】		打	安	点	振	球
⑥	我妻	5	3	0	0	0
④	岩井	0	0	1	0	3
③	中村	2	0	0	0	1
⑧	小林	4	2	3	0	0
⑨	小松	3	1	1	0	0
⑦	土屋	2	0	0	0	0
H	鈴木	1	0	0	1	0
7	田中	0	0	1	0	0
7	森尻	0	0	0	0	0
⑤	井上	3	2	1	0	1
R5	所	0	0	0	0	0
①	小柴	2	1	0	1	0
1	松下	0	0	0	0	0
②	青木	3	2	3	0	1

犠	盗	失	併	残					
6	4	2	1	6	25	11	10	2	6

【希望丘】		打	安	点	振	球
④	栗原	4	0	0	0	0
⑧	金子	3	1	0	1	0
③	山本	3	0	0	0	0
②	大塚	3	1	1	2	0
⑦	村山	3	2	0	0	0
①	橋本征	3	0	0	2	0
1	小林	0	0	0	0	0
⑨	前田	2	0	0	0	0
H	宮島	1	0	0	0	0
⑥	砂川	3	0	0	0	0
⑤	橋本光	2	1	0	0	1
R	瀬川	0	0	0	0	0

犠	盗	失	併	残					
0	0	1	0	6	27	5	1	5	1

投手	回	打	安	振	球	責
小柴	6	24	4	5	1	1
松下	1	4	1	0	0	0
橋本征	6	30	7	2	6	7
小林	1	7	4	0	0	1

2回表、湘南工大付2死二塁。青木が左中間に適時二塁打を放つ

11日（大和スタジアム）　（7回コールド）

湘南工大付	1	1	1	0	2	2	3	10
希望ケ丘	0	0	0	0	0	1	0	1

柏木学園 序盤に流れつかむ

▷三塁打　山口▷二塁打　清水辺、松本２、橋本、大原▷犠打　原田、松本▷盗塁　原田２、三上２、大原、木村▷失策　中戸川２▷暴投　清水辺、橋本２
▷審判　菅原、藤原、中村、小西
▷試合時間　２時間６分

【評】柏木学園が清水辺、山口の継投で最少失点に抑えた。清水辺はカーブを有効に使い、四回まで無安打の快投。打っても清水辺、松本の適時二塁打などで二回までに５得点と一気に流れを引き寄せた。伊勢原は散発５安打。完投した橋本を援護できなかった。

【柏木学】		打	安	点	振	球
④1	山口	5	2	0	0	0
⑦	原田	3	0	0	1	1
8	有嶋	0	0	0	0	0
②	松本	4	3	2	1	0
2	篠原	0	0	0	0	0
⑨	三上	4	0	1	0	1
⑧7	藤井	4	1	0	1	1
⑤	大原	3	2	1	0	1
R	亀井	0	0	0	0	0
5	諸節	0	0	0	0	0
H	格地	1	0	0	0	0
5	菊地	0	0	0	0	0
③	木村	3	0	0	0	1
⑥	根来	3	0	0	0	1
①4	清水辺	4	1	3	1	0

犠	盗	失	併	残					
2	6	0	0	7	34	9	7	4	6

【伊勢原】		打	安	点	振	球
⑥	松崎	4	0	0	0	0
④	森	4	2	0	0	0
⑤	中戸川	3	0	0	0	1
⑧	小黒	4	1	0	0	0
③	須藤	4	0	0	2	0
①	橋本	4	2	0	1	0
②	露木	3	0	0	0	0
H	山本	1	0	0	1	0
⑨	内野	2	0	0	1	2
⑦	中田	3	0	0	0	0

犠	盗	失	併	残					
0	0	2	0	7	32	5	0	5	3

投手	回	打	安	振	球	責
清水辺	5	18	2	3	1	1
山口	4	17	3	2	2	0
橋本	9	42	9	4	6	3

5回を投げて1失点2安打3奪三振の好投を見せた柏木学園先発・清水辺

11日（サーティーフォー相模原球場）

柏木学園	1	4	0	0	0	0	0	1	2	8
伊勢原	0	0	0	0	1	0	0	0	0	1

ハルナツレンパノユメ
タタカワズシテキエル

J.Blue
ジェイ・ブルー
Graphic Design&Illustration
Tel.&Fax.045-212-2723
〒220-0021 横浜市西区桜木町4-14-1
リーデンススクェア桜木町614号
ケイタイ 080-4632-8485

小田原城北工 逃げ切る

▷二塁打　新屋敷琉、橋爪、藤間▷犠打　香川、漆原▷盗塁　大谷2、東出、涌井▷失策　小田▷暴投　新屋敷陸
▷審判　松岡、沖永、田畑、高木
▷試合時間　1時間55分

【評】小田原城北工が継投で逃げ切った。二回に3連打で2点を先取すると、先発新屋敷陸が直曲球を駆使して八回途中1失点。2番手大谷も2回無失点で役目を果たした。平塚工科は10安打を放つも13残塁。2失点で完投した漆原の頑張りは素晴らしかった。

【城北工】	打	安	点	振	球
⑥1 大谷	4	1	0	0	0
④ 森谷	4	0	0	1	0
⑤ 東出	3	0	0	2	1
③ 稲葉	3	1	0	0	1
② 新屋敷琉	3	1	0	0	1
⑨ 尾上	4	1	1	1	0
①6 新屋敷陸	4	0	0	2	0
⑦ 稲福	3	1	0	2	0
⑧ 香川	2	0	0	0	0
犠盗失併残 1 3 0 1 5	30	5	1	8	3

【平塚工】	打	安	点	振	球
⑥ 鈴木真	5	2	0	0	0
⑤ 立野	3	1	0	0	2
⑧ 橋爪	4	2	0	1	1
② 藤間	4	1	1	1	1
⑦ 松本	5	1	0	0	0
① 漆原	2	1	0	0	1
④ 涌井	4	1	0	1	0
③ 小田	4	0	0	0	0
⑨ 笹原	4	1	0	1	0
犠盗失併残 1 1 1 0 13	35	10	1	4	5

投手	回	打	安	振	球	責
新屋敷陸	7⅔	30	8	3	2	1
大谷	2	11	2	1	3	0
漆原	9	34	5	8	3	1

最後の夏の大会を勝ち進み、笑顔を見せる小田原城北工唯一の3年生、森谷主将（左）と遊撃手・大谷

11日（小田原球場）

	1	2	3	4	5	6	7	8	9	計
小田原城北工	0	2	0	0	0	0	0	0	0	2
平塚工科	0	0	0	0	0	0	0	1	0	1

西湘14安打13得点圧勝

▷三塁打　嘉村、北川、三好、大津▷二塁打　嘉村2▷犠打　石村2、田丸▷盗塁　石村▷失策　山本
▷審判　石岡、内山、正力、守野
▷試合時間　1時間37分

【評】西湘が14安打13得点で完勝した。試合を決めたのは打者13人を送った四回。8短長打を集めて9点を奪った。中でも3番嘉村は4安打4打点、投げても5回1失点の活躍だった。保土ケ谷は前半接戦を演じていただけに、四回の大量失点が悔やまれる。

【西湘】	打	安	点	振	球
⑨ 北川	4	2	2	0	0
③ 石村	1	1	0	0	1
① 嘉村	4	4	4	0	0
② 高橋	4	0	0	1	0
⑦ 大津	4	2	2	0	0
⑤ 石川	4	2	1	1	0
⑥ 山越	2	1	0	0	1
④ 三好	2	2	3	0	1
⑧ 木本	3	0	1	2	0
犠盗失併残 2 1 0 0 5	28	14	13	4	3

【保土谷】	打	安	点	振	球
③5 吉田	3	1	0	1	0
④ 山本	2	1	0	1	1
⑧ 添田	2	0	0	0	1
⑤1 池田	2	1	0	0	1
⑥ 有村	3	1	1	1	0
⑨ 小宮山	1	0	0	1	1
①3 宮下	2	0	0	0	0
② 笹岡	2	1	0	0	0
⑦ 田丸	1	0	0	0	0
犠盗失併残 1 0 1 0 7	18	5	1	4	4

投手	回	打	安	振	球	責
嘉村	5	23	5	4	4	1
宮下	4	27	11	3	3	10
池田	1	6	3	1	0	2

4回表、西湘1死二、三塁。嘉村が2点適時打を放ち7点目を挙げる

11日（小田原球場）　（5回コールド）

	1	2	3	4	5	計
西湘	1	0	1	9	2	13
保土ケ谷	1	0	0	0	0	1

横須賀大津が大勝

▷二塁打　宮沢、川村、臼井、松田、荻原、田村、柿崎▷犠打　内村▷盗塁　松田４、谷口４、田村、川村、内村、宮沢２、鳥居、鈴木、米谷▷失策　小暮、荻原、小沢、川村▷暴投　増田３、小暮３▷捕逸　荻原
▷審判　日笠、佐藤、納谷、阿部
▷試合時間　１時間37分

【評】横須賀大津が大勝した。５長打を含む13安打と12四球に、16盗塁の機動力も加えて毎回の20得点。打撃だけでなく走塁でも隙がなかった。鳥居はテンポ良く散発３安打無失点。海洋科学は投手陣が誤算。荻原、柿崎が二塁打を放って見せ場はつくった。

	【海洋科】	打	安	点	振	球
①	増田	1	0	0	0	0
3	柿崎	2	1	0	1	0
③1	小暮	3	0	0	0	0
⑧	上長根	2	0	0	0	0
②	荻原	1	1	0	0	1
⑥	黒川	2	1	0	0	0
⑦	小沢	2	0	0	1	0
④	天野	2	0	0	0	0
⑤	今井	2	0	0	1	0
⑨	岩沢	2	0	0	1	0

犠	盗	失	併	残	打	安	点	振	球
0	0	3	0	5	19	3	0	4	1

	【大津】	打	安	点	振	球
④6	臼井	4	2	4	0	1
⑦8	松田	3	1	0	0	2
⑤	谷口	3	2	2	0	1
③	田村	3	3	1	0	1
⑥	川村	2	1	1	0	1
H4	柳原	0	0	0	0	1
⑨	内村	2	0	1	1	1
②	宮沢	2	2	3	0	2
①	鳥居	3	0	1	2	1
⑧	鈴木	0	0	0	0	1
H	石川	1	1	0	0	0
7	米谷	2	1	1	0	0

犠	盗	失	併	残	打	安	点	振	球
1	16	1	0	6	25	13	14	3	12

投手	回	打	安	振	球	責
増田	1 0/3	13	3	1	7	8
小暮	3	25	10	2	5	8
鳥居	5	20	3	4	1	0

1回裏、横須賀大津2死三塁。宮沢が右越え適時二塁打を放ち4点目を挙げる

11日（横須賀スタジアム）　（5回コールド）

海洋科学	0	0	0	0	0	0
横須賀大津	6	8	2	4	×	20

関東六浦が大量得点

▷三塁打　吉田、佐々木、大河原、東▷二塁打　保坂▷犠打　大河原、島、清水▷盗塁　黒沼２、清水、斉木、青木、吉田、東▷失策　清水、斉木、西村、保坂２▷暴投　島２、谷島３、清水、大河原▷捕逸　佐々木
▷審判　鈴木、遠藤、後藤、小林
▷試合時間　２時間52分

【評】関東六浦はミスに乗じて大量得点した。同点の四回、無安打ながら６四死球とバッテリーエラーを突いて４得点。七回には東の適時三塁打や敵失を利して５点を挙げた。上矢部は七回に１点差に迫ったが、四死球や守備の乱れから流れをつかめなかった。

	【上矢部】	打	安	点	振	球
⑧	黒沼	2	1	0	1	2
⑦95	島田	4	0	0	2	0
③13	清水	2	0	0	2	2
⑨319	大河原	2	1	3	0	1
①61	谷島	4	0	0	2	0
②	佐々木	4	1	0	3	0
⑥416	斉木	3	1	0	0	1
④54	青木	2	0	0	1	2
⑤	豊田	2	0	0	1	0
7	金沢	2	0	0	2	0

犠	盗	失	併	残	打	安	点	振	球
1	5	2	0	7	27	4	3	14	8

	【関東六】	打	安	点	振	球
⑧	吉田	3	3	3	0	3
④	西村	5	0	0	2	0
①	島	3	1	1	0	1
⑥	山本彪	4	0	0	4	1
②	保坂	4	1	0	0	1
⑨	古川	3	0	0	1	1
H	山本瑞	0	0	0	0	1
⑤	東	3	2	1	0	2
⑦	清水	3	1	0	2	1
③	宍戸	3	0	0	0	1
H	三国	0	0	0	0	1

犠	盗	失	併	残	打	安	点	振	球
2	2	3	1	11	31	8	5	9	13

投手	回	打	安	振	球	責
谷島	3 1/3	18	3	4	4	2
清水	2 2/3	14	1	2	5	0
大河原	1/3	4	1	1	2	2
斉木	2/3	4	1	1	0	0
谷島	2/3	6	2	1	2	1
島	8	36	4	14	8	2

7回表、上矢部2死一、二塁。走者一掃の三塁打を放った大河原が敵失の間に一気に本塁を突き5点目を挙げる

11日（サーティーフォー保土ケ谷球場）　（8回コールド）

上矢部	1	0	0	1	0	0	3	0	5
関東六浦	0	2	0	4	0	0	5	1X	12

相模田名4安打で接戦制す

▷二塁打　望月、星野▷犠打　堀越蓮、梅田、石田、塩島、渡部、藤野凱▷盗塁　横川、堀越皐、坂田▷失策　堀越蓮、望月、渡部、藤野凱▷暴投　大出、柳田▷妨害出塁　片岡（望月）
▷審判　安部、松下、諏訪、若林
▷試合時間　2時間15分

【評】相模田名は４安打ながら３得点。試合巧者ぶりが光った。初回に望月の二塁打で一走が本塁を陥れて先制。三回は犠飛、五回は盗塁と敵失で加点した。最少失点の篠田、梅田の継投も勝因だった。県横須賀工は７安打も10残塁。投手陣を援護できなかった。

【田	名】	打	安	点	振	球
⑥	横川	3	1	0	0	1
6	足立	0	0	0	0	0
④	堀越蓮	3	0	0	0	0
①9	篠田	2	0	0	0	2
②	望月	3	1	1	0	1
⑨1	梅田	2	1	1	0	1
③	十文字	3	0	0	0	1
⑤	石田	3	0	0	1	0
⑦	岡辺	4	0	0	3	0
⑧	堀越皐	4	1	0	1	0

犠	盗	失	併	残	打	安	点	振	球
3	2	2	1	6	27	4	2	5	6

【県 須	工】	打	安	点	振	球
⑥	坂田	4	1	0	2	1
⑨	片桐	4	0	0	2	1
④	星野	3	2	0	1	1
⑤	塩島	2	0	1	0	1
⑦	片岡	3	1	0	0	0
②	渡部	3	0	0	2	0
①	大出	3	1	0	0	0
1	柳田	0	0	0	0	0
H1	長岡	1	0	0	0	0
③	藤野凱	2	0	0	0	0
3	篠原	1	0	0	1	0
⑧	今井	2	1	0	0	0
H	芳賀	1	0	0	0	0
8	柴田	0	0	0	0	0
H	藤野心	1	1	0	0	0

犠	盗	失	併	残	打	安	点	振	球
3	1	2	3	10	30	7	1	8	4

投手	回	打	安	振	球	責
篠田	6	25	4	7	4	1
梅田	3	13	3	1	0	0
大出	6	25	2	2	6	2
柳田	2	8	2	1	0	0
長岡	1	3	0	2	0	0

1回表、相模田名2死一塁。望月が左越えに先制の適時二塁打を放つ

10日（サーティーフォー保土ケ谷球場）

	1	2	3	4	5	6	7	8	9	計
相模田名	1	0	1	0	1	0	0	0	0	3
県横須賀工	0	0	1	0	0	0	0	0	0	1

厚木西 投打かみ合い快勝

▷三塁打　柴田▷二塁打　吉村２▷犠打　近藤、伊藤、鈴木▷盗塁　米沢、大内、清水、花井、小田島▷失策　小沢、柴田、船山、内田、成田、清水、鈴木▷暴投　米沢▷妨害出塁　内田（清水）
▷審判　金子、高田、井上、高橋
▷試合時間　2時間10分

【評】厚木西は投打がかみ合った。０－１の初回２死から四球を挟む３連打で逆転、以降も得点を重ねた。小田島は二回から立ち直り、５回１失点。２番手伊藤も２回１失点（自責０）に抑えた。新栄は柴田、米沢の連打で先制したが、二回以降は１安打に終わった。

【新	栄】	打	安	点	振	球
④	中別府	3	0	0	0	0
②	小沢	3	0	0	0	0
⑥	柴田	3	1	0	0	0
①	米沢	3	2	1	0	0
③	船山	3	0	0	2	0
⑤	内田	2	0	0	1	0
⑦	戸塚	2	0	0	0	1
⑧	成田	2	0	0	0	1
⑨	山田	2	0	0	1	1

犠	盗	失	併	残	打	安	点	振	球
0	1	5	0	4	23	3	1	4	3

【厚 木	西】	打	安	点	振	球
⑤	近藤	3	0	1	0	0
⑧	大内	4	1	1	0	0
⑨	小林	0	0	0	0	0
H9	井上	4	1	0	0	0
②	清水	2	1	0	1	2
③	花井	4	3	1	0	0
⑦	吉村	2	2	2	0	0
R7	林	2	0	0	2	0
①	小田島	2	1	0	1	0
H	山田	1	0	0	0	0
1	伊藤	0	0	1	0	0
⑥	高尾	4	1	1	1	0
④	鈴木	1	0	1	1	1

犠	盗	失	併	残	打	安	点	振	球
3	4	2	1	6	29	10	8	6	3

投手	回	打	安	振	球	責
米沢	6⅔	35	10	6	3	7
小田島	5	20	2	4	3	1
伊藤	2	7	1	0	0	0

1回裏、厚木西2死一、二塁。吉村が勝ち越しの2点二塁打を放ち塁上でガッツポーズ

11日（いせはらサンシャインスタジアム）　（7回コールド）

	1	2	3	4	5	6	7	計
新栄	1	0	0	0	0	1	0	2
厚木西	3	2	1	1	0	0	2X	9

綾瀬西 足技絡め快勝

▷三塁打　井戸▷二塁打　神山、江原▷犠打　大塚、武藤、江原、長田▷盗塁　神山３、桜井２、福田、和智２、福本▷失策　神山、深見、松川▷暴投　高嶋
▷審判　岡村、太田、林、飯島
▷試合時間　２時間25分

【評】綾瀬西が17安打に足技も絡めて快勝した。初回は神山の本盗で先制。同点の四回は武藤の適時打で勝ち越し、その後も得点を重ねた。援護を受けた一色は１失点完投。サレジオは初回に江原の二塁打を突破口に同点としたが、投打に流れをつかめなかった。

【綾 瀬 西】	打	安	点	振	球
⑥ 神 山	6	3	1	0	0
③ 桜 井	5	1	0	3	1
⑦9大 塚	4	2	1	0	0
② 井 戸	5	3	0	1	0
⑧ 福 田	5	3	1	0	0
① 一 色	4	0	0	1	1
⑨ 河 野	3	0	0	1	1
H 石 塚	1	0	0	0	0
7 安 倍	0	0	0	0	0
⑤ 武 藤	3	3	2	0	1
④ 和 智	5	2	0	2	0

犠盗失併残
２８１０13 41 17 5 8 4

【サ レ ジ】	打	安	点	振	球
⑨ 江 原	4	1	0	1	0
⑥ 福 本	3	1	0	0	0
H3内 山	2	0	0	1	0
⑤45高橋駿	5	0	0	1	0
①56高 嶋	4	1	1	0	0
③ 須 藤	3	0	0	3	0
H 粕 谷	0	0	0	0	1
4 北 野	0	0	0	0	0
④1高橋主	4	1	0	0	0
② 深 見	2	1	0	1	2
⑦ 長 田	2	0	0	1	0
H 猪	0	0	0	0	1
⑧ 松 川	3	1	0	0	1
R 宮 城	0	0	0	0	0

犠盗失併残
２１２０11 32 6 1 8 5

投 手	回	打	安	振	球	責
一 色	9	39	6	8	5	1
高 嶋	4⅓	22	9	5	1	2
高橋主	4⅔	25	8	3	3	4

１回表、綾瀬西２死三塁。打者・井戸のとき、三走・神山が本盗を決め先制する

10日（サーティーフォー相模原球場）

綾 瀬 西	1	0	0	1	1	0	1	1	2	7
サレジオ	1	0	0	0	0	0	0	0	0	1

川崎北 丹波6回ピシャリ

▷二塁打　川下、加藤▷犠打　小原２▷盗塁　中川、長原２▷失策　西田、長原
▷審判　戸田、松本、菅野、高梨
▷試合時間　１時間50分

【評】川崎北の川下、中川の１、２番が５安打７打点と大当たりした。三回に２人の連続適時打で４点を挙げると、以降も追加点をたたき出した。丹羽は縦のスライダーを武器に６回無失点。新羽は七回に、代打加藤の二塁打などで１点を返す意地を見せた。

【新 羽】	打	安	点	振	球
⑧ 間 普	3	0	1	0	1
⑦ 鈴 木	4	0	0	0	0
② 菊 地	3	1	0	0	0
⑨4斉 藤	3	1	0	0	0
①31栗 原	3	2	0	0	0
③ 林	2	0	0	1	0
1 遠 山	0	0	0	0	0
3 五十嵐	1	0	0	0	0
⑥ 小 林	3	0	0	2	0
⑤ 石 井	2	0	0	0	0
H9加 藤	1	1	0	0	0
④ 池 田	2	0	0	0	0
H5西 田	0	0	0	0	1

犠盗失併残
００１１７27 5 1 3 2

【川 崎 北】	打	安	点	振	球
④ 川 下	3	3	4	0	1
⑦ 中 川	4	2	3	0	0
①9丹 羽	4	0	0	0	0
③ 吉 岡	4	0	0	2	0
⑧ 原 田	3	0	0	2	1
⑤ 長 原	4	2	0	0	0
⑨ 羽 鳥	2	1	0	1	1
1 佐 藤	1	1	1	0	0
② 小 原	1	1	0	0	0
⑥ 石 井	2	1	0	0	1

犠盗失併残
２３１０７28 11 8 5 4

投 手	回	打	安	振	球	責
栗 原	5	23	5	3	3	5
遠 山	⅓	6	4	1	1	2
栗 原	1	5	2	1	0	0
丹 羽	6	22	3	2	0	0
佐 藤	1	7	2	1	2	1

３回裏、川崎北無死二、三塁。中川の中前打で三走に続き二走・川下が生還、４点目を挙げる

10日（等々力球場）　（7回コールド）

新 羽	0	0	0	0	0	0	1	1
川 崎 北	0	0	4	1	0	2	1X	8

綾瀬 初回に大量得点

▷三塁打　池田、山田▷二塁打　後藤▷犠打　綿貫、堀越、井本2、三野▷盗塁　綿貫2、高橋2、池田3、大野、上田▷失策　辰巳、古屋、三野、田中▷暴投　上田▷妨害出塁　藤田祥（田中）
▷審判　高橋、金川、望月、江崎
▷試合時間　1時間28分

【評】綾瀬が初回に畳み掛けた。池田、後藤、山田の3者連続長打などで7点を先制。以降も加点し、7盗塁と足でもかき回した。井本は制球に苦しむも要所を締め、本郷と無安打1失点リレー。港北は毎回走者を出し勝機をうかがったが、序盤の失点が響いた。

【綾 瀬】		打	安	点	振	球
⑧	綿 貫	2	1	2	0	1
⑨	堀 越	2	0	0	1	0
H9	荒 川	1	0	0	0	0
⑥	高 橋	4	1	1	0	0
②	池 田	3	3	3	0	1
③	後 藤	3	1	1	0	1
⑦	山 田	3	1	1	0	0
H	藤田祥	0	0	0	0	0
1	本 郷	0	0	0	0	0
⑤	長谷川	1	0	0	0	3
5	藤田航	0	0	0	0	0
①	井 本	0	0	1	0	1
7	藤 原	0	0	0	0	0
④	大 山	2	1	0	0	1

犠	盗	失	併	残	打	安	点	振	球
4	7	0	1	7	21	8	9	1	8

【港 北】		打	安	点	振	球
③	古 池	3	0	0	0	0
④	辰 巳	2	0	0	0	1
⑦	野 村	2	0	0	0	1
⑥	古 屋	0	0	0	0	3
⑨	三 野	2	0	1	1	0
⑧	大 貫	2	0	0	0	0
⑤	吉 川	1	0	0	0	1
R	大 野	0	0	0	0	0
5	中 山	0	0	0	0	0
①	上 田	1	0	0	1	1
②	田 中	0	0	0	0	2

犠	盗	失	併	残	打	安	点	振	球
1	2	4	0	7	13	0	1	2	9

投 手	回	打	安	振	球	責
井 本	4	19	0	1	8	1
本 郷	1	4	0	1	1	0
上 田	5	34	8	1	8	6

1回表、綾瀬1死二、三塁。走者一掃の右越え三塁打を放ち塁上でガッツポーズする池田

10日（大和スタジアム）　（5回コールド）

綾 瀬	7	0	4	1	0	12
港 北	1	0	0	0	0	1

座間・近藤、11奪三振完投

▷二塁打　平木、近藤▷犠打　工藤2、亀山、西山▷盗塁　工藤、成川、岡本▷失策　田中、近藤、児島、大鷲▷暴投　千葉
▷審判　剣持、井上、田中、安田
▷試合時間　2時間29分

【評】座間は主戦近藤が完投、序盤の4点を守り切った。チェンジアップを効果的に織り交ぜ、3安打11奪三振。失点を守備の乱れによる2点に抑えた。打線は三回2死から4長短打で3得点した。鶴見大付は九回に1死満塁の好機をつくるも、あと一本を欠いた。

【座 間】		打	安	点	振	球
③	田 中	4	2	0	0	1
⑧	工 藤	2	0	0	0	1
⑨	成 川	4	1	1	0	1
⑦	平 木	3	1	0	0	2
R7	松 本	0	0	0	0	0
④5	奥 山	5	0	0	1	0
②	根 本	5	2	1	0	0
⑥	松 政	4	2	0	0	1
①	近 藤	3	1	1	0	2
⑤	亀 山	2	0	0	1	0
H	金 子	1	0	0	0	0
4	山 賀	0	0	0	0	0

犠	盗	失	併	残	打	安	点	振	球
3	2	2	0	13	33	9	3	2	8

【鶴 大 付】		打	安	点	振	球
⑥	児 島	4	0	0	2	0
⑦	岡 本	4	1	0	1	0
⑧	柏 木	4	1	0	2	0
⑨	中 田	4	0	0	2	0
③	澄 田	3	1	0	1	1
④	西 山	2	0	0	0	1
⑤	吉 田	4	0	0	0	0
②	大 鷲	2	0	0	0	1
H	西 沢	1	0	0	0	0
①	森 川	1	0	0	1	0
H	工 藤	1	0	0	1	0
1	千 葉	1	0	0	1	0

犠	盗	失	併	残	打	安	点	振	球
1	1	2	1	6	31	3	0	11	3

投 手	回	打	安	振	球	責
近 藤	9	35	3	11	3	0
森 川	5	27	7	1	4	1
千 葉	4	17	2	1	4	0

3安打11奪三振の力投でチームを勝利に導いた座間エース・近藤

10日（サーティーフォー相模原球場）

座 間	1	0	3	0	0	0	0	0	0	4
鶴見大付	0	0	0	0	2	0	0	0	0	2

茅ケ崎北陵 強打で応戦

▷三塁打　比嘉、土屋、猪野▷二塁打　新井田、藤村▷犠打　関野、若林２、細野、丸山、真壁▷盗塁　比嘉、勝又、若林、鶴岡２、丸山、真壁、新井田▷失策　関野、鈴木２、中西、古賀、丸山、真壁▷暴投　帰山２、中西２、勝又６▷ボーク　福沢
▷審判　鈴木、吉村、土田、羽毛田
▷試合時間　３時間55分

【評】33安打が飛び交う点の取り合いは茅ケ崎北陵に軍配が上がった。中盤から劣勢に立たされるも強打で応戦。２点を追う九回は猪野の三塁打などで同点とし、鶴岡が中前へサヨナラ打を放った。湘南学園は相手を上回る17安打を放ったが、守備が明暗を分けた。

【湘南園】		打	安	点	振	球
⑧18	比嘉	7	3	3	2	0
④1646	関野	4	1	1	0	2
⑥1681	勝又	3	1	1	0	3
②	広田	5	2	3	1	1
③	鈴木	4	2	1	0	2
①454	中西	5	3	1	0	1
⑨	伴	4	2	1	1	2
⑦8	古賀	5	1	1	3	0
H5	富田	0	0	0	0	1
⑤7	藤村	5	2	4	2	1
犠盗失併残 1 2 5 2 11		42	17	16	9	13

【北陵】		打	安	点	振	球
④	若林	4	1	0	0	1
⑥	鶴岡	4	4	3	0	3
⑧1	細野	3	1	1	0	2
⑨	原田	4	1	2	1	2
③	丸山	3	2	3	0	2
②	真壁	4	0	0	0	1
⑦	土屋	4	1	1	0	1
R7	林	0	0	0	0	1
①	福沢	0	0	0	0	0
1	帰山	4	2	0	0	0
8	猪野	1	1	1	0	1
⑤	新井田	5	3	0	0	1
犠盗失併残 5 6 2 0 12		36	16	11	1	15

投手	回	打	安	振	球	責
中西	2 0/3	16	7	1	2	6
関野	1/3	3	1	0	0	1
勝又	4	25	4	0	9	2
比嘉	1 2/3	8	2	0	3	2
勝又	1/3	4	2	0	1	2
福沢	1 2/3	14	5	0	5	7
帰山	3 1/3	17	6	3	2	6
細野	4	25	6	6	6	3

9回裏、茅ケ崎北陵1死三塁。サヨナラ打を放ちチームメートに迎えられる鶴岡（中央）

11日（藤沢八部球場）

湘南学園	0	7	0	0	3	3	0	3	2	18
茅ケ崎北陵	3	2	7	0	1	2	0	1	3X	19

アレセイア多彩な攻撃

▷二塁打　金城、大森、川口▷犠打　堀井、金城、田村、渡辺▷盗塁　田沼、尾崎２▷失策　渋谷、早川、河内▷暴投　原２
▷審判　井浦、上田、佐藤、石井
▷試合時間　１時間40分

【評】アレセイアは多彩な攻撃で相手を寄せ付けなかった。２－０の三回に打者12人の猛攻で７得点。３長短打だけでなくスクイズ（記録は安打）や犠飛で得点を挙げて試合を決めた。横浜緑園・横浜明朋は四回に敵失で１点を返したが、２安打に抑えられた。

【緑・明】		打	安	点	振	球
⑥	鹿田	2	0	0	1	1
⑧	田沼	2	0	0	0	1
④1	中沢	3	1	0	1	0
②	渋谷	2	0	0	0	1
③13	森田	2	0	0	1	1
⑤	藤田	2	0	0	0	1
①319	原	1	0	0	0	1
⑦	早川	2	1	0	0	0
⑨	加藤	1	0	0	0	0
4	堀井	0	0	0	0	0
犠盗失併残 1 1 2 0 5		17	2	0	3	6

【アレセ】		打	安	点	振	球
⑦	高橋	3	1	1	0	1
④	橋本	2	1	0	0	2
⑥	金城	2	1	1	0	1
⑨	吉井	3	1	1	0	1
⑤	田村	2	0	1	0	1
⑧	大森	4	3	4	0	0
③	渡辺	1	1	0	0	0
R3	尾崎	0	0	0	0	1
②	川口	2	1	0	0	1
①	木村	0	0	0	0	0
H	佐藤	1	0	0	0	0
1	河内	1	0	0	1	0
H	水戸部	1	0	0	0	0
1	鈴木	0	0	0	0	0
1	羽倉	0	0	0	0	0
犠盗失併残 3 2 1 2 6		22	9	8	1	8

投手	回	打	安	振	球	責
原	2	10	2	0	2	1
森田	0/3	4	0	0	4	4
原	1	8	4	1	1	3
中沢	2 1/3	11	3	0	1	1
木村	2	7	0	3	2	0
河内	2	8	2	0	1	0
鈴木	0/3	1	0	0	1	0
羽倉	2	8	0	0	2	0

3回裏、アレセイア無死満塁。大森の二塁打で一走・田村（中央）が6点目のホームイン

11日（藤沢八部球場）　（6回コールド）

横浜緑園・横浜明朋	0	0	0	1	0	0	1
アレセイア	1	1	7	1	0	1X	11

厚木北 投打に圧倒

▷二塁打　川内2、横手▷盗塁　細川3、川内、菅野、横手、新増▷失策　浅原2、菅野▷暴投　田中2▷捕逸　深堀
▷審判　湯川、吉野、谷、古沢
▷試合時間　1時間31分

【評】厚木北が投打に圧倒した。投手陣は無安打無失点リレー。左腕遠藤はカーブがさえ、4回4奪三振と快投、五回は沼田、大越が3人で締めた。打線は10安打に7盗塁を絡めて16点を挙げた。大和東は主戦が制球に苦しむも、はつらつとしたプレーが光った。

【大和東】		打	安	点	振	球
⑥	高橋	2	0	0	0	0
⑧	中島	2	0	0	2	0
⑨	広野	1	0	0	0	1
①	田中	1	0	0	0	1
⑤	蛭間	2	0	0	0	0
⑦	片野	2	0	0	0	0
③	土屋	1	0	0	1	0
H	中村	1	0	0	1	0
④	浅原	2	0	0	0	0
②	深堀	2	0	0	1	0

犠	盗	失	併	残	打	安	点	振	球
0	0	2	0	3	16	0	0	5	2

【厚木北】		打	安	点	振	球
⑧	細川	0	0	0	0	4
④	井指	3	2	1	0	1
⑥	川内	3	3	4	0	1
⑤	菅野	1	0	1	0	3
⑦	亀川	3	0	1	1	1
⑨	横手	3	2	4	0	1
9	徳田	0	0	0	0	0
③	中武	2	1	1	0	1
R	新増	0	0	0	0	0
3	永水	1	1	2	0	0
②	北川	4	1	1	0	0
①	遠藤	2	0	0	0	0
H	松本	1	0	0	0	0
H	高松	1	0	0	0	0
1	沼田	0	0	0	0	0
1	大越	0	0	0	0	0

犠	盗	失	併	残	打	安	点	振	球
0	7	1	0	8	24	10	15	1	12

投手	回	打	安	振	球	責
田中	4	36	10	1	12	15
遠藤	4	15	0	4	2	0
沼田	⅔	2	0	1	0	0
大越	⅓	1	0	0	0	0

4回を無安打4奪三振と力投を見せた厚木北先発・遠藤

11日（いせはらサンシャインスタジアム）　（5回コールド）

大和東	0	0	0	0	0	0
厚木北	5	0	6	5	×	16

鎌学がコールド勝ち

▷犠打　角谷3▷盗塁　田中、宮尾▷失策　椎名、山崎▷暴投　伊藤
▷審判　池田、若杉、上園、早川
▷試合時間　1時間38分

【評】鎌倉学園は無安打無失点リレーで快勝した。松本が4回を4奪三振の力投で零封、平本も三者凡退で続いた。打線は好球を確実に仕留め、8安打で14得点。初回に4点を奪うと以降も毎回得点した。大和は最後まで気迫あるプレーを見せたが力負けした。

【大和】		打	安	点	振	球
⑦	斉木	2	0	0	2	0
⑨	佐藤	2	0	0	0	0
⑧	大場	2	0	0	1	0
②	大谷	2	0	0	0	0
⑥	高橋	1	0	0	0	1
⑤1	伊藤	2	0	0	0	0
④	椎名	2	0	0	2	0
③5	田中	1	0	0	0	1
①3	山崎	0	0	0	0	1

犠	盗	失	併	残	打	安	点	振	球
0	1	2	0	2	14	0	0	5	3

【鎌学】		打	安	点	振	球
⑨	目崎	2	2	2	0	2
⑤	角谷	1	1	3	0	0
②7	森高	3	1	1	0	1
③	小山	3	2	1	0	1
⑦	斎藤	2	1	0	0	1
H	馬渕	1	0	0	0	0
1	平本	0	0	0	0	0
④6	山根	2	1	2	0	1
⑧	佐々木	2	0	1	1	1
①	松本	3	0	0	2	0
2	淀瀬	0	0	0	0	0
⑥	宮尾	0	0	1	0	3
4	大城	0	0	0	0	0

犠	盗	失	併	残	打	安	点	振	球
3	1	0	1	6	19	8	11	3	10

投手	回	打	安	振	球	責
山崎	2⅓	19	3	2	8	4
伊藤	1⅔	13	5	1	2	5
松本	4	14	0	4	3	0
平本	1	3	0	1	0	0

4回を投げ、無安打4奪三振の好投を見せた鎌倉学園・松本

10日（大和スタジアム）　（5回コールド）

大和	0	0	0	0	0	0
鎌倉学園	4	2	1	7	×	14

県商工が先発全員安打

▷三塁打　臼井▷二塁打　永井２、三浦（県）浜、潮田、大矢、森時、三好▷犠打　三浦（県）潮田、佐藤、篠田、大浦、山下▷失策　森時▷暴投　篠田、田中２、臼井、大浦２▷捕逸　浜
▷審判　安武、山口、勅使河原、湯本
▷試合時間　２時間45分

【評】県商工は先発全員の15安打で打ち勝った。初回に臼井の三塁打で先行。五回には４長短打で３得点した。八回途中からは臼井が登板、２回無失点と火消しに成功した。横浜立野は12残塁と逆転に一押しを欠いたが、１点差まで詰め寄った粘りは見事だった。

【県商工】		打	安	点	振	球
⑥	森時	5	1	0	0	0
⑨	森康	3	1	0	0	2
③	三浦	4	1	0	0	0
②	浜	5	2	1	0	0
⑧1	臼井	5	2	2	1	0
⑦8	渡辺	4	3	0	0	1
8	安田	0	0	0	0	0
④	潮田	3	3	2	0	1
⑤	佐藤	3	1	1	0	1
①	篠田	2	1	1	1	0
H	小川	1	0	0	0	0
1	田中	0	0	0	0	0
7	石井	1	0	0	0	0

犠盗失併残
4 0 1 0 10 36 15 7 2 5

【立野】		打	安	点	振	球
④	坂本	5	0	0	2	1
⑦	山口愛	4	1	0	1	0
7	三好	1	1	0	0	0
⑤	永井	3	2	1	0	2
⑧	大矢	5	2	2	1	0
⑨	高橋	4	0	0	0	1
②	三浦	4	1	1	0	1
③	蒲谷	1	0	1	1	4
①	大浦	3	0	0	2	1
⑥	山下	4	1	2	0	0

犠盗失併残
2 0 0 0 12 34 8 7 7 10

投手	回	打	安	振	球	責
篠田	6	32	6	4	7	5
田中	1⅔	7	2	2	2	1
臼井	2	7	0	1	1	0
大浦	9	45	15	2	5	8

９回裏、１点差をものにしてガッツポーズをする県商工の投手・臼井

10日（サーティーフォー保土ケ谷球場）

	1	2	3	4	5	6	7	8	9	計
県商工	3	0	0	1	3	0	1	0	0	8
横浜立野	1	0	0	0	4	0	1	1	0	7

足柄 長打攻勢で逆転

▷本塁打　畠田（竹内）
▷三塁打　星、中山、竹内、千葉▷犠打　千葉２、依田、西尾、鈴木▷盗塁　加賀田２▷失策　千葉、加賀田２、比留川▷暴投　竹内▷捕逸　星
▷審判　米屋、石田、久野、本多
▷試合時間　２時間27分

【評】足柄が長打攻勢で逆転勝ちした。２－３の五回に星、中山の連続三塁打で同点、スクイズで勝ち越すと、六、九回にも適時三塁打で突き放した。２番手鈴木は３回無失点と好救援。新城・麻生総合・市川崎・幸は主戦畠田が本塁打を放つなど投打で奮闘した。

【足柄】		打	安	点	振	球
④	中山	3	1	1	1	2
⑧7	高橋	3	2	0	1	2
⑤8	千葉	3	1	4	0	0
⑨	高山	4	1	1	0	1
⑥5	依田	3	1	0	0	1
⑦3	西尾	3	1	0	0	1
①6	竹内	5	1	1	0	0
③	米山	3	0	0	1	0
1	鈴木	1	0	0	0	0
②	星	4	1	0	0	1

犠盗失併残
5 0 1 0 10 32 9 7 3 8

【新麻川幸】		打	安	点	振	球
①	畠田	2	2	1	0	3
⑥	加賀田	4	1	0	1	1
②	白石	4	0	1	0	0
③	宮崎	3	0	0	1	1
④	比留川	4	1	2	1	0
⑨	根本	4	1	0	0	0
⑤	清野	4	1	0	0	0
⑧	久保田	4	0	0	2	0
⑦	中沢	3	0	0	2	1

犠盗失併残
0 2 3 1 7 32 6 4 7 6

投手	回	打	安	振	球	責
竹内	6⅓	28	6	2	5	3
鈴木	3	10	0	5	1	0
畠田	9	45	9	3	8	7

３回裏、新城・麻生総合・市川崎・幸無死。畠田が左翼線安打を放ち、一気に生還、大会第１号のランニング本塁打となる

10日（等々力球場）

	1	2	3	4	5	6	7	8	9	計
足柄	0	1	1	0	2	1	0	0	3	8
新城・麻生総合・市川崎・幸	2	0	1	0	0	0	1	0	0	4

歴代ベスト4校

（戦後、新制高校による大会以降
◎印は全国大会優勝校、○は同準優勝校。
横浜一商は現・横浜商大、藤沢商は現・藤沢翔陵、
横浜商工は現・横浜創学館）

	優勝	準優勝	3位	3位
昭和23年	浅野	逗子開成	市川崎工	県川崎
24年	◎湘南	県商工	逗子開成	鎌倉学園
25年	県商工	希望ケ丘	慶応	厚木
26年	希望ケ丘	鶴見	浅野	県横須賀
27年	法政二	湘南	県横須賀	県川崎工
28年	慶応	法政二	日大	浅野
29年	鶴見工	日大	希望ケ丘	鶴見
30年	法政二	鎌倉学園	希望ケ丘	横浜商
31年	慶応	県商工	湘南	法政二
32年	○法政二	県商工	県川崎工	関東学院
33年	法政二	県商工	慶応	横浜商
34年	法政二	慶応	鎌倉学園	横浜商
35年	◎法政二	慶応	横浜	鎌倉学園
36年	法政二	武相	鎌倉学園	緑ケ丘
37年	慶応	鎌倉学園	法政二	横浜
38年	横浜	慶応	鎌倉学園	法政二
39年	武相	鎌倉学園	法政二	横浜商
40年	武相	日大	鶴見工	鎌倉学園
41年	横浜一商	武相	慶応	津久井
42年	武相	日大	法政二	鎌倉学園
43年	武相	鎌倉学園	慶応	横浜商
44年	東海大相模	横浜	桜丘	南
45年	◎東海大相模	横浜一商	法政二	桐蔭学園
46年	◎桐蔭学園	武相	藤沢商	法政二
47年	東海大相模	秦野	法政二	横浜一商
48年	藤沢商	桐蔭学園	日大藤沢	東海大相模
49年	東海大相模	横浜	横浜商	慶応
50年	東海大相模	日大藤沢	日大	横浜商
51年	東海大相模	向上	武相	多摩
52年	東海大相模	横浜商	桐蔭学園	法政二
53年	横浜	横浜商	桐蔭学園	武相
54年	横浜商	横浜	日大藤沢	藤沢商
55年	◎横浜	桐蔭学園	武相	鎌倉学園
56年	横浜	東海大相模	日大藤沢	日大
57年	法政二	日大	横浜	横浜商
58年	○横浜商	横浜	法政二	相洋
59年	桐蔭学園	向上	綾瀬	関東六浦
60年	藤嶺藤沢	横浜	山北	桐蔭学園
61年	横浜商	横浜	津久井浜	藤沢商
62年	横浜商	東海大相模	鎌倉学園	法政二
63年	法政二	鎌倉学園	横浜	横浜商
平成元年	横浜	日大藤沢	山北	横浜商
2年	横浜商	神奈川工	桐蔭学園	川崎北
3年	桐蔭学園	横浜	武相	横浜商
4年	桐蔭学園	横浜	日大藤沢	横浜商
5年	横浜商大	横浜	山北	日大藤沢
6年	横浜	日大藤沢	横浜商工	湘南
7年	日大藤沢	慶応	横浜	横浜商大
8年	横浜	日大藤沢	藤嶺藤沢	武相
9年	桐蔭学園	横浜商	鎌倉学園	横浜
10年	◎横浜	桐光学園	横浜商大	横浜商
	平塚学園	東海大相模	日大藤沢	藤嶺藤沢
11年	桐蔭学園	桜丘	横浜	桐光学園
12年	横浜	桐光学園	県商工	横浜商大
13年	横浜	桐光学園	桐蔭学園	東海大相模
14年	桐光学園	東海大相模	平塚学園	桐蔭学園
15年	横浜商大	横浜	桐光学園	東海大相模
16年	横浜	神奈川工	横浜隼人	横浜商大
17年	桐光学園	慶応	日大	東海大相模
18年	横浜	東海大相模	桐蔭学園	横浜商大
19年	桐光学園	東海大相模	慶応	横浜
20年	慶応	東海大相模	綾瀬	桐光学園
	横浜	横浜創学館	藤沢総合	藤沢西
21年	横浜隼人	桐蔭学園	桐光学園	横浜創学館
22年	○東海大相模	横浜	武相	横浜隼人
23年	横浜	桐光学園	横浜創学館	桐蔭学園
24年	桐光学園	桐蔭学園	平塚学園	日大藤沢
25年	横浜	平塚学園	東海大相模	桐蔭学園
26年	東海大相模	向上	横浜	横浜隼人
27年	◎東海大相模	横浜	日大藤沢	桐光学園
28年	横浜	慶応	桐光学園	桐蔭学園
29年	横浜	東海大相模	桐光学園	日大
30年	慶応	桐光学園	東海大相模	横浜商大
	横浜	鎌倉学園	星槎国際湘南	横浜創学館
令和元年	東海大相模	日大藤沢	県相模原	桐光学園
※2年	東海大相模	相洋	三浦学苑	星槎国際湘南

※令和2年は独自大会

過去2年間のベスト8校の戦績

第100回（2018年）
北神奈川大会
（参加94校97チーム）

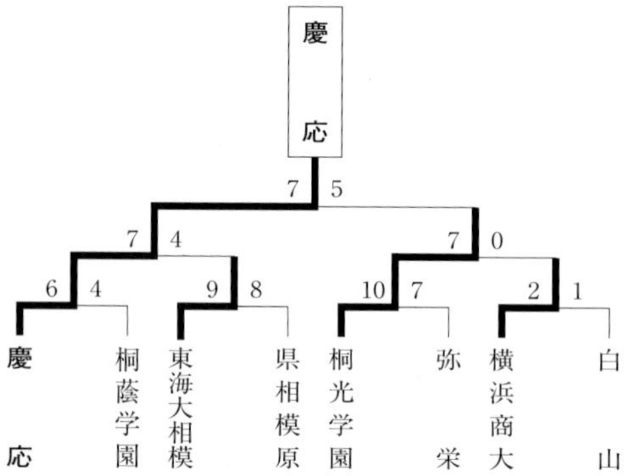

《全国大会戦績》

1回戦	慶応	3×－2	中越
2回戦	慶応	6－12	高知商業

南神奈川大会
（参加92校94チーム）

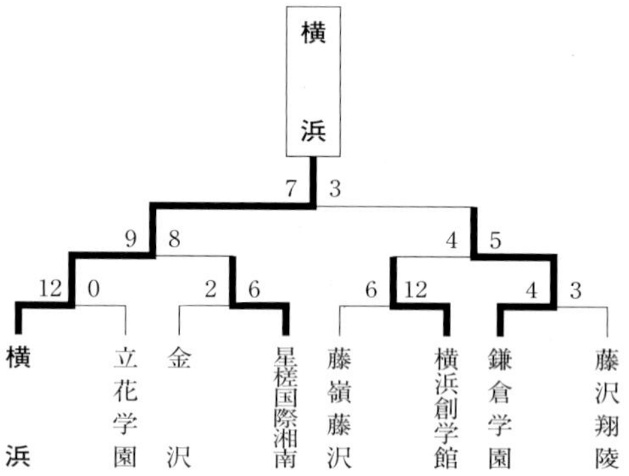

《全国大会戦績》

1回戦	横浜	7－0	愛産大三河
2回戦	横浜	8－6	花咲徳栄
3回戦	横浜	4－5	金足農業

※2018年は記念大会のため、南北に分かれ2校が甲子園大会に出場しました。

第101回（2019年）
（参加189校181チーム）

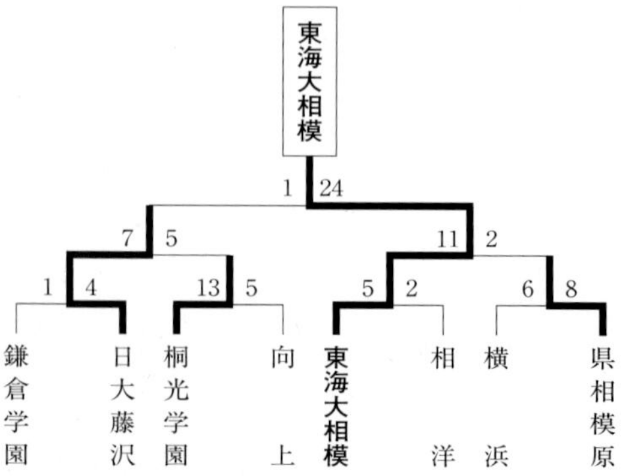

《全国大会戦績》

1回戦	東海大相模	6－1	近江
2回戦	東海大相模	4－9	中京学院大中京

藤平尚真(横浜)対 横浜隼人
17年 松本虎太郎(大和東)対 大楠
桂川弘貴(桐光学園)対 横浜
18年 浜長　毅(旭丘)対 足柄

＜サヨナラ本塁打＞

73年 安雲謙三(慶応)対 橘＝満塁
伊波興治(鶴見工)対 鎌倉学園＝ソロ
76年 村中秀人(東海大相模)対 緑ケ丘＝満塁
小清水薫(向上)対 藤沢商＝逆転2ラン
77年 飯田孝雄(桐蔭学園)対 相洋＝2ラン
78年 五十嵐正浩(柏陽)対 城北工＝2ラン
79年 冨田明弘(城北工)対 伊志田＝2ラン
81年 本山浩一郎(霧が丘)対 東金沢＝ソロ
82年 佐々清二(野庭)対 伊志田＝ソロ
加藤　健(柏陽)対 中央農＝満塁
佐藤秀行(日大)対 相工大付＝ソロ
野崎　誠(北陵)対 平沼＝ソロ
83年 村上　力(県横須賀)対 港南台＝2ラン
計良拓自(港北)対 北陵＝ランニング3ラン
山城活博(麻溝台)対 隼人＝2ラン
84年 原田　明(日大)対 柏陽＝3ラン
高橋　智(向上)対 追浜＝満塁
85年 川村孝士(瀬谷西)対 山手学院＝3ラン
酒井義孝(都岡)対 白山＝逆転2ラン
86年 宮武正明(豊田)対 清水ケ丘＝ソロ
91年 鈴木章仁(横浜)対 横浜商＝ソロ
島森重久(追浜)対 川崎南＝逆転2ラン
92年 杉崎貴宏(平塚学園)対 有馬＝2ラン
93年 中村　元(東海大相模)対 鎌倉学園＝ソロ
94年 紀田彰一(横浜)対 金井＝3ラン
松井孝博(日大藤沢)対 向上＝3ラン
95年 吉田好太(桐蔭学園)対 大和南＝ランニング2ラン
96年 須賀尾高介(百合丘)対 氷取沢＝ソロ
05年 荒川裕嗣(瀬谷)対 岡津＝3ラン
市川　潤(上溝)対 横浜南陵＝延長15回2ラン
06年 横山翔一(秦野)対 釜利谷＝3ラン
08年 髙橋幸一(県横須賀)対 三浦＝ソロ
10年 五木田勇介(横浜創学館)対 県横須賀＝延長10回2ラン
11年 古村　徹(茅ケ崎西浜)対 三浦学苑＝満塁
13年 渡辺道太(日大)対 湘南工大付＝2ラン
14年 肥後洋輝(橘)対 多摩＝ソロ
16年 佐藤未来人(横浜創学館)対 横浜商大＝逆転3ラン

校名変更

浅野学園→(現)浅野
神奈川商工→(現)県商工
横浜一商→(現)横浜商大
藤沢商→(現)藤沢翔陵
相工大付→(現)湘南工大付
松田→(現)立花学園
隼人→(現)横浜隼人
市川崎工→(現)川崎総合科学
横浜商工→(現)横浜創学館
大沢→(現)相模原総合
市立横須賀
横須賀商
横須賀工
→(現)横須賀総合
藤沢工・大船工技→(現)藤沢工科
平塚工・平塚西工技→(現)平塚工科
豊田・汲沢→(現)横浜桜陽
日野・野庭→(現)横浜南陵
平安・寛政→(現)鶴見総合
都岡・中沢→(現)横浜旭陵
清水ケ丘・大岡→横浜清陵総合→(現)横浜清陵
富岡・東金沢→(現)金沢総合
柿生西・柿生→(現)麻生総合
長後・藤沢北→(現)藤沢総合
川崎・川崎南→(現)県川崎
小田原・小田原城内→(現)小田原
厚木南→(現)厚木清南
相模台工・相模原工技→(現)神奈川総産
初声・三崎→三浦臨海→(現)三浦初声
久里浜・岩戸→横須賀明光・大楠→(現)横須賀南
和泉・岡津→横浜緑園総合→(現)横浜緑園
三崎水産→(現)海洋科学
秦野南が丘・大秦野→(現)秦野総合
弥栄東・弥栄西→弥栄・相模原青陵→(現)相模原弥栄
上郷・港南台→(現)横浜栄
栗原・ひばりが丘→(現)座間総合
神田・五領ケ台→(現)平塚湘風
川崎工→(現)川崎工科
大清水・藤沢→(現)藤沢清流
相武台・新磯→相模原青陵・弥栄→(現)相模原弥栄
吉田島農林→吉田島総合→(現)吉田島
三浦→(現)三浦学苑
渕野辺→(現)麻布大付
川崎商→(現)幸
氷取沢・磯子→(現)横浜氷取沢
平塚農・平塚商→(現)平塚農商

2打席連続
99年 早川辰徳（東海大相模）対 柿　生
2打席連続
竹光公輔（慶　応）対 弥栄西
伊東大介（湘南工大付）対 横浜商大
2打席連続
00年 鈴木博敏（鶴　嶺）対 湯河原
2打席連続
02年 菅　竜也（鶴見工）対 川崎南
03年 河野桂太郎（横浜創学館）対 県横須賀
2打席連続
04年 秋山広樹（大　原）対 厚木南
2打席連続
鈴木康太（相模田名）対 足　柄
05年 高尾康浩（慶　応）対 新　磯
2打席連続
松井　淳（横浜商大）対 藤沢西
06年 田中広輔（東海大相模）対 慶応藤沢
高濱卓也（横　浜）対 横浜創学館
07年 瀬戸晧介（小田原）対 橋　本
市川雅貴（百合丘）対 県商工
08年 大田泰示（東海大相模）対 瀬　谷
2打席連続
09年 吉田薫平（日　大）対 元石川
2打席連続
田畑秀也（桐蔭学園）対 横浜創学館
2打席連続
10年 中島允誉（横浜隼人）対 市川崎
11年 緒方礼央（弥　栄）対 大　和
2打席連続
14年 浅間大基（横　浜）対 厚木西
2打席連続
豊田　寛（東海大相模）対 橘学苑
2打席連続
杉崎成輝（東海大相模）対 向　上
16年 森山孔介（藤沢翔陵）対 茅ケ崎北陵
松下壮悟（星槎国際湘南）対 光明相模原
正木智也（慶　応）対 東海大相模
藤平尚真（横　浜）対 横浜隼人
2打席連続
増田　珠（横　浜）対 慶　応
17年 長嶺　侑（立花学園）
小西夏汰（立花学園）

＜大会通算最多本塁打　5本＞

08年 大田泰示（東海大相模）
17年 増田　珠（横　浜）

＜大会通算本塁打　4本＞

86年 宮川雄一（津久井浜）
94年 紀田彰一（横　浜）
06年 田中広輔（東海大相模）
09年 田畑秀也（桐蔭学園）

＜4試合連続本塁打＞

17年 増田　珠（横　浜）

＜3試合連続本塁打＞

82年 細谷亮一（東海大相模）
86年 宮川雄一（津久井浜）
92年 戸田喜則（桜　丘）
中野栄一（横　浜）
03年 大竹早都至（武　相）
08年 大田泰示（東海大相模）
14年 手塚渓登（横浜隼人）

＜満塁本塁打＞

55年 松井哲三（県横須賀）対 相　洋
68年 藁谷和男（横　浜）対 横浜一商
72年 田代富雄（藤沢商）対 橘
73年 安雲謙三（慶　応）対 橘
76年 村中秀人（東海大相模）対 緑ケ丘
79年 渡部忠一（鶴見工）対 追　浜
曽利田勝三（横　浜）対 桜　丘
鈴木智治（横浜商）対 向　上
（ランニング）
82年 加藤　健（柏　陽）対 中央農
中村　勇（厚木北）対 松　陽
83年 蒲谷和茂（関東六浦）対 藤沢西
佐藤道宏（横浜商）対 豊　田
84年 金井　誠（桐光学園）対 浅　野
平野　稔（桐蔭学園）対 足　柄
（ランニング）
田中　清（武　相）対 中央農
高橋　智（向　上）対 追　浜
84年 矢沢征一（横浜商大）対 大清水
86年 関谷美信（県商工）対 森村学園
（ランニング）
椿　慎二（戸　塚）対 相工大付
水島吉貴（藤沢商）対 大　和
87年 神田政則（旭）対 平　安
（ランニング）
林賢一郎（法政二）対 隼　人
村尾充昭（湘　南）対 県横須賀工
荒井　豊（向　上）対 相　洋
89年 牧原修平（相武台）対 横浜商工
米満孝一（有　馬）対 藤沢西
90年 久保将士（藤沢北）対 川崎商
91年 河村卓也（南）対 横須賀商
（ランニング）
波多野武（湘南工大付）対 清水ケ丘
92年 堀川　拓（桐光学園）対 鶴　嶺
佐藤　歩（横須賀学園）対 荏　田
三浦裕人（横浜商）対 県横須賀工
93年 石川朝彦（久里浜）対 相　原
藤塚健史（深　沢）対 多　摩
高橋光信（横　浜）対 逗子開成
渡部英紀（東海大相模）対 向　上
95年 半沢　勝（光明相模原）対 秦野曽屋
小笠原基（日　大）対 中　沢
（ランニング）
石沢正己（東海大相模）対 元石川
伊藤巧司（横浜商）対 鎌　倉
田中義幸（上　郷）対 湘南学園
96年 秋田　淳（桐光学園）対 和　泉
森野将彦（東海大相模）対 立花学園
97年 鈴木仁人（平塚農）対 総合科学
大山　哲（綾　瀬）対 寛　政
浅井　良（桐蔭学園）対 大　岡
98年 足立憲一郎（有　馬）対 大　楠
（ランニング）
佐野辰徳（横浜隼人）対 磯　子
山口高宏（平塚学園）対 秦　野
後藤武敏（横　浜）対 横浜商大
99年 佐々木浩司（市横須賀工）対 日　大
伊藤乃普彦（鎌倉学園）対 伊志田
00年 鈴木博敏（鶴　嶺）対 湯河原
岡沢智敏（柿　生）対 柿生西
小泉　温（海老名）対 秦野曽屋
01年 小林裕行（清水ケ丘）対 緑ケ丘
神埼　諭（大清水）対 三崎水産
武政　聡（法政二）対 旭　丘
山口　亮（桐蔭学園）対 緑ケ丘
02年 坂下真太（東海大相模）対 桐蔭学園
河合仲也（桐光学園）対 平塚学園
03年 河野隆之（座　間）対 新　城
立石大輔（鎌倉学園）対 山　北
増子暢一郎（日大藤沢）対 県相模原
04年 窪田哲哉（磯子工）対 県横須賀
秋山広樹（大　原）対 厚木南
04年 三浦大樹（多　摩）対 逗子開成
平賀　潤（慶　応）対 霧が丘
05年 早川拓也（厚木西）対 総合産業
荒川雄太（日　大）対 大　師
麻生知史（日大藤沢）対 瀬　谷
06年 石渡　肇（久里浜）対 愛　川
07年 牧嶋卓哉（秦野南が丘）対 川　和
西原周太郎（川　和）対 城　山
08年 山崎　錬（慶　応）対 ひばりが丘
北見昴之（武　相）対 市ケ尾
大津留貴広（上鶴間）対 森村学園
（ランニング）
09年 中野邦彦（東海大相模）対 横　浜
10年 藤坂健吾（向の岡工）対 新　羽
11年 菅原左近（桜　丘）対 鶴　見
海老原祐太（弥　栄）対 光　陵
矢作健太（横浜創学館）対 愛　川
（ランニング）
酒井直紀（日　大）対 横浜平沼
古村　徹（茅ケ崎西浜）対 三浦学苑
久保田　佳（桐光学園）対 大和東
12年 菊池新大（桐蔭学園）対 日大藤沢
13年 水海翔太（桐光学園）対 横浜商大
14年 外川翔大（大　和）対 津久井浜
大木　捷（川崎北）対 横浜緑ケ丘
豊田　寛（東海大相模）対 逗　葉
大堀純一（横浜隼人）対 市川崎
15年 森田優貴（横浜商）対 秦　野
海老根拓弥（桐蔭学園）対 川崎商
（ランニング）
沼上仁哉（横浜創学館）対 横浜翠陵
16年 山田　淩（平塚江南）対 川　和
柿崎楓馬（桐蔭学園）対 座間総合

大会記録

チーム

＜最多得点＞

07年 上鶴間 53－0 大楠
（5回コールド）

＜最短時間試合＞

50年 57分 県商工 1－0 希望ケ丘
（決勝戦）

＜最長時間試合＞

95年 4時間34分 川崎北 12－11 緑ケ丘
（延長15回）

＜延長18回 引き分け＞

59年 一商 2－2 小田原
（再試合 一商2－0）
61年 県商工 1－1 南
（再試合 県商工1－0）
72年 秦野 3－3 桐蔭学園
（再試合 秦野8－4）

＜延長15回 引き分け＞

00年 相模大野 1－1 金沢
（再試合 金沢4－3）
05年 久里浜 5－5 住吉
（再試合 住吉8－5）
10年 藤沢西 1－1 橘
（再試合 藤沢西3－2）
11年 横浜創学館 1－1 横浜桜陽
（再試合 横浜創学館3－0）
13年 横浜創学館 2－2 桐蔭学園
（再試合 桐蔭学園4－3）

＜連続安打＞

02年 10安打 光明相模原
03年 10安打 法政二

＜1試合最多本塁打＞ 5本

85年 日大藤沢（小林靖一、渥美修一郎、福田光、加藤晋、椎木明）
06年 横浜（高濱卓也2、白井史弥、岡田龍明、越前一樹）
17年 立花学園（長嶺侑2、小西夏汰2、日暮矢麻人）

＜大会通算チーム最多本塁打＞ 14本

16年 横浜（公家3、村田3、増田3、藤平2、福永1、徳田1、万波1）
17年 横浜（長南3、小泉、福永、増田5、万波、辻村、市村、山﨑）

＜大会通算最多本塁打＞ 17年 92本

投手

＜完全試合＞

61年 名取満臣（浅野）1－0対 茅ケ崎
82年 村木崇（藤沢北）6－0対 県商工
92年 永山誠（住吉）8－0対 野庭

＜ノーヒットノーラン＞

55年 飯田孝男（横浜商）5－0対 鶴見
57年 戸塚道雄（平沼）7－0対 吉田島農
58年 増山馨（横浜）1－0対 県川崎
59年 増山馨（横浜）4－0対 三浦
中島輝一郎（小田原）5－0対 藤嶺藤沢
渡辺泰輔（慶応）2－0対 横浜商
60年 柴田勲（法政二）9－0対 相洋
64年 池田正憲（関東学院）2－0対 慶応
66年 角井功（神奈川工）7－0対 法政二
68年 島野修（武相）5－0対 市川崎工
69年 中村憲史郎（南）5－0対 平塚工
72年 宮林和徳（日大）2－0対 県横須賀
高橋正勝（逗子開成）4－0対 横浜商工
永川英植（横浜）14－0対 関東学院
76年 岩川敏幸（武相）3－0対 金沢
小清水薫（向上）4－0対 多摩
78年 愛甲猛（横浜）7－0対 柏陽
79年 愛甲猛（横浜）5－0対 藤沢商
80年 湯沢直喜（武相）5－0対 追浜
81年 小沢渉（松田）6－0対 磯子工
関口政宏（横浜商）5－0対 津久井浜
82年 荒井直樹（日大藤沢）4－0対 鶴嶺
荒井直樹（日大藤沢）7－0対 座間
86年 五味孝（東海大相模）9－0対 湘南
志田満（神奈川工）2－0対 綾瀬西
87年 若田部健一（鎌倉学園）9－0対 二宮
勝見誠一（大和東）5－0対 津久井
90年 矢上大輔（山北）10－0対 豊田
91年 大谷康之（大清水）4－0対 柿生
沢田大貴（藤沢商）5－0対 新城
07年 落司雄紀（横浜）4－0対 大船
12年 秋元秀明（三浦学苑）2－0対 寒川
12年 加藤裕太（津久井浜）6－0対 大和東

＜最多奪三振 20個＞

69年 山本秀樹（横浜）対 三崎
79年 阿藤宏康（霧が丘）対 城山
89年 山口好則（二宮）対 大秦野
14年 吉田凌（東海大相模）対 向上

打者

＜連続安打・連続出塁＞

75年 10安打・12連続出塁 森正敏
（東海大相模）
08年 11安打・12連続出塁 小林健太
（橘学苑）

＜1イニング最多打点 6打点＞

86年 水島吉貴（藤沢商）
91年 長瀬亮（南）
97年 大山哲（綾瀬）

＜1試合最多本塁打 3本＞

86年 軽部健次（武相）対 平沼
2打席連続
90年 井上真男（相工大付）対 向上
3打席連続
00年 鈴木博敬（鶴嶺）対 湯河原
2打席連続

＜1試合 2本 本塁打＞

67年 加藤泰夫（横浜）対 県商工
2打席連続
68年 西原雅行（横浜商）対 向上
75年 原辰徳（東海大相模）対 桐蔭学園
佐藤功（東海大相模）対 日大
2打席連続
76年 佐野俊美（津久井）対 小田原
羽仁生俊之（横浜商）対 湘南
78年 五十嵐正浩（柏陽）対 城北工
83年 脇田政亮（大和）対 野庭
2打席連続
84年 松本一広（寒川）対 霧が丘
原田明（日大）対 柏陽
荻窪登（藤嶺藤沢）対 慶応
2打席連続
85年 副島義隆（東海大相模）対 向上
2打席連続
斎藤憲史（旭）対 南
2打席連続
86年 神保顕（隼人）対 港北
2打席連続
88年 保坂亘（神奈川工）対 伊志田
2打席連続
原豊（弥栄東）対 東
2打席連続
千明和美（横浜）対 法政二
2打席連続
89年 門間真（横浜）対 日野
2打席連続
笠井知一（東海大相模）対 鎌倉
2打席連続
鈴木尚典（横浜）対 鶴嶺
2打席連続
90年 亀山勝幸（法政二）対 相模大野
2打席連続
91年 三堀明洋（三浦）対 神奈川工
92年 杉崎貴宏（平塚学園）対 有馬
2打席連続
山際克利（厚木西）対 市横須賀
93年 大谷文夫（総合科学）対 霧が丘
2打席連続
伊藤一幸（法政二）対 武相
村瀬仁志（大原）対 橘
94年 小菅泉（大楠）対 三崎
原俊介（東海大相模）対 鎌倉学園
2打席連続
紀田彰一（横浜）対 海老名
95年 石沢正己（東海大相模）対 元石川
1イニング2打席連続
96年 小櫃喜規（相洋）対 生田東
鈴野佳彦（光明相模原）対 永谷
2打席連続
大庭聡志（港北）対 上溝南
97年 矢沢康一郎（横須賀大津）対 三崎
比嘉守（鶴見工）対 愛川
98年 加藤拓志（横須賀大津）対 東海大相模

特集
シリーズ⑫

高校野球 神奈川

－甦るあの夏の記憶－

横浜高校 2004（平成16）年

第86回大会　横浜が3年ぶり11度目の優勝

涌井、完封で締める

3安打完封で優勝を決めマウンドで
ガッツポーズする涌井

＜県大会＞

2 回 戦	23-0	上溝南	(5回コールド)
3 回 戦	12-1	平塚工科	(6回コールド)
4 回 戦	5-4	日大藤沢	
5 回 戦	6-1	桐蔭学園	
準々決勝	5-2	桐光学園	
準 決 勝	16-3	横浜商大	(7回コールド)
決　 勝	12-0	神奈川工	

＜甲子園＞

1 回 戦	8-2	報徳学園（兵庫）
2 回 戦	1-0	京都外大西（京都） 延長11回サヨナラ
3 回 戦	7-5	明徳義塾（高知）
準々決勝	1-6	駒大苫小牧（南北海道）

横浜が攻守に圧倒した。初回一死三塁から石川のスクイズで先制すると、二、四回にも犠打で送って手堅く加点。五回には赤堀、福田の連続長打などで４点を挙げた。７犠打、10盗塁を絡めた17安打12得点の攻撃は圧巻だった。右腕涌井は散発３安打で完封。切れのある速球と変化球で勝負どころを締めた。

神奈川工は左腕坂間が球を低めに集めたが、巧打の前に９安打７失点。攻撃では初回、先頭吉見が二塁打で出るが、強攻策が失敗して無得点。五回一死二、三塁でのスクイズ失敗も響いた。

＜メンバー＞

①涌井秀章②村田浩明③佐藤俊司④黒葛原祥⑤石川雄洋⑥玉城秀一⑦赤堀良太⑧相沢祐介⑨橋本達也
⑩千葉政秀⑪松尾憲二⑫福田永将⑬小関祐介⑭白井史弥⑮久米達也⑯伊藤余美也⑰久保木大輔⑱和泉将太

村田主将を先頭に優勝を決め場内を一周する横浜の選手たち

1回裏横浜1死三塁。石川が三塁線に先制のスクイズを決める

横浜高校 2004(平成16)年

3年ぶり11度目の優勝を決めた横浜高校（2004年7月28日　横浜スタジアム）

エース涌井の熱投

写真左：横浜商大戦で右中間タイムリーを放った村田
写真右：桐光学園戦で決勝打を放った伊藤

甲子園2回戦の京都外大西戦の6回裏に石川が左中間を破る長打を放ち、三塁へヘッドスライディング（2004年8月14日）

甲子園3回戦の明徳義塾戦で8回表、2死一、二塁。佐藤が勝ち越し打を放つ（2004年8月17日）

※写真はいずれも神奈川新聞社アーカイブより

さいたま国体で5度目の優勝

1回戦	6-2	駒大苫小牧（北海道）
準々決勝	9-1	天理（奈良）
準決勝	9-6	中京大中京（愛知）
決勝	10-3	東北（宮城）

東北	0	0	0	1	0	1	0	1	0	3
横浜	1	0	2	0	0	5	1	1	×	10

東北　采尾、真壁、ダルビッシュー森
横浜　涌井ー村田

神奈川工　快進撃で準優勝

ノーシードから決勝進出

14年ぶりの決勝進出を決め、喜ぶ神奈川工ナイン

＜県大会＞

2回戦	13-0	鶴見工	(6回コールド)
3回戦	6-1	多摩	
4回戦	4-3	武相	(延長12回)
5回戦	5-2	平塚学園	
準々決勝	6-4	横浜創学館	
準決勝	4-1	横浜隼人	
決勝	0-12	横浜	

横浜隼人戦：2回表に鈴木が右翼へ先制のソロ本塁打を放つ

挑む姿勢　最後まで

「今までの相手とは違った。まさか3番にスクイズをさせるとは」。神奈川工の左腕坂間は続けて「これが全国を制する力なんですね」。

初回無死二塁。強打の横浜が送りバントで走者を進めた後、スクイズで先制した。一方、神奈川工は初回無死二塁の好機を迎え、強攻に出て無得点に終わった。

西野幸雄監督は「普段は右打ちのできる選手だが…」。2番内田に進塁打を期待したが、横浜・右腕涌井の球威に押され、捕邪飛に倒れた場面を悔やんだ。

五回一死二、三塁の攻めも同様だ。ここでも打席を迎えた器用な内田にスクイズを命じたが、鋭い変化球に三振。内田は「これまで、涌井以上のピッチャーはいないという気持ちで戦ってきた。それで横浜創学館の高橋も打ったし、勝ってきた。ただ涌井はやっぱり違った」。

九回一死。代打で送ったのは今大会活躍した本杉、萩原の両2年生。西野監督が言う。「もちろん、ここまで頑張ってきた3年生を出したいきもちはあった。だが、彼らはきっと分かってくれているでしょう」

王者の力を感じての大敗。神奈川工はしかし、私学勢を破ってきた挑む姿勢を最後まで捨てなかった。

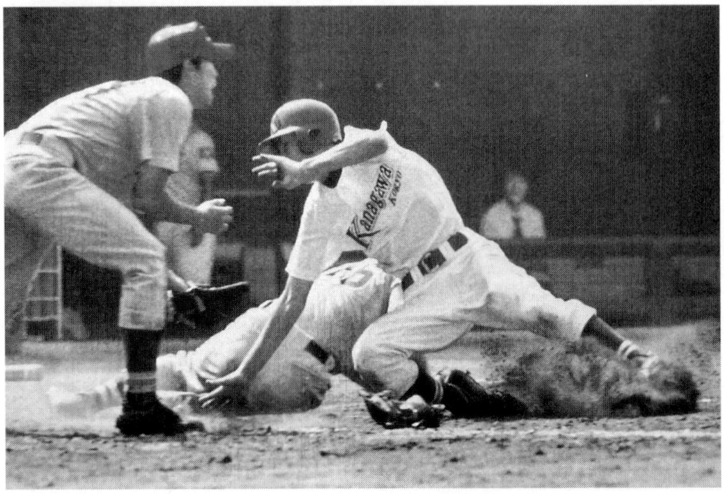

平塚学園戦：4回表2死満塁。内田の左前打が敵失を誘い、3走に続き、2走狩野が本塁を突く

横浜創学館戦：8回表1死満塁で山口が勝ち越しのスクイズを決める

桐光学園 2005（平成17）年

第87回大会　桐光、3年ぶり2度目の夢舞台へ

ー7回に村山の逆転3ランー

桐光学園が逆転で３年ぶり２度目の頂点に輝いた。

３－５とリードされて迎えた七回。四球に犠打、中前打で一死一、三塁の好機をつくり、村山が右翼へ逆転３点本塁打。これで慶応のエース中林をノックアウトし、その後も四球と安打を絡め、この回一挙６点を奪った。先発の山室を四回から救援した右腕・石渡は、要所を鋭い変化球で打ち取ってリズムを作った。

慶応は初回に高尾の中前適時打で先制して主導権を握ったが、連投の中林の制球が徐々に甘くなった。救援陣も四球絡みで失点を重ねてしまった。

３年ぶり２度目の優勝を決め、マウンドに駆け寄る桐光ナイン
（2005年7月28日横浜スタジアム）

＜県大会＞

2 回 戦	6-2	大　清　水
3 回 戦	9-0	県　商　工（7回コールド）
4 回 戦	9-3	向　　　上
5 回 戦	2-1	横浜商大
準々決勝	3-2	横浜隼人
準 決 勝	6x-5	日　　　大（延長11回）
決　　勝	11-5	慶　　　応

３年ぶり２度目

＜甲子園＞

1 回 戦	9-8	近江（滋賀）
2 回 戦	3-2	聖光学院（福島）
3 回 戦	0-4	京都外大西（京都）

＜メンバー＞

①石渡智大②梶　竜一郎③岡山真澄④増田　仁⑤手島俊章⑥村山雄輝
⑦清島祥平⑧松本哲郎⑨政野寛明⑩山室公志郎⑪早川健太郎⑫神谷邦大
⑬上田長嗣⑭久保田浩樹⑮高橋宙希⑯西川元気⑰宮川裕基⑱長屋一輝

決勝対慶応戦：7回裏1死一、三塁。村山が右翼スタンドに逆転3ランを放つ（2005年7月28日横浜スタジアム）

優勝を果たし笑顔の桐光学園ナイン
（2005年7月28日横浜スタジアム）

決勝対慶応戦：7回裏1死一塁。清島が中越えタイムリーを放ち、７－５とリードを広げる（2005年横浜スタジアム）

増田主将を先頭に優勝を決めた桐光ナインが場内を一周
（2005年7月28日横浜スタジアム）

慶応、春夏連続の甲子園出場を逃す
ーエース・中林、連投で限界ー

<県大会>

2回戦	17-0	新　磯(5回コールド)
3回戦	8-1	山手学院
4回戦	2-1	横　浜
5回戦	3-2	茅ケ崎
準々決勝	4-3	平塚学園
準決勝	2-1	東海大相模(延長11回)
決　勝	5-11	桐光学園

頂点は逃したが――「誇りに思う」

慶応のベンチ前。中林が、高橋が、忠本が、人目もはばからず声を出して泣きじゃくった。「準優勝じゃ意味がないんです」。主将の漆畑が、力なくつぶやく。

どうしても、神奈川の頂点に立ちたい理由があった。45年ぶりの選抜大会で次々と強豪校を破り8強入り。「慶応旋風」を巻き起こしたが、このチームは満足していなかった。2つの「忘れ物」があったからだ。

昨秋、今春の県大会、春の関東大会の3度ことごとく準優勝と頂点を逃した。そして、選抜大会準々決勝で大敗した神戸国際大付への雪辱だ。「もう一度戦おう」と誓い合っていた。

だがこの日、逆転を許し中林がマウンドを降りると、一気に受けに回った。湯浅は「個々の力は向こうの方が上なのに、エースの山室がコーチャーをし、主砲の岡山がつなぐバッティングをしていた。チームがまとまっていた」。桐光学園の鬼気迫る雰囲気に、圧倒されていた。

それでも、上田誠監督は「今でも神奈川で1番強いと思っている。すべての大会で決勝まで行っているチームはない。誇りに思う」。と胸を張った。高尾、山口ら主力の多くが来季も残る。高尾が言った。「今度はぼくたちが(甲子園)に連れていきます」。

涙でぬらしたその顔に悔しさがいっぱい刻まれていた。

準決勝対東海大相模戦:延長11回裏2死一塁。山口が右翼線にサヨナラ打を放つ(2005年7月27日横浜スタジアム)

準々決勝対平塚学園戦:8回表1死一、三塁。高橋がスクイズを決め、4ー2とリードを広げる(2005年7月24日横浜スタジアム)

春夏連続の甲子園を狙うも準優勝に終わった慶応(2005年7月28日横浜スタジアム)

準決勝対東海大相模戦:健闘をたたえ合い、握手を交わす東海大相模エース小泉(右)と慶応・漆畑主将⑥(2005年7月27日横浜スタジアム)

機動力生かした攻撃と
滝澤－荒川のバッテリー中心に日大4強進出

<県大会>

2回戦	7-2	厚木北	
3回戦	14-0	大師	（5回コールド）
4回戦	11-0	愛川	（7回コールド）
5回戦	5-4	日大藤沢	
準々決勝	3-0	相模田名	
準決勝	5-x6	桐光学園	

準決勝対桐光学園戦：9回表2死二塁。荻原の左前タイムリーで2走西村がガッツポーズで同点の生還（2005年7月27日横浜スタジアム）

準々決勝対相模田名戦：15奪三振の力投で相模田名を完封した滝澤（2005年7月24日保土ケ谷球場）

痛かったエースの降板

1点リードされた九回二死二塁。カウント2－2。敗色濃厚の場面で荻原がカーブに食らいついた。「泳ぎ気味だった」と振り返るが、打球はふらふらとレフト前に落ちた。主将が意地の一打で試合を振り出しに戻した。

だが延長十回、エースの体が悲鳴を上げる。この回の先頭に162球目を投じた後だった。八回から足がつっていた滝澤は「全身がつった」。猛暑に加え、制球難からフォームに気を使った結果、体に無理がきていた。「最後の球は生きていなかった」。球を受け続けた女房役・荒川は主戦の限界を感じた。

絶対的な右腕で春の県大会を制し、今夏も4強まできた日大にとって、滝澤の降板はあまりにも痛かった。反撃も届かず、延長十一回に押し出し四球で夢が終わった。

「ベスト16ぐらいに入れればいいや、という雰囲気があった」と荻原が語る日大を、この世代が変えてきた。

「今日の滝澤には納得いかない。満足なんてまったくない」。熱投の主戦をかばわない主将の敗戦の言葉は頂点を本気で狙っていた証しでもある。

伊藤謙吾監督は「（このチームは）大きなきっかけになる」と言う。いつか日大で甲子園にたどり着いたとき、きっとこの夏が思い出されるはずだ。

準決勝対桐光学園戦：3回表、日大2死二塁。荒川は左翼へ2ランを放つ（2005年7月27日横浜スタジアム）

熱闘2021

FUJISAWA

熱闘2021　城郷　藤沢工科

3回戦を不戦敗となった城郷、藤沢工科の2回戦の試合から

大会役員

名誉会長	神奈川県知事	黒岩祐治
大会会長	神奈川県高等学校野球連盟会長	熊野宏之
大会副会長	朝日新聞横浜総局長	及川健太郎
〃	神奈川県高等学校野球連盟副会長	田沼光明
〃	〃	永瀬哲
大会委員長	神奈川県高等学校野球連盟専務理事	榊原秀樹
大会副委員長	〃　常務理事	定常健治
〃	〃	小林恒平

顧問

桐谷次郎	橋本和也	田代文彦
鯉渕信也	小田嶋満	本村賢太郎
新倉聡	岩本将宏	吉野雅裕
柿本隆夫	佐藤直樹	柳下正祐
山口賢人	藤木幸夫	岡野親
濱田啓太郎	増田年克	富澤桂子
山中毅	田中不二夫	島田圭
加藤木紳克	石川隆一	大島直樹
石渡哲男	大澤一仁	川井陽一
山本一夫	時乗洋昭	濱谷海八
反町聡之	石川敬	浅野良三
名塚徹	栗原豊樹	黒田和雄
久保倉清	井上正靖	森茂
渡辺元智	牛上義明	神部浩
渡辺晃	村山泰直	上山泉
三好吉清	山口宏	松野皎
潮田智信	井上茂則	小林三郎
藤井謙宗	千田豊	荒川公治
各加盟校校長		

参与

渡邉志寿代	藤井一洋	米持正伸
佐々木暢行	鍋山英彦	村石惠子
石井秀樹	鈴木史洋	西台篤史
佐野公宣	徳永英和	多田智
澤地和之	漆畑優紀	菊地原真
鶴木拓也	加藤岳二	外崎広行
大野宣郎	脇田健一	小嶋賢司
松本義摩	吉田俊	細野徹
諸留克史	佐藤誠治	川田孝一
落信久	高橋則雄	木村升
大澤寛	大畑多津雄	冨地正博
長田正剛	三浦昌彦	古屋文雄
高柴正義	近藤儀房	浅川昭男
金井喜美彦	川名稔	坪内寛
田倉雅雄	賀澤進	森勝利
丸山隆	鈴木浩	栗原和務
本吉郁夫	小林昭裕	木村一男
藤木治生	清水健二	柳田正樹
馬橋博身	桜井孝夫	川島哲男

委員

泉田徳正	塩脇政治	浅尾豊
野田克之	長谷川哲也	熊藪茂紀
北岡克明	山口卓	芹川浩二
安齋賢	稲本祥悟	西川哲也
岩田英司	安田洋平	長尾周治
那須野恭昂	佐藤幸太	高比良洋二
吉田斉	橋本大志	石岡拓朗
梅澤浩太	渡邉陽介	秋山智紀
渡邉好祐	長谷川将也	小倉丞太郎
宝珠山悟	佐藤有子	佐々木善樹
大平康幸	小山内一平	鯨吉剛
西岡聡志	飯島佑	栗原健人
川村太志	大坂匡弘	林佑樹
酒井達也	犬飼泰英	粟ケ窪喜一
山田尚	大津哲男	黒滝敏明
戸塚義晃	日向広塁	西江明日
小林達也	臼井浩人	吉水浩太
内田雄斗	海老塚雄太	田中清志郎
武田徹	鈴木正道	田原昇
永野孝行	与儀達人	越智秀明
髙橋直也	井上翔平	三富優希
坂元裕貴	金子圭希	伊藤大樹
高橋良輔	力久誠	山崎修平
松岡元	信太俊郎	田平翔太
小原愼平	小泉雅也	黒木琢真
高良祐太郎	小野寺啓悟	森雄也
中村和哉	宮本敦実	池畑真一
阿部昇	牛久順也	柴田治郎
栗原悟	三浦彰裕	松下健太郎
細川雅志	丸橋健人	田中春彦
三村俊資	北村将大	桑田康一郎
浅井彬宏	辻本海平	大井健都
菊地悠真	菅原一輝	高橋知希
大内直人	中村浩司	平田和也
塩瀬将也	舟久保健人	中川裕志
中山昭次	渡辺弘二	金田宏仁
宇野飛鳥	角田和久	西堀彰剛
森崎雅敏	服部寛大	安部川尚孝
池島亮	田中雄大	古川竜三
五味弘介	水沼康太郎	肝付兼輝
川崎真一	小峰翔太	武藤健太
伊賀康博	吉井大樹	仲田光男
眞鍋武史	須藤皓治	山浦遼
池田遼太郎	安藤史朗	川島聡
吉成徹	伊藤元洋	嘉藤有紀

今大暉	玉置大祐	冬川弘祐
塚田将喜	寺尾洋一	勝井直幸
森山純一	鈴木翔一	熊倉周平
和田晃	高木伸	須藤福治
山口剛志	佐々木章太	髙橋直人
坂本雄一	渡辺晃	川村靖
秋山英好	佐野恵	加藤理志
森山渓太	山本泰博	大木剛志
岩間昭吾	清水達也	天野雄司
小野雄哉	窪田祐樹	加藤康彦
鈴木健太	加藤文章	中山拓哉
佐藤豪	浦井進	小見山孝
齋藤孝義	久保寺晋也	松尾駿哉
今井庸平	永瀬尊典	髙橋正彰
由比藤大介	小宮典範	内海直也
吉泉翔太	加藤頼暉	直井拓也
藤本真司	木村拓也	柳下優也
村中優大	飯川裕太	田上浩司
高林翔	太田泉生	向井宏樹
上嶋紀雄	山本真男	武井宏之
田井中雅人	末崎毅	小寺陽一郎
林知聡	松澤奈々子	土屋香乃子
足立優心	大宮慎次朗	黒田陸離
土居恭子	斎藤博美	鈴木淑子
大平要	茂木克信	豊平森
秦忠弘	織井優佳	佐々木康之
村野英一	岩堀滋	斎藤茂洋

審判委員

審判長	神奈川県高等学校野球連盟副会長	田沼光明
副審判長	神奈川県野球連盟審判部長	工藤勉

工藤勉	福住正美	高田俊一	江崎英俊
清水康大	松本俊一	橋本昌之	井上貴弘
金子孝	瀬良垣直也	向田雅恭	安藤弘通
羽毛田達	長谷川研冴	佐藤悠太	髙味龍太
實方久二	佐藤秀幸	寺脇康司	田山洋将
戸田拓応	富樫直寛	池田佳寿也	藤田倫浩
田畑慎之介	北林真樹	鈴木勝行	齊藤昇
藤森敦	青木博幸	本間和寿	宮崎仁士
高田力	谷信幸	長谷川智弘	茅野浩之
乗松誠志	奥野昇	田畑宏晃	真保了士
阿部寛仁	八木野太郎	春日学	大中浩行
堀川真樹	根本英一	三橋義美	小松原健一
本多巧	久野益彦	古川義明	日笠浩
川瀬勉	望月健宏	菅野久信	石田翔太
高橋誠	新井光正	井浦和也	大橋誠
井上勝行	松下博志	伊藤勇二	神宮清考
小池司	金子勝敏	田村広美	細野徳昭
小島隆	沖永仁史	中込勝雄	北村和久
北林孝之	右田利孝	石原健二	松岡章
諏訪慶	勅使河原匠	萩野誠	斎藤満
田端文人	杉山直巳	鈴木浩之	齊藤佑太
小島博	釼持直樹	尾崎直之	青柳一英
田澤陽介	安田和実	下地和巳	後藤努
横山浩章	金子正仁	星野篤司	飯島義昭
吉野斉	岸本浩幸	篠田幸夫	石川峰雄
高橋博泰	石井岳史	荒井一郎	藤川博康
浦田剛	島田昭栄	西村一文	松本新吾
佐藤裕司	福壽哲也	江藤弘和	湯本哲也
奥津祐太	中原武彦	神之田仁	櫻庭浩
須山正	深沢俊一	増子克則	古澤樹
大橋功	遠藤勝	岩男昇治	岩男香澄
若杉修	土屋武雄	上園健治	土田浩隆
島村治	森正行	米原幸信	藤原健太郎
小林正行	増田年克	来福宏明	増田周平
小西章太	田中健嗣	田代浩二	飯柴正弘
米屋龍喜	仙田直丈	宇野隆宏	原徹
石岡大輔	五十嵐聡	高木優	中村洋貴
安武孝展	瀬間実	戸田智美	井上隆行
伊沢一則	一居利徳	白根正治	納谷正俊
赤坂知彦	高梨卓哉	跡部繁	高橋昌彦
増田浩二	山岡正高	栗原祥二	後藤雄司
井上雅之	出濱功平	高橋慶彦	熊倉伸二
加藤勇	湯田敦	青木孝壮	内山浩太郎
小菅清	小笠原裕樹	湯川拓海	坂上大樹
大庭康生	正力雅巳	佐藤文彦	笠間寛章
森山泰幸	久保寺哲夫	島田敏文	森口章弘
高橋健一	山口誠	早川昌和	石井恒夫
今野衛	池田満	菅原淳	岡村重男
檀上英二	飯田純一	齊藤則之	菅原大樹
太田彰	安部到	若林英伸	田中剛
林和俊	田中欣弥	工藤寿也	長ケ部拓也
江藤誠	壷井智浩	石田佳之	岩田国雄
上田紀	猪鼻一夫	伊藤進也	井上賢央
高橋透	栗田章	鈴木隆之	豊島和之
阿部弘文	三木壮太	祝久和	永田弘
篠原功一	飯伏正	金川和幸	齋藤利弘
武田美晴	林賢一	望月敏宏	内田一樹
藤橋一己	芹沢夏弥	岡田茂明	市川幸男
土谷強	秋葉邦晴	遠藤浩人	長井信二
山口智久	瀬川滋	吉村明	藤原貞滋
古川崇			

2021 神奈川県高校野球出場校全部員名簿

◎は主将、☆はマネージャー

神奈川県高校野球連盟に提出された名簿をそのまま掲載しています。大会本記とは表記が異なる場合があります。

川崎地区

県川崎

川崎市川崎区渡田山王町22－6

部長	五島 智彦	
監督	林 祐司	
◎3	池田 拓未	(川崎)
3	森 翔生	(塚越)
3	仁平 琉乃	(南加瀬)
3	輕部 佑太	(塚越)
3	寺田 光佑	(寺尾)
2	山崎 琉右	(富士見)
2	栗原 水極	(富士見)
2	井上 竜馬	(富士見)
☆2	嘉数 陽菜	(潮田)
☆2	赤塚南姫幸	(川中島)
1	田中 知佑	(神奈川)
1	榊原 風馬	(平間)

多摩

川崎市多摩区宿河原5－14－1

部長	田旗 陽太	
監督	飯島 佑	
3	伊神 建志	(大綱)
3	井上 敬太	(山内)
3	江名 智彦	(宮前平)
◎3	大塚慎之介	(宮前平)
3	櫃渕 総太	(中川)
3	小林 隆大	(枡形)
3	田島 周峰	(大綱)
3	森 太陽	(菅)
2	青木 脩人	(栗田谷)
2	小田嶋 楽	(井田)
2	木原 広介	(鴨志田)
2	高坂 志旗	(井田)
2	上妻 虎琉	(稲田)
2	佐伯 凌矢	(菅)
2	髙田 悠吾	(宮前平)
2	坪井 孝洋	(住吉)
2	二宮 和航	(南生田)
2	藤田 悟	(生田)
☆2	佐伯 美月	(あかね台)
1	梅原 翔太	(川崎橘)
1	谷岸 太郎	(篠原)
1	水上 尊	(宮前平)

新城

川崎市中原区下新城1－14－1

部長	大平 康幸	
監督	大平 康幸	
◎3	宮崎 翔	(京町)

生田

川崎市多摩区長沢3－17－1

部長	堀 航大	
監督	鯨吉 剛	
3	泉澤 樹太	(南生田)
3	山本進之介	(生田)
3	中村 聞多	(川崎有馬)
◎3	前野 有哉	(山内)
2	髙江 勇紀	(枡形)
2	中村 颯太	(あざみ野)
2	西尾 真優	(金程)
☆2	江頭 萌香	(長沢)
1	伊藤 楽	(川崎橘)
1	菊地 裕紀	(塚越)
1	竹田舜二郎	(金程)
1	田畑 智史	(東高津)
1	齊藤 朔人	(宮城・富沢)
1	林 大智	(山内)
1	松本 駿一	(白鳥)
1	丸本 啓太	(野川)
1	山本 脩介	(はるひ野)
1	中島 悠河	(南菅)
1	渡邉 勇輝	(南菅)
☆1	谷平 真音	(西生田)

川崎北

川崎市宮前区有馬3－22－1

部長	平井 雅俊	
監督	川村 太志	
3	川下航太郎	(犬蔵)
3	中川翔太郎	(宮崎)
◎3	丹羽 純信	(南生田)
3	吉岡 太陽	(新町)
☆3	藤本南々汐	(向丘)
☆3	山内 瑞月	(向丘)
2	飯田 陸翔	(西中原)
2	石井 翼	(川崎中原)
2	石原 天	(高津)
2	上原 大和	(向丘)
2	小原 耀	(もえぎ野)
2	佐藤 亮汰	(野川)
2	瀬谷 隆文	(西中原)
2	長原 元斗	(横浜鴨居)
2	羽鳥 陽祐	(西中原)
2	原田 楓真	(荏田南)
2	見眞地信吾	(川崎橘)
2	山口 恒	(川崎有馬)
1	熱海龍之介	(茅ケ崎)
1	飯塚 優也	(十日市場)
1	石井 渓	(川崎有馬)
1	尾尻 耀広	(平間)
1	小野澤 純	(十日市場)
1	小野澤 湊	(十日市場)
1	叶内 陸翔	(平)
1	冠 人和	(住吉)
1	澤口 真翔	(稲田)
1	新保 大翔	(東山田)
1	干場柚之介	(川崎有馬)
1	三浦 遼也	(東山田)
1	宮川 陽大	(塚越)
☆1	菊池 千夏	(平間)
☆1	柳瀬 芽唯	(野川)

百合丘

川崎市多摩区南生田4－2－1

部長	岡本 健	
監督	宮地 洋人	
3	柿澤 尚弥	(白鳥)
3	澤口 大翔	(稲田)
3	原 駿咲	(犬蔵)
3	船戸 輝	(菅生)
◎3	水江 亮太	(白鳥)
3	山名 勇心	(南生田)
3	吉田 隼也	(南生田)
☆3	関本 真己	(西高津)
2	石月 晃	(中央)
2	小川 結太	(西生田)
2	大日方結耶	(南生田)
2	千葉 水記	(中野島)
2	二村 直維	(住吉)
2	内藤 駿光	(川崎橘)
2	小田 唯斗	(中野島)
2	小倉優太朗	(塚越)
2	貝本宗太郎	(向丘)
2	大西陽一郎	(向丘)
2	鈴木 優斗	(川崎橘)
2	鈴木 遥人	(犬蔵)
2	滝尾 歩夢	(西高津)
2	飯沼 結太	(白鳥)
2	山口 大智	(はるひ野)
☆2	河野 葵	(川崎橘)
☆2	豊岡 和都	(柿生)
1	入山 大輝	(南生田)
1	經嶋 徹平	(犬蔵)
1	小峰 大悟	(桝形)
1	花輪綜一郎	(あかね台)
1	村上 弘樹	(西高津)
☆1	多羅尾千晴	(中川西)

生田東

川崎市多摩区生田4－32－1

部長	佐々木善樹	
監督	島袋 佑也	
3	篠田 悠樹	(平間)
◎3	高橋 諒	(川崎有馬)
3	田嶋 公晴	(川崎玉川)
3	青山 浩也	(西中原)
☆3	阿字地麗奈	(東橘)
☆3	松本 樹香	(南加瀬)
2	朝倉 朔大	(西高津)
2	伊藤 慎	(中央)
2	具志堅泰知	(向丘)
2	桑原 悠斗	(宮内)
2	柴 悠太朗	(住吉)
2	平野 匠海	(稲田)
2	藤田 直大	(住吉)
2	増田 孝太	(相模)
2	松井 勇希	(中央)
2	三浦 拓己	(中央)
2	山口 卓哉	(宮内)
1	清水 榮人	(川崎橘)
1	菅原 滉一	(川崎橘)
1	鈴木 征弥	(野川)
1	柳樂 旭	(川崎橘)
1	山本 紘己	(白鳥)
1	堀江 進吾	(中央)
1	鈴木 琉翔	(住吉)
1	三枝 郁斗	(柿生)
1	瀧田 侑汰	(南菅)
☆1	田中 黄莉	(南加瀬)
☆1	福居 愛海	(川崎橘)

麻生総合

川崎市麻生区片平1778

部長	栗原 健人	
監督	栗原 健人	
◎2	中沢 洋晶	(相模台)
1	平井 慎市	(菅生)

住吉

川崎市中原区木月住吉町34－1

部長	榎田 芳暁	
監督	白石 修二	
3	石田 光健	(川崎玉川)
3	岩本 吉平	(川崎玉川)
3	加藤 大樹	(塚越)
3	金子 春樹	(寺尾)
◎3	木下 雄輝	(柿生)
3	作山 浩平	(宮崎)
3	西村 拓真	(樽町)
3	福地日向人	(平間)
3	森川 蓮	(川崎中原)
3	山口 輝星	(南河原)
☆3	駒場 彩	(西中原)
2	上田 遥太	(塚越)
2	小田 隆誠	(名瀬)
2	橘 歩夢	(新田)
2	友松 雷蔵	(宮崎)
2	皆川 瑛士	(平間)
2	見留 天晟	(渡田)
2	宮嶋 和真	(上の宮)
2	横井 良	(上の宮)
2	横山 寛大	(奈良)
1	板垣 知幸	(渡田)
1	大西 弦斗	(御幸)
1	岡 拓志	(南河原)
1	長澤 慧侑	(横浜緑が丘)
1	マウンズェ	(潮田)
1	望月 陽登	(六角橋)
1	山本 大輔	(菅生)
1	渡部 由良	(大師)
☆1	門田 小春	(日吉台西)
☆1	説田 咲織	(弥栄)
☆1	髙橋 朋花	(横浜緑が丘)

大師

川崎市川崎区四谷下町25－1

部長	瀬川 雄介	
監督	小山内一平	
3	山下 蒼	(横浜南が丘)
◎3	大越 政宗	(臨港)
3	関杉 雅樹	(市場)
2	小森 悠太	(大師)
2	原 翔太	(埼玉・黒須)
2	神定 煌征	(鶴見)
2	大越 政信	(臨港)
2	池田慶太朗	(潮田)
2	唐笠 優馬	(矢向)
2	澤田 寛太	(鶴見)
2	長谷川涼治	(潮田)
2	坂元 翼	(南加瀬)
2	小林 飛夢	(宮内)
1	簑輪 空	(南加瀬)
1	松本 翔大	(田島)
1	佐藤 克哉	(横浜南)
1	奥寺 恭太	(南加瀬)
1	庄司 幹太	(野川)
1	田川 紅我	(川中島)
1	木下 暖日	(川中島)

菅

川崎市多摩区菅馬場4－2－1

部長	伊藤秀太郎	
監督	中田 直輝	
3	秋月 聖人	(向丘)
3	沖 賢哉	(菅生)
3	蔵下 武志	(金程)
◎3	曽根 晃希	(川崎有馬)
3	玉ノ井雄介	(新井)
3	辻永 彗斗	(犬蔵)
3	吉井 優太	(菅生)
2	岩瀬 快	(金程)
2	大庭 賢輔	(日吉台)
2	押見 銀斗	(相模台)
2	小畑 翔和	(京町)
2	河村 史也	(塚越)
2	戀川 玲央	(南生田)
2	菅 修斗	(枡形)
2	杉田 光	(枡形)
2	戸川 和輝	(塚越)
2	中野 陽介	(枡形)
☆2	坂田萌仁花	(日吉台)
☆2	坂本このか	(川崎玉川)
☆2	和田 陽菜	(南生田)
1	近藤 龍馬	(金程)
1	佐藤 稜也	(中野島)
1	辻永 陽暉	(犬蔵)
1	曽我竜之介	(稲田)
1	中村 雄太	(東高津)
1	服部 雄斗	(宮崎)
1	宮本 雅久	(川崎有馬)

麻生

川崎市麻生区金程3－4－1

部長	金子 諒	
監督	池田 隆	
3	織田 龍成	(西生田)
3	一森 陽哉	(菅生)
3	盛内 蒼馬	(相模台)
◎3	髙橋 勇介	(中野島)
3	藤原 一真	(生田)
3	近藤 宏	(生田)
2	佐藤 颯真	(菅生)
2	今川 稔樹	(南生田)
2	大久保太喜	(柿生)
2	宮川 大	(柿生)
2	遠藤 輝良	(菅生)
2	江草 大地	(西生田)
1	土岐龍之介	(川崎長沢)
1	古川 涼太	(谷口)
1	渡邉 陽太	(川崎長沢)
1	山﨑 柊弥	(白鳥)
1	林 龍斗	(はるひ野)
1	棚瀬 瑛介	(柿生)
1	竹之内貫太	(稲田)
☆1	中山 綺香	(相模)

川崎工科

川崎市中原区上平間1700－7

部長	西岡 聡志	

監督 渡邉 陽介
3 佐藤 朋哉 （川崎富士見）
◎3 外崎 雄暉 （大師）
3 尾形 丈 （住吉）
3 中里 陽哉 （川中島）
3 金川 優 （大師）
3 上原 遼斗 （清新）
3 荻原 翔志 （京町）
3 會田 悠斗 （大師）
3 寺地 翼 （東橘）
2 田口 隆太 （臨港）
2 佐藤 唯吏 （川中島）
2 田中 迪大 （住吉）
2 高久 敦成 （西中原）
2 大津 仁 （御幸）
2 小牧 桜太 （川中島）
2 権藤 遥陽 （臨港）
2 四方 凪咲 （寛政）
2 平綿 流星 （矢向）
2 早水 啓稀 （大師）
1 秋山 春樹 （南大師）
1 天川 大地 （宮田）
1 石田 遥大 （川中島）
1 猪瀬 心詞 （川崎有馬）
1 小倉 琢海 （犬蔵）
1 小原 光我 （富士見）
1 楠田 翔世 （日吉台西）
1 小林 隼人 （平間）
1 齋藤 都渉 （平間）
1 髙橋 陸人 （西中原）
1 豊田 翔真 （川崎有馬）
1 中村 大和 （御幸）
1 宮澤 壮太 （平間）
1 山元 海人 （南大師）
1 鳴島 森音 （川崎中原）

向の岡工

川崎市多摩区堰1－28－1
部長 櫻井 康史
監督 江成 龍幸
3 伊藤 雄飛 （大沢）
◎3 瀬谷 充 （鶴見）
3 小山 雅也 （鶴間）
2 水戸 陽大 （横浜緑が丘）
2 廻谷 快人 （平）
2 齋藤 拓斗 （平）
2 下地 登愛 （横浜緑が丘）
2 渡辺 羽人 （菅）
1 八木下竜平 （向丘）
1 鈴木 優統 （稲田）
1 宮崎 雄太 （田奈）
1 星原 英児 （横浜緑が丘）
1 石川 正人 （菅生）
☆1 松井 悠綺 （野川）

市川崎

川崎市川崎区中島3－3－1
部長 野田 克之
監督 野田 克之
◎3 根本 楓馬 （東橘）
☆1 納谷 美憂 （川崎高附属）

橘

川崎市中原区中丸子562
部長 田中 健次
監督 福田 茂
3 鵜高 佑貴 （新町）
3 太田 恵悟 （西高津）
3 太田 遼 （岩井原）
3 葛木 澪士 （大綱）
◎3 栗原 雄大 （平間）
3 高田 理久 （平間）
3 髙橋 陽大 （住吉）
3 高柳 海斗 （井田）
3 円井 琳大 （高津）
3 戸田 康輝 （日吉）
3 西澤 竜希 （羽鳥）
3 福島 渉平 （平）
3 藤間 達也 （野川）
☆3 平山 京花 （稲田）
2 内田 悠太 （南河原）
2 梅津 瑛斗 （宮前平）
2 遠藤 優太 （宮前平）
2 大西 航平 （麻生）
2 岡部 亮汰 （宮内）
2 荻沼 英志 （渡田）
2 佐々木大器 （あかね台）
2 島尻 倖 （東高津）
2 杉山 敬大 （川崎富士見）
2 竹内 鉄平 （渡田）
2 民谷 優介 （川崎橘）
2 津川 太希 （川崎富士見）
2 西浦 快郁 （西高津）
2 根岸 航大 （寺尾）
2 根津 二紬 （枡形）
2 橋都 弓磨 （稲田）
2 宮脇 陸 （川崎有馬）
☆2 髙橋 美結 （西中原）
1 江良 洋斗 （南生田）
1 金子三四郎 （住吉）
1 川口 悠喜 （南河原）
1 栗原 正明 （平間）
1 桑田 和也 （住吉）
1 髙野 玖平 （宮前平）
1 笹川 翔伍 （御幸）
1 塩濱 拓馬 （川中島）
1 高橋 駿 （東橘）
1 髙橋 遼平 （山内）
1 高谷 佳吾 （東橘）
1 竹内伸之介 （川崎玉川）
1 成田 悠人 （南生田）
1 塙 一寛 （矢向）
1 藤井 康生 （麻生）
1 細田 一翔 （川崎中原）
☆1 古賀まひろ （野川）
☆1 高橋 凜乃 （南菅）

高津

川崎市高津区久本3－11－1
部長 藤田 龍清
監督 野田 祐作
3 浅野 颯之 （西高津）
◎3 岩井 颯哉 （大師）
3 エジコム清太 （塚越）
3 川上 遥也 （御幸）
3 小林章太郎 （御幸）
3 篠田 空汰 （塚越）
3 辻 統衣 （宮内）
3 西川 諒 （大師）
☆3 平田 詩歩 （野川）
2 伊藤 武汐 （西高津）
2 内田 拓海 （川崎玉川）
2 郡司 健人 （川崎玉川）
☆2 青木 玲依 （西中原）
1 井上 明樹 （宮内）
1 菊池 航大 （川崎橘）
1 内藤 士優 （高津）
1 矢野 倫基 （野川）
☆1 秋元 結凪 （平間）
☆1 日高 美月 （野川）

幸

川崎市幸区戸手本町1－150
部長 酒井 達也
監督 酒井 達也
◎3 畠田 義弘 （塚越）
2 比留川大雅 （川崎）
2 加賀田八起 （富士見）
1 清野幸之介 （渡田）
1 白石 大将 （富士見）
1 久保田颯太 （南加瀬）

川崎総合科学

川崎市幸区小向仲野町5－1
部長 一瀬 泰平
監督 遠藤 順久
3 下茂 浩介 （平間）
3 武藤 竜也 （南大師）
3 秋山 優樹 （南大師）
3 谷岡 和磨 （平間）
3 松永 和之 （塚越）
3 山口 雄大 （桜本）
◎3 岩井 悠哉 （大師）
3 貝瀬 永遠 （川中島）
3 加賀田日向 （川崎中原）
3 加藤 隆斗 （富士見）
3 横山 祐 （南大師）
☆3 佐久間小雪 （渡田）
2 安部 孔明 （南大師）
2 有上 隆 （鶴見）
2 宇佐美晃生 （大師）
2 金子守千翔 （平間）
2 後藤 亮太 （大師）
2 東郷 隼人 （川中島）
2 鳥屋 颯人 （富士見）
2 吉野 椋 （塚越）
2 有浦 駿佑 （老松）
2 染谷 恵太 （南大師）
☆2 辻田安寿佳 （浜）
1 景山浩志郎 （桜本）
1 倉田 塁衣 （川崎玉川）
1 田中 都羽 （大師）
1 林 大晟 （川中島）
1 渡邉 颯海 （川中島）
1 バヨンガヨングジョンレオトベ （桜本）
☆1 五十幡妃代 （川中島）

法政二

川崎市中原区木月大町6－1
部長 大湖 賢一
監督 絹田 史郎
3 勢濃 俊哉 （軽井沢）
3 伊藤 琉偉 （汐見台）
3 渡辺 心 （野川）
3 大下 瑞貴 （秦野南が丘）
◎3 鈴木 瑛貴 （法政二）
3 袴田 涼太 （村岡）
3 鈴木 滉基 （法政二）
3 中田 俊平 （谷本）
3 緑川 敦大 （埼玉・土合）
3 北澤 颯大 （宮前平）
3 津田 将吾 （あかね台）
3 中岩隼一朗 （大野北）
3 五十嵐勇人 （岩崎）
3 鈴木 朝陽 （錦台）
3 赤間 梢吾 （埼玉・草加）
3 冨永 寛 （万騎が原）
3 中島 孟琉 （東京・南中野）
3 原 凌雅 （中川西）
3 池田 光喜 （汲沢）
3 坂野 将隆 （千葉・習志野台）
3 佐藤 来興 （相武台）
3 栗原 攻 （中川西）
3 小玉 雄貴 （稲田）
3 宮永弘太郎 （大師）
3 渡邊大地郎 （法政二）
2 上野 優太 （法政二）
2 中山 航佑 （日吉台）
2 井出 英斗 （東京・常盤）
2 今井 伯 （秦野北）
2 吉田 優伢 （白鳥）
2 大森 椋太 （鵜野森）
2 大迫 拳輝 （埼玉・岩槻）
2 安井 大翔 （法政二）
2 小糸 出雲 （茨城・神栖第四）
2 渡邊 丈 （万騎が原）
2 江本真太郎 （栗田谷）
2 臼井 真都 （向丘）
2 中村 登真 （東京・駒沢）
2 諏訪内大翔 （法政二）
2 豊田 渓斗 （平間）
2 上原 滉平 （湘洋）
2 野中 優介 （相原）
2 井上 結聖 （中野）
2 齋藤 優我 （平間）
2 田村 颯大 （川崎橘）
2 高城 駿介 （栗田谷）
2 大平 優樹 （村岡）
2 今野 陽大 （法政二）
1 三木翔大郎 （法政二）
1 石原 大志 （東京・緑野）
1 鈴木 新 （法政二）
1 片貝 桜詩 （法政二）
1 成島 悠真 （法政二）
1 櫻井 貫汰 （寺尾）
1 須藤 輝大 （法政二）
1 岸本 動道 （国大附属）
1 小峰 大智 （本牧）
1 田中 優利 （御幸）
1 久保田壮真 （法政二）
1 野宮 琉晴 （東京・稲城第三）
1 鈴木 優太 （法政二）
1 吉川 登陽 （東京・砧）
1 山田 海瑠 （東京・東山）
1 高名 泰成 （法政二）
1 北澤 蒼大 （大磯）

桐光学園

川崎市麻生区栗木3－12－1
部長 塩脇 政治
監督 野呂 雅之
◎3 内園 光人 （生田）
3 大内 智郎 （熊本・白川）
3 澁澤 康羽 （末吉）
3 寺井 雄人 （あかね台）
3 中嶋 太一 （東京・駒留）
3 藤本 翔馬 （東京・稲城第五）
3 松井 颯大 （座間南）
3 松江 一輝 （青葉台）
3 山口 龍一 （金沢）
3 山田 快然 （大綱）
3 中本 隼太 （広島・広島大付東雲）
3 久留生純世 （東京・砧）
3 平野 慶 （東京・弦巻）
3 松本 慧 （西生田）
3 富永 興 （桐光学園）
3 田中 翔大 （桐光学園）
3 向井 洸貴 （桐光学園）
3 阿部 将大 （桐光学園）
3 山本 虎大 （桐光学園）
2 阿部 陽向 （今井）
2 石井 嘉朗 （相陽）
2 今井 海翔 （東京・篠崎）
2 小澤 勇輝 （生麦）
2 小嶋 心人 （東京・清明学園）
2 髙橋 琉士 （春日野）
2 篁 哲郎 （東京・日野第四）
2 針谷 隼和 （川和）
2 米山 幸汰 （秦野南）
2 佐藤 宏樹 （桐光学園）
2 折橋 祐斗 （桐光学園）
2 西村 優汰 （桐光学園）
2 佐藤 快 （桐光学園）
2 伊藤 丈朗 （桐光学園）
2 曽我 玲央 （埼玉・潮止）
1 磯貝 一斗 （鶴ケ峯）
1 工藤 康心 （東京・小山）
1 鈴木 景也 （東京・南調布）
1 竹髙 皓河 （鵜野森）
1 中平 陽翔 （大綱）
1 庭田 颯太 （海老名）
1 野村 柊吾 （東京・浅間）
1 濱口 遥登 （はるひ野）
1 門間 健太 （岡津）
1 青柳 佑 （桐光学園）
1 伊藤 大騎 （桐光学園）
1 藏内 夢駿 （桐光学園）
1 加藤 武士 （桐光学園）
1 田崎 良旺 （桐光学園）
1 土肥 凛大 （桐光学園）
1 長津伸之介 （桐光学園）
1 吉村 優吾 （桐光学園）
1 髙木 涼平 （岩崎）

横浜地区

希望ケ丘

横浜市旭区南希望が丘79－1
部長 宇留志 剛
監督 犬飼 泰英
3 大塚 颯 （赤羽根）
3 金子 周平 （笹下）
3 栗原 大輝 （いずみ野）
3 小林 俊輔 （いずみ野）
3 櫻庭 正樹 （神奈川）
◎3 砂川 柊人 （谷口）
3 瀬川 瑞希 （港南台第一）
3 西村 智希 （高倉）
3 橋本光司朗 （西谷）
3 橋本 征弥 （大野南）
3 前田 悠介 （南林間）
3 宮島 光希 （柏ケ谷）
3 村山 陽 （笹下）
3 山本 康太 （名瀬）
☆3 田辺 実優 （旭）
2 長田 陽真 （大綱）
☆2 髙橋真結子 （浜）
1 今村 祐基 （岡津）
1 牛島 淳志 （清新）
1 河野晴志郎 （港）
1 古森 友基 （西金沢学園）
1 志賀 拓海 （泉が丘）
1 橋本 悠 （高倉）
1 平川小太郎 （横浜吉田）

横浜翠嵐

横浜市神奈川区三ツ沢南町1－1
部長 臼井 浩人
監督 吉水 浩太
3 熊坂 凜久 （田奈）
◎3 植田 冬弥 （座間）
3 押山慎太郎 （国大附属横浜）
3 河本史親仁 （中川西）

3	永田 能義	(中川)
3	由上 航大	(東山田)
3	久保田航世	(湘南台)
3	佐伯 琢登	(青葉台)
3	福田 和哉	(中川)
3	上杉 陸翔	(南瀬谷)
3	小山 遥輝	(領家)
3	嶋邑 岳人	(赤羽根)
3	柳沼 大翔	(青葉台)
3	長谷隼太郎	(中川西)
3	渡邊 穣	(上郷)
3	内尾 洸希	(東山田)
☆3	山内 萌花	(あかね台)
2	木村 颯太	(クアラルンプール日本人)
2	矢野 快洋	(寺尾)
2	大月 拓	(万騎が原)
2	一宮 和航	(鴨宮)
2	長澤 春	(篠原)
2	林 慧太	(宮前平)
2	長尾 春輝	(早淵)
2	岸 竜輔	(今泉)
2	島瀬 大誠	(川崎中原)
2	佐藤 大地	(篠原)
2	松田 悠希	(逗子開成)
1	芋田 櫂至	(宮前平)
1	中村 真	(浜岳)
1	松浦 瑞樹	(市ケ尾)
1	下村 悠生	(富岡東)
1	辻 翔太郎	(茅ケ崎)
1	松谷 翼	(田奈)
1	大迫 広明	(今井)
1	小島 嵩平	(あかね台)
1	石田 航生	(川崎有馬)
1	市毛 風雅	(東野)
☆1	池邊 朱穂	(大谷)
☆1	河北 葉月	(大津)

横浜緑ケ丘

横浜市中区本牧緑ケ丘37

部長	川崎 公貴	
監督	木下 幸典	
3	飯野絢一朗	(六浦)
3	梅本 瑛平	(あざみ野)
◎3	岡田賢次郎	(南希望が丘)
3	小原 一真	(金沢)
3	近藤 駿斗	(塚越)
3	瀧谷 政暁	(横須賀鴨居)
3	竹谷 大樹	(玉縄)
3	馬場 雄三	(六浦)
3	水越 俊希	(笹下)
☆3	奥田 琉	(田奈)
2	篠田 航輝	(桂台)
2	田島 新大	(手広)
2	中田 大斗	(西本郷)
2	中村 拓翔	(湘南台)
2	橋倉 平	(樽町)
2	深沢 竜介	(湘洋)
2	湯田 颯士	(金沢)
2	渡里 治斗	(洋光台第一)
☆2	伊掛 彩葉	(玉縄)
1	工藤慶次郎	(大鳥)
1	田口 結心	(横浜鴨居)
1	橋本 陽介	(錦台)
1	平山 拓	(六角橋)
1	福山 日陽	(塚越)
1	柳町 聖和	(鶴見大附属)
1	吉田 莞梓	(老松)

横浜立野

横浜市中区本牧間門40－1

部長	与儀 達人	
監督	西村 捷	
3	一澤 優駿	(野庭)
3	大浦 快斗	(森)
◎3	大矢 賢人	(汐見台)
3	坂本 竜誠	(岡村)
3	髙橋 冴介	(日野南)
3	長瀬 智大	(汐見台)
3	三浦 拓也	(岡村)
3	山口 愛翔	(岩崎)
3	山下 颯太	(岡村)
☆3	青山 涼	(舞岡)
☆3	桝本 愛奈	(横浜旭)
☆3	山本 美咲	(臨港)
2	江波戸達基	(日野南)
2	蒲谷 空	(港南台第一)
2	佐藤 大	(十日市場)
2	永井 壮	(横浜橘)
2	三好 大地	(豊田)
2	山口 翔	(菅田)
☆2	矢野 結奈	(汲沢)

1	熊谷 聡太	(岩井原)
1	櫻井 颯人	(森)
1	燈村 颯斗	(上郷)
1	丸山 悠斗	(上郷)
☆1	小嶺 彩夏	(大鳥)
☆1	高橋 心美	(老松)
☆1	本間 柚葉	(飯島)
☆1	森下ほのか	(横浜西)

横浜平沼

横浜市西区岡野1－5－8

部長	海老塚雄太	
監督	内田 雄斗	
3	浅田 直樹	(住吉)
3	柏井 文太	(栗田谷)
3	片川 太陽	(新田)
◎3	窪 大樹	(井田)
3	露木 幹太	(戸塚)
3	堀田 爽	(保土ケ谷)
3	矢野 律	(生麦)
3	山口 陸	(本宿)
☆3	入戸野 萌	(瀬谷)
☆3	楡井 彩香	(座間東)
2	大川 遥己	(栗原)
2	中山 晄	(桂台)
2	平井 優作	(横浜吉田)
2	森 琢磨	(樽町)
☆2	新谷 美結	(市ケ尾)
1	小泉 龍哉	(中川西)
1	田中 壮佑	(樽町)
1	田中 暖生	(宮田)
1	寺久保武志	(東山田)
1	平尾 伊吹	(東永谷)
1	南 佳樹	(六浦)
1	山形 奏斗	(軽井沢)
1	吉川 和希	(樽町)

川和

横浜市都筑区川和町2226－1

部長	藤塚 大輔	
監督	伊豆原真人	
3	荒畑 諒人	(茅ケ崎)
3	浦山 倖	(都岡)
3	祇園 尚大	(大綱)
3	小林 元輝	(井田)
◎3	新藏 大雅	(犬蔵)
3	斉藤 遥紀	(東鴨居)
3	佐伯 俊哉	(東鴨居)
3	德納 将頼	(もえぎ野)
3	中村誠之介	(今宿)
3	吉田 悠平	(井田)
☆3	大河内仁琴	(奈良)
2	青木 寛人	(栗田谷)
2	青柳 知樹	(神奈川)
2	井上 陽貴	(中川西)
2	今井 大雅	(中川西)
2	植木 元太	(有馬)
2	金子 暖	(市ケ尾)
2	川辺 祐貴	(中田)
2	小林 泰輝	(横浜鴨居)
2	齋藤 航	(あざみ野)
2	三枝木優太	(汐見台)
2	櫻井 寛明	(中川西)
2	澤田 健斗	(東山田)
2	髙西 和希	(市ケ尾)
2	竹内 栄弘	(六角橋)
2	田宮 勇吹	(高津)
2	千々松慶太	(中川西)
2	中村 惇	(谷本)
2	坂 征明	(中川)
2	丸山 凌平	(住吉)
2	水落 太一	(西中原)
2	宮越 泉	(荏田南)
2	持田 晃成	(青葉台)
2	山本 渉央	(中川)
2	山本 大樹	(茅ケ崎)
☆2	磯 亜衣希	(荏田南)
☆2	菊地 陽菜	(中川西)
☆2	座間 想	(都田)
☆2	守屋 結菜	(住吉)
1	岩木 壮太	(生麦)
1	歌川 逢介	(中川西)
1	打越 真孝	(都田)
1	岡林 遼	(荏田南)
1	梶川 雄作	(東山田)
1	川原田 誠	(樽町)
1	佐藤 翔斗	(桂台)
1	関向隆多郎	(東高津)
1	髙島 壮司	(宮崎)
1	竹田 櫂	(荏田南)
1	田村 隼士	(川崎橘)

1	永澤 誠人	(茅ケ崎)
1	中村 太賀	(中山)
1	野呂 瑛心	(あかね台)
1	馬場 耀太	(茅ケ崎)
1	平岡 拓真	(軽井沢)
1	三木健太郎	(宮前平)
1	山﨑 遥介	(上の宮)
☆1	井形 咲弥	(高津)
☆1	福原 遥花	(中川西)

鶴見

横浜市鶴見区下末吉6－2－1

部長	菅原雄之助	
監督	越智 秀明	
◎3	中村 圭吾	(日吉台)
3	中村 大輔	(上の宮)
3	野村 寛二	(生麦)
2	佐竹 大和	(寺尾)
2	遠藤 歩	(軽井沢)
2	石橋 蘭	(寺尾)
2	飯坂 風一	(神奈川)
2	長谷川孝博	(神奈川)
2	猪狩 隆裕	(潮田)
2	阿部 秀星	(市場)
2	織田 蒼士	(生麦)
☆2	頭山 美桜	(霧が丘学園)
☆2	渡邊 亜優	(矢向)
1	都築 雄大	(日吉台西)
1	倉品 圭佑	(上の宮)
1	酒井 銀二	(城郷)
☆1	児玉 幸乃	(平間)

横浜南陵

横浜市港南区日野中央2－26－1

部長	髙橋 直也	
監督	山田 尚	
3	池田 悠人	(笹下)
3	大塚 大輔	(港南台第一)
3	大本 純平	(六ツ川)
3	佐々木悠人	(東永谷)
◎3	瀬川 翔太	(横浜吉田)
3	吉住 海	(永田)
☆3	新井 梓乃	(森)
☆3	亀井 玲那	(笹下)
2	池田 壮太	(汐見台)
2	樫尾 朝陽	(上郷)
2	金子 温哉	(洋光台第一)
2	木村 友輝	(港)
2	久保田勝道	(芹が谷)
2	五月女航大	(上郷)
2	佐藤 汐恩	(豊田)
2	下浦 翔和	(永田)
2	中澤 拓真	(笹下)
2	西家 大和	(笹下)
2	西谷 篤海	(笹下)
2	野村 玲	(上郷)
2	濱本 士竜	(笹下)
2	橋口 奏汰	(岡村)
2	佐野 太陽	(豊田)
1	青山 大夢	(笹下)
1	浅野 幸喜	(六ツ川)
1	石西 健太	(笹下)
1	古河 大誠	(横浜南が丘)
1	長南 輝樹	(笹下)
1	早﨑 太一	(横浜吉田)
1	平井 宏	(横浜吉田)
1	和田柊一郎	(小山台)
☆1	安藤 楓花	(横浜南が丘)
☆1	西田 奏	(笹下)

港北

横浜市港北区大倉山7－35－1

部長	金成 和哉	
監督	馬賀 大祐	
◎3	辰巳 碧	(川和)
3	大貫椋一朗	(川和)
3	古屋颯太郎	(大綱)
3	上田 賢	(都田)
3	古池 優真	(茅ケ崎)
3	三野 泰輝	(保土ケ谷)
☆3	齋藤 理奈	(川和)
2	井町 弘樹	(日吉台)
2	加納稜太郎	(東鴨居)
2	杉田 慎英	(鴨志田)
2	武田 一彦	(日吉台)
2	田中 伶青	(市ケ尾)
2	野津 明聖	(大綱)
2	野村 大志	(樽町)

2	堀 拓人	(福岡・守恒)
2	中山 正樹	(新羽)
2	和田 優大	(篠原)
2	渡邊 直弥	(上の宮)
☆2	山崎 佳奈	(あざみ野)
1	井関 檜	(岡野)
1	市川 幹大	(奈良)
1	大野幸太郎	(軽井沢)
1	齋 翔太郎	(浦島丘)
1	酒向 優輝	(日吉台)
1	篠原 大輔	(六角橋)
1	鈴木 和真	(矢向)
1	高松 成吾	(中川)
1	田中幸太郎	(城郷)
1	千葉 優太	(都田)
1	遠山 敦史	(日吉台)
1	前田 楓	(横浜南が丘)
1	横田 侑斗	(日吉台)
1	吉川 諒平	(川和)
1	吉田 匠吾	(市場)
☆1	加藤さくら	(山内)
☆1	小山愛宥美	(東山田)
☆1	松本 優芽	(早渕)

柏陽

横浜市栄区柏陽1－1

部長	横山 涼太	
監督	横山 涼太	
3	飯野 律毅	(深沢)
3	植田 孔明	(希望が丘)
◎3	鈴木 祥悟	(岩瀬)
3	鈴木 空良	(南希望が丘)
3	富田 真也	(港南)
3	百瀬 隆太	(岩瀬)
☆3	尾﨑 由佳	(国大附属鎌倉)
☆3	鈴木 葵生	(深沢)
2	浅井 雄飛	(高浜)
2	阿部 恵大	(大磯)
2	石井 開	(汲沢)
2	市村聡太郎	(南郷)
2	坂本 龍征	(日野南)
2	谷村 翔	(六浦)
2	長尾 誠吾	(大綱)
2	長澤 恒輝	(大綱)
2	橋本 拓実	(平戸)
2	吉田 直翔	(森)
2	渡辺 尚紀	(富岡)
1	尾﨑 了祐	(岩瀬)
1	河西 幹太	(戸塚)
1	金本 龍平	(高浜)
1	上条 瑛士	(仲尾台)
1	品川 航介	(笹下)
1	杉本 和樹	(二宮)
1	土井慎一朗	(市場)
1	鳥海 陽太	(上永谷)
1	野口 太暉	(岩瀬)
1	松隈 智生	(藤沢第一)
1	宮原 彰吾	(南瀬谷)
☆1	髙林莉彩子	(大正)

瀬谷

横浜市瀬谷区東野台29－1

部長	浅野 有哉	
監督	井上 翔平	
3	大川 匠	(栗原)
◎3	金岡 大地	(瀬谷)
3	河内 亮太	(光丘)
3	北原 律輝	(光丘)
3	札木 隆也	(瀬谷)
3	下山 琉空	(西浜)
3	鈴木 琉世	(鶴間)
3	須藤 航成	(湘南台)
3	髙浪 正至	(横浜橘)
3	髙橋 昂大	(瀬谷)
3	八木 紀希	(領家)
3	和嶋 悠太	(大庭)
☆3	西川 和花	(大和)
2	足立 直輝	(若葉台)
2	岡村 尚哉	(中和田)
2	小川 歩夢	(秋葉)
2	菊池 央雅	(西谷)
2	佐藤 裕太	(鴨志田)
2	中谷 伶	(いずみ野)
2	中野 友稀	(相模)
1	大江 蒼史	(南瀬谷)
1	大口 元気	(希望が丘)
1	亀田 章翔	(引地台)
1	佐々木一樹	(六会)
1	清水 昌洋	(南希望が丘)
1	新明 心和	(いずみ野)
1	鈴木 星名	(南希望が丘)

1 関口 虹輝 (南希望が丘)
1 冨田龍之介 (六　　会)
1 福田 暖士 (　原　)
1 畠山穂乃佳 (茅ケ崎)
☆1 谷口 夏瑚 (南瀬谷)

市ケ尾

横浜市青葉区市ケ尾町1854
部長 小林 達也
監督 菅澤 悠
3 髙柳 青生 (清　　新)
3 伊東 俊介 (白　　鳥)
3 若宮 恭介 (川崎有馬)
3 及川 亮汰 (塚　　越)
3 稲谷 勇城 (山　　内)
3 青木健太朗 (渋　　谷)
3 亀山 理来 (中　　川)
3 疋田 遼 (中　　川)
3 三浦 光揮 (十日市場)
3 三田 陸翔 (十日市場)
3 伊藤 理央 (あざみ野)
3 仁科 輝人 (中川西)
3 布施 岳斗 (六角橋)
3 山田 惇矢 (中川西)
3 小永井 寧 (早　　渕)
◎3 篠田 涼太 (柿　　生)
3 野田 和希 (旭　　北)
☆3 羽鳥 美穂 (大　　綱)
2 野田 翔太 (市ケ尾)
2 安岡 風汰 (宮前平)
2 太古 直希 (栗田谷)
2 奥田 健太 (西中原)
2 勝井 護 (川崎有馬)
2 渡邉 拓実 (向　　丘)
2 志村 海都 (西中原)
2 八木 悠真 (茅ケ崎)
2 中川 千滉 (宮　　崎)
2 林田 祥宏 (あかね台)
☆2 中條 葵衣 (あざみ野)
☆2 堀 こころ (あかね台)
☆2 金子 友香 (あかね台)
1 松本 大馳 (新　　田)
1 青木 幸星 (新　　田)
1 峯 陸人 (都　　田)
1 藤原 亮 (川崎長沢)
1 堀川 爽馬 (鴨志田)
1 増井 洋平 (中　　川)
1 髙原 春希 (茅ケ崎)
1 髙橋 陸人 (つきみ野)
1 北脇 翔馬 (中　　山)
1 杉田周一郎 (美しが丘)
1 佐藤 悠雅 (横浜鴨居)
1 木澤 卓也 (王禅寺中央)
1 高槻 琉聖 (横浜鴨居)
1 山口 侑真 (川崎橘)
1 遠藤 斗真 (西高津)
1 丸山 勇太 (奈　　良)
☆1 福田 恭花 (城　　郷)

金井

横浜市栄区金井町100
部長 佐藤 裕
監督 島田 稔理
3 浅岡 耀頂 (日野南)
◎3 石井雄一朗 (岡　　野)
3 大西 一平 (豊　　田)
3 小川 航希 (泉が丘)
3 佐藤 拳輔 (桂　　台)
3 羽野天太郎 (領　　家)
3 平岩 夢 (南戸塚)
3 平沢 拓実 (豊　　田)
3 前田波音人 (南戸塚)
3 松井 大樹 (泉が丘)
3 宮地 康之 (玉　　縄)
3 森 凌嘉 (玉　　縄)
3 山本 翔大 (中　　田)
3 吉永翔大郎 (領　　家)
3 吉原 大世 (平　　戸)
3 米﨑 嵩人 (飯　　島)
☆3 八重樫花歩 (飯　　島)
2 清沢 紘貴 (小山台)
2 甲田 隼大 (泉が丘)
2 鈴木 朝 (戸　　塚)
2 高田 樹 (上永谷)
2 田渕 太智 (いずみ野)
2 平野 太一 (汲　　沢)
2 森 幸星 (日野南)
2 和田 毅士 (玉　　縄)
2 渡邉 駿 (汲　　沢)
☆2 森 愛子 (港　　南)
1 荒井 杏輔 (洋光台第一)
1 荒田 誠司 (洋光台第一)
1 磯崎 陽平 (南戸塚)
1 岩崎 伊吹 (大　　正)
1 押尾 遼平 (中　　田)
1 加藤 恒志 (境　　木)
1 加藤 真悟 (領　　家)
1 加藤 眞翔 (大　　正)
1 児玉 大和 (名　　瀬)
1 西村 和樹 (深　　沢)
1 原田 悠生 (名　　瀬)
1 増子 智也 (上　　郷)
1 山村 友則 (大　　正)

旭

横浜市旭区下川井町2247
部長 遠藤 弘樹
監督 西江 明日
◎3 荒井 大輝 (南瀬谷)
3 漆原 大悟 (万騎が原)
3 風間 雄斗 (今　　宿)
3 梶田 直人 (横浜旭)
3 牛腸 響 (瀬　　谷)
3 斉藤 太壱 (南希望が丘)
3 櫻井 勇眞 (今　　宿)
3 芝田 優輝 (万騎が原)
3 新庄 大弥 (都　　岡)
3 多田 遼人 (都　　岡)
3 長倉 太輝 (新　　井)
3 根﨑 将翔 (南瀬谷)
3 平野 優人 (東　　野)
3 持田虎大朗 (上飯田)
3 山宮 龍 (東　　野)
3 綿貫 直人 (鶴　　間)
☆3 宅間さくら (南希望が丘)
☆3 堂下 雪乃 (鶴ケ峯)
2 亀江 天哉 (鶴ケ峯)
2 中澤 海斗 (鶴ケ峯)
2 新田 祥吾 (　原　)
2 富樫 茉昼 (霧が丘学園)
☆2 杉田 陽菜 (柏ケ谷)
1 後藤 雅弥 (瀬　　谷)
1 小林 武輝 (今　　宿)
1 佐々木功雅 (今　　宿)
1 谷口 智紀 (南瀬谷)
1 根﨑 隼翔 (南瀬谷)
1 原田 健志 (南瀬谷)
☆1 野本 愛翔 (　原　)
☆1 伊藤 美来 (横浜緑が丘)

霧が丘

横浜市緑区霧が丘6－16－1
部長 相原虎太朗
監督 永田荘文介
3 秋元 優汰 (上白根)
3 安藤 大悟 (霧が丘学園)
3 池田 尚弘 (あかね台)
3 大島 叶 (旭　　北)
◎3 奥濱 真楊 (いずみ野)
3 武島 大輔 (都　　岡)
3 中島 隆宏 (谷　　本)
3 林 歩馬 (旭　　北)
3 福本 柊夏 (希望ケ丘)
3 若杉 優汰 (城　　郷)
3 小金井遥佳 (城　　郷)
☆3 舘岡 奈央 (瀬　　谷)
2 大羽 晟矢 (田　　奈)
2 吉田 将也 (岡　　津)
2 佐藤 悠大 (緑が丘)
2 塩田 静児 (　原　)
2 奈村 怜門 (東鴨居)
2 湯田 陸人 (東鴨居)
2 二ノ宮航太 (南瀬谷)
☆2 小川 瀬奈 (もえぎ野)
1 青木 礼恩 (谷　　本)
1 大貫 総司 (谷　　口)
1 楠木 冬那 (若葉台)
1 後藤 心真 (城　　郷)
1 小宮 隼人 (希望が丘)
1 竹野 拓耶 (旭　　北)
1 野田 結太 (城　　郷)
1 堀内 裕太 (城　　郷)
1 湊 拓真 (西　　谷)
1 望月 海翔 (旭　　北)
1 若井 湊 (今　　宿)
☆1 木村 佳奈 (保土ケ谷)
☆1 戸ケ﨑優奈 (霧が丘学園)

金沢総合

横浜市金沢区富岡東6－34－1
部長 大塚 克巳
監督 黒滝 敏明
3 中谷 陽貴 (洋光台第一)
3 吉田 健人 (南下浦)
3 田辺 一志 (金　　沢)
3 木下 仁 (富　　岡)
◎3 真田 聖空 (釜利谷)
3 西村 孝輝 (大　　鳥)
3 小金丸大吉 (金　　沢)
☆3 竹下 琉夏 (西　　柴)
☆3 田代 葵 (中　　田)
2 伊藤 諭 (小　　田)
2 大隅瑛二郎 (　森　)
2 久保田将生 (茨城・勝田第二)
2 三宅 柊翔 (金　　沢)
2 佐古幸太郎 (大　　津)
2 宇田川煌我 (　浜　)
2 青木 悠斗 (富岡東)
☆2 杉村 菜々 (笹　　下)
1 浅場 謙汰 (港　　南)
1 田嶋 成輝 (汐見台)
1 山﨑 日向 (鴨　　居)
1 三戸 孔盟 (鴨　　居)
1 前原 一輝 (久里浜)
☆1 青木 梨菜 (富岡東)
☆1 池谷 心美 (六　　浦)

白山

横浜市緑区白山4－71－1
部長 安東 拓真
監督 尾形 裕昭
3 阿部 龍大 (　浜　)
3 石井 登也 (十日市場)
3 石渡 和輝 (　浜　)
3 井出 光哉 (寺　　尾)
3 伊藤 琉雅 (荏田南)
3 植松孝太郎 (東　　林)
3 内田 脩真 (寛　　政)
3 加藤 拓海 (若葉台)
3 金津 勇飛 (中　　田)
3 金子 蓮 (相模丘)
3 川田 孝太 (羽　　鳥)
3 金原 大成 (あかね台)
3 鯨 達也 (相　　模)
3 小谷 玄太 (清　　新)
3 後藤 楓雅 (寺　　尾)
3 斉木 悠真 (生　　麦)
3 島田 匠 (秋葉台)
3 杉山 祥太 (平　　楽)
3 鈴木 将太 (芹が谷)
3 鈴木 孝文 (都　　田)
3 髙橋 優誠 (上の宮)
3 髙橋 雄大 (戸　　塚)
3 竹下 空 (横須賀鴨居)
◎3 中村 鯨佑 (中　　田)
3 二瓶 洋太 (川崎橘)
3 根本 航希 (保土ケ谷)
3 林 大貴 (横浜南が丘)
3 林 留海生 (上菅田)
3 平本 右京 (瀬　　谷)
3 藤江 皓貴 (新　　町)
3 保坂 駿弥 (横浜橘)
3 丸 優太 (鶴ケ峯)
3 宮下 侑大 (長　　後)
3 由利 航大 (相模丘)
3 吉岡 駿斗 (寛　　政)
3 吉田 丈留 (六角橋)
2 石橋 奏汰 (共　　和)
2 内海 光琉 (深　　沢)
2 太田 空大 (秋葉台)
2 金子 俊介 (城　　郷)
2 栗田 惺矢 (日吉台西)
2 小杉 亮 (瀬　　谷)
2 宍戸 音太 (鴻野森)
2 志田 海斗 (清　　新)
2 髙梨 湧叶 (新　　羽)
2 長田 翔悟 (上の宮)
2 中村 爽人 (日限山)
2 藤本 翔馬 (城　　郷)
2 藤森 隆介 (下福田)
2 松本 脩汰 (　原　)
2 皆川 晴雄 (川　　和)
2 目黒 素直 (向　　丘)
2 森川 晴翔 (平　　楽)
2 山﨑 駿哉 (老　　松)
2 分目幸太郎 (岩　　崎)
2 吉川 倖大 (汐見台)
☆2 福村 海咲 (菅　　田)
1 青木 拓太 (西　　柴)
1 阿部 蒼空 (日野南)
1 飯田 泰地 (名　　瀬)
1 宇田川 陽 (希望が丘)
1 遠藤 秀正 (旭　　北)
1 木村 利央 (つきみ野)
1 工藤倫太朗 (小　　山)
1 杉 海舟 (西　　谷)
1 鈴木琥太郎 (新　　井)
1 鈴木 翔陽 (あかね台)
1 瀬川 雄太 (横浜吉田)
1 髙原 敬大 (東　　橘)
1 田中 一成 (小　　山)
1 多辺田埜亜 (大　　鳥)
1 政 直樹 (横浜南)
1 永井 大樹 (上白根)
1 浜 輝玖海 (共　　進)
1 早川 壮太 (高　　津)
1 藤沢 陽弥 (錦　　台)
1 舛井 武蔵 (谷　　本)
1 松嵜 大介 (名　　瀬)
1 水瀬凜太朗 (茨城・手代木)
1 弓場 光喜 (小　　山)
1 吉田 柊 (岡　　野)
☆1 東山 里香 (希望が丘)
☆1 山ノ井しおり (岡　　野)

舞岡

横浜市戸塚区南舞岡3－36－1
部長 三富 優希
監督 三富 優希
3 山口虎太郎 (戸　　塚)
3 高梨 巧真 (港南台第一)
◎3 田尻 颯翔 (名　　瀬)
3 鈴木 颯人 (桂　　台)
3 森戸 李樹 (泉が丘)
3 沖田 知優 (深　　谷)
☆3 佐々木陽香 (戸　　塚)
☆3 宮川 彩音 (汲　　沢)
☆3 藤渡 陽奈 (松　　林)
2 庄司 湊大 (岩　　崎)
2 柴田和太朗 (野　　庭)
2 倉園 和汰 (豊　　田)
2 小林 仁 (豊　　田)
2 坂本 祐舵 (横浜橘)
2 鈴木 翔太 (横浜橘)
2 福原 幸陽 (戸　　塚)
2 今岡 諒也 (岡　　津)
2 筒井 祐成 (岡　　津)
2 海野 優大 (上永谷)
2 郡司 翼 (日限山)
2 佐藤 秀虎 (共　　進)
2 市川 晃成 (蒔　　田)
1 大澤 暉人 (六　　浦)
1 西郷 功介 (丸山台)
1 森 春輝 (横浜橘)
1 馬場 寛大 (丸山台)
1 竹内 悠 (上　　郷)
1 橋本 健 (名　　瀬)
1 鈴木 翔也 (日限山)
1 飯田 真平 (名　　瀬)
1 簗井 泰成 (豊　　田)
1 福井 敬大 (丸山台)
1 吉田 祥瑛 (丸山台)
1 秋山 祐樹 (名　　瀬)
☆1 石井 紗奈 (岡　　津)

松陽

横浜市泉区和泉町7713
部長 生方 彰徳
監督 武宮 義明
3 樫本 響 (旭　　北)
3 北川晃太朗 (湘南台)
3 鞍馬 亨政 (南瀬谷)
3 坂本 悠太 (上永谷)
3 原 将梧 (保土ケ谷)
3 平出 大智 (湘南台)
◎3 山口 基樹 (中・田)
☆3 安武 希美 (高　　倉)
2 大根 陽人 (横浜隼人)
2 角田 拓毅 (六　　会)
2 西藤 万雄 (保土ケ谷)
2 清水 浬 (南瀬谷)
2 関 奏太 (領　　家)
2 田代 佑羽 (松　　本)
2 田中 優成 (岡　　津)
2 野沢 悟 (六　　会)
2 山中 悠生 (渋　　谷)
2 東 光星 (鶴ケ峯)
1 植松 仁 (鶴ケ峯)
1 菊地 威吹 (下瀬谷)
1 時津 亘 (いずみ野)
1 納口 世凪 (引地台)
1 立花 聖人 (泉が丘)
1 萩原 蓮 (泉が丘)
1 藤本 侑志 (泉が丘)

1	宮原　史楓	（泉が丘）
1	美山　琉依	（泉が丘）
☆1	東　珠々菜	（神奈川大附属）
☆1	金子　結希	（鶴ケ峯）
☆1	千明　葵衣	（上飯田）

横浜栄

横浜市栄区上郷町555

部長	中村　優大	
監督	坂元　裕貴	
3	北川　昂斗	（汲沢）
3	中村　隼大	（東永谷）
3	小林俊太郎	（富岡）
3	鶴見　稜太	（共進）
3	脇山　和人	（港南台第一）
3	尾嵜　公哉	（日野南）
3	谷川　涼	（桂台）
3	加藤　颯真	（平戸）
3	吉村　和真	（横浜南）
3	越後　陽喜	（丸山台）
◎3	小島　優騎	（根岸）
3	森野　奏楽	（港）
☆3	藤原　風香	（寺尾）
☆3	岸田　愛華	（小田）
2	大塚　隆太	（横浜吉田）
2	小川　綾太	（横浜吉田）
2	村津　朝陽	（平戸）
2	佐野　和弥	（横浜南）
2	小中信之介	（上永谷）
2	塚越　智大	（蒔田）
2	日高　睦	（岩瀬）
2	丹羽　悠太	（横浜南）
2	長島　功樹	（横浜南）
☆2	沼田　明美	（洋光台第二）
1	堀田　雄太	（国大附属鎌倉）
1	山本　紘太	（小山台）
1	吉川　雄乃	（汐見台）
1	後藤　佑希	（横浜南）
1	沢井　勇輔	（横浜南）
1	畑山　康太	（桂台）
1	清宮　瑛斗	（西本郷）
1	羽間　智哉	（港南台第一）
1	浅野　将寿	（港南台第一）
1	今岡　岬	（港南台第一）
☆1	髙橋　ひな	（玉縄）
☆1	亀田　千夏	（下瀬谷）

横浜氷取沢

横浜市磯子区氷取沢町938－2

部長	矢島　俊也	
監督	安齋　賢	
3	赤井　佑樹	（日野南）
3	石田　遥弥	（浜）
3	吉村　丈瑠	（富岡）
3	奥津　佑都	（笹下）
3	上村　汰正	（浦島丘）
3	川村　政喜	（根岸）
3	木村　伊織	（浜）
3	後藤　大和	（洋光台第一）
3	齊田　陽喜	（浜）
3	榊原　陸央	（笹下）
3	関　太一	（港南台第一）
3	林　蓮珠	（富岡）
3	吹澤　蒼太	（本郷）
3	三村　智之	（根岸）
3	森崎　兼三	（富岡東）
◎3	栁沢　蒼士	（日野南）
☆3	内田　藍来	（腰越）
2	阿部　岳	（並木）
2	大久保碧空	（浜）
2	白方　成斗	（汐見台）
2	亀田　結太	（港南台第一）
2	刈谷光一郎	（平戸）
2	平野　将央	（六浦）
2	松下　昌真	（宮城・古川西）
2	峯川　旺祐	（笹下）
☆2	鴨打　美和	（羽鳥）
☆2	木村彩也花	（港南）
☆2	小林　姫乃	（名瀬）
1	小田　悠人	（六浦）
1	小石　拓門	（洋光台第二）
1	二瓶　颯太	（横浜南）
1	田村　隆汰	（富岡）
1	津村　勇吾	（金沢）
1	青木　勇真	（国大附属鎌倉）
1	稲葉　礁	（六浦）
1	島村　侑	（永田）
1	髙崎　一輝	（上郷）
1	井出　雅貴	（平戸）
1	谷岡風羽馬	（釜利谷）
1	正津孝太朗	（西本郷）

1	竹内　秀	（横浜南）
1	若命謙次朗	（逗子）
1	佐藤　遥斗	（並木）
☆1	渡邉　椿	（港南）
☆1	青柳　杏奈	（野比）
☆1	吉田いろは	（長沢）
☆1	加藤　琴乃	（浦賀）

新羽

横浜市港北区新羽町1348

部長	鈴木　一歩	
監督	戸塚　義晃	
3	林　拓磨	（錦台）
◎3	菊地　啓介	（瀬谷）
3	加藤　響規	（城郷）
3	佐藤　璃人	（都田）
3	遠山　諒弥	（日吉台）
2	鈴木　竜真	（菅田）
2	大石　亜周	（寺尾）
2	栗原　一哉	（野川）
2	小野　瑠惟	（神奈川）
2	石井　瑞貴	（浜）
2	五十嵐永汰	（新羽）
2	鹿沼　那瑠	（あざみ野）
2	高安　高平	（笹下）
2	間普　有希	（篠原）
2	池田　圭吾	（錦台）
2	小林　楽駆	（都田）
2	齊藤　隆介	（鶴見）
2	伊波　海莉	（寺尾）
☆2	葛西　美月	（川中島）
1	後藤　旬哉	（寺尾）
1	西田　柊吾	（新田）
1	野村　七渉	（矢向）
1	星野　拓騎	（市場）
1	吉野　哲史	（横浜鴨居）
☆1	秋山　碧希	（末吉）
☆1	新倉　愛望	（潮田）
☆1	野田　真帆	（末吉）
1	田島　莞大	（末吉）

横浜清陵

横浜市南区清水ケ丘41

部長	佐藤　幸太	
監督	野原慎太郎	
3	青木　力良	（市場）
3	五十嵐　俊	（港南）
3	伊波　陸人	（寺尾）
3	入江　優太	（池上）
◎3	江藤　温大	（六ツ川）
3	小平　悠真	（宮田）
3	春日　草太	（錦台）
3	片桐　晴登	（新田）
3	橘川真之介	（根岸）
3	鈴木　大陽	（本牧）
3	中　直之	（丸山台）
3	森　恵哉	（南戸塚）
3	柳下　温人	（本郷）
3	渡邊　駿太	（小田）
☆3	牧田　七海	（錦台）
☆3	服部　彩花	（岡津）
2	石井麟太郎	（六浦）
2	上原　大輝	（舞岡）
2	香味　翼	（岡村）
2	坪井　俊憲	（蒔田）
2	平子　大地	（大師）
2	平田　悠真	（本牧）
2	吉岡　洸希	（岩崎）
☆2	坂本夏奈子	（汐見台）
☆2	出口萌々香	（笹下）
1	石岡　光一	（下瀬谷）
1	井川　智博	（汐見台）
1	苅谷　大斗	（岩崎）
1	丸山　聖悟	（生麦）
1	津島　瑠玖	（西谷）
1	内山　大輔	（蒔田）
1	植本　颯太	（西谷）
1	西村　駿佑	（藤の木）
1	金野　壮哉	（横浜吉田）
1	菅野なぎさ	（横浜南が丘）
1	永原　功富	（洋光台第二）
1	佐藤　巧都	（六角橋）
1	左右田琥哲	（岩井原）
1	吉原　陽人	（塚越）
☆1	石塚　佳帆	（老松）
☆1	楡井　優実	（港南）

田奈

横浜市青葉区桂台2－39－2

部長	金子　圭希	
監督	渡辺　雄大	
◎2	新山ひかる	（あざみ野）
2	樋口　奏太	（谷本）
1	木村　直也	（谷本）
1	羽田野純一	（谷本）

横浜緑園

横浜市泉区岡津町2667

部長	伊藤　大樹	
監督	増田　亮	
◎3	渋谷　康平	（上飯田）
3	田沼　治樹	（南希望が丘）
3	早川　鷹虎	（鵠沼）
3	藤田　紗輔	（本牧）
☆3	河野　美咲	（浜）
2	堀井　耀介	（平戸）
2	加藤　広野	（岡野）
1	原　広翔	（洋光台第一）
☆1	無藤　彩	（横浜南が丘）

荏田

横浜市都筑区荏田南3－9－1

部長	町田　隆	
監督	窪田　祐司	
3	須田　翔太	（篠原）
3	浅見　潤	（生田）
3	平間　康生	（あかね台）
3	長島　悠介	（野川）
◎3	勇崎　早翔	（宮崎）
3	杉浦　悠大	（中川西）
3	森川丈太郎	（川和）
3	原　凜太朗	（東山田）
3	後藤　大輝	（東山田）
3	菅谷　拓未	（若葉台）
2	稲山　慶祐	（谷本）
2	尾上　太成	（旭北）
2	木原　駿輔	（市ケ尾）
2	鈴木　暁平	（旭北）
2	田中　陵	（横浜鴨居）
2	鳥谷部秀音	（東山田）
2	内藤　寛太	（茅ケ崎）
2	仁田達之介	（奈良）
2	洞澤　祐太	（市ケ尾）
2	見留　翔太	（十日市場）
☆2	加藤　さわ	（南林間）
☆2	塩野　春菜	（中山）
☆2	田村　日乃	（宮崎）
1	内海　優成	（山内）
1	小澤　愛翔	（川崎有馬）
1	勝俣　翔斗	（大和）
1	杉山湊太郎	（川崎有馬）
1	那須　幸矢	（相模）
1	沼田　虎吉	（都田）
1	服部　航汰	（菅生）
1	山崎　優斗	（青葉台）
☆1	畑山　愛菜	（中川西）

瀬谷西

横浜市瀬谷区中屋敷2－2－5

部長	田中清志郎	
監督	齊藤　慶彦	
3	阿部　大希	（本宿）
3	内野　和哉	（本宿）
3	梅原　陸輝	（浦島丘）
3	笠井　秀斗	（旭北）
3	小山内優太	（瀬谷）
◎3	小川晋之介	（南希望が丘）
3	久保田祐平	（光丘）
3	武田　碧杜	（原）
3	近村　琉介	（名瀬）
3	寺前　琉伊	（原）
3	守屋　汰一	（瀬谷）
2	松井瑛治朗	（宮田）
2	長谷川達也	（根岸）
2	上野　秀英	（南林間）
2	田中　悠悟	（渋谷）
☆2	阿部　百海	（岩崎）
☆2	近藤　優衣	（相模）

横浜桜陽

横浜市戸塚区汲沢町973

部長	坪内　寛	
監督	小林　恒平	
3	金木　秀麿	（浜）
3	下地　海人	（笹下）
◎3	末廣　大智	（六ツ川）
2	相原　広大	（岡野）
2	小島　良太	（鷹取）
2	古谷　航大	（藤沢第一）
1	麻生　千翔	（六浦）
1	石井　遙登	（深谷）
1	加藤　匠真	（松浪）
1	小泉　風芽	（六浦）
1	鈴木　龍平	（共進）
1	髙橋　皓哉	（港南）
1	馬渡　空良	（中田）
☆1	荒川もみじ	（岡津）
☆1	伊藤　愛海	（六浦）

横浜旭陵

横浜市旭区上白根町1161－7

部長	冬川　弘祐	
監督	佐々木　圭	
3	坪井　恵太	（都岡）
3	井上　寛太	（鶴間）
◎2	菅野虎斗晴	（東鴨居）
1	内山　拓海	（都岡）
1	多田　紘太	（都岡）

鶴見総合

横浜市鶴見区平安町2－28－8

部長	櫻井　正弘	
監督	櫻井　正弘	
◎3	蓜島　将司	（汐見台）

保土ケ谷

横浜市保土ケ谷区川島町1557

部長	寺尾　彰真	
監督	曽田　裕介	
3	池田　大和	（泉が丘）
3	宮下　紘樹	（本郷）
3	小宮山　秀	（中和田）
3	有村　夏	（上郷）
3	城田　翔吾	（旭北）
3	山本　大地	（金沢）
◎3	添田　優希	（上郷）
3	齋藤　優輝	（芹が谷）
☆3	坂本　陽菜	（南瀬谷）
2	吉田　譲	（洋光台第一）
2	HANGUYEN CONGPHUOC	（いずみ野）
2	田丸　樹	（保土ケ谷）
☆2	宮田　凜奈	（境木）
1	板垣　和樹	（軽井沢）
1	中川　昊	（西谷）
1	小島　佳祐	（西谷）
1	髙橋　啓人	（希望が丘）
1	笹岡　大翔	（小山台）
1	榊原　秀斗	（上菅田）
1	加山　剛士	（上菅田）
1	中村　歩夢	（宮田）
☆1	館山　愛瑠	（岡津）

新栄

横浜市都筑区新栄町1－1

部長	秋田　大地	
監督	鈴木　裕	
3	船山　睦人	（中川）
◎3	小澤　修太	（城郷）
3	柴田　紘成	（大綱）
3	戸塚正太朗	（大綱）
☆3	髙橋すみれ	（横浜鴨居）
2	米澤孝太郎	（早渕）
2	中別府飛来	（東鴨居）
2	成田　愛生	（市ケ尾）
2	建部　翔行	（高田）
☆2	太田　深月	（笹下）
1	内田　哲平	（浦島丘）
1	山田　湊大	（浦島丘）
1	齋藤　優羽	（荏田南）
1	下迫　佳太	（宮田）
☆1	田子　すず	（東高津）

元石川

横浜市青葉区元石川町4116

部長	檀野　大輔	

監督 平間 隆
3 奥山 優太 （中川西）
3 森 創太 （稲田）
3 葛山 蓮太 （中山）
3 福澤 昂樹 （中山）
◎3 末廣 空大 （菅生）
3 柴田人優生 （菅生）
3 木下 幸輝 （柿生）
3 地主 龍世 （山内）
☆3 辺見 涼香 （犬蔵）
☆3 千野 萌実 （犬蔵）
☆3 杉﨑 史佳 （霧が丘）
2 有馬 凛 （あざみ野）
2 木下 剛 （枡形）
2 若林慶太朗 （市ケ尾）
2 荒井 大宙 （横浜茅ケ崎）
2 堀内 一颯 （日吉台）
2 及川 静哉 （あざみ野）
2 酒井 蓮 （山内）
2 鈴木 保瑛 （もえぎ野）
2 内藤 遥輝 （田奈）
2 井原 怜士 （横浜茅ケ崎）
2 伊勢 悠利 （向丘）
2 山下 准平 （横浜鴨居）
2 吉田 蒼 （川崎長沢）
2 森田 隼人 （奈良）
☆2 齋藤 瑠莉 （宮前平）
☆2 伊藤亜希子 （新羽）
1 奥田 祐生 （山内）
1 佐藤 優太 （野川）
1 出口 聖晃 （すすき野）

釜利谷

横浜市金沢区釜利谷東4－58－1
部長 栗原 悟
監督 竹林 滉平
◎2 駒木根 照 （上菅田）
2 前田 颯太 （横須賀鴨居）
2 清水香澄海 （大正）
1 真田 健吾 （南戸塚）
1 亀井翔之介 （上郷）

上矢部

横浜市戸塚区上矢部町3230
部長 田中 康寛
監督 安田 洋平
◎3 金澤 友星 （舞岡）
2 清水 泰貴 （芹が谷）
2 大河原一真 （豊田）
2 谷島 拓実 （名瀬）
2 石井慶二郎 （大正）
2 鈴木 希海 （名瀬）
2 島田 雄介 （中和田）
2 黒沼 広夢 （岡村）
2 野村 璃己 （左近山）
2 原 大翔 （左近山）
2 東野 天飛 （左近山）
☆2 佐藤 花 （中田）
1 青木 大輝 （末吉）
1 嶋田透太朗 （永田）
1 安武 志侑 （港南）
1 佐々木琥愛 （大正）
1 齊木龍之介 （大正）
1 豊田 明史 （小山台）
1 菅野 湧 （泉が丘）
1 京藤 奏多 （横浜南）
1 道休 雪雄 （日限山）
☆1 飯島 来羽 （西谷）

岸根

横浜市港北区岸根町370
部長 宮崎 朋幸
監督 梅澤 浩太
◎3 相崎 優輝 （栗田谷）
3 清水 諒 （東鴨居）
3 松下 航大 （末吉）
3 古屋 公 （中川西）
2 大塚 航希 （城郷）
2 齊藤祐之介 （都田）
2 田中 開 （篠原）
2 津田 健斗 （新羽）
☆2 小串 咲羽 （旭北）
☆2 唐澤 結衣 （市場）
1 穴吹 昊士 （神奈川）
1 梶原 凌吾 （末吉）
1 唐澤 輝大 （潮田）
1 久保田麗壱 （菅田）
1 齊藤 賢和 （神奈川）

1 島倉 大空 （横浜鴨居）
1 下平 峻 （篠原）
1 生天目楓真 （日吉台）
1 原田 拓弥 （鶴見）
☆1 瀧口 綾香 （生麦）
☆1 浜野 七海 （茅ケ崎）

永谷

横浜市港南区下永谷1－28－1
部長 髙橋 良輔
監督 平野 拓也
◎2 大井 左右 （老松）
2 松田虎次郎 （芹が谷）
1 山田 翔斗 （深谷）

光陵

横浜市保土ケ谷区権太坂1－7－1
部長 宮﨑 哲生
監督 野村 駿介
3 浅野 航也 （希望が丘）
3 井田倖太郎 （今宿）
3 倉澤 長 （岩瀬）
3 千村 梢維 （六角橋）
3 恒川 海都 （浦島丘）
◎3 長谷川皇仁 （中和田）
3 吉田 碧 （岩崎）
2 岡部 希海 （栗田谷）
2 白石 毅 （岡津）
2 髙橋 将也 （秋葉）
2 武田 拓也 （秋葉）
2 冨ケ原大揮 （日吉台西）
2 長谷 聡士 （汐見台）
2 藤井 健矢 （希望が丘）
2 水越 優太 （大阪・西陵）
☆2 松尾菜々子 （岩井原）
☆2 宗髙 咲歩 （名瀬）
1 内山 秀喜 （国大附属横浜）
1 大河 和輝 （汐見台）
1 小川 和晃 （深沢）
1 笠原 雅希 （岩井原）
1 久保田充喜 （永田）
1 柴田琉乃介 （老松）
1 田﨑 優也 （泉が丘）
1 田代 優太 （生麦）
1 檜山 和斗 （秋葉）
1 渡邊 駿 （上郷）
1 阿部 衛 （国大附属横浜）
☆1 石川 美結 （平戸）
☆1 木村葉菜子 （横浜南が丘）
☆1 倉林 佑衣 （国大附属横浜）

城郷

横浜市神奈川区三枚町364－1
部長 松岡 慶
監督 小池 健一
3 青柳将之介 （南河原）
3 荒川 颯 （左近山）
3 安藤 和人 （錦台）
3 池田 楓 （錦台）
3 今川 颯太 （錦台）
3 川端 敬人 （錦台）
3 佐野 優梧 （岩井原）
3 髙木 新太 （末吉）
3 斗舛 瑠空 （保土ケ谷）
3 長谷川政哉 （東鴨居）
◎3 細谷 岳澄 （錦台）
3 増田 應介 （松本）
3 松井 弾 （神奈川）
3 横田 恵周 （左近山）
3 吉岡 佳汰 （錦台）
3 渡邊瑛之介 （新羽）
2 小太刀修平 （岡野）
2 渡邉 昂汰 （横浜吉田）
2 矢治 智輝 （上の宮）
2 肥田野優太 （住吉）
2 工藤 晴翔 （菅田）
☆2 泉川 夢叶 （末吉）
1 吉田 洋也 （生麦）
1 村川凌太郎 （大鳥）
1 長澤 歩生 （浦島丘）
1 倉本 健太 （浦島丘）
1 阿部孔生太 （浦島丘）
1 手塚 磨柊 （栗田谷）
1 山﨑 聖 （洋光台第二）
1 吉田 智輝 （浦島丘）
1 金子 大翼 （保土ケ谷）
1 荒川 雄基 （城郷）
☆1 田所 美希 （錦台）

☆1 浪江 美妃 （若葉台）

横浜明朋

横浜市港南区港南台9－18－1
部長 髙信 智史
監督 畦田 拓也
◎3 中澤 晴男 （岩瀬）
3 森田 怜 （岩井原）
2 鹿田 大輔 （藤の木）
2 大島 宏太 （岩井原）
2 山本 航士 （国大附属鎌倉）
☆2 伊藤 舞海 （湘洋）
1 佐々木智秋 （本牧）

県商工

横浜市保土ケ谷区今井町743
部長 苅田 一典
監督 畠 陽一郎
3 相澤 徳士 （仲尾台）
◎3 臼井 楽結 （六ツ川）
3 篠田 蓮青 （岩崎）
3 三浦 怜旺 （岡村）
3 森 康平 （岩崎）
3 浜 望輝南 （共進）
3 森 漸士 （希望が丘）
3 森 時生 （岡津）
3 小川 修平 （六ツ川）
☆3 矢野 綾梨 （上の宮）
2 田中 大地 （保土ケ谷）
2 潮田 杏 （座間東）
2 井村 光毅 （瀬谷）
2 佐藤 樹 （片瀬）
2 荒木 大輔 （原）
2 溝口 慶斗 （鶴ケ峯）
2 渡邉 優鷹 （飯島）
2 堀川 涼生 （戸塚）
1 亀山 康樹 （平戸）
1 宮崎 幸樹 （大島）
1 津田 秀真 （瀬谷）
1 和田 颯太 （上菅田）
1 髙柳 琥珀 （上菅田）
1 安田 猛駿 （蒔田）
1 石井 凌大 （原）
☆1 田中 心羽 （六ツ川）

神奈川工

横浜市神奈川区平川町19－1
部長 田平 翔太
監督 信太 俊郎
3 川原 昇空 （川崎）
3 佐藤 由人 （岡津）
3 七戸 伸幸 （戸塚）
3 西岡 大騎 （汲沢）
3 岡 優輝 （谷口）
3 西岡 優希 （汲沢）
3 金子 康太 （名瀬）
3 小池 風仁 （久里浜）
3 藤代 響 （矢向）
3 吉田 透羽 （岡津）
3 竹下 源貴 （上郷）
3 伊藤 陽太 （万騎が原）
◎3 川越 遥斗 （羽鳥）
☆3 高梨 真由 （港南台第一）
2 田中 太進 （新井）
2 花里 颯太 （由野台）
2 佐藤 司 （浜）
2 鈴木 大陸 （上菅田）
2 田口 弘翔 （相模原旭）
2 大渕晃太郎 （城郷）
2 加賀谷翔真 （上永谷）
2 岩室駿大朗 （境木）
2 有嶋 直哉 （東鴨居）
2 篠﨑 遼河 （矢向）
2 堀江 凌平 （京町）
2 前野 輝斗 （高田）
2 成田 天斗 （神奈川）
2 樋口 翠 （秦野西）
2 辻元 大裕 （相陽）
☆2 鈴木 花野 （海老名有馬）
1 石井 要 （大津）
1 岩崎 蒼聖 （末吉）
1 上村 正弥 （栗田谷）
1 後藤 颯馬 （寒川東）
1 竹田 一輝 （戸塚）
1 坂内 煌太 （座間南）
1 松橋 拓 （横浜南）
1 池岸 遙也 （横浜南が丘）
1 渋谷 慶太 （共進）

1 宮田 空 （富岡東）
1 相澤 翔矢 （神田）
1 草野 颯 （大鳥）
1 竹内 元翔 （根岸）
1 中村 海厘 （矢向）
1 深川 由将 （保土ケ谷）
1 三宅 真暖 （丸山台）
1 田中 空流 （西金沢学園）
1 庭野 陸斗 （生麦）
1 小泉 飛鳥 （桂台）
1 後藤 公也 （上郷）
1 深川 聖将 （保土ケ谷）

磯子工

横浜市磯子区森5－24－1
部長 泉田 徳正
監督 小柴 義美
◎3 島村 健介 （笹下）
3 和賀 大樹 （富岡東）
3 南部 俊生 （汲沢）
3 松田 翔 （六ツ川）
3 内山 夏輝 （岩崎）
2 藤原 翔空 （洋光台第一）
2 秋月 和人 （小田）
2 棋谷 光汰 （釜利谷）
2 三國 響 （汐見台）
2 河野 幸喜 （蒔田）
2 西嶋 優貴 （野庭）
2 寺嶋 涼平 （追浜）
2 廣田 浩介 （金沢）
2 町田 楓真 （上郷）
2 竹原 快人 （桂台）
2 菊池 夢翔 （岡村）
☆2 小野 紗楓 （中和田）
1 斉藤 大洋 （浜）
1 渡邉 恵太 （いずみ野）
1 山口 白矢 （東永谷）
1 橋岡 幸誠 （洋光台第一）
1 秋山 敏樹 （戸塚）
1 浅井 賢太 （洋光台第二）
1 伊藤 晃汰 （浜）
1 菊池 珠憧 （いずみ野）
1 福井 陽琉 （上永谷）

金沢

横浜市金沢区瀬戸22－1
部長 伊東 祥央
監督 吉田 斉
3 阿部 祐介 （神奈川）
3 荒川 佑太 （日吉台）
3 飯野絹一朗 （六浦）
3 大河内天斗 （富岡東）
3 大垣 勇太 （名瀬）
3 金井 優輝 （南が丘）
3 切無澤諒也 （錦台）
3 鯉渕 稜久 （汐見台）
3 小林 成吾 （戸塚）
3 佐藤 佑 （六角橋）
3 佐藤 涼 （上郷）
3 曽根 大雅 （上菅田）
3 曽根 僚介 （寺尾）
3 杉山 航大 （いずみ野）
3 高橋 徹 （下瀬谷）
3 田中鼓太郎 （東鴨居）
3 田邊 響介 （日限山）
3 鳥海 碧人 （南戸塚）
3 永山 琢己 （松本）
3 早川 恭平 （東永谷）
3 藤井凜太郎 （日限山）
◎3 森永 夢士 （丸山台）
☆3 高柳 輝 （大道）
☆3 藤村 真優 （戸塚）
2 井本 泰聖 （日吉台）
2 岩間 翔 （六ツ川）
2 岩堀 伸哉 （大津）
2 江田 啓秋 （金沢）
2 大越 陽太 （栗田谷）
2 梶田 堅真 （港南）
2 亀山 悠成 （東永谷）
2 鯨井 琢磨 （中田）
2 黒川 大輔 （末吉）
2 佐伯航太郎 （栗田谷）
2 佐々木大和 （上永谷）
2 仙石 航太 （南が丘）
2 飛田 悠成 （浦島丘）
2 土橋 颯馬 （三崎）
2 西原 雄大 （平戸）
2 堀口 奏 （根岸）
2 松元 建大 （鎌倉第一）
2 宮内 理玖 （今宿）
2 森 大樹 （栗田谷）

2　山村　大輝　（中和田）
1　安藤　晴　（岩崎）
1　大橋　賢人　（桂台）
1　小田山未來　（横浜吉田）
1　内山　義己　（横浜隼人）
1　黒田　葉琉　（中川）
1　小池　龍一　（松本）
1　佐々木悠太郎　（中尾台）
1　杉山　蓮　（南戸塚）
1　髙橋　洸士　（川中島）
1　髙柳嶺太郎　（横浜南）
1　靏　昂希　（洋光台第二）
1　根崎　大河　（上永谷）
1　野元　涼羽　（舞岡）
1　廣岡滉士郎　（矢向）
1　廣田　大輝　（栗田谷）
1　本多　陽向　（浜）
1　本間　裕希　（笹下）
1　森本　周平　（新田）
1　矢継　智哉　（市場）
1　山口　颯太　（大矢部）
☆1　谷　姫菜香　（富岡）

南

横浜市港南区東永谷2－1－1
部長　内田　拓馬
監督　粟ケ窪喜一
3　岡村　遥飛　（南高校附属）
◎3　越智　秀太　（南高校附属）
3　金子　英主　（南高校附属）
3　河村　直樹　（上永谷）
3　小甲慎之助　（南高校附属）
3　清水　颯太　（南高校附属）
3　高木　健人　（南高校附属）
3　寺田　将太　（南高校附属）
3　谷津　唯希　（六角橋）
2　秋山　皓大　（南高校附属）
2　天野　結太　（南高校附属）
2　石井　健斗　（南高校附属）
2　大形　悠真　（南高校附属）
2　唱　翔吾　（南高校附属）
2　萩原　悠斗　（南高校附属）
2　畠山　耕卓　（南高校附属）
2　兵頭　陽　（南高校附属）
☆2　谷口　日香　（南高校附属）
☆2　冨永恵美華　（鶴見）
1　池島　直樹　（名瀬）
1　津戸　優輝　（横浜鴨居）
1　永野伸太郎　（南高校附属）
1　細田　和聖　（南高校附属）
1　牧野　航大　（南高校附属）
1　持田　明希　（南高校附属）
☆1　内田　紗菜　（南高校附属）
☆1　河合ここも　（南高校附属）

桜丘

横浜市保土ケ谷区桜ケ丘2－15－1
部長　川村　裕一
監督　泉田　浩道
3　木曽慎太郎　（上永谷）
3　小杉　悠日　（万騎が原）
3　齋藤　亮　（左近山）
◎3　土屋　勇介　（港南台第一）
3　長瀬　幹尚　（日野南）
3　福島　啓介　（本牧）
2　齋藤　睦輝　（鶴ケ峯）
2　三宮　遥　（平戸）
2　寶藏寺雄大　（岩崎）
2　森川　大翔　（寺尾）
2　山田龍之介　（戸塚）
2　黒部　陽菜　（平楽）
☆2　粟國　愛美　（西谷）
☆2　潁川　希　（西谷）
☆2　門脇真由子　（西谷）
☆2　江田　帆南　（保土ケ谷）
1　大山　颯太　（共進）
1　佐々木健人　（共進）
1　瀬﨑　太郎　（領家）
1　髙岡　周平　（希望が丘）
1　中丸　泰秀　（いずみ野）

戸塚

横浜市戸塚区汲沢2－27－1
部長　大原　美結
監督　的場　章
3　小原　悠翔　（港南）
3　川﨑　大輔　（笹下）
3　清水　颯真　（岩崎）

◎3　岡本　幸樹　（丸山台）
3　田平　竣大　（国大附属鎌倉）
3　田中　景地　（蒔田）
3　谷石　翼　（港南）
3　沖　稜真　（富岡）
3　保田　草太　（下瀬谷）
3　金沢　元太　（岡津）
3　田中伸之輔　（岡津）
3　猪原　莞大　（汐見台）
☆3　江本　萌　（浜）
☆3　松岡　沙弥　（岩崎）
☆3　野上　雪乃　（富岡）
2　足立　拓海　（舞岡）
2　川邊　恵達　（中田）
2　城所　将　（深谷）
2　慶野　達哉　（飯島）
2　西城健士朗　（芹が谷）
2　杉山　拓海　（名瀬）
2　芹澤　龍星　（大谷）
2　立石　旭人　（円蔵）
2　野口　侑剣　（いずみ野）
2　畑山　翔夢　（横浜吉田）
2　原田　毅　（大鳥）
2　森　柊也　（湘南台）
2　森本　陽真　（高浜）
2　山本　理央　（岡津）
2　横山　陸　（篠原）
☆2　石坂　ほの　（六角橋）
☆2　柿木　七海　（豊田）
1　青木　康大　（浜）
1　井手　秀則　（横浜吉田）
1　今村　優宏　（横浜南が丘）
1　大久保泰良　（深沢）
1　大島　宏太　（保土ケ谷）
1　太田隆之介　（南戸塚）
1　大津　翔琉　（松本）
1　織田　貴希　（上永谷）
1　甲斐　優希　（瀬谷）
1　加藤　康介　（湘洋）
1　柴田　拓翔　（岡津）
1　西村　巧　（北の台）
1　畠本　直和　（仲尾台）
1　畠本　賢和　（仲尾台）
1　三浦　晃　（横浜吉田）
1　山口　慶大　（岩崎）
1　芳本　拓巳　（笹下）
☆1　鈴木　杏那　（岩崎）

東

横浜市鶴見区馬場3－5－1
部長　市来　康人
監督　日向　広墨
3　岡本　康平　（神奈川）
3　須郷　恵太　（神奈川）
3　松井　英輔　（寺尾）
◎3　山内　渉平　（篠原）
2　植松　賢太　（大綱）
2　恵古　耀友　（荏田南）
2　高柳　佐祐　（十日市場）
2　二宮　良太　（中川）
2　藤間　遼樹　（浜）
2　柳田　悠貴　（川和）
☆2　大嶋　愛梨　（香川第一）
☆2　齋藤　颯矢　（上の宮）
1　市川　春来　（市場）
1　岩田　浩一　（横濱中華学院）
1　岩本　一慶　（潮田）
1　奥山　俊介　（栗田谷）
1　小林　丈馬　（老松）
1　小堀朔之介　（鶴見）
1　中山　暖大　（矢向）
1　廣川　大地　（横浜鴨居）
1　松本　恒志　（十日市場）
1　柳川　真大　（樽町）
☆1　大庭　夕季　（日吉台）
☆1　長通　理桜　（城郷）

横浜サイエンスフロンティア

横浜市鶴見区小野町6
部長　石橋　孝章
監督　水口　武史
3　藤田　勇希　（軽井沢）
3　三上　晴生　（中川西）
3　中嶋　隼也　（もえぎ野）
◎3　田中　俊作　（上郷）
2　古川　煌陽　（横浜サイエンスフロンティア高校附属）
2　丸田　龍　（軽井沢）
2　鈴木　皓太　（高倉）
2　西島　礼　（本牧）
2　横山　航典　（横浜サイエンスフロンティア高校附属）
2　山口　真拓　（湘光）

☆2　青木　舞　（横浜サイエンスフロンティア高校附属）
1　鈴木　湊明　（三重・南が丘）
1　川島　楽　（村岡）
1　関根　将也　（山城）
1　瀬谷　颯亜　（山城）
1　矢野　義貴　（横浜サイエンスフロンティア高校附属）
1　鈴木　健太　（横浜サイエンスフロンティア高校附属）
1　川口裕太郎　（横浜サイエンスフロンティア高校附属）
1　山口　修平　（つきみ野）
1　船橋　克之　（中川）
☆1　田野井　聖　（横浜サイエンスフロンティア高校附属）

横浜商

横浜市南区南太田2－30－1
部長　菅沼　努
監督　李　剛
3　明田　凌　（東鴨居）
3　浅井　翔　（都岡）
3　石倉　慧　（善行）
3　上田　涼太　（都田）
3　大居　孔　（横浜南）
3　大槻　優太　（六角橋）
3　奥村　光寿　（樽町）
3　黒川　将斗　（大野台）
3　小杉　海斗　（瀬谷）
3　小林　直樹　（鶴見）
3　近藤　隼人　（早渕）
3　齊藤　拓都　（岩瀬）
3　篠澤　勇貴　（豊田）
3　篠田　知希　（新羽）
3　清水　悠生　（岡津）
3　菅　悠真　（飯島）
3　杉本　健太　（南瀬谷）
3　鈴木　颯斗　（笹下）
3　山口　塁　（横浜南）
3　山田　圭祐　（横浜西）
3　知久　尚広　（日限山）
3　辻　悠人　（潮田）
◎3　土屋　博嗣　（富岡）
3　中小路　心　（高津）
3　成田　陸人　（岡村）
3　西村　元希　（藤沢第一）
3　二瓶　陽　（追浜）
3　畠山　翔　（御幸）
3　平松佑樹人　（洋光台第一）
3　廣沢絢太郎　（東鴨居）
3　藤崎　素哉　（西谷）
3　藤田　准大　（境木）
3　藤森孝太郎　（金沢）
3　松浦　滉　（東鴨居）
3　村岡龍之介　（茅ケ崎）
☆3　田中えりい　（上菅田）
2　秋山　心　（横浜橘）
2　阿部　飛勇　（鴨志田）
2　一柳　壮太　（老松）
2　大河原知真　（錦台）
2　河田　隆汰　（高津）
2　川村　晴人　（御幸）
2　北村　爽　（日吉台）
2　熊倉　空良　（大船）
2　繁野　広夢　（秋葉台）
2　染　海輝　（寺尾）
2　田上　隆　（桝形）
2　中良　颯士　（酒匂）
2　長野　圭汰　（芹が谷）
2　長谷川康太　（上郷）
2　森嶋　泰士　（樽町）
2　百合野晴大　（領家）
2　入木　康成　（栗田谷）
2　小守　祐輝　（久木）
2　皆川　慶　（平楽）
2　石井　翼　（万騎が原）
2　板野　龍斗　（国大附属鎌倉）
2　梅田　健斗　（岩崎）
2　志田　光翼　（山内）
2　吉岡　大和　（小山台）
2　松浦　瑠斗　（川和）
2　小川　楓真　（大和）
2　玉田幸ノ介　（高倉）
☆2　中村　遙香　（西谷）
☆2　山口　恋奈　（横浜南）
☆2　加藤　唯寧　（保土ケ谷）
☆2　飯尾　美咲　（寒川）
1　畔上　幸　（十日市場）
1　畔上　知　（十日市場）
1　我妻　栞汰　（保土ケ谷）
1　内田　智尋　（岩井原）
1　角田　拓希　（宮田）
1　風本　駿　（横浜橘）
1　川崎　優一　（港南台第一）
1　河野　翔大　（釜利谷）
1　川又隆之介　（生麦）
1　三枝木帆斗　（深沢）
1　佐藤慎之助　（寺尾）
1　佐藤　伶太　（秋葉）
1　鈴木　隼人　（保土ケ谷）
1　髙橋　秀彰　（横浜南が丘）
1　田口　廉　（生麦）
1　竹蓋　俊輝　（横須賀長沢）
1　野口　慶太　（日限山）
1　花方　空心　（久木）
1　堀切じゅん　（川中島）
1　吉澤　大晴　（六角橋）
1　亀田　将輝　（並木）
1　小松原湘真　（大船）
1　宮代　喜仁　（大磯）
1　小幡　一誠　（渡田）
1　笠原　凪翔　（蒔田）
1　新倉　晴斗　（御幸）
1　櫻井　佑基　（東鴨居）
1　鈴木　健史　（芹が谷）
1　畠山　太陽　（笹下）
1　古川　敬寛　（戸塚）
1　作田　翔梧　（丸山台）
1　塚本　陸士　（寺尾）
1　土屋　陸斗　（綾北）
1　石井　太一　（横浜旭）
1　今西　拓海　（富岡）
1　神田　陽輔　（万騎が原）
1　坂口祐太朗　（藤の木）
1　平野　空輝　（藤の木）
☆1　坂爪　紗代　（保土ケ谷）

浅野

横浜市神奈川区子安台1－3－1
部長　齋藤　琢斗
監督　辻　裕太
3　片平　尋丈　（浅野）
3　小林　勇輝　（浅野）
3　齋藤　貴行　（浅野）
3　鍋倉　瑞京　（浅野）
3　新江　拓実　（浅野）
3　藤井　智己　（浅野）
3　藤永　達也　（浅野）
◎3　樅山　勇貴　（浅野）
2　猪俣　真悟　（浅野）
2　上木貫太郎　（浅野）
2　北村日那汰　（浅野）
2　小泉　昂大　（浅野）
2　小山遼太郎　（浅野）
2　座間　晴渡　（浅野）
2　鈴木　宥悟　（浅野）
2　鈴木　慶知　（浅野）
2　西松幸多郎　（浅野）
2　平工　廉　（浅野）
1　磯　耀太　（浅野）
1　岩瀬　和樹　（浅野）
1　西村　侑晟　（浅野）
1　佐々木智弘　（浅野）
1　福本　誠樹　（浅野）
1　石坂　賢太　（浅野）
1　大郷　和寛　（浅野）
1　星野　樹生　（浅野）
1　森本　康太　（浅野）
1　八幡　篤明　（浅野）
1　小山田　航　（浅野）
1　木下　優太　（浅野）
1　宮澤　俊樹　（浅野）
1　鈴木　翔大　（浅野）
1　名木　惇　（浅野）
1　新宅　風太　（浅野）
1　鈴木　仁　（浅野）

武相

横浜市港北区仲手原2－34－1
部長　吉原洋一郎
監督　豊田　圭史
3　青木　稜馬　（川和）
3　青木　光　（つくし野）
3　天形　康紀　（横浜橘）
3　林　賢汰　（菅）
3　三井　健彪　（岡津）
3　大野慎之助　（南成瀬）
3　加賀美祐太　（もえぎ野）
3　木継　陽生　（左近山）
3　草野　誓一　（軽井沢）
◎3　佐藤　明登　（六角橋）
3　佐藤明日陽　（六角橋）
3　笈川　翼　（城郷）
3　谷口　柊斗　（東京・目黒第十）
3　鳥毛　陸斗　（横浜南が丘）
2　糸賀虎之介　（西谷）
2　大竹伊武樹　（東橘）
2　親川　龍星　（上永谷）
2　門井隆之介　（希望が丘）

2	京島　友雅	(海老名有馬)
2	坂詰　晃生	(西谷)
2	佐藤　颯隼	(本牧)
2	塩原　蒼大	(中野島)
2	鈴木　神汰	(六角橋)
2	佐藤　　輝	(宮内)
2	高橋　航大	(中野島)
2	竹井　颯大	(あかね台)
2	中澤　仔宥	(汲沢)
2	福田　匠眞	(共和)
2	浦井　皇太	(上永谷)
2	古谷考治朗	(新田)
2	松田　航大	(小田)
2	坂根　　凪	(茅ケ崎)
2	若杉　陽向	(錦台)
2	谷川詠一朗	(日吉台)
2	近藤　佑樹	(浜)
1	永嶋心太郎	(埼玉・野田)
1	山之内俊亮	(蒔田)
1	仲間　寛人	(沖縄・金武)
1	伊藝　光佑	(沖縄・金武)
1	奥田　隆心	(六角橋)
1	森　　柊介	(山形・舟形)
1	布川　夢人	(深谷)
1	萩峯　大敬	(矢向)
1	石原　慶人	(横浜橘)
1	三橋　春琉	(寺尾)
1	平田　倭士	(富岡)
1	福岡　遥登	(日吉台)
1	古沢　　廉	(東京・成瀬台)
1	星野　　翼	(すすき野)
1	秋山　皓光	(篠原)
1	赤垣　雄大	(永田)
1	荒川　真樹	(川崎有馬)
1	石野　右京	(東京・中野第五)
1	浦橋　拓磨	(東京・立正)
1	江口　一冴	(都田)
1	岡本　葵蒼	(菅田)
1	小椚　琥景	(日吉)
1	折原　正輝	(高津)
1	川上幹太郎	(松本)
1	佐藤　創太	(浦島丘)
1	嶋内　洸太	(日野南)
1	末木啓二郎	(北の台)
1	菅原　一大	(芹が谷)
1	関谷　　倫	(大道)
1	髙井　陸矢	(生麦)
1	髙木　恒輝	(東橘)
1	髙久　秀紀	(菅田)
1	髙橋　　在	(市場)
1	髙野琥太郎	(六角橋)
1	武岡　朝飛	(共進)
1	西林　一颯	(大谷)
1	根本　将希	(保土ケ谷)
1	高橋　亮伍	(浜岳)

横浜商大

横浜市旭区白根7－1－1

部長	松江　光彦	
監督	八木澤辰巳	
3	広田　力也	(菅田)
3	阿部　駿世	(瀬谷)
3	岸川　将輝	(中山)
3	田路　陽大	(日吉台)
3	吉野　直樹	(富岡)
3	眞弓凌太郎	(川崎有馬)
3	本村　優翔	(東京・町田第二)
3	落合　奏太	(海老名有馬)
3	川口慎之助	(平楽)
3	幕内　琉冬	(新井)
3	石松　諒大	(東京・町田第二)
3	中西　貴大	(上郷)
◎3	青木　聖和	(港)
3	池田　史音	(東京・大森第六)
3	石黒　滉貴	(西谷)
3	氏山　翔太	(谷口)
3	小南　遼真	(富岡東)
3	関口　龍大	(塚越)
3	西野　由伸	(南河原)
3	早坂　元希	(下瀬谷)
3	吉川　幸太	(旭北)
3	平鍋　来輝	(平塚中原)
3	廣田大空斗	(相陽)
3	安田　　智	(いずみ野)
3	頼住　達也	(大谷)
3	末永　　岳	(生麦)
3	上野　佑悟	(光丘)
3	浅見誠一朗	(鶴見)
3	後藤三志郎	(菅田)
3	田中　　巧	(菅田)
3	栗山　遼大	(岡野)
3	佐藤　俊希	(川崎)
2	田村　達己	(京町)
2	西村　優空	(十日市場)
2	小宮　圭翼	(湘洋)
2	木下　騰吾	(末吉)
2	坂井　　舜	(高田)
2	檜田　大翔	(今宿)
2	細沼　海斗	(市場)
2	荒木田大貴	(成瀬)
2	鈴木　海斗	(岩井原)
2	伊丹　隼汰	(岩井原)
2	塚本　雄晴	(秋葉台)
2	新井理喜弥	(洋光台第一)
2	石川　涼太	(西谷)
2	宇佐美凌大	(大師)
2	塩沼　　充	(浜)
2	須藤　　慧	(東高津)
2	田口　陸斗	(並木)
2	濵田　大翔	(日吉)
2	平野　瑠久	(菅田)
2	間瀬　智基	(本宿)
2	三浦　豪大	(東林)
2	水井　陽心	(京町)
2	山﨑　偲結	(座間東)
2	吉永友太郎	(老松)
2	芳根　　匠	(中和田)
1	與那嶺大雅	(つきみ野)
1	藤井　祐丞	(根岸)
1	山道　翔太	(市ケ尾)
1	武口　惟都	(東京・南成瀬)
1	福島　永久	(西高津)
1	寺松　春輝	(戸塚)
1	橋本　梓聖	(片瀬)
1	脇田　　優	(梅田)
1	加藤　登夢	(厚木玉川)
1	田中健二郎	(上菅田)
1	鳥居　奏太	(横浜南が丘)
1	橋口　蒼空	(川中島)
1	峯尾　琉成	(小山台)
1	保原竜之介	(若葉台)
1	鈴木　琉生	(上の宮)
1	武藤　　翔	(小山台)
1	山田　陽生	(若葉台)
1	簗田　海斗	(岡村)
1	数　　空大	(渡田)
1	柏木　秀太	(川崎橘)
1	香田　真翔	(西谷)
1	大久保優輝	(川崎橘)

慶応

横浜市港北区日吉4－1－2

部長	赤松　衡樹	
監督	森林　貴彦	
3	荒井　駿也	(埼玉・所沢)
3	前田　晃宏	(広島・牛田)
3	坪田　大郎	(大阪・住吉)
3	二宮慎太朗	(愛知・梅坪台)
3	大黒瑠海空	(東京・蒲原)
◎3	金岡　優仁	(滋賀・土山)
3	田中　瑞希	(宮内)
3	真田　壮之	(東京・明大付属中野)
3	樽　　文人	(東京・大鳥)
3	亜厂　恒佑	(東京・向陽)
3	髙橋　秀彰	(矢向)
3	諏訪　　瑛	(東京・砧南)
3	大滝　祥也	(あざみ野)
3	平井大治朗	(東京・慶応中等部)
3	新井田祐輝	(東京・小金井東)
3	佐貫　碧生	(東京・慶応中等部)
3	須永　晋丞	(東京・慶応中等部)
3	井田　悠貴	(東京・慶応中等部)
3	権藤　　大	(東京・慶応中等部)
3	今泉　　将	(東京・慶応中等部)
3	奥　　立稀	(東京・慶応中等部)
3	大崎　航輔	(東京・慶応中等部)
3	長澤　　凜	(東京・慶応中等部)
3	保岡　大輝	(慶応普通部)
3	勝野　　淳	(慶応普通部)
3	中村　遼太	(慶応普通部)
3	川原　　隆	(慶応普通部)
3	畑　　響人	(慶応普通部)
3	阿部　優貴	(慶応普通部)
3	元井　雄也	(慶応普通部)
3	三井　駿輝	(慶応普通部)
3	豊島　康平	(慶応普通部)
3	城澤　　旦	(東京・弦巻)
3	小堀　政泰	(東京・学習院中等科)
3	遠藤　碧人	(東京・みなみ野)
3	渋谷　　廉	(埼玉・富士見東)
3	田村　将吾	(川崎橘)
2	横地　広太	(東京・尾山台)
2	古庄　浩記	(東京・慶応中等部)
2	吉開　鉄朗	(千葉・御滝)
2	三瓶　遼斗	(東京・海城)
2	宮原慶太郎	(東京・第三亀戸)
2	有馬右京トーマス	(大庭)
2	中川　陽翔	(東京・慶応中等部)
2	沖村　　要	(富山・呉羽)
2	清水　真輝	(慶応普通部)
2	藤森　義仁	(東京・安方)
2	坪井　樹音	(慶応普通部)
2	大谷　和聖	(慶応普通部)
2	松村　公貴	(日限山)
2	久保田翔己	(埼玉・栄進)
2	広池　浩成	(東京・慶応中等部)
2	吉田　雄亮	(富岡)
2	谷口　航大	(栗田谷)
2	中村紳之介	(東京・慶応中等部)
2	藤田　大輝	(平戸)
2	藤井　秀高	(東京・船橋希望)
2	今井　俊介	(千葉・明海)
2	宮腰　悠生	(追浜)
2	石崎　世龍	(茨城・取手第二)
2	岡村英一郎	(東京・慶応中等部)
2	渡邉　　旭	(東山田)
2	岸　正太郎	(東京・井草)
2	中野　創太	(東京・慶応中等部)
2	福田　岳杜	(鴨志田)
2	森安　陽平	(相模)
2	吉野　太陽	(千葉・神崎)
2	杉山　雄剛	(慶応普通部)
2	後藤　　誉	(慶応普通部)
2	森本亜裕夢	(大阪・高槻第二)
2	村岡　　龍	(東京・文京第九)
1	戸塚　優亮	(東京・慶応中等部)
1	伊崎　達哉	(東京・慶応中等部)
1	寺本　航平	(東京・慶応中等部)
1	海上　聖夏	(東京・慶応中等部)
1	矢崎　悠斗	(東京・慶応中等部)
1	大村　昊澄	(愛知・豊国)
1	延末　藍太	(東京・大鳥)
1	吾妻　　涼	(東京・慶応中等部)
1	古川　裕也	(慶応普通部)
1	山本　　海	(松浪)
1	吉田　孝平	(東京・慶応中等部)
1	清原　勝児	(慶応普通部)
1	安達　英輝	(千葉・真砂)
1	笠井　達弥	(仲尾台)
1	渡邉千之亮	(東京・東綾瀬)
1	村上　迅太	(東京・用賀)
1	栗山匠之信	(東京・慶応中等部)
1	森林　賢人	(慶応普通部)
1	庭田　芽青	(千葉・富勢)
1	有竹壮一朗	(東京・慶応中等部)
1	村木　慶吾	(慶応普通部)
1	八木　　陽	(愛知・浄心)
1	松井　喜一	(東京・駒沢)
1	荘司　有輝	(慶応普通部)
1	福井　直睦	(慶応普通部)
1	井上　結人	(東京・石神井東)
1	大鳥　遥貴	(東京・慶応中等部)
1	敦澤　颯斗	(慶応普通部)
1	川瀬　泰樹	(広島・修道)
1	深澤　哲朗	(埼玉・八王子)
1	髙橋　赳二	(慶応普通部)
1	飯田康太郎	(東京・慶応中等部)
1	丸田　湊斗	(日限山)
1	鈴木　幸太	(東京・慶応中等部)
1	渡辺　　憩	(千葉・小中台)
1	寺井　幹太	(東京・慶応中等部)
1	宮尾　青波	(東京・荏原第五)
1	阿部　憲太	(埼玉・三室)
1	酒向　翔太	(東京・神明)
1	古思　　駿	(東京・青山学院中等部)
1	細井　克将	(高津)

関東学院

横浜市南区三春台4

部長	若松　貴洋	
監督	岩崎　慶人	
3	青木　勇誓	(旭北)
3	油田　颯太	(浜)
3	伊丹　優真	(関東学院)
◎3	神谷　樹生	(関東学院)
3	香山　　圭	(小山台)
3	清野　兼宏	(関東学院)
3	関　　康浩	(関東学院)
3	豊田　圭吾	(関東学院)
3	廣瀬佑太郎	(関東学院)
3	依田　広翔	(関東学院)
2	伊藤　将希	(関東学院)
2	岩森　遼大	(関東学院)
2	柿沼　力紀	(関東学院)
2	城戸翔太郎	(関東学院)
2	小森　祐輝	(関東学院)
2	齊藤虎之介	(関東学院)
2	志田　楓太	(関東学院)
2	鈴木　健太	(関東学院)
2	鳥居　　智	(関東学院)
1	青木勇太朗	(関東学院)
1	赤松　南音	(関東学院)
1	大友隆之介	(関東学院)
1	萩原　拓哉	(関東学院)
1	前泊　悠斗	(関東学院)

関東六浦

横浜市金沢区六浦東1－50－1

部長	佐藤　幸平	
監督	小貫　直俊	
3	島　光之介	(関東六浦)
3	東　　由太	(関東六浦)
3	三国　陽己	(関東六浦)
3	山本　彪人	(関東六浦)
◎3	山本　瑞紀	(関東六浦)
3	吉田　陽久	(関東六浦)
2	保坂　和輝	(関東六浦)
2	古川　登和	(関東六浦)
2	枌　健汰朗	(関東六浦)
2	清水　隆寛	(関東六浦)
2	宍戸　　玲	(関東六浦)
1	石渡　陽樹	(関東六浦)
1	伊東　賢太	(関東六浦)
1	森山　　陽	(関東六浦)
1	梁田　晴仁	(関東六浦)
1	増田　瑛介	(関東六浦)
1	中村　竣哉	(関東六浦)
1	望月　幹太	(関東六浦)
1	西村　元希	(John Paul College)
1	養田　光星	(関東六浦)

日大

横浜市港北区箕輪町2－9－1

部長	松永　　浩	
監督	伊藤　謙吾	
3	相馬　悠明	(日大)
3	小嶋　希海	(川崎玉川)
3	猿谷　陽斗	(井田)
3	橋本　浩平	(王禅寺中央)
3	森山　健太	(日大)
◎3	上田　恭平	(都田)
3	木村　圭太	(日野南)
3	曽川　陽大	(日大)
3	佐久間雄英	(もえぎ野)
3	鈴木貫一郎	(本牧)
3	伊賀　勇人	(中川西)
3	須藤　颯大	(大野南)
3	右田　啓人	(日大)
3	石川　　隼	(東京・木曽)
3	上大迫広将	(日吉台)
3	蛭田　隼央	(上白根)
3	大久保泰成	(東京・町田南)
3	島田　朋哉	(中山)
3	坂本　祐太	(大綱)
3	髙橋　颯斗	(田浦)
2	畔蒜　鉄生	(北の台)
2	荒井　翔瑛	(相陽)
2	池上　星弥	(笹下)
2	井上　裕陽	(保土ケ谷)
2	居軒　拓飛	(日大)
2	尾出　愛斗	(新羽)
2	岡部　拓海	(あかね台)
2	小川　潤也	(市場)
2	織田　駿介	(日大)
2	齋藤　修介	(高田)
2	佐々木龍太郎	(湘南学園)
2	佐藤　夏唯	(富士見)
2	澤田　龍佑	(六ッ川)
2	鈴木　晴天	(日吉台)
2	千葉　陸矢	(日大)
2	月村　紳吾	(東京・日大豊山)
2	長野　公祐	(日大)
2	二宮　佑太	(金旭)
2	牧内　　翼	(追浜)
2	緑川　太陽	(東京・大森第七)
2	山北　裕葵	(日大)
2	北田　智泰	(東京・大森第八)
2	西澤　翔太	(稲田)
1	石田　　壮	(片瀬)
1	植松　颯斗	(横浜吉田)
1	大竹　駿涼	(泉が丘)
1	尾崎　俊介	(平戸)
1	梶原　　凌	(日大)
1	勝田　翔大	(いずみ野)
1	栗山　大輝	(大師)
1	小泉　典久	(日大)
1	髙良　元輝	(枡形)
1	小島　瑞己	(根岸)
1	坂本　星七	(大師)
1	佐藤　　蓮	(宮田)
1	佐野　龍騎	(宮崎)
1	佐溝　泰紀	(東京・清明学園)
1	下川原　輝	(東高津)

1	菅原 将翔	(川和)
1	田澤 寛太	(東山田)
1	田中 優介	(寺尾)
1	田中 優匠	(西高津)
1	谷越 結月	(光丘)
1	玉野 颯	(領家)
1	内藤 優翔	(川崎)
1	永谷 陽	(東山田)
1	原武 宏行	(平間)
1	平田 隼也	(相陽)
1	福永 真弘	(日吉台)
1	福吉 遥介	(相陽)
1	眞木 浩迪	(日大)
1	増島 漣	(岩崎)
1	松永 凜賢	(境木)
1	三橋ながと	(横浜吉田)
1	宮本 智徳	(日大)
1	柳川 響	(東橘)

桐蔭学園

横浜市青葉区鉄町1614

部長	松本 夏也	
監督	片桐 健一	
3	木原 涼太	(奈良)
3	増本 慧雅	(谷本)
3	勝間田礼琉	(静岡・深良)
3	松下 歩叶	(南足柄)
◎3	木本 圭一	(静岡・金岡)
3	佐藤 祐哉	(静岡・御殿場)
3	山本 空知	(兵庫・本山)
3	池澤 昌樹	(川崎長沢)
3	澤田 太陽	(湘洋)
3	若林 廣貴	(老松)
3	竹内 泰蔵	(東京・緑野)
3	高橋 星有	(東京・緑)
3	松崎 淳浩	(静岡・北上)
3	進藤将一郎	(東京・南六郷)
3	中山 大樹	(末吉)
3	村松 賢文	(東京・筑波大附属)
3	臼田 晴彦	(川崎長沢)
3	上田 尚輝	(東京・金町)
3	中本 統一	(東京・貝塚)
3	猪俣 大希	(千葉・一宮)
3	田中 朝陽	(東京・狛江第二)
3	東 怜央	(東京・柳沢)
3	慶野 壮司	(法政二)
3	川島 大誉	(桐蔭学園)
3	俵田 悠平	(桐蔭学園)
3	佐藤 凜弥	(桐蔭学園)
3	轟 快斗	(桐蔭学園)
3	山口 大翔	(桐蔭学園)
2	上笹 恭吾	(土沢)
2	田井 悠斗	(中山)
2	大澤 拓也	(六角橋)
2	久保田和暉	(白鳥)
2	時枝 龍司	(あかね台)
2	小野寺 在	(東京・目黒第八)
2	太田 真裕	(滝の沢)
2	佐藤 陽向	(領家)
2	鈴木 寛大	(大庭)
2	大竹 陽裕	(片瀬)
2	阿南 正輝	(東京・筑波大附属)
2	今野 翔斗	(東京・武蔵野第四)
2	永田 将大	(中野島)
2	宮川 彪吾	(東京・府中第二)
2	池 叶太	(青葉台)
2	山口 凱矢	(静岡・修善寺)
2	相澤 白虎	(埼玉・小手指)
2	小林 啓剛	(栃木・山辺)
2	大石 武蔵	(大分・竹田南部)
2	伊藤 匠	(東京・神代)
2	松尾 大	(東京・千歳)
2	牧野 竜也	(東京・馬込)
2	宇田川怜王	(二宮西)
2	小泉 順正	(東京・上板橋第二)
2	竹内 丈	(桐蔭学園中等教育)
2	兵東 陸	(桐蔭学園)
2	鈴木 蓮	(桐蔭学園)
2	持田 理公	(桐蔭学園)
2	三宅 倭翔	(桐蔭学園)
2	神原 梢汰	(桐蔭学園)
2	生野 綸梧	(桐蔭学園)
1	池上 隆人	(大阪・野田)
1	大杉 航平	(大道)
1	加藤 颯翔	(埼玉・加治)
1	小林 幹季	(桐蔭学園)
1	中野 竣介	(愛知・武豊)
1	長濱 達己	(東京・国分寺第五)
1	萩原 悠埜	(宮前平)
1	松田 侑磨	(都田)
1	山野辺大夢	(東京・大森第六)
1	吉原 大和	(東京・学習院)
1	米倉 凜	(白山)
1	鵜澤 優成	(はるひ野)
1	遠藤 健人	(東京・銀座)
1	岡嶋 大和	(東京・調布)
1	影山 智紀	(あかね台)
1	古宮 康太	(千葉・宮本)
1	佐藤 海成	(沼間)
1	永野 寛己	(東京・町田第二)
1	野本 蓮平	(埼玉・山王)
1	平山 将吾	(東京・落合第二)
1	丸山 功誠	(東京・大森第一)
1	山本 快	(川崎橘)
1	宇都格太朗	(東京・目黒第一)
1	岩崎 真大	(湘南台)
1	蛭川 顕	(桐蔭学園)
1	木村 響	(桐蔭学園)
1	半澤 輝人	(桐蔭学園)

横 浜

横浜市金沢区能見台通46－1

部長	名塚 徹	
監督	村田 浩明	
3	和泉 賢治	(千葉・高谷)
3	稲坂 充	(東京・笹塚)
3	加藤 祥吾	(横須賀長沢)
3	金澤 竜真	(浦賀)
3	川目 翔太	(埼玉・西)
3	笹田 聡也	(永田)
3	鈴木 涼希	(大師)
3	佐藤隆之介	(相陽)
3	竹之内友哉	(領家)
3	田上 玲弥	(坂本)
3	中藤 光洋	(東京・駒留)
3	成田篤清世	(寺尾)
3	西村 勇輝	(深谷)
3	根本 侑星	(川和)
3	増田 悠人	(蒔田)
3	丸木 悠汰	(戸塚)
3	宮田 知弥	(追浜)
3	山田 烈士	(綾瀬)
3	山口 絢平	(大矢部)
3	延末 勧太	(東京・大島)
◎3	安達 大和	(東京・双葉)
3	大野 流空	(左近山)
3	金井慎之介	(南河原)
3	立花 祥希	(愛知・本郷)
2	安藤 岳	(東京・三鷹第一)
2	鉾丸 蒼太	(大野南)
2	板倉 寛多	(金沢)
2	浦田 蓮	(上永谷)
2	大坂 啓斗	(中川)
2	木内 涼介	(松林)
2	岸本 一心	(静岡・富士南)
2	北山 皓大	(田島)
2	小林 哲也	(不入斗)
2	金野 佑楽	(岩手・千厩)
2	佐竹 綱義	(寺尾)
2	瀬井 雅貴	(東永谷)
2	田高 康成	(武山)
2	玉城 陽希	(潮田)
2	千明 蒼太	(鷹取)
2	堂上 翔	(小田)
2	原田 嵩馬	(高浜)
2	パルヨット ロビン ケニーサントス	(岡村)
2	三村健太郎	(日吉)
2	八木田翁雅	(熊本・植木北)
2	山村 幹太	(寛政)
1	緒方 漣	(川中島)
1	金刺 武蔵	(静岡・修善寺)
1	稲坂 陽	(東京・笹塚)
1	荻原 晴	(初声)
1	小野 勝利	(埼玉・山口)
1	加藤 龍青	(大野台)
1	金刺 将永	(舞岡)
1	切無澤英寿	(錦台)
1	栗城 朝輝	(東京・上原)
1	小泉 卓哉	(城山)
1	河野悠之真	(千葉・みつわ台)
1	小坂 悦義	(京都・藤森)
1	駒井 龍生	(大谷)
1	塩田 琥輝	(中沢)
1	杉山 遙希	(東京・篠崎)
1	鈴木 豪	(東京・東村山第五)
1	鈴木 楓汰	(茨城・土浦第四)
1	露木 太陽	(南が丘)
1	萩 宗久	(岐阜・坂本)
1	橋本 翔馬	(岡村)
1	長谷川創太郎	(栃木・西)
1	早貸将太郎	(東京・桜丘)
1	本田 凌太	(埼玉・中央)
1	森合浩太郎	(横浜)
1	谷澤 歩夢	(中川西)
1	山崎隆之介	(東京・赤塚第二)

横浜創学館

横浜市金沢区六浦東1－43－1

部長	川島 均	
監督	森田 誠一	
3	安藤 隆晟	(太洋)
3	石上 俊平	(上郷)
3	石橋 天翔	(田浦)
3	伊勢 楽太	(川崎)
3	稲田翔太朗	(本郷)
3	井上 洸太	(池上)
3	大橋 瑠偉	(永田)
3	大平 悠稀	(潮田)
3	岡本 翼	(海老名有馬)
3	小平 匠真	(宮田)
3	北林 倭	(洋光台第二)
3	久慈 颯涼	(東京・南)
3	工藤 庄馬	(御幸)
3	倉谷 快響	(六ツ川)
3	齋藤慶太朗	(松林)
3	三枝木健伸	(萩園)
3	坂元隆之介	(寺尾)
3	佐藤 汰樹	(湘南台)
3	佐藤 隆浩	(野川)
3	白鳥 彪正	(川中島)
3	鈴木 蓮大	(荏田南)
3	髙木 凛大	(秋葉台)
◎3	長井 俊輔	(笹下)
3	仲田 裕南	(若草)
3	橋本 拓歩	(生麦)
3	長谷川 涼	(鶴見)
3	廣木 隼人	(追浜)
3	福田 寛太	(葉山)
3	本多 悠輝	(寺尾)
3	光岡 幸成	(小田)
3	宮川 響	(金程)
3	森 陽生	(富岡)
3	森本 海	(丸山台)
3	山岸 翠	(浦賀)
3	中塚 一翔	(逗子)
3	藤森 龍生	(田島)
3	福島 颯太	(広島・長束)
3	西嶋 僚太	(野庭)
2	岡崎 海音	(小田)
2	内田 康太	(万騎が原)
2	渡辺 悠雅	(川崎橘)
2	関和 広夢	(篠原)
2	中間 敬太	(蒔田)
2	髙野 大和	(大道)
2	堀本 一孝	(岡村)
2	直江 琉翔	(寺尾)
2	遠藤 稔平	(大矢部)
2	渡部壮次郎	(日吉台)
2	柿木 大和	(舞岡)
2	五十川達也	(久里浜)
2	戸田 聖飛	(東京・雪谷)
2	長谷川直輝	(横浜西)
2	北村 響	(平楽)
2	伊達 気成	(野庭)
2	佐藤 陽大	(浦賀)
2	中村 隼大	(西柴)
2	眞田 知明	(馬堀)
2	木都老 貴	(小山台)
2	内田 春希	(日野南)
2	加藤 翔	(葉山)
2	牛ノ濱諒汰	(綾北)
☆2	大島 風馨	(川崎橘)
☆2	石井 璃杏	(仲尾台)
☆2	塩見 日菜	(久木)
1	池岸 絹太	(丸山台)
1	石栗 竜翔	(岡津)
1	稲田 康生	(永田)
1	今井 大輔	(国府)
1	宇野 優吾	(寺尾)
1	駒嶺 康誠	(大道)
1	小室 壮真	(平楽)
1	齋藤 禅	(六ツ川)
1	佐藤 勝大	(末吉)
1	塩田 友汰	(上郷)
1	鈴木 海音	(舞岡)
1	武井 大晟	(鶴ケ峯)
1	立川 琉翔	(戸塚)
1	塚原 釉哉	(共進)
1	富安 柊	(東永谷)
1	長尾 悠牙	(引地台)
1	夏目 正義	(新井)
1	西中 煌貴	(本牧)
1	根岸 翔星	(追浜)
1	橋本 大輝	(岡野)
1	畑尾 涼佑	(大綱)
1	波多野隼人	(北海道・静内)
1	東 瑠希也	(六浦)
1	二馬 拓海	(手広)
1	松原 斗碧	(大師)
1	松本 祐磨	(六ツ川)
1	南本 駿也	(小田)
1	源 大義	(森)
1	山上 太郎	(横須賀神明)
1	矢部 寛人	(横須賀神明)
1	山越 航輝	(上郷)
1	若杉 夷央	(市場)
☆1	山岸 京美	(浦賀)

山手学院

横浜市栄区上郷町460

部長	吉田 和晃	
監督	吉田 和晃	
3	山本 浩大	(山手学院)
3	山中 達也	(山手学院)
3	安濃 侑甫	(国大附属鎌倉)
3	船城 颯太	(万騎が原)
3	木田 裕	(万騎が原)
3	隅田健太郎	(岡野)
3	上島 駿介	(野川)
◎3	宮崎 広貴	(川崎長沢)
3	加藤 大晴	(山手学院)
3	今井 亮介	(鵠沼)
3	大井 温斗	(国大附属横浜)
3	岩田 修吾	(汐見台)
3	熊谷 和真	(日吉台)
3	熊谷 洋平	(滝の沢)
3	岡本 和真	(中田)
☆3	松山 英恵	(港南台第一)
☆3	江塚 菜帆	(村岡)
2	今野 宏海	(十日市場)
2	松永 悠耶	(末吉)
2	杉山 力健	(山手学院)
2	菅沼 直哉	(山手学院)
2	岡田 将紀	(汲沢)
2	服部 昇陽	(日吉台)
1	鈴木 真宙	(山手学院)
1	宮原 蒼矢	(山手学院)
1	末吉 啓汰	(浦賀)
1	長崎 和宏	(山手学院)
1	本田 侑希	(山手学院)
1	宮本 真義	(山手学院)
1	角皆 宏樹	(西本郷)
1	松村亮太朗	(みたけ台)
1	松江勇士朗	(村岡)
1	長田 拓真	(つきみ野)
1	荒木 壮	(東鴨居)
1	曽我 幸生	(南林間)
1	加藤 亮太	(日吉台)
1	長田 大和	(南戸塚)

横浜隼人

横浜市瀬谷区阿久和南1－3－1

部長	押部 孝哉	
監督	水谷 哲也	
3	酒井 大輔	(国大附属横浜)
3	山田 遥友	(横浜隼人)
3	宮腰 悠	(都岡)
3	上条 英俊	(湘洋)
3	大久保功晟	(上菅田)
3	近藤 澪望	(厚木玉川)
3	高橋 一輝	(東京・成瀬台)
3	江口 麗	(横浜隼人)
3	加藤 奏希	(蒔田)
3	新畠 一星	(茅ケ崎第一)
3	金子 竜也	(梅田)
3	竹中 一	(川崎有馬)
3	日沢 恭輔	(鶴ケ峯)
3	石川 晴基	(横浜隼人)
3	三井 蒼央	(横浜隼人)
3	辻永 虎王	(東野)
3	長野 颯太	(鵜野森)
3	杉崎 朝陽	(厚木)
3	原 陸人	(下瀬谷)
3	渡邉 俊介	(岩瀬)
3	安藤 大輝	(南林間)
3	長谷川勝海	(鎌倉第三)
3	小林 利玖	(南林間)
3	小林 司苑	(矢向)
3	渡邉 岳人	(芹が谷)
3	工藤 勇	(田名)
3	掛川 拓己	(横浜隼人)
3	小泉 慶悟	(山王)
3	長﨑 渚樹	(秋葉)
3	大野 猛斗	(左近山)
3	下村 貢広	(境木)
3	荻久保大地	(笹下)
3	沖田 大芽	(鶴間)
3	椎名 康成	(大根)
3	土屋 巧	(蒔田)
◎3	齋藤 星太	(池上)
3	松崎 祥大	(領家)

3 土谷 真（内出）
☆3 上田妃奈子（相模原緑が丘）
☆3 竹之内涼花（川崎）
☆3 二瓶 莉乃（境木）
2 阿野 匠（金沢）
2 荒井 隼虎（都岡）
2 池田月葉葵（滝の沢）
2 池谷 圭太（文命）
2 大嶋 凌世（綾瀬城山）
2 大月 元仁（柏ケ谷）
2 長田 英通（希望が丘）
2 加藤 大翔（栗原）
2 加藤 衛（林）
2 金丸 雄海（岩崎）
2 川端 慶人（平楽）
2 小林 祐輝（岡村）
2 小林 光輝（山城）
2 佐々木 郁（成瀬）
2 佐野 天（根岸）
2 篠崎 真滉（矢向）
2 渋谷 大輔（谷口）
2 澁谷 悠斗（希望が丘）
2 上本 蓮夢（永田）
2 鈴木 健太（領家）
2 鈴木 海成（梅田）
2 高橋 祐輝（座間東）
2 竹村 光生（万騎が原）
2 谷川 翔悟（あかね台）
2 永井 優斗（旭北）
2 中川 晴真（横浜隼人）
2 長瀬 航生（高倉）
2 長友虎太郎（横浜隼人）
2 西川 雄大（岩崎）
2 広沢 羚（東山田）
2 前嶋 藍（富士見）
2 松田 悠希（相武台）
2 松屋 建都（横浜隼人）
2 南 雄大（横浜隼人）
2 三代 颯人（北の台）
2 柳下 祐輝（横浜隼人）
2 矢口 佑斗（松田）
2 山内 銀雅（いずみ野）
2 山下 成輝（東京・町田南）
2 横川 陽汰（大道）
2 相澤 俊介（平戸）
2 三浦 渉太（希望が丘）
2 三好 雄也（南戸塚）
☆2 角町 杏美（綾瀬城山）
1 明石 翔和（東高津）
1 荒井 七海（原）
1 新井 陽晴（横浜隼人）
1 石川 泰雅（鵜野森）
1 石澤 隼太（東京・南成瀬）
1 石橋 飛和（横須賀神明）
1 井上 翔輝（境木）
1 嬉野 俊介（名瀬）
1 海老塚陽人（希望が丘）
1 大八木奨真（赤羽根）
1 岡本 篤武（共進）
1 金子 蓮哉（平戸）
1 川辺 真愛（大沢）
1 菊地 唯仁（洋光台第二）
1 久保 颯仁（中和田）
1 小泉 京助（光丘）
1 作間 夏輝（山王）
1 佐藤 海吏（相模）
1 城島 悠伸（老松）
1 菅原正太郎（秋葉）
1 関水 輝（渋谷）
1 高橋 駿介（平塚神明）
1 妻倉 慶（渋谷）
1 難波 晴輝（岡村）
1 野口 陽彩（横浜隼人）
1 林 日向（市場）
1 藤田 拓琉（上飯田）
1 藤原 快人（中和田）
1 真崎 尚也（豊田）
1 松江孝太朗（生麦）
1 松本 太一（湘光）
1 宮腰 蓮（都岡）
1 村上 貴浩（樽町）
1 森田 敦也（仲尾台）
1 山川 大輝（野比）
1 山口 喜貴（横内）
1 山﨑 暖斗（国府）
1 吉原 貫生（大正）
1 濱田 康平（今泉）
☆1 對馬 安雛（渋谷）
☆1 矢田部葵唯（鵜野森）

森村学園

横浜市緑区長津田町2695
部長 河合 優次
監督 弓田 信
3 杉﨑 正成（森村学園）
◎3 西方 圭輝（森村学園）
☆3 山口 絢寧（森村学園）
☆3 大鷲友理美（森村学園）
2 鈴木 晴太（森村学園）
2 深澤 碧良（森村学園）
2 小林健太朗（森村学園）
2 川下 祐世（森村学園）
2 星 勇登（森村学園）
2 露木 理音（森村学園）
2 荒井 洸佑（森村学園）
2 髙橋 優斗（森村学園）
2 平山竜太郎（森村学園）
1 一柳 冬磨（森村学園）
1 三田村 洵（森村学園）
1 坂井 優斗（森村学園）
1 岩城 奏人（森村学園）
1 森下 陸大（森村学園）
1 森 立希（森村学園）
1 老山 健太（森村学園）
1 肥田野 輝（森村学園）
1 角田聖太郎（森村学園）
☆1 佐藤 由唯（森村学園）
☆1 干場 愛華（森村学園）
☆1 野末ののか（森村学園）

神奈川大付

横浜市緑区台村町800
部長 中川 甲斐
監督 古屋 克俊
3 浅川 陽生（神奈川大附）
3 荒井 輝（神奈川大附）
3 久和野寛人（神奈川大附）
3 小板 春澄（神奈川大附）
3 中家 健太（神奈川大附）
◎3 野場 友敬（神奈川大附）
3 菱山聡一朗（神奈川大附）
3 吉田 蓮（神奈川大附）
☆3 関根 瞳（神奈川大附）
☆3 濱田 舞華（神奈川大附）
2 土屋臣太朗（神奈川大附）
2 加藤 倖太（神奈川大附）
2 北嶋 大輔（神奈川大附）
2 木村 健人（神奈川大附）
2 戸澤 歩夢（神奈川大附）
2 宮本 樹（神奈川大附）
2 渡邊 耀介（神奈川大附）
2 川尻 泰雅（神奈川大附）
2 上村 駿也（神奈川大附）
1 恵山 陽（神奈川大附）
1 西野 陽（神奈川大附）
1 福島 航平（神奈川大附）
1 佐々木 惇（神奈川大附）
1 堀 豪志（神奈川大附）
1 岡本 泰知（神奈川大附）
1 神林 智也（神奈川大附）
1 竹澤 一真（神奈川大附）
1 小酒部開斗（神奈川大附）
1 小野 優太（神奈川大附）
1 富原 裕貴（神奈川大附）
1 持丸 雄信（神奈川大附）
1 牟田 悠人（神奈川大附）
☆1 坂本 志穂（神奈川大附）
☆1 高橋 梨乃（神奈川大附）

秀英

横浜市泉区和泉町7865
部長 渡邉 範男
監督 中島 孝徳
3 相原 優樹（麻溝台）
3 秋山 勇虎（村岡）
3 加登 孝博（座間）
3 中澤 英聖（舞岡）
◎3 中村 祐斗（横浜鴨居）
2 荒川 遥希（笹下）
2 柿沼 颯（南戸塚）
2 是枝 那弥（六ツ川）
2 喜久川俊輔（中和田）
2 寺岡 味人（樽町）
2 寺田 歩夢（上飯田）
2 森 友吾（栗田谷）
2 金子 友哉（早渕）
2 佐藤 遥汰（錦台）
2 前田 優太（日限山）
1 白田 咲哉（御成）
1 松山 悟士（飯島）
1 石松 陸（上永谷）
1 黒田 優太（保土ケ谷）

サレジオ

横浜市都筑区南山田3－43－1
部長 亀山 照生
監督 潮田 真也
◎3 江原 幹人（サレジオ学院）
3 高嶋 祐樹（サレジオ学院）
3 高橋 駿介（サレジオ学院）
3 穂積 悠太（サレジオ学院）
3 多加喜太輔（サレジオ学院）
2 福本 健心（サレジオ学院）
2 高橋 主音（サレジオ学院）
2 猪 圭佑（サレジオ学院）
2 松川 雄星（サレジオ学院）
2 北野 優多（サレジオ学院）
2 高野 陽基（サレジオ学院）
2 須藤羽瑠斗（サレジオ学院）
2 ベンソン海渡（サレジオ学院）
2 長田 藍（サレジオ学院）
2 竹中 大樹（サレジオ学院）
2 亀井 嵩太（サレジオ学院）
1 粕谷 健太（サレジオ学院）
1 本城 優斗（サレジオ学院）
1 鈴木 優太（サレジオ学院）
1 深見 優斗（サレジオ学院）
1 内山 遼大（サレジオ学院）
1 宮城 智樹（サレジオ学院）
1 金野俊之介（サレジオ学院）
1 中島 煌（サレジオ学院）
1 西村 優亮（サレジオ学院）

横浜学園

横浜市磯子区岡村2－4－1
部長 小野寺勝利
監督 黒木 琢真
3 藤谷 翔星（岡村）
3 根本 波音（葉山）
3 根本 汐音（葉山）
3 持田 蒼空（舞岡）
◎3 深美 大斗（生麦）
3 齋藤 由（寺尾）
3 大橋 雄也（上永谷）
3 三平龍之介（高倉）
☆3 檜林 咲花（舞岡）
☆3 新井りりあ（寺尾）
2 藤本 翔大（新井）
2 野川 海翔（東京・品川学園）
2 坂本 楓和（野庭）
2 秋元 舜（小田）
☆2 今富 音空（神奈川）
1 飯田 貴斗（戸塚）
1 山本 浩貴（領家）
1 水野 陽允（汐見台）
1 山野井将光（港南）
1 太田 隆輔（丸山台）
1 長煌 志郎（篠原）

橘学苑

横浜市鶴見区獅子ケ谷1－10－35
部長 西野 幸雄
監督 西野 幸雄
◎3 山本 来芽（末吉）
3 八木田太将（横浜鴨居）
3 三澤 光樹（鶴見）
3 伊禮門良之（西谷）
3 村田 貴哉（横浜鴨居）
3 佐野 龍司（上永谷）
3 崎尾 将斗（潮田）
2 白石 航海（栗田谷）
2 伴 愛斗（あざみ野）
2 坂尻 塁（東山田）
2 森田 昌大（潮田）
☆2 須藤さくら（住吉）
1 板倉 渓友（上の宮）
1 沖 魁斗（東橘）
1 角田 涼馬（玉縄）
1 德増 晴貴（深沢）
1 成宮 琉（港）
1 平岡 純汰（田島）
1 渡邊 賢（篠原）
☆1 金原 瑠菜（矢向）
☆1 長澤 悠（生麦）

鶴見大付

横浜市鶴見区鶴見2－2－1
部長 森 洸樹
監督 加藤 正史
3 青木 勇仁（平間）
3 大坪竜太朗（東橘）
3 工藤 颯斗（菅田）
3 千葉 光凜（鶴見大附）
3 冨田 隼登（寺尾）
◎3 中田 太陽（瀬谷）
3 中野 成法（松本）
3 西山 颯（桜本）
3 埜田 琉斗（末吉）
3 松野 友哉（大綱）
3 吉田 航基（松本）
2 市倉康太郎（岩井原）
2 大本 倖真（鶴見）
2 大鷲虎太郎（東野）
2 岡本 樹立（横浜南）
2 柏木 桜介（中和田）
2 加瀬 北斗（南大師）
2 児島 優駿（御幸）
2 澄田亮太朗（舞岡）
2 田中 真尋（岩井原）
2 西澤 薫葉（南河原）
2 春田 龍輝（保土ケ谷）
2 松下 颯志（上の宮）
2 森川 翔梧（内出）
☆2 大森嘉奈子（山形大学附属）
1 伊藤 達夢（寺尾）
1 小関 正晴（保土ケ谷）
1 佐藤 柚希（今宿）
1 山崎 球聖（岩崎）
1 山福 太一（南河原）
☆1 大久保日菜子（岩井原）

横浜翠陵

横浜市緑区三保町1
部長 塚本 賢志
監督 田中 慎哉
3 市川 裕貴（樽町）
3 増原 慧（荏田南）
3 島津 完汰（山内）
3 飯野 考成（横浜旭）
3 川嶋 陽太（本牧）
◎3 小浦 蒼平（錦台）
3 伊原 太一（川崎有馬）
3 小原 拓巳（左近山）
3 佐藤 那樹（万騎が原）
☆3 中橋 凜（西谷）
☆3 津田 有希（市ケ尾）
☆3 成瀬 優季（菅田）
2 越谷 亮太（横浜翠陵）
2 松岡 幸輝（高田）
2 小間 太惺（日吉台）
2 田村 亮汰（谷本）
2 山田 舜也（みたけ台）
1 石川 史竜（万騎が原）
1 伊部 春輝（高田）
1 岡田 佳也（横浜翠陵）
1 掃部 藍斗（つきみ野）
1 桑田 琉伽（鵜野森）
1 小谷 悠（篠原）
1 齋藤 大誠（大綱）
1 瀧井 駿（荏田南）
1 野沢 陸王（あかね台）
1 花田 悠翔（田奈）
1 平川 玄侑（川崎有馬）
1 三島 伸彦（東山田）
1 宮本 湊（岡野）
1 山下 直輝（十日市場）
☆1 開発 柚那（荏田南）
☆1 佐々木琴音（栗田谷）

中大付横浜

横浜市都筑区牛久保東1－14－1
部長 吉田 星太
監督 髙良祐太郎
3 塚本 健太（北海道・あいの里東）
3 白川 翔崇（中大附横浜）
3 加藤 智也（中大附横浜）
◎3 岩﨑 航大（十日市場）
3 本田 一冴（中野）
3 保田 隆祐（引地台）
3 高島 悠翠（中大附横浜）
3 山内 佑真（中大附横浜）
☆3 古賀 朱音（横浜奈良）
☆3 佐藤 綾音（東京・貝塚）
☆3 阿部ひとみ（日限山）
2 小園 塁（東京・港南）
2 森口 雄生（西中原）
2 中谷 陽祐（領家）
2 井上 真登（中大附横浜）
2 山﨑 智成（中大附横浜）

2 佐藤　秀翔 (中大附横浜)
☆2 大渡　はな (鴨志田)
1 桑田怜亜瑠 (中大附横浜)
1 坂巻　空知 (中大附横浜)
1 三井　美輝 (中大附横浜)
1 髙山　凜 (中大附横浜)
1 加藤　楓 (中大附横浜)
1 花井　春翔 (中大附横浜)
1 貞宗　明良 (中大附横浜)
1 古﨑　航也 (中大附横浜)
1 松山　宙夢 (鷹取)
☆1 松井　優香 (谷本)
☆1 中山ひなの (中大附横浜)

湘南地区

茅ケ崎

茅ケ崎市本村3－4－1

部長 武波　嵩之
監督 中島　恵多
3 清田　晃平 (茅ケ崎第一)
3 郡司掛　暁 (鶴嶺)
3 寺島雄太郎 (梅田)
3 丸山　優太 (梅田)
3 寺﨑　大悟 (山城)
3 鈴木　翔士 (旭陵)
3 坂田　大飛 (旭が丘)
◎3 遠藤　温 (浜須賀)
3 久川　海就 (御所見)
☆3 大坪　杏香 (片瀬)
2 赤井　遥一 (二宮西)
2 浦谷　和暖 (藤沢第一)
2 高橋　勇翔 (山城)
2 江下　智哉 (旭が丘)
2 林　篤真 (江陽)
2 小泉　楓 (鴨宮)
2 五十川晃樹 (大庭)
2 河野　海人 (羽鳥)
2 半藤　温乙 (高浜)
☆2 安藤　夏美 (萩園)
☆2 橘　亜美 (萩園)
☆2 金子　日奈 (松浪)
1 村上　康 (国大附属横浜)
1 萩原　岳 (二宮西)
1 梅澤　李喜 (大船)
1 佐藤　晴太 (寒川東)
1 飯山　耕作 (藤沢第一)
1 須郷　悠斗 (梅田)
1 村上　煌河 (春日野)
1 渡辺　圭 (滝の沢)
☆1 青木　空 (寒川東)
☆1 杉崎菜々子 (大磯)

茅ケ崎北陵

茅ケ崎市下寺尾128

部長 小澤　和之
監督 久保寺晋也
3 鶴岡　太晴 (秋葉台)
3 原田　修平 (藤ケ岡)
3 真壁遼太郎 (岩井原)
3 水落　悠翔 (大庭)
◎3 若林　翔生 (寒川東)
3 帰山　大河 (二宮)
3 今泉　友佑 (松林)
3 丸山　優貴 (浜岳)
3 福澤　諒一 (浜岳)
3 新井田　隼 (大磯)
3 竹本　侑生 (海西)
3 林　航生 (村岡)
3 土屋　徳彦 (国府)
3 内田聡太郎 (梅田)
3 寺本　友翔 (梅田)
2 細野　蓮 (秋葉台)
2 湯川　蒼也 (橘)
2 長﨑　潤 (円蔵)
2 中嶋　康介 (玉縄)
2 中野　滉太 (滝の沢)
2 阿部　将大 (萩園)
2 髙橋　優斗 (神田)
2 猪野　櫻太 (泉)
2 市川　純暉 (厚木)
☆2 杉本　葵 (羽鳥)
☆2 齋藤　希香 (円蔵)
☆2 山口　美羽 (大庭)
1 阿部　拓磨 (秋葉台)
1 小樽　琢真 (西浜)

1 小濱　久幸 (座間)
1 高橋　輝 (神田)
1 髙山雄一朗 (松浪)
1 古川　幸太 (湘南台)
1 松瀬　太陽 (片瀬)
1 三國賢太朗 (高倉)
1 森　琉之介 (浜須賀)

鎌倉

鎌倉市七里ガ浜2－21－1

部長 柴田　幸大
監督 宇佐見勇輝
3 戎谷　智也 (玉縄)
◎3 力石　琹太 (玉縄)
3 船串　健人 (岩瀬)
3 髙橋　怜己 (浜)
3 福住　幸平 (片瀬)
3 石原涼太郎 (片瀬)
☆3 福原　真 (西浜)
2 勝又　颯大 (藤沢第一)
2 柳田　歩舞 (藤ケ岡)
2 奥山　航陽 (鵠沼)
2 小松田純平 (鎌倉第二)
2 杉山　智為 (片瀬)
2 小村　翼 (片瀬)
2 髙ウィリアム (片瀬)
2 藤井　碧斗 (片瀬)
2 關　遥成 (小山台)
2 秋山　航 (南郷)
☆2 秋本　美帆 (泉が丘)
1 新井　隼暁 (善行)
1 加藤　哲平 (高倉)
1 金子　真成 (鵠沼)
1 佐藤　航太 (鵠沼)
1 田村　天冴 (岩瀬)

湘南

藤沢市鵠沼神明5－6－10

部長 窪田　祐樹
監督 川村　靖
3 杉浦　海大 (南高校附属)
3 中尾　海斗 (茅ケ崎第一)
3 松岡　啓太 (戸塚)
3 鈴木　太陽 (御成)
3 岩井　颯大 (御成)
◎3 髙木蘭太朗 (中川西)
3 山口　楓真 (麻生)
3 上田　颯 (岩瀬)
3 近藤多玖朗 (国大附属鎌倉)
3 長沼　優斗 (浜)
3 宮崎　和輝 (西浜)
3 吉田　爽良 (根岸)
3 熊谷　颯 (湘南台)
3 福島　瑛人 (湘南台)
☆3 堂埜智咲紀 (大磯)
2 瀬戸　駿介 (海老名)
2 藤巻　慧秀 (鎌倉第二)
2 梅澤　駿輔 (小田)
2 小坂　涼太 (浜)
2 中村　笑大 (平戸)
2 横田　麟 (鵠沼)
2 小池　隆晴 (国大附属鎌倉)
2 内海　輝 (羽鳥)
2 土井原　諒 (永田)
2 小堀航太朗 (下瀬谷)
☆2 中茎　葵 (小田原橘)
1 志太琉之裕 (茅ケ崎第一)
1 豊原　拓弥 (鵠沼)
1 村田　純大 (大正)
1 安西　和樹 (玉縄)
1 千北　陽希 (秋葉台)
1 宮下　雅仁 (浜須賀)
1 中島　悠斗 (西本郷)
1 小澤凜太朗 (手広)
1 大竹　来輝 (西谷)
1 遠嶋　祐成 (洋光台第一)
1 藤崎　亮羽 (海西)
☆1 横山　優花 (上和田)

藤沢西

藤沢市大庭3608－2

部長 森山　渓太
監督 三宅　裕太
3 小野　朗路 (六会)
◎3 山田光之介 (高浜)
3 大塚　裕斗 (秋葉台)
3 今井　良祐 (港南台第一)
3 岩崎　壮多 (泉)
☆3 相澤　歩佳 (舞岡)
2 池田　悠人 (藤沢第一)
2 繁野　夏輝 (秋葉台)
2 竹村　光平 (羽鳥)
2 堂上　佑真 (大清水)
2 山口　太凱 (藤沢第一)
2 鳥居　純平 (高倉)
2 坂部　憲亮 (片瀬)
2 下石　康生 (羽鳥)
2 副田　周平 (高浜)
2 松川　翔波 (平戸)
☆2 矢島　圭織 (高浜)
☆2 新川　南 (鴨宮)
☆2 清水　仁湖 (羽鳥)
1 石田　輝 (明治)
1 梶原　駆 (西浜)
1 酒井　楓也 (国府津)
1 髙堰　温起 (大谷)
1 高橋　寛人 (国大附属鎌倉)
1 那須　蒼唯 (羽鳥)
1 廣澤　昊剣 (鶴嶺)
1 古谷　太吾 (西浜)
☆1 松山みおり (手広)
☆1 三澤　優羽 (春日野)

鶴嶺

茅ケ崎市円蔵1－16－1

部長 大河原聖巳
監督 山下　大輔
3 嶋本　大起 (平塚中原)
3 岡　大悟 (大船)
3 山本　昇太 (赤羽根)
3 佐藤　琉綺 (湘洋)
3 小林　修磨 (二宮西)
3 末宗　旺万 (明治)
3 杉井　太陽 (羽鳥)
3 安曇　侑生 (浜須賀)
3 和田　悠樹 (六会)
3 鈴木　大晴 (寒川東)
3 平川　遼 (旭が丘)
3 南澤嘉之介 (今泉)
◎3 清田　莉玖 (寒川東)
3 望月　達矢 (西浜)
3 久保川良永 (二宮)
3 野本　和希 (二宮西)
3 熊田　武留 (浜須賀)
3 猪田　寛人 (西本郷)
☆3 山田千桜咲 (平塚中原)
☆3 菅野　帆香 (大住)
2 伊藤　純平 (太洋)
2 篠崎　温人 (藤ケ岡)
2 仲泊　陽向 (浜須賀)
2 日浅　尋嗣 (円蔵)
2 細山　七琉 (片瀬)
2 水澤　陽 (海老名有馬)
2 横川　蒼眞 (鶴嶺)
☆2 荒川　桜子 (滝の沢)
☆2 水元万乃彩 (高浜)
1 饗庭　蒼太 (浜須賀)
1 内田　陽海 (藤沢第一)
1 佐久間澪地 (海老名有馬)
1 鈴木　勘太 (鶴が台)
1 仲澤　祐太 (円蔵)
1 日高　悠太 (善行)
1 野一色春貴 (岩瀬)
1 マクドネル ジェイムズ (手広)
1 山上　航躍 (湘洋)
1 山田真成人 (円蔵)
1 若山　智貴 (明治)
1 渡部　出 (白山)
☆1 渡辺　澪 (浜須賀)
☆1 岸　芭菜 (鶴嶺)

寒川

高座郡寒川町一之宮9－30－1

部長 渡邉　好祐
監督 浜田　雅弘
◎3 梅田　利音 (寒川東)
3 髙橋　零 (萩園)
3 目黒　将馬 (秋葉台)
3 菊澤　龍 (羽鳥)
3 吉田　泰善 (林)
3 糸村　誠 (北の台)
2 青木　光成 (栗原)
2 遠藤　歩真 (希望が丘)
2 小川璃玖也 (太洋)
2 小松　羅加 (座間)
2 佐々木一成 (萩園)
2 座間　俊輔 (相陽)
2 藤原　流咲 (相陽)
1 アイデ聖也 (相武台)
1 木村　空麗 (相武台)
1 大濵　龍來 (相陽)
1 髙山　健 (大庭)
1 山口　響輝 (大庭)
1 関谷　海斗 (綾瀬城山)
1 園岡　拓海 (松林)
1 久川　暖葵 (御所見)
1 宮代　陣 (座間)
1 小山田　尊 (御所見)

藤沢総合

藤沢市長後1909

部長 野口　陸
監督 片山　英臣
3 河野　航大 (高浜)
◎3 小川凛太郎 (藤ケ岡)
3 伊藤　一輝 (大和)
3 山口　昴輝 (寒川東)
3 稲葉　心 (下福田)
☆3 川﨑　まな (湘洋)
2 佐野　洸太 (北陽)
1 井上　蓮 (いずみ野)
1 佐藤　郁斗 (滝の沢)
☆1 一色　桃英 (静岡・韮山)

藤沢清流

藤沢市大鋸1450

部長 荻野　浩司
監督 榎本　正樹
3 石川　寛太 (藤沢第一)
3 石川　晴登 (藤ケ岡)
3 石橋　侑樹 (御成)
3 尾崎　稜太 (松林)
3 北田　剛士 (高倉)
◎3 北原　歩 (城北)
3 橘川　嵩正 (二宮)
3 五島　歩 (長後)
3 今　哲平 (羽鳥)
3 髙橋　杏伍 (春日野)
3 中谷　蓮 (渋谷)
3 林　隼矢 (村岡)
3 真庭　康生 (寒川)
3 三嶽　諒 (大庭)
3 宮島　啓輔 (松林)
3 村松　勇吾 (湘南台)
3 柳下　颯 (片瀬)
3 吉永　太陽 (寒川)
☆3 三村　桜 (円蔵)
2 森山　涼 (茅ケ崎第一)
2 石割　崇 (茅ケ崎第一)
2 島田　亮汰 (大船)
2 長澤　結馬 (大正)
2 萩原　颯斗 (秋葉台)
2 矢澤幸之介 (藤ケ岡)
2 大橋　幹太 (鶴嶺)
2 後藤　樹希 (南林間)
2 竹内　嶺汰 (大谷)
2 福士　竜星 (秋葉台)
2 西村　颯太 (鎌倉第一)
2 山本　健朗 (大磯)
2 樫山　航陽 (下福田)
2 田嶋　陽人 (二宮)
2 佐藤　光琉 (御所見)
2 山本　気介 (片瀬)
2 米倉　拓弥 (大庭)
2 輪島　昌輝 (梅田)
2 佐藤　暖大 (鶴嶺)
2 青木　颯汰 (六会)
2 安藤　裕貴 (秋葉台)
2 木島　直哉 (愛知・神丘)
2 木村　純翔 (滝の沢)
2 森　駿太 (茅ケ崎第一)
2 横田　勇太 (南希望が丘)
☆2 坂井　晴香 (秋葉台)
☆2 渡辺　純和 (共和)
1 柴山　隼人 (鵠沼)
1 平田　波琉 (茅ケ崎第一)
1 廣江陽太郎 (御成)
1 山口　義希 (茅ケ崎第一)
1 高橋　悠人 (藤沢第一)
1 藤原祐二郎 (舞岡)
1 石谷　春樹 (藤沢第一)
1 今泉　悠人 (鶴が台)
1 田中　優斗 (鶴嶺)
1 大山　尚之 (東林)
1 金本　侑也 (滝の沢)
1 柴田　統和 (下瀬谷)
1 川戸　悠人 (手広)
1 越後　裕哉 (高倉)
1 井竹　琉汰 (泉が丘)
1 小島　直人 (深谷)

1 大井 優也 （藤ケ岡）
☆1 久保 貴永 （平塚中原）
☆1 田邊日那子 （万騎が原）

茅ケ崎西浜

茅ケ崎市南湖7－12869－11

部長 佐藤 穣
監督 秋元 衛
3 富樫 歩夢 （旭が丘）
3 入山 一輝 （寒川東）
3 小林 亮 （旭が丘）
3 四家 聖也 （寒川東）
3 武田波椰斗 （鶴が台）
3 遠藤 蒼大 （鶴嶺）
◎3 平野 李空 （浜須賀）
2 加藤 雄大 （松林）
2 亀山 幸輝 （西本郷）
2 浪岡 伯瑠 （大船）
2 日吉田碧斗 （大野）
2 宮本 凌 （深沢）
2 田中 一拳 （円蔵）
2 小田切将太 （大野）
2 須田 海翔 （羽鳥）
2 菊地 蒼空 （梅田）
2 大貫 凌雅 （旭が丘）
2 片平 優志 （梅田）
2 矢野 大成 （平塚中原）
2 鈴木 獅王 （萩園）
☆2 松井凜々子 （寒川）
☆2 有松 瑛可 （滝の沢）
☆2 村中穂奈美 （円蔵）
1 青木 駿 （中島）
1 葛西 輝 （綾瀬）
1 後藤 諒大 （湘洋）
1 平川 夢純 （岩井原）
1 水谷 颯汰 （西本郷）
1 守屋 叶也 （神明）
1 山岸 勇楓 （玉縄）
☆1 田邊 愛恵 （大庭）

大船

鎌倉市高野8－1

部長 大木 剛志
監督 田沼 宏友
3 阿部 純大 （大船）
3 尾曲雄太郎 （梅田）
3 川名 裕也 （手広）
3 寶德 晃来 （小山台）
3 松田 和季 （梅田）
◎3 丸子翔太郎 （明治）
3 宮本 蒼大 （岩瀬）
3 山神 心尽 （大楠）
☆3 安立 凜 （赤羽根）
2 粟野 眞 （赤羽根）
2 加藤 修吾 （葉山）
2 香取 大貴 （円蔵）
2 齊藤 飛 （玉縄）
2 高橋 光佑 （永田）
2 鳴嶋 大起 （大船）
2 八矢 幸樹 （衣笠）
☆2 平野 友唯 （湘洋）
☆2 小林 帆南 （赤羽根）
1 井上龍之介 （小山台）
1 岡部 成真 （中田）
1 齊藤 康輝 （舞岡）
1 髙橋 一柊 （中田）
1 平間 彩人 （湘洋）
1 古川 康大 （明治）
1 松本 優大 （西本郷）
1 宮川 温人 （大磯）
1 安村 悍瑚 （大船）
1 與倉 陽大 （本郷）
☆1 白谷 芭奈 （高浜）
☆1 冨塚 涼香 （藤沢第一）

七里ガ浜

鎌倉市七里ガ浜東2－3－1

部長 千葉 正範
監督 眞鍋 武史
3 安藤 翼 （羽鳥）
3 飯塚 健留 （梅田）
3 櫻井 政孝 （松浪）
3 鈴木 和 （善行）
3 高橋新ノ助 （南郷）
◎3 長田泰之介 （城山）
3 向井 琢磨 （引地台）
☆3 崎永 萌麗 （春日台）
2 濱野 能成 （港南台第一）
2 村井 陸 （六ツ川）
2 坪井 陸斗 （泉が丘）
2 林 蒼太 （小山台）
2 山田 球道 （松林）
1 伊藤 力希 （藤ケ岡）
1 立林 琉城 （高倉）
1 谷口 祐貴 （領家）
1 寺澤 結輝 （戸塚）
1 原田 晃佑 （藤ケ岡）
1 安藤 大知 （藤ケ岡）
☆1 笠原 真衣 （小山台）

湘南台

藤沢市円行1986

部長 園田 雄介
監督 長谷川飛路
3 荒木 海祐 （大正）
3 飯田優太朗 （大庭）
3 上能 岳流 （中和田）
3 江口 直輝 （秋葉）
3 櫛渕 航希 （瀬谷）
3 熊澤 一輝 （白鳥）
3 杉本 健 （相模）
3 諏訪間俊輔 （湘南台）
3 鶴野 大翔 （城山）
◎3 本田 直人 （城山）
3 山内 諒人 （玉縄）
☆3 小田部帆夏 （大船）
2 赤平 雄飛 （玉縄）
2 白木 友太 （国大附属鎌倉）
2 西原 幹人 （瀬谷）
2 増田 仁来 （森）
2 山下 航輝 （舞岡）
2 和田 康太 （渋谷）
☆2 中澤 柚花 （綾北）
1 安部 友翔 （本宿）
1 五十嵐 翔 （高倉）
1 髙橋 凌汰 （岡津）
1 前島 秀吾 （腰越）
1 宮坂 明義 （舞岡）
1 和田 春裕 （六ツ川）
☆1 宮内 萌楓 （深沢）

深沢

鎌倉市手広6－4－1

部長 北澤 健
監督 清水 達也
◎3 梅本 嶺太 （大正）
3 片岡 直人 （村岡）
3 瀬戸 拓実 （村岡）
3 中丸 太陽 （御成）
3 石倉 大輔 （片瀬）
☆3 大畑 梨乃 （茅ケ崎第一）
2 北堀 陽也 （鎌倉第二）
2 萩原 旬 （鎌倉第二）
2 佐藤渓二郎 （梅田）
2 吉井 遥登 （長後）
2 鈴木 慶人 （鶴嶺）
2 矢嶋 翔太 （羽鳥）
1 伊藤 陽翔 （玉縄）
1 西 将輝 （湘洋）
1 西岡 聡吾 （深沢）
1 今関 拓海 （片瀬）
1 佐瀬 祐介 （高倉）
☆1 小林 彩未 （鶴見大附属）

藤沢工科

藤沢市今田744

部長 大谷誠一郎
監督 黒須 智紀
3 井村 治貴 （善行）
◎3 江頭 真斗 （藤ケ岡）
3 大原 琉斗 （下瀬谷）
3 勝亦 海斗 （鵠沼）
3 今野 大誠 （秋葉台）
3 額田 真輝 （大正）
2 奥島 大智 （平塚神明）
2 大森 智也 （秋葉台）
2 古楠 春樹 （光丘）
2 山本 祐太 （大清水）
1 尾崎 太樹 （善行）
1 片山 颯 （引地台）
1 唐川 将輔 （江陽）
1 齋藤 修二 （南瀬谷）
1 菅谷 真央 （腰越）
1 長谷川 零 （善行）

藤嶺藤沢

藤沢市西富1－7－1

部長 菊地 幹
監督 山田 晃生
3 石井 猛貴 （岡津）
3 伊東寛太郎 （港南）
3 岩﨑 脩斗 （東林）
3 岩本 大輝 （弥栄）
3 尾形 俊輔 （玉縄）
3 加藤 誠士 （六会）
3 川野 匠 （藤ケ岡）
3 菊島 達也 （南毛利）
3 北井修蔵太 （鎌倉第一）
3 佐藤 慶一 （希望が丘）
3 佐野 優人 （丸山台）
3 宍戸 翔海 （泉が丘）
3 城島 至音 （若葉台）
3 杉本 明樹 （東京・真光寺）
3 曽根 颯 （座間）
3 髙橋 優太 （湘洋）
3 谷口 太一 （大住）
3 千島 智 （藤嶺学園）
◎3 西井 一揮 （秋葉）
3 橋本 二歩 （東京・真光寺）
3 原澤 徹 （戸塚）
3 藤井 奏陽 （荏田南）
3 藤岡 結人 （東永谷）
3 藤木 奏亮 （藤嶺学園）
3 祝 龍輝 （東京・忠生）
3 堀内 凌 （東京・忠生）
3 吉原 花火 （東京・町田第二）
2 新井 颯太 （岡村）
2 岡本 拓也 （東京・南成瀬）
2 亀井 翔太 （大野）
2 菅野 港 （汲沢）
2 木山 陽平 （希望が丘）
2 具志 一希 （笹下）
2 近藤鈴之介 （飯島）
2 佐藤 航大 （田奈）
2 重松 凌空 （湘洋）
2 早田 善信 （藤嶺学園）
2 大光寺寿季 （春日台）
2 髙山 士侑 （富岡）
2 辻井 一陽 （飯島）
2 根本 健大 （上和田）
2 矢野 樹 （桂台）
2 山本 創太 （舞岡）
2 吉村匠一朗 （浜須賀）
1 荒川 陽 （港南）
1 岩﨑 琳平 （追浜）
1 臼井 寛貴 （秋葉）
1 岡 柊人 （名瀬）
1 加藤 央祐 （常葉）
1 神田 一晴 （根岸）
1 木下 湧斗 （座間東）
1 小早川 仁 （常葉）
1 小峰 瑶大 （保土ケ谷）
1 小谷野太郎 （円蔵）
1 齊藤 一樹 （舞岡）
1 菅原啓一朗 （名瀬）
1 鈴木 颯人 （港南台第一）
1 辻野孝士朗 （豊田）
1 根岸 大和 （浜須賀）
1 橋本 空利 （六会）
1 藤居 桐太 （港）
1 松坂 仁 （西谷）
1 宮澤 陽太 （松浪）
1 森永 武蔵 （桂台）
1 山本 陸斗 （円蔵）
1 吉川 尚 （西高津）

藤沢翔陵

藤沢市善行7－1－3

部長 竹田 和樹
監督 川俣 浩明
3 生野 雅貴 （六会）
3 今井 諒真 （南大師）
3 牛久 叶夢 （田名）
◎3 漆原 剣心 （秋葉台）
3 大久保裕都 （市ケ尾）
3 大野陽友哉 （中田）
3 鎌形 陽斗 （泉が丘）
3 串田 翔 （大清水）
3 倉地 倫己 （飯島）
3 齊藤 武流 （片瀬）
3 佐久間柊弥 （山王）
3 澤藤 凛 （綾北）
3 新貝 圭佑 （上郷）
3 菅原野映琉 （明治）
3 鈴木大士郎 （深谷）
3 橘 海斗 （西本郷）
3 冨田 真弘 （湘南台）
3 長島 希 （旭北）
3 羽立 湧輝 （仲尾台）
3 福富 大地 （伊勢原）
3 藤代 琉生 （森）
3 札場宏太郎 （東野）
3 古澤 諄温 （北の台）
3 山本 匠真 （南毛利）
3 和田 太一 （秋葉台）
3 和田 力也 （岡本）
2 荒武 海翔 （長後）
2 石井 颯 （戸塚）
2 伊藤 大樹 （中田）
2 大竹 隼太 （舞岡）
2 金子 励 （大野南）
2 神田 祐輔 （由野台）
2 園川 龍来 （綾瀬）
2 髙星 大地 （六角橋）
2 水野 朝陽 （原）
2 宮嶋 和博 （洋光台第二）
2 宮本 快 （大船）
2 山口 将吾 （東永谷）
2 横山 斗夢 （中和田）
1 石本 光 （引地台）
1 岩本 翔悟 （大庭）
1 梅澤 蒼空 （寺尾）
1 小田幸司郎 （原）
1 小田 悠太 （保土ケ谷）
1 小野 悠太 （秋葉台）
1 鍵渡 大湖 （海西）
1 香取 汰知 （六会）
1 菊地 優太 （酒匂）
1 齋藤 煌太 （西本郷）
1 白井 快晴 （今宿）
1 勝呂 勇哉 （栗原）
1 鈴木 翔貴 （鶴嶺）
1 鈴木 陽光 （南戸塚）
1 関口 亮 （萩園）
1 鷹野 彪我 （浜）
1 髙橋 幸聖 （平楽）
1 玉城 巧望 （潮田）
1 對馬虎汰朗 （深谷）
1 中武 寛大 （大清水）
1 中野 創天 （横浜南が丘）
1 中村 豪 （秋葉）
1 西 裕史 （大船）
1 羽立 大輝 （仲尾台）
1 福田 京佳 （寒川東）
1 藤渡 哲生 （松林）
1 本村 璃空 （城山）
1 安原 陸 （明治）
1 山口 悠斗 （春日台）
1 山田 陸斗 （長井）
1 遊佐 拓哉 （南戸塚）
1 吉村 一真 （並木）

日大藤沢

藤沢市亀井野1866

部長 苗村 佳則
監督 山本 秀明
3 植松 航大 （逗子）
3 鎌田隆之介 （六会）
3 提坂 朋和 （大矢部）
3 清水 尊 （あかね台）
3 服部 宏介 （赤羽根）
3 柳澤 大空 （瀬谷）
3 細野 隆人 （山王）
3 清水虎太朗 （平戸）
◎3 宮沢 幸大 （西浜）
3 功刀 有眞 （六会）
3 遠藤 優太 （睦合）
3 梶葉 康介 （横浜吉田）
3 寺崎 蓮 （潮田）
3 茂木 草太 （日大藤沢）
3 佐藤 祐成 （成瀬）
3 井萱 悠 （小鮎）
3 出羽 雅 （平戸）
3 渋江 健吾 （藤ケ岡）
☆3 鈴木 甘菜 （樽町）
2 小林 駿 （相陽）
2 坂田 直輝 （中山）
2 猿田 淳人 （西柴）
2 鈴木 大生 （富士見）
2 樋口駿之介 （寺尾）
2 古橋昂一郎 （鵠沼）
2 山中 大輔 （大師）
2 吉田 響 （上白根）
2 五十嵐良太 （日大藤沢）
2 池永 壮真 （新町）
2 田上 遼 （浦島丘）
2 矢内 徹生 （池上）
2 柴 悠貴 （林）
2 村山 颯太 （羽鳥）
2 仙波 慶樹 （柏ケ谷）

2　宮崎　綾斗　（保土ケ谷）
2　阿部公太朗　（いずみ野）
2　菅原　颯太　（湘南台）
2　藤井　駿　（土沢）
2　古川瑠宇久　（新井）
2　飯島　拓哉　（飯島）
2　伊藤凛之助　（大船）
2　久保田凌斗　（大道）
2　関　悠斗　（深沢）
2　伊藤　尊琉　（追浜）
2　長澤　悠　（上郷）
2　遠藤　優介　（つきみ野）
2　向後　匠翔　（横浜西）
2　角田　拓己　（弥栄）
2　椙山　純弥　（善行）
☆2　河野　優良　（座間東）
1　荒井　央輔　（塚越）
1　坂本　羽海　（片瀬）
1　牧原　寛汰　（鵜野森）
1　山口　恒征　（岩崎）
1　柳沢　悠斗　（中川西）
1　塚本　翔　（塚越）
1　吉田　壮翔　（大磯）
1　和田　侑也　（芹が谷）
1　伊東　柊司　（大庭）
1　菊地　祐翔　（東林）
1　小倉　康平　（柏ケ谷）
1　田原　颯太　（寒川東）
1　細野　敦史　（海老名有馬）
1　草薙　大輝　（谷口）
1　田中　理人　（東野）
1　石井　翔真　（中和田）
1　加山　隆誠　（谷本）
1　佐藤　稜真　（日大藤沢）
1　向井　祐翔　（北の台）
1　阿部　真宙　（日大藤沢）
1　田上　優弥　（坂本）
1　佐藤　快司　（大師）
1　杉山　大和　（愛川中原）
1　湯田　広大　（赤羽根）
1　櫻井　結太　（依知）
1　玉置　幸哉　（村岡）
1　宗形　櫂斗　（大野南）
1　白井　春翔　（高田）
1　奥道　航大　（泉が丘）
1　柏木　俊輔　（山城）
1　亀山　夏暉　（鵠沼）
1　矢島　悠豊　（国府津）
1　川口　幸己　（大野南）
1　引敷林　青　（大庭）
1　菅野　幹大　（大野南）
1　熊澤　遥希　（北陽）
1　中里　柾斗　（伊勢原）
1　水谷　公星　（秦野北）
☆1　小川　栞奈　（飯島）
☆1　茂木　柚乃　（日大藤沢）

湘南学園

藤沢市鵠沼松が岡4－1－32
部長　岩田　英司
監督　岩田　英司
3　勝又　輝一　（湘南学園）
◎2　鈴木颯次郎　（湘南学園）
2　関野　創　（湘南学園）
2　富田　晴瑠　（湘南学園）
1　比嘉　大心　（湘南学園）
1　廣田　誌稀　（湘南学園）
1　伴　宏紀　（湘南学園）
1　中西　朗人　（湘南学園）
1　藤村　碧　（湘南学園）
1　古賀悠太郎　（湘南学園）
☆1　尾崎　健人　（湘南学園）

鎌倉学園

鎌倉市山ノ内110
部長　多々納俊万
監督　竹内　智一
3　秋山　元希　（鎌倉学園）
3　鳥山仙太郎　（東山田）
3　森高裕一郎　（岩瀬）
3　浅葉　英汰　（国大附属鎌倉）
3　磯木　慶人　（厚木）
3　岩崎　祥武　（荏田南）
3　金内建汰郎　（岩崎）
3　高橋　智仁　（国大附属横浜）
3　今村　耕大　（中川西）
3　宇賀　逸哲　（真鶴）
3　角谷健士郎　（富岡）
3　齋藤　正知　（早渕）
3　小山　春　（大野北）
3　早川　太陽　（浦賀）
3　平本龍太郎　（十日市場）
◎3　宮尾　一冴　（桐蔭学園中等教育）
3　中島伸之助　（並木）
3　二宮　康輝　（南希望が丘）
3　阿部功志郎　（上菅田）
3　大内　翔馬　（深沢）
3　大城　琉里　（有馬）
3　菊川　空翔　（箱根）
3　佐藤　生吹　（潮田）
3　柴田　一輝　（大庭）
3　杉谷　明斗　（滝の沢）
3　丹藤　柊也　（汲沢）
3　橋本　桂志　（釜利谷）
3　森　優樹　（柏ケ谷）
3　古川　治寛　（港）
3　増島　佳祐　（港南台第一）
3　馬渕　翔　（藤が丘）
3　四元仁九郎　（保土ケ谷）
2　内海優太郎　（鎌倉学園）
2　中井　勇吾　（鎌倉学園）
2　田中真太郎　（鎌倉学園）
2　山本　渚　（国大附属鎌倉）
2　吉井　千央　（釜利谷）
2　岩城遼太郎　（生麦）
2　蒲田　天真　（国府津）
2　松本　直　（南高校附属）
2　翠田　広紀　（舞岡）
2　柳下　大勢　（仲尾台）
2　井澤　孝太　（大船）
2　岩木　己大　（春日台）
2　鎌田　眞煕　（御所見）
2　小張　剛志　（横内）
2　坂口　満輝　（藤沢第一）
2　坂爪　春　（鎌倉第二）
2　佐々木晴生　（長井）
2　根来　奏宇　（藤沢第一）
2　中村　晃大　（引地台）
2　目﨑　裕大　（中川西）
2　山下　直輝　（六会）
2　山根潤太郎　（金沢）
2　淀瀬　巧真　（湘洋）
2　飴谷　浩太　（中川）
2　太田　康介　（座間南）
2　小沼　聖汰　（市場）
2　中島　湘斗　（茅ケ崎第一）
2　中村　友亮　（根岸）
2　藤松　奏　（横内）
2　三好　啓太　（汲沢）
2　今井　悠都　（原）
2　金子　柊斗　（浦賀）
2　木村　王星　（二宮西）
2　後藤　陽威　（長井）
2　中西　重勝　（国大附属鎌倉）
1　横井　貴洋　（鎌倉学園）
1　倉賀野稜希　（鎌倉学園）
1　髙橋　直希　（鎌倉学園）
1　石川　浩大　（鎌倉学園）
1　森　慶太郎　（鎌倉学園）
1　石井　智　（鎌倉学園）
1　武井仙太郎　（鎌倉学園）
1　時水　秀　（鎌倉学園）
1　海江田　隆　（村岡）
1　金子　雄大　（富岡）
1　神蔵　皓世　（酒匂）
1　北野　雄大　（仲尾台）
1　藤井健太朗　（西柴）
1　上杉　祐翔　（藤の木）
1　金本孝太郎　（六ツ川）
1　亀井　大夢　（岩瀬）
1　白井奏太郎　（深沢）
1　後岡　壮　（岩瀬）
1　豊原　航介　（鵠沼）
1　根本　基平　（湘洋）
1　福島　良太　（関東六浦）
1　若松虎太朗　（鶴ケ峯）
1　石井　心　（池上）
1　石川　隆斗　（相模）
1　大牟禮碧斗　（光丘）
1　大矢　逸音　（森）
1　奥永　悟生　（汐見台）
1　小澤　光正　（国府）
1　河村　駿　（香港日本人）
1　杉山　尚隆　（善行）
1　髙橋　勇太　（西柴）
1　鶴田　快　（御所見）
1　松山　風遊　（ジャカルタ日本人）

湘南工大付

藤沢市辻堂西海岸1－1－25
部長　金田　大輔
監督　榊　淳一
3　有隅　汐音　（鶴嶺）
3　岩井　仰　（大磯）
3　小川　拓斗　（久里浜）
3　小柴　潤　（浜岳）
◎3　小林　翔　（寒川東）
3　小林将太朗　（東京・南成瀬）
3　小松　友輝　（仲尾台）
3　佐橋　弘人　（下瀬谷）
3　杉崎　太洋　（浜岳）
3　鈴木　遼　（北陽）
3　鈴木　隆太　（浜須賀）
3　田中　康生　（旭が丘）
3　田村　優汰　（岩崎）
3　所　慧人　（寒川東）
3　中村　黎生　（南瀬谷）
3　原　滉雪　（浜岳）
3　我妻　翼　（南戸塚）
3　松下　空雅　（大船）
3　水野　元気　（浜須賀）
3　森尻　達也　（下瀬谷）
3　目黒　正大　（仲尾台）
☆3　東　さくら　（松浪）
☆3　牧野　珠那　（浜須賀）
2　富永　凌太　（保土ケ谷）
2　神藤　優斗　（湘洋）
2　野口　真聖　（舞岡）
2　中村　空翔　（港南）
2　吉川　祐世　（東林）
2　青木　涼汰　（平塚中原）
2　阿部　将希　（大津）
2　森井　琉斗　（金旭）
2　井上　藍輝　（下瀬谷）
2　徳永　拓也　（南林間）
2　高橋翔太郎　（下瀬谷）
2　髙田　悠真　（大谷）
2　阿部　葉太　（大船）
2　尾張　優太　（松浪）
2　飛澤　陽向　（秋葉台）
2　森本　蒼斗　（笹下）
2　土屋　哉也　（国大附属横浜）
2　相澤　遵東　（港南台第一）
2　國井　心太　（港南）
2　荒尾潤太郎　（浜須賀）
2　平沼　将大　（森）
2　安藤　広太　（鶴嶺）
2　津田　圭祐　（茅ケ崎第一）
2　土田　泰生　（豊田）
2　酒巻　克海　（浜）
2　寺田　康生　（港南台第一）
2　田中麟太郎　（玉縄）
☆2　長谷川実緒　（南戸塚）
1　平野　陽大　（日野南）
1　髙林　壮志　（名瀬）
1　酒井　隆成　（鴨宮）
1　小泉　怜央　（文命）
1　小林　空翔　（国府）
1　霧生　翔晟　（荻野）
1　府川　葵維　（大野）
1　山崎　喜平　（秋葉）
1　佐藤　優希　（鶴ケ峯）
1　鳥屋創太郎　（藤ケ岡）
1　小野　元輝　（明治）
1　内山　雄太　（藤沢第一）
1　伊藤　友樹　（鵠沼）
1　福田　洸太　（平塚中原）
1　宇久田陽秀　（明治）
1　大崎　暖稀　（腰越）
1　小山　碧士　（六会）
1　葛屋　駿　（千代）
1　小島　壮平　（日野南）
1　赤尾　翼　（上菅田）
1　中城　一峰　（南戸塚）
1　佐藤　諒弥　（戸塚）
1　櫻井　晴基　（滝の沢）
1　髙橋　昂平　（赤羽根）
☆1　伊賀あおい　（玉縄）
☆1　齋賀　千緩　（玉縄）

慶応藤沢

藤沢市遠藤5466
部長　木内　義和
監督　木内　義和
3　大江　正行　（慶応藤沢）
3　沖田　万里　（慶応藤沢）
3　黒木　郁也　（慶応藤沢）
3　神津　宏明　（慶応藤沢）
3　近藤　大翔　（慶応藤沢）
3　島村　薫　（慶応藤沢）
3　白石　誠人　（慶応藤沢）
3　竹本　悠人　（香川・桜町）
3　谷口　寛太　（慶応藤沢）
3　辻　謙太朗　（慶応藤沢）
◎3　常松広太郎　（慶応藤沢）
3　鳥越　裕貴　（慶応藤沢）
3　永渕　泰洋　（慶応藤沢）
3　山田　早憧　（慶応藤沢）
3　横尾　泰佑　（慶応藤沢）
3　若林　英　（慶応藤沢）
☆3　礒嵜　心夢　（慶応藤沢）
2　春日　航平　（慶応藤沢）
2　河村　大晴　（慶応藤沢）
2　小林　晄輔　（慶応藤沢）
2　酒井　亮太　（慶応藤沢）
2　鈴木　和直　（慶応藤沢）
2　田上　遼平　（慶応藤沢）
2　橋口　塁　（慶応藤沢）
2　藤原　拓也　（慶応藤沢）
2　三木　広大　（慶応藤沢）
2　陸田　廉　（慶応藤沢）
2　伊澤　遼平　（栃木・南河内第二）
2　玉津　優志　（三重・中部）
1　後藤　優仁　（横浜青葉台）
1　小林　祐太　（慶応藤沢）
1　杉山　雄琉　（群馬・ぐんま国際アカデミー）
1　鈴木　朗生　（愛知・守山東）
1　高垣　空逢　（慶応藤沢）
1　高野　湧太　（慶応藤沢）
1　西脇　太志　（広島・近大福山）
☆1　木原　美遥

アレセイア

茅ケ崎市富士見町5－2
部長　藤原　和也
監督　村山　雄一
3　大森　剛志　（中島）
3　尾崎　良哉　（下瀬谷）
3　河内　克樹　（御成）
◎3　金城　柊　（茅ケ崎第一）
3　鈴木　伸義　（萩園）
3　髙橋　陽亮　（明治）
3　羽倉　大樹　（藤沢第一）
3　橋本　瑞輝　（六会）
3　吉井　栄人　（アレセイア湘南）
3　渡邉　葵羽　（福島・白河中央）
☆3　井手　恋　（大磯）
☆3　菊池　麻里　（大船）
☆3　福田　莉瑚　（松浪）
☆3　柳田夢乃羽　（大磯）
2　安藤申太郎　（藤沢第一）
2　川口　航洋　（梅田）
2　木村　陽喜　（藤沢第一）
2　河野　結大　（上郷）
2　佐藤　瞭充　（上郷）
2　清水　神衣　（滝の沢）
2　常松凰太郎　（東京・日大第三）
2　水戸部優大　（舞岡）
☆2　栗山　夏実　（湘洋）
☆2　山崎　絢名　（明治）
1　田中　大夢　（小山台）
1　田村　剛希　（浜須賀）
1　今井　大翔　（東野）
1　亀垣　慶汰　（六会）
1　濤川　遼太　（寒川東）
☆1　朝長　香帆　（大船）

横須賀地区

県横須賀

横須賀市公郷町3－109
部長　柴田　治郎
監督　石井　洋
◎3　玉川壮太郎　（港南台第一）
3　長谷川斗洋　（初声）
3　小川　悠斗　（馬堀）
3　篠田　裕太　（常葉）
3　杉浦　秀太　（大船）
3　和田　銘遊　（馬堀）
3　榎本　健琉　（釜利谷）
3　岡田　和樹　（港南台第一）
3　菅田　英明　（大船）
3　吉井　悠人　（横須賀神明）
3　小川　翔生　（大津）
3　髙橋　陽大　（南下浦）
3　奥野　将広　（大津）
☆3　新明　茉鈴　（馬堀）
☆3　藤崎　菜月　（大矢部）
2　神谷　歩人　（大矢部）
2　黒木　幹太　（玉縄）
2　石橋　照朗　（三崎）
2　尾澤　秀祐　（日野南）
2　原田　悠翔　（深沢）
1　青木　慶亮　（国大附属鎌倉）
1　秋澤　蒼士　（坂本）

1	飯田　健太	（釜利谷）
1	押野　秀太	（久里浜）
1	齊藤　楓	（横浜南）
1	杉山　禅季	（衣笠）
1	曽我　光明	（田浦）
1	西山　将悟	（武山）
1	菱沼　蓮	（横須賀長沢）
☆1	木野本茉里	（横須賀長沢）
☆1	髙見　咲帆	（横須賀長沢）
☆1	松代　春花	（大島）

追浜

横須賀市夏島町13

部長	鈴木　拓海	
監督	川口　恵	
◎3	秋本　素良	（常葉）
3	朝倉　優太	（東永谷）
3	尼崎　新	（富岡）
3	岩下　尚悟	（富岡）
3	加藤　直人	（田浦）
3	熊谷　優斗	（久里浜）
3	辻龍輝ポール	（南下浦）
3	日野　悠介	（富岡）
3	諸泉　良輔	（大津）
3	山崎　航輝	（田浦）
3	吉岡　那泰	（港南台第一）
☆3	影山　那帆	（大矢部）
☆3	望月　杏菜	（馬堀）
2	遠藤　千洋	（笹下）
2	大久保良祐	（浦賀）
2	佐野　大陽	（常葉）
2	清水　朝陽	（坂本）
2	澤中　響希	（金沢）
2	長谷川暁斗	（横須賀長沢）
2	村松　涼雅	（久里浜）
☆2	河合あんず	（武山）
1	池田航史郎	（横浜南）
1	岡部　将吾	（不入斗）
1	荻野　絢太	（並木）
1	落合　凌	（大津）
1	笠貫　統也	（田浦）
1	厨川　真	（金沢）
1	篠平　亮輔	（常葉）
1	杉山　大斗	（逗子）
1	鈴木　健斗	（富岡）
1	鈴木　颯人	（衣笠）
1	増田　泰穂	（蒔田）
1	山本　真央	（大津）
☆1	荒井　優花	（野比）
☆1	生田　胡実	（横須賀神明）
☆1	菅　香奈美	（池上）

逗子

逗子市池子4－1025

部長	光吉　昭宏	
監督	杉山　清之	
3	熊田　英人	（釜利谷）
3	篠平翔太郎	（常葉）
3	田中　皓大	（小田）
◎3	長岡優一郎	（追浜）
3	藤江　柊輔	（沼間）
3	堀　拓斗	（逗子）
☆3	赤穂ゆりか	（追浜）
☆3	原　由梨菜	（浦賀）
2	木口　蒼	（久里浜）
2	気仙航太郎	（武山）
2	松本　一輝	（横須賀鴨居）
2	室田　文	（池上）
☆2	大井　空菜	（北下浦）

津久井浜

横須賀市津久井4－4－1

部長	須藤　智夫	
監督	三井　高友	
3	北島　久志	（坂本）
3	橋本　優希	（池上）
◎3	三堀　歩叶	（横須賀長沢）
3	三宅　真悟	（横須賀長沢）
☆3	筒井　佑菜	（浦賀）
2	小川　櫂運	（池上）
2	布施　知輝	（不入斗）
2	徳永　龍	（武山）
2	西山　雄大	（常葉）
2	菱沼　優太	（大津）
2	工藤　陽斗	（横須賀長沢）
2	髙橋　祐翔	（浜）
2	新原　輝大	（横須賀鴨居）
2	宮崎　勇輝	（横須賀長沢）

☆2	臼井　莉々	（追浜）
☆2	町田　伊吹	（衣笠）
1	中山　拳王	（鷹取）
1	守屋　宇宙	（横須賀鴨居）
1	菊池　陽喜	（六浦）
1	渡邊　麻礼	（不入斗）
1	大舘　優斗	（坂本）
1	森　護之	（公郷）
1	辻　恭平	（横須賀鴨居）
1	榎園　昴晄	（追浜）
1	荒木洸一郎	（横須賀鴨居）
1	牧野　悠志	（武山）
1	加瀬　俊輔	（大津）
☆1	堀口奈月美	（不入斗）
☆1	山本　優衣	（衣笠）

逗葉

逗子市桜山5－24－1

部長	宇野　祐士	
監督	澤田　大輔	
3	大津凜太朗	（横須賀神明）
3	植松　滉太	（久木）
3	篠原伊里弥	（岩戸）
◎3	三浦　大地	（浦賀）
☆3	伊坂　梨菜	（小田）
2	小関　隆人	（浦賀）
2	井手　羚雅	（追浜）
2	伊藤　球真	（田浦）
2	小池　俊太	（久里浜）
2	塩谷　柊介	（南下浦）
2	出口　陽也	（三崎）
2	春木　秀太	（鎌倉第二）
2	杉山清志郎	（公郷）
2	中山　壱心	（逗子）
2	土屋　智徳	（六浦）
2	工藤　皓平	（久里浜）
2	飯嶋　瞭太	（大矢部）
2	松井　正弥	（久里浜）
☆2	和賀　伊紗	（逗子）
1	折原　龍介	（横須賀神明）
1	鈴木　光惺	（武山）
1	鈴木慎一朗	（田浦）
1	鈴木　拓真	（長井）
1	前川　晄毅	（六浦）
1	石渡　巧海	（追浜）
1	横山　璃空	（小田）
1	富澤　優太	（大楠）
1	小林晃太朗	（久里浜）
1	上野　桜介	（玉縄）
☆1	新井　里穂	（大道）
☆1	牧之内美佐	（初声）

横須賀南

横須賀市佐原4－20－1

部長	倉田　陵	
監督	豊永　将義	
3	住吉　蓮	（横須賀神明）
3	直井　寿仁	（公郷）
3	永田弘次郎	（横須賀長沢）
3	西澤　樹生	（大矢部）
3	松下　周平	（久里浜）
3	村山　道夫	（大矢部）
◎3	山本　幸太	（追浜）
3	栗原　大雅	（浦賀）
2	青木　温哉	（坂本）
2	今井　波乙	（坂本）
2	小林　勇太	（大津）
2	菅原　聖太	（久里浜）
2	千葉　龍紀	（久里浜）
2	田村大樹地	（浦賀）
2	守屋　龍汰	（浦賀）
2	早田　翔士	（洋光台第一）
☆2	鈴木　沙弥	（浦賀）
☆2	横山　晴香	（衣笠）

横須賀大津

横須賀市大津町4－17－1

部長	嶋　健一郎	
監督	佐々木　瑛	
3	松田　迅太	（六浦）
3	川村　寧生	（浦賀）
3	米谷　龍平	（横浜南）
3	鳥居　大輝	（蒔田）
3	谷口　知真	（横浜南）
3	猪狩　将也	（追浜）
◎3	臼井　星詠	（追浜）
3	内村　流登	（南郷）
3	田村幸之助	（浦賀）

3	清野　翔太	（横須賀鴨居）
3	鈴木　修介	（南下浦）
☆3	角屋　結愛	（武山）
2	吉倉　駿	（大津）
2	宮澤　彰吾	（不入斗）
2	柳原　結大	（横須賀神明）
☆2	小日向めい	（上郷）
☆2	宮城　咲良	（追浜）
1	石川　優太	（六浦）
1	山崎　開智	（衣笠）
1	長澤　優太	（野比）
1	岡　知輝	（横須賀長沢）
☆1	加藤　花音	（初声）

海洋科学

横須賀市長坂1－2－1

部長	石井　英城	
監督	石井　英城	
3	湯本　尚輝	（稲田）
◎3	荻原　燦	（稲田）
3	小暮　玄太	（二宮）
3	黒川竜太郎	（岡村）
3	今井　優翔	（横浜橘）
3	岩澤　佑	（初声）
3	天野　快知	（岩崎）
2	柿崎　空	（梅田）
2	増田　輝	（深沢）
2	小澤航太朗	（常葉）
2	上長根　翼	（西柴）

県横須賀工

横須賀市公郷町4－10

部長	橋本　賢慶	
監督	三木健太郎	
3	渡部　夢斗	（初声）
3	柳田　大翔	（久里浜）
3	芳賀　璃輝	（桂台）
◎3	坂田　裕輝	（岩戸）
3	長岡　昂汰	（北下浦）
3	片岡　渚	（釜利谷）
3	塩島　佑哉	（不入斗）
3	佐藤　光星	（岩戸）
3	篠原　明翔	（横須賀長沢）
3	三冨　亜旺	（池上）
2	今井　修斗	（追浜）
2	柴田　裕樹	（南郷）
2	中川　蓮	（釜利谷）
2	山崎　達矢	（横浜南）
2	覚張　裕介	（常葉）
2	藤野　凱士	（野比）
2	藤野　心亮	（横須賀神明）
2	片桐飛雄我	（三崎）
2	宮川　侑己	（三崎）
2	長塩虎汰郎	（追浜）
2	大出　晟那	（公郷）
2	星野　翼	（公郷）
1	猪狩　力也	（追浜）
1	染矢　貫太	（上郷）
1	長谷　大我	（大津）
1	柳井　幹太	（大楠）
1	清水　颯太	（大矢部）
1	井出　璃恩	（日野南）
1	髙橋　優希	（初声）
1	角田　悠馬	（玉縄）
1	谷口　大飛	（大道）
1	青木　翔勇	（葉山）
1	中山　隼斗	（釜利谷）
☆1	出口　由來	（初声）

横須賀総合

横須賀市久里浜6－1－1

部長	久保翔太郎	
監督	髙橋　謙友	
◎3	石渡　凪人	（大矢部）
3	長澤佳太郎	（初声）
3	桐ケ谷来希	（浦賀）
3	水戸　拓輝	（武山）
3	山本　大誠	（東永谷）
3	光本　佳矢	（横須賀神明）
☆3	木内　杏	（藤の木）
2	石渡　悠	（浦賀）
2	植田　晴大	（池上）
2	加藤　大樹	（平戸）
2	神子　涼太	（横須賀神明）
2	菊池　凱斗	（森）
2	坂内明日真	（浦賀）
2	守屋　幸祐	（田浦）
2	和田　心	（久木）

☆2	石川　夏葵	（馬堀）
☆2	岩田　悠愛	（富岡東）
1	相川　諒悟	（六浦）
1	浅羽　颯太	（浦賀）
1	伊藤　旬輝	（金沢）
1	井上　考陽	（田浦）
1	岩﨑　隼弥	（大津）
1	上杉　陸斗	（中田）
1	池谷　琉希	（大津）
1	宇田川遥己	（横須賀神明）
1	勝　将斗	（西柴）
1	北出　巧音	（鎌倉第二）
1	桐ケ谷奏大	（浦賀）
1	小濱　遼太	（浦賀）
1	佐藤　拓海	（浦賀）
1	鈴木　淳平	（富岡）
1	副島　啓志	（久木）
1	藤樫　壮也	（久里浜）
1	宗像　勇粋	（六浦）
1	山本　大翔	（常葉）
☆1	髙橋　歩美	（久里浜）
☆1	田中日向子	（南郷）

逗子開成

逗子市新宿2－5－1

部長	大城　真	
監督	牛久　順也	
3	松本　貫汰	（逗子開成）
◎3	松田　樹	（逗子開成）
3	相墨　亮汰	（逗子開成）
3	山口　颯斗	（逗子開成）
3	城田　知慶	（逗子開成）
3	西山甲治郎	（逗子開成）
3	尾髙晃一朗	（逗子開成）
2	森川　千颯	（逗子開成）
2	髙橋　海星	（逗子開成）
2	松浦　統矢	（逗子開成）
2	髙野　雄大	（逗子開成）
2	宮嶋　皓太	（逗子開成）
2	小久江将哉	（逗子開成）
2	川田　福丈	（逗子開成）
2	柴　大志	（逗子開成）
2	鈴木　鷹透	（逗子開成）
2	廣本航太朗	（逗子開成）
2	和田　篤弥	（逗子開成）
1	山田　旺輝	（逗子開成）
1	市川航太郎	（逗子開成）
1	岡本　陵汰	（逗子開成）
1	黒沼春之介	（逗子開成）
1	末松　巧光	（逗子開成）
1	青柳　柊汰	（逗子開成）
1	江本　琢真	（逗子開成）
1	寺嶋　大喜	（逗子開成）

三浦学苑

横須賀市衣笠栄町3－80

部長	阿部　昇	
監督	樫平　剛	
3	前田　徹	（野庭）
3	佐藤　史也	（浦賀）
3	相澤　慶尚	（港南台第一）
3	庄司　悠里	（中和田）
3	飯野誇太郎	（高浜）
3	米田　佳太	（浜須賀）
3	佐藤　颯	（岡津）
3	田之上翔威	（洋光台第二）
3	本多　草太	（泉が丘）
3	新井　裕翔	（日限山）
3	松本　佑斗	（舞岡）
3	坂本　幹太	（舞岡）
◎3	林　祐希	（岩戸）
3	本間　夕貴	（湘南台）
3	青柳　壮海	（六会）
3	上村　海斗	（上郷）
3	真野　湧弥	（高浜）
3	杉山　頌悟	（愛知・猿投台）
3	伊藤　尊	（大津）
2	谷本竜ノ介	（大楠）
2	本間　穂高	（横須賀鴨居）
2	船越　響	（岩戸）
2	石川　清斗	（不入斗）
2	平山　俊太	（久里浜）
2	片倉　康成	（浦賀）
2	奥山　直央	（本郷）
2	渡邉　太一	（港南）
2	東江　彪冴	（丸山台）
2	谷内　勝哉	（笹下）
2	前畑　優心	（小田）
2	貝沼廉士郎	（鎌倉第二）
2	佐藤　岳夢	（笹下）

2　横澤　颯太　（丸山台）
2　中馬　悠太　（境木）
2　阿部　純成　（鷹取）
2　後藤　勇輝　（逗子）
2　上野　泰知　（西本郷）
2　横田　諒治　（西本郷）
2　坂口　雄泰　（大正）
2　内藤　洸星　（保土ケ谷）
☆2　藤田　偲生　（北鎌倉女子）
☆2　平井　真央　（久木）
1　小松　隼人　（中田）
1　金井　陽希　（本郷）
1　原田　京雅　（豊田）
1　岩崎　竜太　（本郷）
1　齋藤　喜一　（上郷）
1　今浦　涼雅　（野比）
1　村山　来輝　（南下浦）
1　阿部　竜牙　（並木）
1　角田　連　（上永谷）
1　德冨凛太郎　（金沢）
1　宮川　大雅　（錦台）
1　辻田　雅　（金沢）
1　佐藤　夢真　（港南）
1　田口　凌央　（浜）
1　細川　椋冴　（岩戸）
1　鈴木　恵翔　（泉が丘）
1　服部　晴紀　（洋光台第二）
1　直　泰駕　（富岡東）
1　小菅　一然　（日吉）
1　米田　昂太　（浜須賀）
1　篠山　拓実　（富岡）
1　星　翼　（玉縄）
1　野本　茂伸　（領家）
1　石井　翔大　（豊田）
1　渡邊　武尊　（浦島丘）
1　加耒　武流　（共進）
1　松本　伊織　（港南台第一）
1　宮本竜之介　（浦賀）
1　吉岡　大和　（横須賀長沢）
1　布施　汰一　（富岡）

横須賀学院

横須賀市稲岡町82
部長　松本　浩幸
監督　河合　洸貴
3　磯辺　龍空　（横須賀学院）
3　山内　秀介　（池上）
3　米田　悠悟　（横浜南）
3　宮村飛雄馬　（金沢）
3　阿川　莉久　（栗田谷）
3　宇賀神岳斗　（笹下）
3　金丸　大　（共進）
3　下井　唯輝　（日限山）
3　田中　二樹　（田浦）
3　中武　航輝　（神奈川）
3　伊藤　寛人　（戸塚）
3　加藤　雅大　（富岡）
3　増田　尋斗　（笹下）
3　山内　悠生　（横浜南）
3　大村　蒼摩　（富岡）
3　山上　翔大　（浦賀）
3　石田　翔大　（笹下）
3　伊東　岳志　（栗田谷）
3　鳥海　優斗　（横浜南）
◎3　横田　丈　（湘南台）
3　松尾　拓実　（手広）
☆3　篠山みつき　（田浦）
☆3　氏家　彩　（大道）
2　相川　蓮斗　（六浦）
2　有泉　哲也　（横浜橘）
2　保坂　大悟　（逗子）
2　中村　元哉　（栗田谷）
2　宮崎　陽士　（小田）
2　小梶　一真　（栗田谷）
2　上井　翔司　（丸山台）
2　大崎　達也　（大船）
2　久田　智茂　（岩崎）
2　鈴木　亜藍　（大津）
2　宮下　朝陽　（秋葉）
2　岩崎　龍太　（久木）
2　江川　悠磨　（岡野）
2　岩水　大輝　（荏田南）
2　川瀬　壮一　（岩瀬）
2　西岡　康平　（日野南）
2　山本　俊介　（国大附属横浜）
2　長谷川貴一　（汐見台）
2　磯田　亮太　（野比）
2　佐藤　安里　（汐見台）
2　坂川陽之介　（釜利谷）
☆2　小島あゆみ　（横浜吉田）
☆2　矢吹　美歩　（桂台）
1　板部　渚　（岩瀬）
1　笹岡　亮太　（六ツ川）
1　手塚　航輔　（上郷）
1　茂山　文也　（大正）
1　榎本　健吾　（釜利谷）
1　小川　創　（常葉）
1　山内　隆介　（池上）
1　伊藤　悟　（湘南台）
1　原　丈汰郎　（小田）
1　萬代　陸斗　（永田）
1　福本　悠希　（手広）
1　根岸　風芽　（金沢）
1　野瀬　遥希　（富岡）
1　伊勢　聡太　（蒔田）
1　中村祐一郎　（国大附属鎌倉）
1　船田　修孝　（秋葉）
1　熊本　大洋　（丸山台）
1　金井　涼　（丸山台）
1　佐々木陸斗　（国大附属鎌倉）
1　井垣　陸斗　（玉縄）
1　高見凛太朗　（笹下）
1　星野　涼太　（富岡）
1　大溝　翠海　（富岡）
☆1　渡邉陽奈乃　（金沢）
☆1　工藤　彩心　（小田）
☆1　山崎　梓紗　（田浦）

湘南学院

横須賀市佐原2－2－20
部長　熊籔　茂紀
監督　本萱　昌義
3　海老原幸輝　（領家）
3　小篠賢士郎　（御成）
3　岸田　拓巳　（大楠）
3　北山　純聖　（横浜南）
3　木村　健人　（洋光台第一）
3　齋藤　恵峰　（秋葉）
3　酒井　夢双　（追浜）
3　晒谷　貫太　（平楽）
3　清水胡太郎　（葉山）
3　菅野　滉人　（逗子）
3　菅野　将人　（岡村）
3　鈴木　謙心　（岩崎）
3　髙瀬　晴天　（芹が谷）
3　谷口　功大　（浜）
3　辻　航平　（本郷）
3　中井健太朗　（永田）
3　永谷森太朗　（葉山）
3　長屋　力　（六会）
3　成瀬　宇純　（宮田）
3　西野　拓朗　（大正）
3　沼田　啓伍　（葉山）
3　福山　成　（葉山）
3　牧田連太郎　（横浜吉田）
3　松岡　龍雅　（追浜）
3　松澤　和真　（南郷）
3　松本　空　（葉山）
3　松本　拓巳　（大津）
3　丸山　健太　（秋葉）
3　水井　創大　（横浜橘）
3　森本　春陽　（平戸）
3　吉澤　一貴　（根岸）
◎3　米田　渉真　（浦賀）
3　若林　叶羽　（領家）
☆3　塩野　初音　（御成）
☆3　神保　萠　（上永谷）
2　伊東　翼　（追浜）
2　内田　幹太　（坂本）
2　大西　悠斗　（常葉）
2　小黒　大志　（領家）
2　苧原　嵩将　（本郷）
2　円田　崇人　（芹が谷）
2　梶　太陽　（小田）
2　加藤　翼牙　（葉山）
2　狩野　西芽　（川崎中原）
2　金城　弘輝　（小田）
2　栗原　英克　（汲沢）
2　澤口　琉人　（大正）
2　鈴木　明　（森）
2　鈴木　新　（平戸）
2　野田　桃太　（日野南）
2　長谷部勘太　（領家）
2　播摩谷竜治　（笹下）
2　一ツ谷天空　（岩戸）
2　南　友明　（軽井沢）
2　北條　翔路　（三崎）
2　鈴木　健介　（横浜南ケ丘）
2　鳥居　快斗　（横浜南ケ丘）
2　並木　煌哉　（港南）
2　木村　優希　（六浦）
2　川路　吏雄　（桂台）
2　石原　健太　（小田）
☆2　小川　彩　（池上）
☆2　柿沼　空良　（六浦）
☆2　野中　莉緒　（追浜）
1　飯田　一織　（泉が丘）
1　泉山　翔　（六ツ川）
1　伊藤　大翔　（大楠）
1　大下　晃世　（小山台）
1　大場　達也　（中和田）
1　荻原　大和　（久里浜）
1　尾野　柊真　（中和田）
1　貝原　悠斗　（坂本）
1　加藤　大和　（汐見台）
1　加藤　煌太　（岡津）
1　川副　太陽　（久里浜）
1　川野慎之介　（大船）
1　蔵並　頼人　（御成）
1　剣持　睦宜　（武山）
1　越口　塁　（南加瀬）
1　後藤　蛍汰　（久里浜）
1　齊藤　優生　（上郷）
1　笹田　典也　（永田）
1　佐藤　涼月　（横須賀長沢）
1　島崎　歩夢　（衣笠）
1　竹内　康太　（秋葉）
1　成田　准斗　（六浦）
1　西崎　陸　（久里浜）
1　橋本　大樹　（中島）
1　橋本　充希　（保土ケ谷）
1　藤枝　幸祐　（西金沢学園）
1　三浦　直輝　（衣笠）
1　三宅　琉清　（東永谷）
1　村田　大芽　（寺尾）
1　柳川　将龍　（三崎）
1　吉野　雅人　（富岡）
☆1　野田姫々華　（鎌倉第二）
☆1　吉野　蒼琉　（沼間）

北相地区

厚木

厚木市戸室2－24－1
部長　天野　雄司
監督　熊倉　周平
3　臼井　祐人　（藤塚）
3　内田　温也　（海老名）
3　内田　素晴　（谷口）
3　椈澤　大地　（海西）
3　齋藤　雄平　（新町）
◎3　杉山　史浩　（土沢）
3　中澤　拓馬　（今泉）
3　中瀬　研人　（金程）
3　肆矢　諒河　（新町）
3　田邊　千明　（万騎が原）
☆3　木村　夢　（光丘）
2　青木　奏太　（鶴間）
2　井上　大誠　（林）
2　榎本　友輝　（上溝南）
2　加藤　翔太　（旭が丘）
2　金山　大和　（柏ケ谷）
2　郡田　寛也　（文命）
2　鈴木　陸也　（海老名）
2　櫛谷　哲　（新町）
2　宮澤　航眞　（万騎が原）
☆2　三上　寧々　（奈良）
1　宇野　幸登　（大谷）
1　小野口　輝　（海西）
1　岸　優希　（鶴間）
1　近藤　柊太　（海西）
1　堺　柊成　（引地台）
1　田澤孝太郎　（上鶴間）
1　田中　歩武　（南毛利）
1　中村　宙　（相模台）
1　服部　大地　（奈良）
1　三俣　将義　（相川）
1　物江　蒼空　（湘光）
1　森下　翔　（相模）
1　矢崎　敦大　（鶴巻）
1　矢島　裕貴　（相陽）
1　安永　圭杜　（座間西）
☆1　深田　未結　（白山）

秦野

秦野市下大槻113
部長　安藤　史朗
監督　上谷　紘平
3　石田　藍琉　（鶴巻）
3　石原　翔太　（金目）
3　大谷部将太　（伊勢原）
3　小沢　勇翔　（中沢）
3　加藤　拓磨　（城山）
3　佐藤亮太朗　（東林）
◎3　杉本　隼音　（南足柄）
3　田﨑　光人　（岡本）
3　中村　太陽　（秦野東）
3　野﨑　健広　（海老名）
☆3　奥田　彩音　（白山）
2　遠藤　惇矢　（松田）
2　大野　秀晟　（相陽）
2　岡沼真乃介　（中井）
2　尾﨑　翔太　（大野）
2　小林　和馬　（大根）
2　作井　将輝　（渋沢）
2　善波　尚政　（茅ケ崎第一）
2　竹下　翔　（玉川）
2　野村　優貴　（湘光）
2　波多野颯人　（湘光）
2　原　大智　（湘光）
2　布施　隆之　（岡本）
2　森　昌也　（鶴巻）
2　山口　晴矢　（秦野南）
1　加藤　壮馬　（江陽）
1　関川　祐樹　（秦野北）
1　前川　治男　（秦野本町）
1　宮村　碧波　（中島）
☆1　井上奏陽花　（江陽）
☆1　岩田　和花　（大野）
☆1　武　真奈美　（金目）
☆1　矢後　美涼　（南足柄）

津久井

相模原市緑区三ケ木272－1
部長　塩瀬　将也
監督　舟久保健人
◎3　大塚　俊輔　（中野）
3　岩田　夏希　（中野）
☆3　佐野　愛　（箱根）
2　大森　春輝　（座間）
1　永田　雄大　（小山）

相原

相模原市緑区橋本台4－2－1
部長　坂水　元也
監督　那須野恭昂
3　桑野　彰　（東京・日野学園）
3　園部　滉介　（生麦）
◎3　田村　晴太　（大沢）
3　新鞍　一喜　（東鴨居）
☆3　石井　祐葵　（中央）
2　梅津　悠斗　（大沢）
2　田中　駿瑛　（小山）
☆2　内山　愛美　（相模原旭）
☆2　根岸　莉奈　（清新）
1　鈴木　海生　（小山）
1　重原　然　（内出）
1　土肥翔太郎　（大野北）
1　山下　白翔　（藤塚）

県相模原

相模原市中央区横山1－7－20
部長　阿部　尚幸
監督　佐相　眞澄
3　岡本　多聞　（共和）
3　倉垣淳之介　（成瀬）
3　佐々木智弥　（大沢）
3　佐藤　昌大　（大野南）
3　澤藤　幹太　（中央）
◎3　白井　助　（相陽）
3　橘　俊介　（弥栄）
3　庭山眞太朗　（栗原）
3　水野　修吾　（はるひ野）
3　宮崎　陸　（相陽）
3　山崎　望　（新町）
3　山田　祥万　（上鶴間）
3　渡邉　陽大　（中川西）
☆3　田中　優乃　（成瀬）
☆3　福澤なるみ　（大野北）
2　石川　蒼　（国大附属鎌倉）
2　伊藤　友祐　（大野北）
2　鵜澤　快　（林）
2　卜部　薫　（中央）
2　大崎　陽太　（富士見）
2　大谷　元　（相原）
2　菊地　康介　（相模原旭）
2　小泉　陸人　（柏ケ谷）
2　重岡　慧　（浜須賀）
2　杉山　耕太　（伊勢原）
2　高山　夏輝　（つきみ野）
2　高塚瑛一朗　（新町）
2　利根川英太　（中央）

2 中嶋　夏輝 (清新)
2 温品　亮佑 (萩園)
2 野間　千生 (横浜緑が丘)
2 南風立　琉 (座間)
2 橋本　星哉 (川和)
2 東原　蒼空 (南希望が丘)
2 福島　蛍太 (藤沢第一)
2 古川　由悠 (弥栄)
2 桝屋　佑太 (軽井沢)
2 松井　佑太 (蒔田)
2 見井田　篤 (上鶴間)
2 室井　剛喜 (鶴ケ峯)
2 山田　芽生 (共和)
2 山本　壮真 (東山田)
2 吉田桃二郎 (大磯)
2 吉俣　颯真 (十日市場)
☆2 川畑　茜子 (十日市場)
☆2 富塚　小夏 (西生田)
☆2 乗松　愛佳 (城郷)
1 新盛　陽大 (金程)
1 池田龍ノ介 (旭が丘)
1 石川　佳汰 (大谷)
1 岩橋　侍衛 (十日市場)
1 榎本　大輔 (太洋)
1 大澤　優斗 (新町)
1 大塚真一郎 (大師)
1 岡本　健吾 (成瀬)
1 川瀬　康熙 (南河原)
1 木村　哲也 (中島)
1 金城　咲 (茅ケ崎第一)
1 黒川　直澄 (座間南)
1 小林　理瑛 (岩崎)
1 小室　慧伍 (南林間)
1 近藤　優樹 (鶴が台)
1 佐藤　航成 (渋沢)
1 柴田　侑人 (今泉)
1 白保　瑞希 (新町)
1 新垣　帆人 (相模原旭)
1 杉﨑　頸仁 (霧が丘学園)
1 杉本　敬 (大綱)
1 杉山　瞭 (新町)
1 鈴木　諒 (はるひ野)
1 関　航太朗 (藤ケ岡)
1 田上　瑛大 (睦合東)
1 中澤　秀太 (引地台)
1 早﨑　航 (茅ケ崎)
1 平原　優紀 (今泉)
1 福田竜之介 (岩瀬)
1 藤野　巧真 (六角橋)
1 馬場　巧弥 (小山)
1 前田　明宏 (相模原旭)
1 益子　喜宇 (秦野西)
1 本部　健斗 (小山)
1 山本　楽 (中川)
1 吉田　太陽 (渋沢)
☆1 小石川佳湖 (上鶴間)
☆1 東　麻菜花 (西生田)

大和

大和市つきみ野3－4
部長 池島　亮
監督 田中　雄大
3 伊東　行雅 (座間)
◎3 大谷　渉真 (湘南台)
3 大場　光晟 (茅ケ崎)
3 蔭山　晴彦 (つきみ野)
3 北脇　大翔 (中山)
3 齊木　倖亮 (光丘)
3 佐藤　稜真 (下福田)
3 田中　翔大 (今泉)
☆3 柏木　百花 (金程)
☆3 丹下奈都美 (十日市場)
☆3 藤本　梨緒 (あかね台)
2 伊藤　幹太 (中田)
2 亀谷　勇 (谷口)
2 椎名　奏介 (山内)
2 髙橋　広治 (南生田)
2 富田　隼平 (川崎有馬)
2 山﨑　洸斗 (海西)
☆2 柿木のどか (新町)
☆2 横田　瑞記 (あざみ野)
1 内田　将晴 (谷口)
1 柴田健太郎 (下福田)
1 渋谷　昊太 (引地台)
1 杉本　渚 (光丘)
1 出口　優喜 (下福田)
1 本間央二郎 (高倉)
1 松﨑　光佑 (谷本)
☆1 田中　理穂 (谷口)

座間

座間市入谷西5－11－1
部長 岩本　正隆
監督 三村　俊資
3 奥山　歩 (相模)
3 金子　悠大 (新羽)
3 亀山　徳志 (座間東)
3 近藤　佑 (南毛利)
◎3 田中　遥人 (若草)
3 仲正衣武希 (相陽)
3 成川倫太郎 (小鮎)
3 根本　幹太 (東林)
3 松本　宇宙 (大和)
☆3 酒井　優実 (相原)
2 内田　祥平 (森の里)
2 仁藤　涼 (小山)
2 平木　航輔 (大和)
2 工藤　春樹 (睦合)
2 皆川　皓介 (谷口)
2 篠原　仁 (北の台)
2 松政　拓希 (大谷)
2 山賀　大義 (光丘)
2 窪田壮一郎 (御所見)
2 齋藤　巧 (柏ケ谷)
2 中島　諒 (光丘)
☆2 滝本　早智 (北の台)
1 荒井　真介 (睦合)
1 香川　善祐 (海西)
1 川口　慶悟 (伊勢原)
1 野崎　奏人 (大沢)

麻溝台

相模原市南区北里2－11－1
部長 中島　弘貴
監督 阿川　弘之
3 相浦　優輝 (南林間)
3 飯塚　弦 (新町)
3 石井　大翔 (麻溝台)
3 大畠　渓太 (相模)
3 後藤　颯太 (座間西)
◎3 関口　幸多 (中央)
3 増山　太陽 (相模原旭)
3 山本　希 (相模台)
3 山本　励 (大野台)
3 吉池　快樹 (相模原旭)
☆3 髙橋野乃香 (相陽)
☆3 松永　夢佳 (中央)
2 岩佐　榛 (大野南)
2 浅海　優晴 (栗原)
2 内藤　孝介 (大野南)
2 小林　太河 (大野北)
2 秋山　結星 (相模原旭)
2 新倉慎ノ介 (上溝)
2 伊藤　耀太 (共和)
2 湯川　倫也 (弥栄)
2 小野沢侑太 (相武台)
2 友松　蒼太 (相武台)
2 鈴木　暢 (栗原)
2 市川　陸 (大野北)
2 富澤　将大 (相模台)
2 本間　愛斗 (新町)
2 廣瀬　勇大 (東林)
2 中澤　碧惟 (大野北)
2 渡邊　響輝 (大野台)
2 小池　亮太 (大野台)
2 小林　奏音 (東林)
2 山口　樹 (内郷)
2 利根川雄太 (中央)
2 安斎　遼 (厚木)
2 片野　瑞貴 (弥栄)
2 荒井　秋樹 (東林)
2 三浦　凌大 (大野南)
2 鈴木　優真 (光丘)
2 小指　慶太 (つきみ野)
☆2 小菅　瑚夏 (若草)
1 井　涼真 (由野台)
1 中越　祐人 (上鶴間)
1 座間　祥大 (相陽)
1 飯出　海人 (小山)
1 北川　陸弥 (相原)
1 愛沢　悠介 (座間相模)
1 西原　太郎 (栗原)
1 今井　良 (茅ケ崎)
1 谷津　遙登 (共和)
1 髙木　健太 (相模台)
☆1 島田　杏乃 (内出)

城山

相模原市緑区城山1－26－1
部長 桑田康一郎
監督 新井　良明
3 河本　将斗 (大野北)
3 菊池　翔太 (瀬谷)
3 近藤　真 (小山)
3 佐々木唯玖 (清新)
◎3 立原　佑介 (相陽)
3 手塚　留晟 (鳥屋)
3 豊田　駿典 (大野北)
3 沼田　健 (相模原旭)
3 林　竜之介 (清新)
3 比留間輝太 (相原)
3 松岡　魁人 (内出)
3 水越　多一 (相原)
2 安藤真那斗 (大沢)
2 大山　泰樹 (内出)
2 岡部　優人 (田名)
2 関戸　輝 (相模丘)
2 瀧澤　榛貴 (相模丘)
2 中原　典太 (串川)
2 山﨑　優馬 (相模丘)
☆2 今熊　楓 (大沢)
☆2 宇野　美咲 (大沢)
1 浅井　琉玖 (相模丘)
1 市川　朝大 (相原)
1 大谷　蒼生 (小山)
1 大森　楽久 (弥栄)
1 岡部　琉聖 (由野台)
1 今野　和哉 (大沢)
1 高橋　大樹 (田名)
1 永井　空知 (内出)
1 馬場　大翔 (大沢)
1 森元　亮太 (田名)
1 山口　遼 (大沢)
☆1 菊地原芽衣 (田名)
☆1 宮元　真衣 (小山)

上鶴間

相模原市南区上鶴間本町9－31－1
部長 大井　健都
監督 辻本　海平
◎3 大塚　丈瑠 (麻溝台)
3 髙橋　治樹 (麻溝台)
3 野沢　健斗 (瀬谷)
3 堀越　斗夢 (由野台)
3 打井　丈視 (大野台)
2 藪原　大地 (相陽)
2 門池　隼矢 (相武台)
2 千葉　広大 (東林)
2 土師　俠 (共和)
2 吉野　龍治 (東林)
2 望月　惇 (共和)
2 海老塚翔空 (つきみ野)
☆2 四宮　寧々 (弥栄)
☆2 伊藤　愛絵 (小山)
1 大野　悠 (麻溝台)
1 中島　一真 (鶴間)
1 矢田部翔瑠 (瀬谷)
☆1 齋藤　七海 (大野台)
☆1 脇坂　円優 (瀬谷)

上溝南

相模原市中央区上溝269
部長 髙比良洋二
監督 田中　春彦
3 田村　一心 (上溝南)
3 岸　浩輝 (上溝南)
3 大図　泰己 (小山)
3 佐藤　瑛士 (大沢)
3 立川　幸樹 (由野台)
◎3 木村　海竜 (大沢)
3 秋田　大実 (相模丘)
3 山﨑　貫太 (相陽)
3 山田　透也 (栗原)
3 木越　雷斗 (栗原)
3 渋江　亮太 (座間西)
3 山中　柊矢 (若草)
☆3 平本　心寧 (田名)
2 水谷　真人 (由野台)
2 渡會　浩友 (大沢)
2 荒河　維知 (谷口)
2 加藤　慶也 (相模原旭)
2 山口　純平 (藤塚)
2 磯川　拓真 (上溝南)
2 小山　櫂 (大野北)
2 畠山慎二朗 (相模原緑が丘)
2 風間　祐樹 (大野南)
2 岩木　拓巳 (鵜野森)
2 糸谷　瑞貴 (清新)
☆2 大竹穂乃花 (相陽)
1 大島　隼翔 (座間東)
1 松元　壮志 (相模原緑が丘)
1 関　高佑 (大野北)
1 佐藤　巧明 (小山)
1 飯沼　寛大 (弥栄)
1 大洞　飛駕 (相原)
1 志済　蒼良 (愛川中原)
1 小林　育人 (弥栄)
1 近　綾祐 (内出)
1 中村　和輝 (内出)
1 山口　翔大 (相原)
1 久保　知輝 (座間西)
1 山口　颯汰 (大沢)
1 渡會　裕友 (大沢)
☆1 上野ひなた (若草)

伊志田

伊勢原市石田1356－1
部長 渡邉　康之
監督 佐々木章太
3 吉川　優成 (伊勢原中沢)
3 木田　龍希 (伊勢原)
3 髙井　希海 (伊勢原中沢)
3 佐藤　仁貴 (南毛利)
◎3 長縄　伊吹 (成瀬)
3 永野　誠太 (伊勢原)
3 布施　雅志 (成瀬)
3 玉木　雄大 (秦野本町)
☆3 佐藤　理子 (睦合)
2 獅々倉海人 (大谷)
2 中村　翔 (金目)
2 齋藤　大空 (南毛利)
2 福嶋　秋生 (中沢)
2 米山　慧 (今泉)
2 三橋　新太 (松田)
2 青木　悠輔 (松田)
2 瀧本　祥弘 (神田)
☆2 椙山　萌惟 (伊勢原)
☆2 島野　明莉 (睦合)
☆2 ブライズジェナ (文命)
1 西ケ谷琉太 (金目)
1 今園　晴久 (睦合東)
1 村上　祥太 (今泉)
1 福原　駈 (伊勢原)
1 松岡　輝 (大谷)
1 間部　元翔 (秦野北)
1 橋立　登晴 (岡本)
1 池田　宝 (秦野南)
1 阿部　泰和 (成瀬)
1 菊池　俊佑 (秦野西)
1 越路　颯 (秦野南が丘)
1 三浦　琉空 (山王)

綾瀬

綾瀬市寺尾南1－4－1
部長 武藤　健太
監督 北岡　克明
3 山澤　浩大 (高倉)
3 本郷　健斗 (高倉)
3 平野　風雅 (上溝南)
3 髙橋　遼 (山王)
3 後藤　颯 (大谷)
3 藤原　遼成 (伊勢原)
◎3 荒川　陸人 (左近山)
3 池田　弥聖 (綾瀬)
3 大山　汰一 (綾瀬城山)
3 綿貫　侑真 (海老名有馬)
3 堀越　真翔 (六会)
3 山田　蒼 (大谷)
3 藤田　航大 (高倉)
☆3 吉澤　愛梨 (栗原)
☆3 金井　瑠花 (高倉)
2 清水　陽史 (綾北)
2 長谷川幸雅 (綾瀬城山)
2 三ツ谷耕一 (綾瀬城山)
2 石川　温大 (柏ケ谷)
2 佐藤　諒 (柏ケ谷)
2 林　宙樹 (座間南)
2 河原　育也 (御所見)
2 藤田　祥吾 (柏ケ谷)
2 村田　照英 (光丘)
☆2 井上　紫月 (海西)
☆2 柴田　雪花 (本町)
☆2 山本妃奈乃 (湘南台)
☆2 阿部　玲菜 (南瀬谷)
☆2 石原遥々果 (南瀬谷)
1 井本　颯武 (今泉)
1 飯田　結伍 (長後)
1 清藤　煌太 (海西)
1 大木　海音 (栗原)
1 櫻井　祐太 (春日台)
1 比留川聡大 (綾瀬)
1 佐藤　龍志 (つきみ野)
1 谷口　航大 (西浜)
1 山崎究里主 (六会)

1 平賀 佑弥（柏ケ谷）
1 岡島 史弥（綾瀬城山）
1 島田 優（秋葉台）
1 丸井 善幸（南林間）
1 大島 慶三（綾瀬）

大和南

大和市上和田2557

部長 村上 大介
監督 松山 大介
◎3 日下 悠輝（南瀬谷）
3 小林 海翔（戸塚）
3 澤木 暉（六会）
3 杉田 恭嘉（麻溝台）
3 竹内 詩恩（南瀬谷）
3 石井 陽（善行）
3 杉澤 恒心（高倉）
3 前沢 伶慈（南林間）
2 天笠 鉄平（南林間）
☆2 梅津 舞（大和）
☆2 指田 寧々（岡津）
1 今津 凱莉（光丘）
1 川西 大気（善行）
1 栗野 音生（善行）
1 菅村 洸喜（下瀬谷）
1 田中 大翔（上飯田）
1 成田 巧斗（東野）
☆1 山崎 雅夏（東野）

厚木北

厚木市下荻野886

部長 森山 純一
監督 嘉藤 有紀
3 井指 陽介（南毛利）
3 伊藤龍之介（上溝）
3 遠藤 海（睦合）
3 大越 雅斗（荻野）
3 亀川 桃弥（城山）
3 川内 和真（小鮎）
3 菅野 碧人（藤塚）
3 北川 仁（藤塚）
3 佐藤 匠真（荻野）
3 新増 亮介（睦合東）
3 高松 春翔（依知）
3 德田隆之介（愛川東）
3 中武 涼介（大清水）
3 永水 匠（相陽）
3 沼田 陸矢（愛川東）
◎3 細川 泰誠（山城）
3 松本 瑠聖（睦合）
3 三木 唯翔（山城）
3 横手 健輔（相陽）
☆3 村山 心愛（睦合）
☆3 井上 楓（藤塚）
2 阿部 稜貴（中和田）
2 池田 圭吾（大谷）
2 江田 悠斗（相陽）
2 片岡 龍也（相陽）
2 加藤 匡（森の里）
2 久保 優希（大谷）
2 小清水啓太（秦野東）
2 鈴木 雄太（南林間）
2 滝澤 蓮（座間東）
2 田澤 陽斗（若草）
2 田村 諒太（大野北）
2 平本 日向（小山）
2 山口 澪乙（林）
1 阿部 珀斗（依知）
1 阿部龍之介（綾瀬城山）
1 石井 優汰（神田）
1 石川 洸樹（相陽）
1 宇山 大登（北の台）
1 大谷 健人（麻溝台）
1 岸田 悠汰（小鮎）
1 北川 律（藤塚）
1 佐藤 俊介（相陽）
1 高岸 颯也（相模台）
1 二瓶 岳（愛川）
1 牧方 優人（厚木）
1 丸山 海（睦合）
1 村沢 拳梧（林）
1 森見愼一朗（新町）
1 山田 蓮（北の台）
1 山本 怜央（愛川東）
☆1 北島 心愛（相陽）
☆1 善波 優咲（愛川）
☆1 竹内 楓花（愛川中原）
☆1 林 彩光（山王）

橋本

相模原市緑区橋本8－8－1

部長 河本 龍二
監督 降矢 郷平
◎3 濱谷 虹汰（由野台）
3 木村 翔（大野北）
3 細川 聡太（今泉）
2 遠田 寿明（麻溝台）
2 長島 勇斗（上溝南）
2 佐藤 望（相模原旭）
☆2 大谷 香月（相陽）
1 村瀬 航己（東林）
☆1 川崎日菜子（谷口）
☆1 二見 沙彩（光丘）
☆1 吉村 めい（大沢）

海老名

海老名市中新田1－26－1

部長 小峰 翔太
監督 川﨑 真一
3 赤松 和真（座間西）
3 小林 哲大（座間西）
3 白鳥 雄大（引地台）
◎3 北条 知仁（新町）
3 齊藤 仁生（東林）
3 畠山 真来（大谷）
3 古畑 和（今泉）
3 前田 彪良（厚木）
3 北原 祥大（金程）
3 本間 琉聖（海西）
3 武藤 颯汰（新町）
☆3 落合 夏萠（小鮎）
2 大内 佑樹（海老名有馬）
2 萩原 倖（上鶴間）
2 林 雄太（寒川東）
2 青沼 弥希（林）
2 橋爪 朝陽（秋葉台）
2 遠藤 圭悟（相原）
2 尾羽澤 士（厚木）
2 當間 大耀（海老名）
☆2 内田あゆみ（新町）
☆2 前原 百花（希望が丘）
1 大堀 康継（相模）
1 小幡 魁河（柏ケ谷）
1 工藤 隆生（中沢）
1 後藤 宏基（麻溝台）
1 小山 源輝（長後）
1 斉藤 澪生（藤嶺藤沢）
1 佐藤 緑和（座間）
1 高井 朔斗（南林間）
1 髙橋 遥翔（今泉）
1 友永 敦也（荻野）
☆1 大原 優（明治）

相模原弥栄

相模原市中央区弥栄3－1－8

部長 丸橋 健人
監督 鶴岡 英一
3 伊藤 廉（共和）
3 奥田 将人（山内）
3 會田 太一（南毛利）
3 笠井 颯（新町）
3 齋藤 大空（大野南）
3 酒井 彰斗（上溝）
3 鈴木 颯（睦合東）
3 武田 京真（明治）
3 鶴見 啓資（武相）
3 中野 瑞紀（由野台）
3 永守 蓮（大野台）
3 禰津 太一（田奈）
3 林 修翔（あかね台）
3 福田 裕海（城郷）
3 丸山 敦也（金程）
◎3 宮本 英登（日吉台）
3 村上 慧悟（清新）
3 森 彩翔（海西）
3 箭柏 勇大（共和）
3 吉田 聡太（上溝南）
☆3 泉 沙來（上溝）
☆3 松岡 春陽（愛川東）
2 五十嵐 翼（小山）
2 稲垣 凱斗（新町）
2 岸 寛大（弥栄）
2 木下 雅也（横浜鴨居）
2 近藤 良磨（相模原旭）
2 酒井 遼介（藤塚）
2 髙橋 悠生（大野北）
2 髙平 将希（座間西）

2 巽 遥喜（大野台）
2 照井 将太（田奈）
2 舟木 博人（共和）
2 宮代 陸玖（座間西）
2 山田 弘武（今泉）
2 横山 航大（上菅田）
2 渡邉 歩（新町）
2 原 隆我（海老名）
☆2 山口 柚花（綾瀬城山）
☆2 山中 乃愛（相模原旭）
1 赤間 慈人（相模原緑が丘）
1 荒井 睦人（小山）
1 安藤 成雄（霧が丘学園）
1 井上 向陽（相原）
1 尾崎 悠世（綾北）
1 角方 瑠音（中川）
1 川越健太郎（小山）
1 川瀬 慧純（大谷）
1 川村 亮太（鵜野森）
1 木持 快成（綾瀬城山）
1 児玉匠太郎（成瀬）
1 笹川 陵（香港日本人）
1 重田 輝（共和）
1 鈴木 崇史（相原）
1 高橋 翔吾（大野台）
1 千田 優成（海老名）
1 富樫 一球（相陽）
1 長峰 光（東林）
1 松田 凪翔（萩園）
1 山澤 凜久（睦合東）
☆1 西久保和子（西生田）
☆1 舩山 結衣（中央）

厚木清南

厚木市岡田1－12－1

部長 川端 健司
監督 須藤 皓治
◎3 奈良 光樹（谷口）
3 佐藤 琉歌（林）
3 峯﨑 星護（睦合東）
2 コイズミフェリペケンゾ（秦野北）
2 松田 晏慈（睦合東）
2 宮野 翔大（睦合東）
☆2 菊池 心優（座間西）
☆2 岡田 帆波（相陽）
1 合掌 麗麻（南毛利）

相模原総合

相模原市緑区大島1226

部長 岩本 正隆
監督 渡邉 雄大
3 青柳 雅登（内出）
3 阿部 有起（内出）
3 神澤 創太（相模原旭）
3 田中 智基（相模原旭）
◎3 似里 幹太（田名）
3 新田 琉晴（田名）
3 濱端 章矢（田名）
3 人見 晃（上溝南）
3 柿澤 準斗（田名）
3 中澤 和也（大野北）
☆3 角 桃花（相陽）
☆3 原島 美妃（相陽）
2 鈴木 直登（上溝南）
2 瀧澤 郁斗（清新）
2 西村 誉（上溝）

秦野総合

秦野市南が丘1－4－1

部長 玉置 大祐
監督 池田遼太郎
3 東 龍我（金旭）
3 石垣 一希（金旭）
3 伊藤 拓（春日野）
3 小野 航太（秦野南が丘）
◎3 塚本 明佳（平塚中原）
3 松井英琉斗（金目）
3 丸山 瑞生（山王）
3 栁澤 直希（土沢）
☆3 深谷 美咲（秦野南）
2 宇野 幹司（渋沢）
2 上村 愁司（本町）
2 桐生見太郎（渋沢）
2 山口 泰世（旭陵）
☆2 夏苅 風花（成瀬）
1 上田琉希也（本町）
1 梅原 隼翔（鶴巻）
1 小川 裕翔（中沢）

1 笹川 青空（秦野西）
1 竹下 優希（秦野東）
☆1 三川 楓夏（厚木玉川）

大和東

大和市深見1760

部長 水沼康太朗
監督 五味 弘介
3 田中 慶斗（相模）
◎3 広野 凜（秋葉台）
3 前田 陸（光丘）
3 中島 和希（中和田）
3 進藤 優輝（鵜野森）
2 蛭間 優斗（睦合東）
2 浅原 快道（厚木）
2 片野 吏稀（座間）
2 中村 耀（瀬谷）
2 尾崎 司（座間南）
2 長谷川 翼（上菅田）
2 佐藤 佑斗（希望が丘）
1 岩松 尚輝（みたけ台）
1 小杉 和也（万騎が原）
1 菅野 凛（大和）
1 齋藤 樹（相模台）
1 深堀 純央（相模台）
1 土屋 陸斗（大和）
1 牧 隼（南戸塚）
1 亀井 亮成（東林）
1 高橋 光（新町）
☆1 今井 寧々（上和田）
☆1 中村 霞（南瀬谷）

座間総合

座間市栗原2487

部長 棟近 康平
監督 山口 剛志
3 青島 秀矢（相武台）
◎3 荒川 歩（南林間）
3 大橋 欧介（つきみ野）
3 菊池 拓海（つきみ野）
3 田村 隼（新町）
3 土屋 勇斗（南林間）
3 深野 青空（新町）
3 宮崎 航太（東林）
3 矢島 大雅（北の台）
3 山本 零翼（つきみ野）
☆3 田中 芽衣（鶴間）
2 岡本 惺悟（愛川東）
2 笈川 翔（柏ケ谷）
2 柏木 慶次（柏ケ谷）
2 金子 洋雅（下福田）
2 川添 充哉（今泉）
2 杉村 拓音（睦合東）
2 照井 一大（座間東）
2 眞家 隼人（鵠沼）
2 宮﨑 晴己（今泉）
☆2 石井 栞（座間西）
☆2 景山 未来（若草）
1 井手尾周汰（成瀬）
1 佐野 慧太（成瀬）
1 舘本 琉生（上溝）
1 山口 壱誠（弥栄）

厚木東

厚木市王子1－1－1

部長 木原 幹根
監督 和田 晃
3 淺尾 尋斗（小鮎）
3 稲木 琉太（荻野）
3 門倉 翼（睦合東）
3 齋藤 慶吾（厚木）
3 嵯峨根智大（南毛利）
◎3 中村 海晴（睦合東）
3 中山 幹太（荻野）
3 新倉 光心（睦合東）
☆3 金井実乃里（林）
☆3 増田 芽衣（森の里）
☆3 満島 祐月（大谷）
2 浅岡 海翔（厚木玉川）
2 石田 海斗（厚木玉川）
2 井上 遥斗（大谷）
2 熊谷 凌（依知）
2 須藤 琉壱（林）
2 中矢 万葉（森の里）
2 橋本 哲汰（南毛利）
☆2 井上 沙絵（綾北）
☆2 長岡 凜（東名）

伊勢原

伊勢原市田中1008－3

部長　髙木　伸
監督　篠田　将史
◎3　松﨑　文太　（大根）
3　橋本　真拓　（松田）
3　森　悠馬　（鶴巻）
3　磯﨑　湧太　（山王）
☆3　笹尾　花奈　（平塚中原）
2　小黒　秀太　（柏ケ谷）
2　須藤　蒼生　（山王）
2　中田　大輔　（山王）
2　中戸川泰進　（大野）
2　原野　雄大　（柏ケ谷）
2　近藤　海翔　（大野）
2　菅原　匠　（伊勢原）
2　鈴木　将充　（山王）
2　香川　快　（平塚神明）
2　萩原　亘　（伊勢原）
☆2　松田紗也加　（平塚中原）
1　内野　裕文　（今泉）
1　内山　琉矢　（成瀬）
1　川北　勇斗　（秦野東）
1　露木　琉稀　（足柄台）
1　山本　瑛隼　（南毛利）

綾瀬西

綾瀬市早川1485－1

部長　山本　陽太
監督　山本　陽太
◎3　神山　卓士　（綾瀬）
3　日髙　海大　（海老名有馬）
3　佐藤　威吹　（春日台）
2　河野　空太　（相模）
2　石塚　武蔵　（睦合）
2　一色　一樹　（睦合東）
2　井戸　太一　（綾瀬）
2　安倍　怜音　（睦合東）
2　武藤　蓮　（綾北）
2　桜井　陸空　（若草）
☆2　梅田　千尋　（春日台）
☆2　竹下　琴菜　（大和）
1　寺田　豊　（座間）
1　福田　天隆　（藤塚）
1　片倉　響　（相武台）
1　大塚　勘太　（睦合東）
1　佐々木悠翔　（座間西）
1　瀧川　陸斗　（綾北）
1　和智　達也　（相武台）

有馬

海老名市社家240

部長　鈴木　裕之
監督　中川　裕志
3　阿部　一輝　（綾瀬城山）
3　大森　亮央　（海老名有馬）
3　國吉　徳史　（柏ケ谷）
3　松本　大斗　（相川）
◎3　山田　凌大　（南瀬谷）
3　山道　創太　（柏ケ谷）
2　金城　一憂　（城山）
2　小菅　裕汰　（城山）
2　中野　巧稀　（相模）
2　森下　大夢　（海老名）
2　山田　椋太　（海西）
2　宮崎　幸樹　（相川）
☆2　梶原　由衣　（座間）
☆2　小瀬　由奈　（秦野東）
1　赤木　大輔　（旭が丘）
1　川邊虎之助　（今泉）
1　小越　光　（海老名有馬）
1　髙塚　友彰　（海老名有馬）
1　野原ジャラルディーン 紗海瑠　（相模）
1　藤村　純希　（伊勢原中沢）
1　村上　海智　（海老名有馬）
☆1　寺澤穂乃果　（秦野東）
☆1　安田　奈未　（神田）
☆1　山田　瑞希　（神田）
☆1　横溝　梓　（伊勢原中沢）

上溝

相模原市中央区上溝6－5－1

部長　森信　亮一
監督　平林　明徳
◎3　吉川　政輝　（相模原旭）
3　勝連　琉太　（若草）
2　蛭田　錬　（海老名）
2　桑原　琉綺　（小山）
2　関口　絢介　（中央）
2　佐々木虎太郎　（由野台）
2　関原　悠斗　（海老名）
2　横山　慶太　（小山）
2　飯嶋　海人　（大和）
2　落合虎次郎　（綾瀬城山）
2　渋谷　祐真　（小山）
☆2　德永　琉香　（上鶴間）
1　鈴木　瑛寿　（新町）
1　星野　暖　（大沢）
1　西村昌太朗　（大沢）
1　梶山　陽登　（座間）
1　菅原　碧流　（大沢）
1　鈴木　温大　（麻溝台）
☆1　水越　美咲　（中沢）

愛川

愛甲郡愛川町三増822－1

部長　山本　真輝
監督　大内　直人
◎3　永井　穂　（睦合）
3　荻田　和希　（愛川）
2　髙橋　裕樹　（田名）
1　甲斐　暖歩　（小山）
1　金田　匠翔　（大野北）
☆1　廣瀬　愛美　（愛川東）

厚木西

厚木市森の里青山12－1

部長　高橋　佳希
監督　岩本　茂之
3　伊藤　皓太　（荻野）
3　大内　駿　（荻野）
3　近藤　律　（東名）
◎3　清水　俊樹　（海西）
3　吉村　光平　（荻野）
3　花井　輝　（緑）
2　久保　大輝　（伊勢原中沢）
2　鈴木　友也　（東名）
2　小林　啓介　（愛川中原）
☆2　中澤　愛海　（睦合東）
1　天野　迅人　（睦合東）
1　井上　史哉　（依知）
1　小田島素晴　（伊勢原中沢）
1　影山　惟生　（伊勢原中沢）
1　黒田　蒼天　（成瀬）
1　堺　圭汰　（依知）
1　高尾　明葵　（森の里）
1　林　健想　（睦合東）
1　山田　麗緒　（成瀬）
☆1　北村　紅　（大根）
☆1　古閑のぞみ　（林）
☆1　鄭　有奈　（森の里）

大和西

大和市南林間9－5－1

部長　服部　寛大
監督　安部川尚孝
3　福田　翼　（高倉）
3　岩田　健寿　（海西）
◎3　首藤　颯太　（戸塚）
☆3　門脇　柚奈　（綾瀬）
2　阿部　一輝　（中和田）
2　新垣　優音　（座間東）
2　榎戸　健介　（奈良）
2　近藤　利音　（大和）
2　菅井　友稀　（原）
2　須田　和也　（大和）
2　高橋　康太　（北の台）
☆2　林　穂乃佳　（大野南）
☆2　森山　菜月　（柏ケ谷）
1　伊藤　幹　（光丘）
1　内田　勇吾　（綾瀬城山）
1　田口ジョシュア　（南林間）
1　町田　康晟　（大野台）
1　工藤　渉　（金程）
1　池田　広務　（原）
1　中田　智大　（金程）
1　多田　琉稀　（下福田）
1　井上　隼人　（相模）
1　川島　杏侍　（座間）
☆1　川合　あゆ　（引地台）
☆1　阿佐野　樂　（引地台）

秦野曽屋

秦野市曽屋3613－1

部長　山浦　遼
監督　川島　聡
☆3　天童　真穂　（平塚大野）
☆3　蓮沼　紅緒　（文命）
2　宇賀神僚汰　（秦野南が丘）
2　長谷川裕之　（秦野南が丘）
◎2　藤澤　侑世　（秦野南が丘）
2　賴田　郁斗　（秦野北）
2　藤田　匠真　（秦野北）
2　佐藤　陽介　（秦野東）
2　茅ノ間皇紀　（秦野北）
1　片岡　奏汰　（渋沢）
1　山口　廉人　（渋沢）
1　神山　拓海　（土沢）
1　橋本　祥　（本町）
1　守屋俊之介　（鶴巻）
☆1　小澤　理依　（城北）

相模田名

相模原市中央区田名6786－1

部長　菊地　悠真
監督　竹林　和史
3　梅田　春城　（中央）
3　石田　大翔　（弥栄）
3　横川　諒　（大沢）
3　米澤　龍汰　（大野北）
3　篠田　周作　（相模原旭）
3　望月　温生　（相模原緑が丘）
3　堀越　蓮　（由野台）
3　岡辺　拓人　（相陽）
◎3　十文字皇将　（愛川東）
2　堀越　皐　（由野台）
2　足立　俊輔　（相陽）
2　外内　祥　（大野北）
2　横山　一朗　（大野北）
2　石井はやと　（大野北）
☆2　佐藤　栞菜　（田名）
☆2　山田明日花　（田名）
1　小椋　大地　（弥栄）
1　佐伯　和哉　（弥栄）
1　石居　優士　（弥栄）
1　目黒　翔也　（弥栄）
1　田中隆之介　（田名）
1　北條　樹　（上溝）
1　髙橋　飛燕　（上溝南）
☆1　西片菜々子　（藤塚）
☆1　木村くるみ　（清新）

相模原中等

相模原市南区相模大野4－1－1

部長　阿久根卓也
監督　中山　昭次
◎3　藤田　啓介　（相模原中等）
☆3　塚野　楓香　（相模原中等）
2　石井　伶芽　（相模原中等）
2　遠藤　翼　（相模原中等）
2　雄鹿広太郎　（相模原中等）
2　川野　優太　（相模原中等）
2　坂本　蓮　（相模原中等）
2　田島　稜大　（相模原中等）
2　谷川　恵佑　（相模原中等）
2　藤村　祥伍　（相模原中等）
☆2　前原　優風　（相模原中等）
1　小南　彰悟　（相模原中等）
1　林　悠弥　（相模原中等）

中央農

海老名市中新田4－12－1

部長　石岡　拓朗
監督　石岡　拓朗
◎3　石井斗優哉　（共進）
☆3　和田　愛未　（御所見）
2　佐々木真大　（瀬谷）
2　髙橋　直也　（岡津）
1　黒沼　健太　（厚木玉川）

相模向陽館

座間市ひばりが丘3－58－1

部長　角田　和久
監督　宇野　飛鳥
◎3　森　良磨　（大野台）
☆3　野崎　愛　（依知）
2　太田モハマド シャーデュ　（座間南）
2　入内嶋太希　（大和）
1　大野驍太朗　（栗原）
1　荒川　璃久　（座間東）
1　塩津　充　（滝の沢）
☆1　大野　詩音　（座間）

東海大相模

相模原市南区相南3－33－1

部長　長谷川将也
監督　門馬　敬治
3　阿部　大聖　（東海大相模）
3　池本　琳　（東海大相模）
3　石川　永稀　（富士見）
3　石田　隼都　（栃木・真岡）
3　遠藤　正樹　（上菅田）
◎3　大塚　瑠晏　（栃木・栃木南）
3　大森　幹大　（山梨・北西）
3　綛田　小瑛　（和歌山・下津第一）
3　加藤　勇哉　（東京・調布第五）
3　加納　亘輝　（東海大相模）
3　金城　龍輝　（荏田南）
3　黒江　哲平　（埼玉・川口東）
3　黒澤　学励　（東京・調布第七）
3　小島　大河　（山王）
3　小林　翔　（東海大浦安）
3　小平　直道　（江陽）
3　佐藤　優真　（東京・羽村第一）
3　柴田　疾　（久木）
3　仙庭涼一郎　（西浜）
3　土橋　翔矢　（池上）
3　豊原　大進　（大庭）
3　中川　弘稀　（東海大相模）
3　林　駿介　（座間東）
3　穂谷野和紀　（共和）
3　牧野　光晟　（茅ケ崎第一）
3　峯岸　哲也　（神奈川）
3　向川　夏輝　（金目）
3　門馬　功　（東林）
3　湯川　蓮　（文命）
3　渡部慎之介　（東京・鶴川）
3　吉沼　瑠夏　（山王）
2　伊藤　航大　（栃木・西那須野）
2　伊林　大翔　（東海大相模）
2　小澤　慧　（東海大相模）
2　梶　拓斗　（愛川）
2　木村　大地　（東海大相模）
2　曲本　昂来　（金目）
2　笹田　海風　（島根・浜田第三）
2　清水　樹　（山王）
2　庄司　裕太　（東海大相模）
2　庄田　聡史　（宮崎・本郷）
2　鈴木　大地　（東京・府中第八）
2　武井京太郎　（福岡・三輪）
2　谷口　翔生　（宮崎・串間）
2　平岡　大和　（伊勢原）
2　蛭田　和宏　（東海大相模）
2　深谷謙志郎　（横浜緑が丘）
2　松山　拓馬　（大阪・墨江丘）
2　南　琉人　（滋賀・土山）
2　宮本　大輝　（島根・石見）
2　求　航太郎　（稲田）
2　百瀬　和真　（長野・高綱）
2　山口凛太郎　（南希望が丘）
2　山田　慶亘　（東海大相模）
2　吉田　寛人　（二宮）
1　安達　琉希　（山王）
1　板垣　拓心　（海西）
1　及川　将吾　（千葉・大和田）
1　子安　秀弥　（千葉・茂原東）
1　鈴木晟一朗　（秋田・横手名峰）
1　高清水慧吾　（静岡・稲梓）
1　中村　桜也　（三重・尾鷲）
1　松本ジョセフ　（横浜橘）
1　持丸　春聡　（豊田）
1　百井　隼人　（南林間）
1　百崎　蒼生　（熊本・菊池南）
1　山内　教輔　（埼玉・和光大和）
1　吉本　陽斗　（玉縄）
1　小笠原馳大　（東海大相模）
1　石寺　啓人　（東海大相模）
1　宇都　尊陽　（東海大相模）
1　渡邉　優斗　（東海大相模）

向上

伊勢原市見附島411

部長　坂本　雄一
監督　平田　隆康
3　伊藤　陸翔　（滝の沢）

3 内山 楓 （山北）
3 大倉 舞海 （山王）
3 大房 輝暁 （平塚神明）
3 小川 鈴音 （上鶴間）
3 齊藤颯太郎 （伊勢原）
3 末永 優真 （東林）
3 山中 愛斗 （中川）
3 徳田寿希也 （綾瀬城山）
3 平本一之助 （原）
3 福士純一朗 （土沢）
3 松平 和樹 （座間南）
3 山口 慶太 （森の里）
3 山本 颯我 （西浜）
3 板倉 大志 （豊田）
3 岩佐 駿佑 （相陽）
3 小笠原 快 （座間）
3 岡田 渉 （春日野）
3 越地 駿介 （白山）
3 直理 善也 （大住）
3 守屋 好誠 （上溝南）
3 海老根大雅 （上菅田）
3 奥田 旭 （善行）
3 久保 朋也 （六角橋）
3 小林 夏輝 （中井）
3 猿山 広輝 （東京・つくし野）
3 篠木 瞭吾 （東京・金井）
3 泉田 陽太 （海老名）
3 中山 航汰 （上溝）
3 武尾 昇太 （海老名）
3 野々山晃凌 （渋沢）
3 萩原 仁 （愛川東）
3 濵﨑龍之介 （内出）
3 府川 侑心 （成瀬）
3 脇屋 青空 （瀬谷）
3 秋田 隆真 （菅田）
3 仁木 快太 （新町）
3 二瓶 凪 （愛川）
◎3 赤嶺 大翔 （栗原）
3 阿万 拓実 （滝の沢）
☆3 市川 希 （城北）
☆3 髙下 純伶 （つきみ野）
2 池上 昂希 （座間西）
2 佐藤 元紀 （中田）
2 佐藤 諒音 （谷口）
2 瀬沼 創太 （いずみ野）
2 手塚 悠護 （中川西）
2 永井 稜翔 （西中原）
2 二木颯太郎 （末吉）
2 増田 龍聖 （大野）
2 有島 大智 （東林）
2 岩﨑 敦志 （山城）
2 佐藤 月海 （東京・稲城第二）
2 野坂 凌平 （伊勢原）
2 廣田 翔馬 （末吉）
2 安波 暖人 （寒川東）
2 鷲尾耕太郎 （由野台）
2 安藤 柊冴 （東京・南成瀬）
2 伊藤 綾吾 （大野）
2 小林 璃空 （岡山・桑田）
2 田島 淳平 （松浪）
2 寺田 悠人 （栗田谷）
2 中村 大慈 （南河原）
2 与倉 知之 （今泉）
2 飯田 瑛斗 （篠原）
2 倉本 直弥 （万騎が原）
2 坂野 紘希 （旭北）
2 鈴木 空磨 （南毛利）
2 土屋 英太 （大谷）
2 中村 壮吾 （愛川東）
2 福島 悠作 （大和）
2 池谷 惺弥 （大住）
2 伊藤 静潤 （座間）
2 小川 諒也 （菅生）
2 小野 侑人 （東京・上柚木）
2 棚原 陸 （伊勢原）
2 早川 海斗 （梅田）
2 牧野 洋紀 （横浜緑が丘）
2 村澤 颯太 （平塚神明）
2 嶋多 海 （谷口）
☆2 小林 凛 （王禅寺中央）
1 安達 海斗 （相武台）
1 飯田 碧斗 （篠原）
1 池見 雄斗 （金目）
1 石井春富海 （相陽）
1 石居 眞音 （谷口）
1 井上 颯太 （引地台）
1 庵原 宗師 （大沢）
1 遠藤 稔弥 （成瀬）
1 小野 誠弥 （松林）
1 香川 悠成 （大住）
1 金子 陽太 （綾瀬城山）
1 木村 大峰 （二宮西）
1 小泉 智也 （高浜）
1 寒河江敦也 （相陽）
1 佐野 嘉哉 （国大附属鎌倉）
1 鈴木 太基 （相陽）
1 関 斗和 （川和）
1 武富 航佑 （大野北）
1 竹之下絆成 （伊勢原）
1 津嘉山大礎 （御幸）
1 辻 純平 （川崎長沢）
1 冨舛 愁介 （今泉）
1 西野 響世 （高浜）
1 西松聡一郎 （今泉）
1 二宮 涼太 （土沢）
1 平井 貫太 （中川）
1 廣田 悠馬 （吉末）
1 細野 蒼汰 （東名）
1 前泊 煌 （御幸）
1 松沢 優太 （浜須賀）
1 水島 偉悠 （綾瀬城山）
1 山口 真輝 （平）
1 吉永 昱都 （神田）
☆1 福島 那津 （大和）

光明相模原

相模原市南区当麻856

部長 松﨑 元
監督 芝崎 広之
3 大野 陸 （愛川東）
◎3 金子 功児 （萩園）
3 今野 陽斗 （弥栄）
3 齋藤 大洋 （東京・増戸）
3 染野 颯斗 （片瀬）
3 田中 達也 （東京・つくし野）
3 中島 稔 （藤塚）
3 町田 隼乙 （大根）
3 武藤 龍利 （中央）
3 吉田 柊平 （東林）
☆3 川村 優華 （上溝南）
☆3 堺ジェイミー （上溝）
☆3 高橋 令 （東林）
2 押川 将也 （上溝南）
2 小倉 廉士 （東京・平井）
2 比留間啓太 （東京・四谷）
2 久徳 弘汰 （東京・諏訪）
2 井上 勇翔 （原）
2 渡辺 優斗 （旭が丘）
2 岡城 帆音 （新町）
2 中川 峻輔 （大谷）
2 小林 璃生 （大野北）
2 野村 昇吾 （大野北）
2 柳下 健斗 （東野）
2 金子 大真 （旭が丘）
2 大谷 匠 （共和）
2 二神 徹平 （つきみ野）
2 池田 凌 （東京・秋多）
2 竹内 晃大 （羽鳥）
1 明智 煌大 （小山台）
1 ｴｾﾞｼﾞｮｻｲｱ 礼 （引地台）
1 佐藤 玲允 （湘洋）
1 髙橋 聖斗 （相模）
1 中津 拓也 （相模）
1 原嶋 快斗 （東京・楢原）
1 藤原 健聖 （光丘）
1 伊藤 颯哉 （東京・御堂）
1 河野 瑛介 （荻野）
1 髙橋 洸貴 （瀬谷）
1 露崎 浬久 （枡形）
1 西野 太喜 （鵜野森）
1 諸岡 吏雄 （海老名有馬）
1 崎浜 秀樹 （神田）
1 馬場 照人 （田奈）
1 林崎 翔太 （相陽）
1 福浦 創太 （相模）
1 三浦 蒼海 （大正）
1 向出 友海 （浜須賀）
☆1 池田 智美 （相模原旭）
☆1 遠藤 栞那 （南林間）

麻布大付

相模原市中央区淵野辺1－17－50

部長 野島 正幸
監督 戸町 亮
◎3 塚田 大輝 （鶴川第二）
3 松岡 築樹 （十日市場）
3 小山内将吾 （弥栄）
3 石橋 聖也 （若草）
3 齊藤 勇希 （大野北）
3 櫻井 翔真 （弥栄）
3 益子 凌祐 （西高津）
3 小野寺太陽 （大野南）
☆3 篠田 桃花 （厚木）
2 小山慶太朗 （市ケ尾）
2 島倉壮一郎 （由野台）
2 建部賢一郎 （奈良）
2 冨岡 柊生 （相模台）
2 大貫 壮太 （相川）
2 橋本 実來 （つきみ野）
2 吉井 俊壮 （大野北）
2 石阪 拓真 （鶴川）
2 岩下 裕紀 （谷口）
2 齊藤良一斗 （相模原旭）
2 渡辺 凜 （成瀬台）
2 篠原 拓 （麻溝台）
2 伊堂寺 匠 （奈良）
2 松澤 祐翔 （中川西）
2 椛沢 尚生 （大野北）
2 中澤 克基 （弥栄）
2 畑 元徳 （日吉台）
☆2 松山 桃花 （西生田）
☆2 吉田野乃佳 （奈良）
1 関口 勇人 （小山）
1 谷﨑 大地 （六角橋）
1 山田 寛起 （睦合東）
1 飯沼 輝優 （大野南）
1 榎本 悠直 （内出）
1 中川 耀太 （青葉台）
1 吉野 聡太 （下福田）
1 黒川 歩夢 （大野南）
1 松岡 優太 （鶴川）
1 児島 亮太 （大野北）
1 鈴木 颯真 （大沢）
1 佐藤 滉紀 （麻溝台）
1 福留 広志 （新町）
1 若本 哲也 （つきみ野）
☆1 髙澤みなみ （南毛利）
☆1 石田 三桜 （もえぎ野）
☆1 松本 彩華 （日吉台）
☆1 福永 心愛 （白鳥）

柏木学園

大和市深見西4－4－22

部長 渡邉 弘二
監督 上原 幸太
3 有嶋 温哉 （東鴨居）
3 木村 快星 （川崎有馬）
3 根来 虎輝 （大庭）
3 藤井 大輝 （東京・町田南）
3 三上丈太朗 （岡津）
◎3 山口 新月 （相陽）
3 篠原 潤 （舞岡）
3 諸節 空輝 （長後）
2 高瀬 太陽 （谷口）
2 久保田統也 （湘洋）
2 格地 涼雅 （横浜緑が丘）
2 亀井 秀太 （東林）
2 内川 星輝 （あかね台）
2 菊地 仁 （中央）
2 小林 勇磨 （東京・町田南大谷）
2 篠原 陽紀 （横浜緑が丘）
2 清水辺琉輝 （新井）
2 髙橋 琉飛 （あざみ野）
2 高本 陽士 （東林）
2 武本 莉於 （東京・稲城稲城第二）
2 原田 祐輔 （あざみ野）
2 松本 悠暉 （万騎が原）
2 大原 銀太 （西谷）
2 橘田 桜介 （瀬谷）
2 小髙 世凪 （相模丘）
2 村上 湧人 （大野南）
2 森山 拓洋 （西生田）
1 中島 大毅 （横浜緑が丘）
1 小舘 龍太 （藤塚）
1 石垣 遥都 （今宿）
1 長嶋 颯汰 （伊勢原）
1 花井 和航 （北の台）
1 前田 航希 （上鶴間）
1 大内 勇輝 （北の台）
1 太田 章仁 （今泉）
1 三橋 英信 （汲沢）

西湘地区

大磯

中郡大磯町東町2－9－1

部長 加藤 理志
監督 加藤 理志
◎3 天野 貴哉 （平塚中原）
3 岡田 拓実 （江陽）
3 熊澤献太郎 （二宮）
3 小久保優太 （江陽）
3 齊藤 颯 （西浜）
3 鈴木 皓大 （平塚中原）
☆3 露木 珠衣 （平塚中原）
☆3 丸山 栞穂 （足柄台）
2 浦本 秀太 （文命）
2 坂井 建斗 （江陽）
2 関口 一真 （平塚中原）
2 宮腰 渉 （二宮西）
2 山岡 崇虎 （茅ケ崎第一）
2 米村 廉 （江陽）
☆2 植本 美咲 （神田）
☆2 横山 千絵 （寒川東）
1 鈴木 崚介 （松林）
1 山中 寛太 （江陽）
1 後藤虎太朗 （国府）
1 佐藤 拓海 （湯河原）
1 鈴木 祐世 （平塚神明）
1 藤田 脩也 （山城）
1 山田 佳樹 （城北）
1 朏島 裕輝 （春日野）
1 藤平 航佑 （山城）
1 今田 貴史 （春日野）

小田原

小田原市城山3－26－1

部長 陰能 成央
監督 菊地原孝祐
3 伊藤 優希 （鴨宮）
3 遠藤 悠人 （二宮西）
◎3 小池 樹門 （白山）
3 阪口 諒明 （伊勢原中沢）
3 新保 武杜 （足柄台）
3 染野江之介 （城山）
3 早坂 文音 （大磯）
3 三宅 竜司 （松田）
3 矢作 太一 （中井）
3 山口 遥哉 （真鶴）
3 山口 雅人 （梅田）
3 堀田小桃里 （寒川東）
☆3 中澤 涼花 （松田）
2 有我 悠惺 （金旭）
2 今井 達貴 （本町）
2 杉本 奏汰 （山王）
2 古谷 瞭大 （千代）
2 宮田 大地 （泉）
2 村山 一葉 （浜岳）
☆2 生月 咲光 （城北）
☆2 三原 愛理 （南足柄）
1 古賀 駿平 （浜岳）
1 竹平 克輝 （二宮）
1 田淵咲太朗 （二宮）
1 原田 拓夢 （国府津）
1 森山 晴智 （秦野南）
1 鷲谷 璃子 （南足柄）

山北

足柄上郡山北町向原2370

部長 髙林 翔
監督 松尾 駿哉
◎3 井上 瑛貴 （伊勢原中沢）
3 内田 晃成 （小田原城山）
3 荻野 大空 （足柄台）
3 加藤 有真 （二宮西）
3 金子 雷雅 （南足柄）
3 河野 有隼 （湯河原）
3 木村 一翔 （湘光）
3 公文 来瑠 （湘光）
3 鈴木 唯斗 （酒匂）
3 清野 太希 （城北）
3 関野龍之介 （湘光）
3 高山 怜大 （城北）
3 田中 昌輝 （中井）
3 栃久保日向 （足柄台）
3 矢野 碧斗 （南足柄）
3 山本 匠 （秦野南が丘）
☆3 今井 花 （泉）
☆3 柏木 春風 （泉）
2 石井 恵太 （南足柄）
2 稲葉 健斗 （湘光）
2 岩澤 響 （小田原橘）
2 桑島 健斗 （小田原城山）
2 須藤 春葵 （泉）
2 髙橋 優斗 （真鶴）
2 田中 遥彩 （松田）
2 西見 仁和 （足柄台）
2 西見尚仁朗 （足柄台）
2 野村健志郎 （湯河原）
2 宮川 凌夢 （鴨宮）
2 渡邉 一心 （泉）
☆2 清水 友茉 （湘光）
☆2 白鳥 更紗 （泉）
☆2 平野 礼 （湘光）
1 久保谷琉夏 （南足柄）

1 倉橋 明久 （中井）
1 小宮 翔悟 （足柄台）
1 栃久保 湊 （足柄台）
1 波多野太星 （海西）
1 服部 志庵 （鴨宮）
1 升澤 来心 （松田）
1 松﨑 悠真 （国府津）
1 矢吹 青也 （湘光）
1 渡邉 登倭 （文命）
☆1 加藤 汐音 （足柄台）
☆1 藤田 実優 （松田）
☆1 本多 倖帆 （千代）
☆1 村山 夏凛 （鴨宮）

平塚湘風

平塚市田村3－13－1
部長 堀籠 康介
監督 本田 拓己
◎3 磯部 隼人 （平塚中原）
3 濱田 稔平 （山城）
3 山本藍乃助 （南毛利）
3 渡邉 蓮也 （萩園）
☆3 林 未憂 （善行）
2 荒井 大智 （旭陵）
2 上村 優斗 （旭陵）
2 江口 晃一 （浜岳）
2 江藤 慎平 （旭陵）
2 富田 舜斗 （南毛利）
2 長野 永遠 （南毛利）
2 三留 翔 （金旭）
1 遠藤 真斗 （北陽）
1 加藤大治郎 （相川）
1 川﨑 翔大 （相川）
1 髙木 駿輔 （荻野）
1 田口 佳吾 （平塚神明）
1 三澤 琉生 （荻野）
1 山本紅史朗 （南毛利）

二 宮

中郡二宮町一色1363
部長 飯川 裕太
監督 村中 優大
3 野﨑 貴楽 （鶴巻）
3 猪瀬 弥斗 （松波）
3 髙橋 龍耶 （湘光）
◎3 長島 颯斗 （湘光）
☆3 大島 紗菜 （江陽）
2 阿久根大智 （白鴎）
2 関根 大翔 （川崎）
2 向川 大樹 （金目）
2 貝木 優斗 （土沢）
☆2 小山田心春 （秦野西）
☆2 寺田 紗楽 （寒川）
1 堀部 優希 （寒川東）
1 谷中 遼 （旭が丘）
1 助川 壮太 （梅田）
1 鈴木 陽登 （村岡）
1 東 龍之介 （国府）
1 小楠あゆむ （白山）

足 柄

南足柄市怒田860
部長 小宮 典範
監督 由比藤大介
◎3 星 琉真 （山北）
3 竹内 星七 （千代）
3 千葉 陽人 （千代）
☆3 磯﨑 果耶 （白山）
☆3 嶽本 泉奈 （千代）
2 米山 佳吾 （城北）
2 鈴木 隆久 （泉）
2 高橋 慶 （南足柄）
2 中山 颯翔 （南足柄）
1 相川 広貴 （湯河原）
1 池田 佳生 （泉）
1 石井 大雅 （文命）
1 奥村 柊大 （文命）
1 髙井 琉希 （泉）
1 高山 昂星 （湯河原）
1 内藤 智也 （松田）
1 西尾 康汰 （文命）
1 依田 莉茉 （文命）
☆1 菅生 萌夏 （白山）
☆1 表野 歩実 （小田原橘）

西 湘

小田原市酒匂1－3－1
部長 内海 直也
監督 永瀬 尊典
3 嘉村 謙伸 （酒匂）
◎3 北川健太郎 （城南）
3 木本玄太朗 （南足柄）
3 髙橋 聖弥 （泉）
3 三好 悠巴 （小田原橘）
☆3 宇都 碧夏 （文命）
2 秋山 佑斗 （泉）
2 石川 雄大 （岡本）
2 石村 蓮斗 （酒匂）
2 大津 知也 （酒匂）
2 梶 壮太朗 （南足柄）
2 鎌滝 悠羽 （酒匂）
2 関山 将吾 （二宮西）
2 山越 秀悟 （浜岳）
☆2 大庭 実咲 （足柄台）
☆2 三輪 心菜 （千代）
☆2 吉田 温 （浜岳）
1 安居院諒哉 （本町）
1 池谷 彰馬 （山北）
1 稲垣 航野 （湘光）
1 内藤 雄也 （松田）
1 内藤 陽 （平塚神明）
1 白井 優貴 （城山）
☆1 武井 亜海 （中井）
☆1 鳥居 和奏 （文命）

大 井

足柄上郡大井町西大井984－1
部長 柳下 優也
監督 木村 拓也
3 内田 歩夢 （南足柄）
◎2 加瀬 桔平 （相陽）
2 外山 海斗 （金旭）
2 中野 義信 （白鴎）
2 川野 真生 （足柄台）
1 渋谷 悠介 （相陽）
1 大溝 明広 （寒川東）
1 秋山 慶太 （本町）

高 浜

平塚市高浜台8－1
部長 川端 満
監督 山﨑 滋彦
3 伊藤 颯乙 （金旭）
3 諏訪部翔太 （太洋）
3 吉田 光希 （平塚中原）
◎3 夏目 雄太 （梅田）
3 松本 渉 （春日野）
3 新倉 晃輔 （松浪）
3 朝倉 晃太 （六会）
2 安藤 悠翔 （寒川東）
2 戸川 彪悟 （梅田）
2 遠山 陽大 （平塚中原）
2 山本 竣也 （松林）
2 齋藤 光 （藤沢第一）
☆2 左近 葵夢 （栃木・陽東）
1 加藤 琥湧 （太洋）
1 山下 修聖 （春日野）
1 石田 歩 （中島）
1 清水 一冴 （寒川東）
1 堀江 虹介 （神田）
1 杉山 功晟 （山城）

平塚江南

平塚市諏訪町5－1
部長 中山 拓哉
監督 鈴木 健太
3 廣岡 海音 （明治）
3 山田 翔太 （平塚中原）
3 加藤 悠真 （土沢）
3 佐久間亮輔 （高浜）
3 藤平 泰輝 （山城）
3 池本 太一 （梅田）
3 髙木 祐翔 （片瀬）
◎3 吉川 奏太 （平塚中原）
3 佐藤 康太 （西浜）
3 泉 和甫 （高浜）
3 中川 空飛 （旭陵）
3 蜂須 勝斗 （藤ケ岡）
3 中山 広輝 （明治）
☆3 井澤 智理 （浜須賀）

2 磯部 太一 （土沢）
2 稲垣 陽向 （浜岳）
2 川﨑 陽輝 （江陽）
2 北村 仁暉 （大磯）
2 桒原 快 （浜岳）
2 桒原 琉 （浜岳）
2 高木 凌雅 （平塚中原）
2 鶴田 直大 （春日野）
2 針谷 英雅 （茅ケ崎第一）
2 保科 拓音 （太洋）
2 森 琢磨 （旭丘）
2 山本 恵大 （藤ケ岡）
2 横松 暉 （江陽）
☆2 益子 真彩 （神明）
1 小澤 創 （国府）
1 柿田 諒 （秦野南）
1 菊池 生真 （下福田）
1 倉島 歩夢 （村岡）
1 越地 雄基 （西浜）
1 鯖江 凱 （横内）
1 荘司 雅祥 （秦野南が丘）
1 豊田 陽貴 （松林）
1 中井川誠人 （伊勢原）
1 平野 佑樹 （茅ケ崎第一）
1 吉田 岳大 （藤沢第一）
1 渡辺 皓輝 （鶴嶺）
☆1 田邊 真理 （湘南学園）

平塚工科

平塚市黒部丘12－7
部長 佐藤 豪
監督 中嶋 肇
3 小田 舜介 （山城）
◎3 笹原 柊人 （高倉）
☆3 井上 和沙 （浜岳）
2 安藤 永輝 （山城）
2 磯崎 準 （浜岳）
2 漆原 悠 （大野）
2 工藤 蒼空 （春日野）
2 小池 隆寛 （中島）
2 指田 淳希 （逗子）
2 藤間 海斗 （金旭）
2 松本 温萌 （金旭）
2 山本 涼太 （大野）
2 鈴木 輝向 （山城）
☆2 倉地 彩華 （春日野）
1 鈴木真那斗 （大住）
1 立野 大和 （横内）
1 橋爪 渚 （太洋）
1 長谷川竜馬 （金旭）
1 吉田 健吾 （旭が丘）
1 涌井 晃人 （金旭）

小田原城北工

小田原市栢山200
部長 加藤 頼暉
監督 吉泉 翔太
◎3 森谷 真規 （秦野北）
2 大谷 由嘉 （秦野南）
2 新屋敷琉斗 （秦野南）
2 香川 歩夢 （千代）
2 稲葉 輝 （鴨宮）
2 尾上 智規 （中井）
1 高橋 虹希 （白鴎）
1 東出 夏希 （中井）
1 新屋敷陸斗 （秦野南）
1 稲福 大空 （国府）
☆1 田中 伶於 （鴨宮）

吉 田 島

足柄上郡開成町吉田島281
部長 今 大暉
監督 稲本 祥悟
◎2 山口 陸玖 （岡本）
1 太田 来陽 （文命）
1 小柳 獅温 （箱根）

平塚農商

平塚市達上ケ丘10－10
部長 荒木 力州
監督 橋本 大志
◎2 新居 孝弥 （金旭）
1 荒川 耀 （山城）
1 森山 遼 （富岡東）
1 與那覇海音 （御成）

相 洋

小田原市城山4－13－33
部長 吉成 徹
監督 高橋 伸明
3 笠間 泰生 （厚木）
3 梶山 碧天 （平塚神明）
3 串田 大和 （足柄台）
3 小峰 洸 （中沢）
3 近 太陽 （中島）
3 﨑元 涼介 （寒川東）
3 渋谷 友希 （春日野）
3 白幡 裕良 （鴨宮）
3 竹下 陽翔 （大正）
3 竹本 優斗 （湘洋）
3 冨田 大斗 （城北）
◎3 二宮 巧磨 （酒匂）
3 福島 洸登 （柏ケ谷）
3 本間 直央 （睦合東）
3 石崎 颯士 （神明）
3 山本 佳也 （相武台）
3 谷 祥太 （明治）
☆3 菅野 澪 （松林）
2 石澤 憲太 （本町）
2 一ノ木戸颯 （平塚神明）
2 貝戸 竜馬 （大磯）
2 加藤優大郎 （伊勢原）
2 角田 杏 （萩園）
2 亀井 颯斗 （海西）
2 川島 遥 （湯河原）
2 桜木 健太 （千代）
2 柴崎 龍神 （大船）
2 関野 琢真 （渋沢）
2 田中 健輔 （円蔵）
2 綱島 貫太 （伊勢原）
2 鳥居 陽生 （鴨宮）
2 西井 大翔 （湯河原）
2 村瀬 陽海 （湘洋）
2 湯田 大智 （赤羽根）
2 吉村 京真 （湘洋）
2 鈴木 結 （春日野）
2 服部 琉駕 （春日野）
2 高橋 煌晴 （二宮）
☆2 オノアイコ （茅ケ崎第一）
1 相澤 煌心 （泉）
1 浅岡 拓海 （鶴が台）
1 浦方俊之介 （太洋）
1 岡本 琉誠 （城北）
1 長田 裕海 （鶴が台）
1 小野 暉宗 （泉）
1 河越 健人 （相原）
1 川嶋 大輝 （北陽）
1 栗城 颯 （伊勢原中沢）
1 髙麗 勇輝 （千代）
1 小西 逸輝 （白山）
1 近藤 歩 （白山）
1 佐藤 哉汰 （横須賀神明）
1 佐藤 優大 （南毛利）
1 白幡 凌侍 （鴨宮）
1 高芝 聡太 （伊勢原中沢）
1 田川 倖愛 （善行）
1 土屋 晴聖 （高津）
1 中澤 想太 （松田）
1 永野 悟史 （相原）
1 西村 大夢 （保土ケ谷）
1 福井 晄人 （厚木玉川）
1 本多 立幹 （都岡）
1 松尾 希一 （奈良）
1 水嶋 優志 （山城）
1 渡邊 怜斗 （上郷）
1 馬場 寛太 （春日野）
1 福田 大斗 （湘洋）
☆1 立山 美南 （泉）

立花学園

足柄上郡松田町松田惣領307－2
部長 塚田 将喜
監督 志賀 正啓
3 池谷 太陽 （海老名有馬）
3 今園 敦士 （睦合東）
3 岩田 優真 （千代）
3 内野 颯太 （新町）
3 大久保優輝 （土沢）
3 小山田悠稀 （秦野北）
3 加藤 心温 （二宮）
3 上藪慎一郎 （滝の沢）
3 藺井 翔馬 （松田）
3 草柳 遥人 （荻野）
3 葛野 大矢 （二宮西）
3 沓澤 昂祐 （鵜野森）
3 久保田幸人 （成瀬）
3 桑原 乃幹 （秦野北）

3　小岩　星廉　（座間西）
3　古関　蒼馬　（中沢）
3　小林　爾　（相模）
3　小松原雄大　（綾北）
3　近藤　直弥　（南足柄）
◎3　佐藤　知明　（秦野北）
3　佐野　快斗　（二宮）
3　柴田　夕輝　（岡津）
3　鈴木　蓮　（秦野南）
3　陶山　颯太　（松田）
3　髙橋　周吾　（滝の沢）
3　寺内　祥汰　（臨港）
3　冨樫　佑太　（綾瀬城山）
3　永島田輝斗　（大沢）
3　西川　秋瑠　（愛川東）
3　長谷髙和紀　（成瀬）
3　畑尾　朋貴　（大綱）
3　東田　優輝　（泉）
3　藤田　皓大　（座間南）
3　堀切　桂汰　（秋葉台）
3　望月　響介　（東京・成瀬台）
3　吉川　博規　（浜岳）
3　レホアンフック　（睦合東）
☆3　玉乃井美咲　（成瀬）
☆3　長谷川愛心　（森の里）
☆3　山口　瑚桃　（本町）
2　安藤　惇一　（愛知・鳴海）
2　安藤　大賀　（秦野南）
2　石井利希也　（座間南）
2　伊東　渚颯　（瀬谷）
2　上田　蒼場　（東林）
2　遠藤　魁利　（新町）
2　落合　翔磨　（睦合）
2　梶原　晴斗　（栗原）
2　金子　宇宙　（松林）
2　栢森康太郎　（東京・つくし野）
2　川上　航輝　（文命）
2　川上　龍大　（下瀬谷）
2　神守　佑真　（海老名）
2　菊地　悠斗　（海西）
2　北村　光翼　（山王）
2　木村　雄大　（清新）
2　鴻田　樹　（箱根）
2　小島　温人　（海老名）
2　後藤　哲平　（睦合）
2　近藤　有悟　（大阪・貝塚第三）
2　斎藤　竜那　（静岡・門野）
2　佐藤　幹太　（海老名）
2　佐藤　壽哉　（本町）
2　菖蒲　樹　（柏ケ谷）
2　鈴木　一路　（芹が谷）
2　関根　隼也　（横浜橘）
2　髙梨　海斗　（伊勢原）
2　高橋　威風　（綾瀬城山）
2　棚橋　祐太　（厚木）
2　都秋　龍　（海老名）
2　中村　一心　（横浜緑が丘）
2　中村　大翔　（南足柄）
2　中本　裕　（相模）
2　新沼　治樹　（綾北）
2　府川　快生　（文命）
2　福岡　大海　（海老名有馬）
2　藤田　楓　（相模）
2　堀口　優斗　（海老名）
2　箕輪　雄大　（浜須賀）
2　宮川　晴充　（林）
2　望月　康平　（海西）
2　矢部　蓮人　（松林）
2　山口　海斗　（秦野西）
2　吉田　康生　（大阪・貝塚第一）
2　頼住　知樹　（足柄台）
2　渡辺　千斗　（森の里）
2　髙橋　琉吉　（寒川東）
2　藤澤　啓志　（平塚中原）
2　宇部　竜翔　（睦合東）
2　三村　脩悟　（岡本）
2　中川　光　（南毛利）
2　藤井　勢那　（林）
2　二見　世名　（千代）
2　柾木　稀斗　（東京・町田第一）
2　圓山　楓翔　（東京・鶴川第二）
☆2　藤平　純海　（平塚中原）
1　荒瀬　征雄　（山城）
1　磯﨑　瑞希　（白山）
1　伊藤　遙　（相陽）
1　今井　来　（村岡）
1　今井　健悟　（東林）
1　宇都宮蓮翔　（東京・山崎）
1　及川　昭太　（大野）
1　大橋　慶也　（相武台）
1　川嶋　應牙　（城北）
1　管野　希歩　（今泉）
1　菅野　琉寅　（瀬谷）
1　河原　智宣　（海老名有馬）
1　北沢　桜雅　（大野台）
1　木頭　颯太　（秦野南が丘）
1　櫻井　快永　（柏ケ谷）
1　笹尾　駿介　（平塚中原）
1　佐藤　汰祐　（荻野）
1　佐藤　里薫　（荻野）
1　島村　海斗　（大野）
1　清水　将智　（瀬谷）
1　杉田　優大　（東京・鶴川第二）
1　鈴木　優雅　（岡本）
1　関水　悠真　（野川）
1　前後　雅　（伊勢原）
1　竹下　友喜　（今宿）
1　常盤　翔　（睦合東）
1　戸澤　漱司　（座間西）
1　西坂　翔　（山城）
1　萩原　雅　（大沢）
1　萩原　大和　（伊勢原中沢）
1　服部　亘　（浜岳）
1　浜﨑　絆斗　（相模）
1　平戸　孝侑　（厚木）
1　深瀬　飛茉　（城南）
1　福澤　真優　（足柄台）
1　洞山　航大　（相陽）
1　前原　拓仁　（秦野西）
1　松田　隆介　（海西）
1　三浦　颯太　（大根）
1　山田　晄大　（平塚中原）
1　山本　大暉　（平塚中原）
1　吉川　瑠稀　（神田）
1　渡邉　優樹　（小山）
☆1　小島みどり　（東京・南大谷）

平塚学園

平塚市高浜台31－19

部長　西川　哲也
監督　八木　崇文
◎3　三澤　侑斗　（川和）
3　村田　璃紀　（東京・三原台）
3　梅原　爽太　（住吉）
3　大岡　輝斗　（中山）
3　吉田　悠人　（京都・城南）
3　田中慎之介　（東京・明豊）
3　久保　逸　（埼玉・喜沢）
3　辻本　大貴　（池上）
3　松村　貢佑　（御所見）
3　中原　一颯　（上郷）
3　小笠原夕輝　（平）
3　福井　夢叶　（南足柄）
3　杉本　康輔　（南足柄）
3　磯田　大輔　（大磯）
3　森井　琉太　（栗原）
3　阿部　和広　（二宮）
3　平田　凌大　（緑）
3　安達　斗希　（山王）
3　今野　琉汐　（緑）
☆3　瀬谷莉乃亜　（山城）
2　小寺　悠河　（東京・府中第六）
2　辻　快翔　（成瀬）
2　竹部　友陽　（東京・足立第十）
2　伊藤　要　（滋賀・水口）
2　小林　侑斗　（藤沢第一）
2　太田　諒一　（白鴎）
2　渡部　叶太　（厚木）
2　篠崎　叶多　（瀬谷）
2　石黒　太一　（栗原）
2　中村　翔　（矢向）
2　岩渕　暁紀　（東京・蒲原）
2　佐伯　航　（山城）
2　萩野翔太郎　（三重・久居西）
2　平良　空　（末吉）
2　冨岡　暖太　（相模原緑が丘）
2　大野　雄翔　（旭陵）
2　阿部　倖大　（大谷）
2　倉前　唯人　（平）
2　佐々木太陽　（海西）
2　竹内　洋平　（仲尾台）
1　隈部　善太　（兵庫・灘）
1　石井　瞭成　（本宿）
1　海老原颯馬　（東京・高島第二）
1　小原　昇羽　（南河原）
1　難波　元希　（浜須賀）
1　駒井　秀成　（引地台）
1　田部　岳　（南林間）
1　濱岡　大冴　（大住）
1　風間　裕幸　（御所身）
1　網代　瑠人　（富士見）
1　京極　陽斗　（円蔵）
1　榊原　祐輝　（下福田）
1　橋本　海音　（保土ケ谷）
1　加藤　翔　（釜利谷）
1　髙田　来飛　（厚木）
1　松田　龍児　（千葉・こてはし台）
1　美登　祐介　（梅田）
1　小野寺秀太　（高浜）

旭　丘

小田原市城内1－13

部長　鈴木龍之介
監督　平野　正貴
3　穴井　海斗　（洋光台第二）
3　石井　陸登　（平塚神明）
3　井上　和将　（山王）
3　尾崎　光汰　（善行）
3　篠崎　志恩　（鎌倉第一）
3　髙森　建汰　（小鮎）
3　田中　晴智　（山王）
3　西山　太陽　（緑）
3　久森　ノア　（相陽）
3　藤原一ノ介　（舞岡）
3　松野　涼真　（上永谷）
3　眞山　庸成　（岡津）
3　三浦　秀斗　（白鴎）
3　山本　優輝　（荻野）
3　米田　将也　（平戸）
◎3　渡邉　彪雅　（白鴎）
3　山口浩太郎　（金目）
☆3　宇佐美　雛　（千代）
2　和泉健士郎　（足柄台）
2　伊藤　來巳　（愛川中原）
2　井上　広翔　（平塚神明）
2　上田　遥　（藤沢第一）
2　榎本　颯人　（小田原橘）
2　岡戸　瑛聖　（大沢）
2　小畑　慶祐　（海西）
2　笠木　脩斗　（羽鳥）
2　加藤　颯悟　（渋沢）
2　加藤　優麻　（二宮）
2　河野　稜　（緑が丘）
2　小久保健信　（山城）
2　酒井　大三　（浜岳）
2　佐久間陽樹　（山王）
2　土井　楽壱　（大住）
2　能登　竣大　（睦合東）
2　橋口　遼星　（相武台）
2　福岡　凌大　（藤塚）
2　松永　優人　（成瀬）
2　横溝　輝　（相陽）
2　岩田　怜皇　（平塚神明）
1　綾部　大智　（森の里）
1　伊藤　泰造　（大磯）
1　須藤　大翔　（大野南）
1　髙橋　湘汰　（金旭）
1　二宮　功樹　（金旭）

星槎国際湘南

中郡大磯町国府本郷1805－2

部長　佐々木勇人
監督　土屋恵三郎
3　青木　奎人　（東京・青梅西）
3　浅川　優斗　（萩園）
3　石綿　遥翔　（山城）
3　香川　琉星　（依知）
3　菅野　蓮　（茅ケ崎）
3　小泉　賢汰　（西中原）
3　後藤将太朗　（東京・南成瀬）
3　小林　匠　（田浦）
3　小林　匠　（東京・東海大菅生中等部）
3　佐々木海岬　（平塚中原）
3　佐藤　一聖　（潮田）
3　佐野　忍虎　（武山）
3　須﨑　亮　（東京・福生第二）
◎3　中平　颯馬　（大綱）
3　萩原　航波　（南戸塚）
3　原田　剛　（東京・成瀬台）
3　平塚　翔馬　（鴨宮）
3　本領　海斗　（東京・井萩）
3　松丸　凌志　（千葉・市川第三）
3　松谷　優心　（岐阜・鵜沼）
3　山口銀士朗　（久木）
3　山口　蓮翔　（川和）
3　山﨑　泰人　（早渕）
3　山下　雅弘　（東京・狛江第二）
3　山下　流依　（千葉・高洲）
3　渡邊　隆浩　（山梨・増穂）
2　青木　雛大　（藤塚）
2　安藤　大我　（中井）
2　石﨑　知紀　（宮田）
2　岡村　洸成　（東京・打越）
2　京極　歩　（霧が丘）
2　楠　翔琥　（平塚中原）
2　髙津　琉　（横浜南）
2　竹之内　陸　（今宿）
2　谷繁　朗　（市ケ尾）
2　戸頃　流風　（川和）
2　松下　主孟　（千葉・飯岡）
2　矢ケ﨑亮太　（西中原）
2　渡邉　結真　（埼玉・柳瀬）
2　森　明範　（東林）
2　熱田　渉　（東京・桜堤）
1　石川　桜聖　（村岡）
1　磯﨑　櫂　（足柄台）
1　歌川遵之佑　（追浜）
1　大川　純平　（港南台第一）
1　川井　崇徳　（港）
1　姜　亜秀　（横浜隼人）
1　近藤　弦己　（王禅寺中央）
1　佐藤　海翔　（依知）
1　鈴木　颯真　（岡津）
1　髙木　優人　（すすき野）
1　武内　亮太　（舞岡）
1　土屋　麗希　（横浜鴨居）
1　吉澤　誠章　（東京・富士見丘）

（2020年8月25日付紙面から）

K 2020

県高校野球大会の結果

◎東海大相模
7－0
関東学院
6－2
川崎北
7－0
保土ケ谷
2－1
山手学院
10－3
関東六浦
8－1
藤沢総合・平塚農商
8－0
新城
11－0
希望ケ丘
19－5
県相模原
11－4
▽桐蔭学園
13－3
深沢
12－2
大和西
9－2
浅野
不戦勝
横浜翠嵐
3－2
湘南
10－2
上溝南
19－0
森村学園
15－4
平塚江南
7－2
県川崎
30－0
相模原弥栄
11－4
○横浜商大
3－1
横浜サイエンスフロンティア
5－1
横浜清陵
9－4
平塚工科
14－0
麻布大付
17－0
荏田
7－1
上溝
5－3
横浜緑ケ丘
2－1
川崎工科
9－4
厚木東
8－0
川崎総合科学
10－1
▽平塚学園
8－1
逗子開成
10－8
神奈川大付
13－3
鶴見
3－0
鎌倉学園
14－0
東
9－1
大和
10－0
横須賀南
8－3
柏陽
6－1
横須賀学院
6－0
綾瀬西
7－1
◎三浦学苑
7－0
新栄
8－1
桜丘
7－0
藤沢西
10－0
向の岡工
10－6
県横須賀工
4－3
高津
4－3
追浜
17－3
大船
13－3
瀬谷
8－5
▽藤沢翔陵
14－3
大和東
11－1
南
6－4
金沢
8－2
麻溝台
15－7
松陽
7－5
光陵
8－3
元石川
10－0
日大藤沢
17－9
慶応藤沢
13－4
茅ケ崎
7－6
○横浜
10－0
白山
4－3
戸塚
10－0
岸根
13－3
磯子工
10－0
県横須賀
5－1
厚木
7－6
旭丘
10－6
大師
2－1
横浜平沼
13－4
藤沢工科
8－1
▽神奈川工
11－8
横浜南陵
8－1
山北
12－3
鎌倉
5－3
県商工
9－1
横浜立野
10－1
日大
16－0
上鶴間
8－1
金沢総合
8－6
百合丘
4－2
伊勢原

東海大相模 9－5

桐光学園◎
11－1
旭
7－0
城山
11－0
相模原中等
9－1
相模田名
12－5
厚木北
1－0
津久井・橋本
11－0
武相
16－4
湘南学園
9－7
生田東
3－0
横浜商▽
10－0
横浜学園
9－4
大磯
6－0
西湘
4－2
七里ガ浜
5－0
横須賀総合
7－2
二宮
14－1
住吉
6－2
川和
13－0
瀬谷西
13－2
逗葉
4－0
湘南工大付○
8－1
城郷
3－0
座間総合
12－1
幸
31－0
星槎国際湘南
7－4
横浜隼人
6－1
市・緑・釜・永・明
14－0
湘南学院
8－1
綾瀬
2－1
秦野総合
14－0
菅
13－2
橘学苑▽
10－0
茅ケ崎北陵
10－0
サレジオ
15－1
市ケ尾
9－1
座間
2－1
法政二
4－3
海老名
7－2
金井
16－13
大和南
8－6
秀英
10－0
寒川
9－6
相洋◎
10－0
横浜桜陽
2－0
横浜旭陵・相模向陽館
10－0
翠陵
8－3
アレセイア
7－0
柏木学園
18－4
有馬
4－2
新羽
5－4
平塚湘風
6－1
横浜栄
11－6
多摩
18－4
慶応▽
9－1
横浜氷取沢
6－4
中大付横浜
11－1
津久井浜
12－5
横須賀大津
4－3
相原
8－4
港北
5－3
鶴見大付
10－0
伊志田
7－4
厚・愛・中・神
11－8
厚木西
5－0
立花学園○
11－1
藤沢清流
8－3
逗子
13－2
湘南台
8－7
上矢部
10－2
小田原城北工
10－4
橘
10－0
麻生
4－3
霧が丘
9－6
鶴嶺
10－0
高浜
5－4
向上▽
10－0
生田
3－1
秦野曽屋
5－4
藤嶺藤沢
14－3
秦野
5－3
相模原総合
10－9
茅ケ崎西浜
46－0
海洋科学
3－1
横浜創学館
7－0
小田原
11－0
光明相模原

交流試合 舞岡 8－7 足柄

※市・緑・釜・永・明は市川崎・横浜緑園・釜利谷・永谷・横浜明朋、厚・愛・中・神は厚木清南・愛川・中央農・神奈川総産
◎＝第1シード、○＝第2シード、▽＝第3シード

神奈川高校野球

代替大会総括 上

東海大相模

激闘を制し、歓喜に沸く東海大相模ナイン

誇り高き東海 君臨

高校野球の夏の全国選手権と神奈川大会中止を受け、県高野連が独自に開催した「県高校野球大会」は東海大相模が優勝を遂げた。交流試合を含む175校（合同5チーム）が出場し、いつもと変わらない熱戦を展開した。記憶にも、記録にも残る「特別な夏」を振り返る。（泉 光太郎）

初の準優勝「西湘の雄」相洋が躍進

東海は夏の公式戦を連覇、それは史上3校目となる4季連続の県制覇だった。決勝では劣勢の八回に打線がつながり一挙4得点で逆転した。昨夏の甲子園で終盤に逆転負けした経験から学び、鍛え上げてきた精神力や1球への執念、最後まで諦めない「タテジマのプライド」を貫いた先に、県内公式戦29連勝という偉業に結実。どこまで白星を伸ばせるか注目が集まる。

1983年の神奈川大会4強が過去最高だった相洋は創部初の準優勝。1年秋からマスクをかぶってきた主将加藤、エース本田を中心にまとまり、走攻守で積極的な姿勢が決勝でも王者を追い詰めた。今後は「西湘の雄」として県内の勢力図を塗り替えてくれそうだ。

創部初にして34年ぶりに横須賀勢から夏ベスト4となった三浦学苑は主将立川を土台に、2年上村が投打に躍動。準々決勝の横浜戦で最大6点差をひっくり返した強打は圧巻だった。ノーシードの星槎国際湘南は2018年の南神奈川大会以来の4強入り。各打者が低い打球を徹底し、大会屈指の破壊力となった。

村田浩明監督(34)が率いた新生横浜は木下と松本が君臨し、チーム防御率1・85と安定感があった。スケールの大きな左右のダブルエースには次のステージでの飛躍を期待したい。桐光学園のエース安達と坂東の両左腕は打者に的を絞らせず、横浜商（Y校）戦での完封リレーは見事だった。

西湘地区から4校が8強入りした今大会。立花学園は強打に加え、23盗塁の機動力は積み重ねた練習の日々のたまものだ。平塚学園は鎌倉学園との一戦で計4アーチを放つなど、迷いのないスイングが29本という圧倒的な長打力につながった。

公立勢の躍進にも目を奪われた。僅差の接戦を次々と制した海老名、相模原弥栄は強豪の桐蔭学園にサヨナラ勝ちしてベスト16入り。プロ注目の左腕笹川を擁したY校も古豪の意地を示した。タイブレークで創部初の4回戦に進んだ平塚湘風はチーム一丸での快進撃。1試合限定の交流試合を選んだ舞岡―足柄の一戦は「8―7」の激しいせめぎ合いの末に決着した。試合後の選手たちのやりきった、晴れ晴れとした表情は今大会のハイライトの一つとなった。

三浦学苑

創部初の夏4強入りに貢献した三浦学苑の主将立川

相洋

正捕手として決勝まで投手陣を支え続けた相洋の主将加藤（右）

星槎国際湘南

破壊力抜群の打撃に加え機動力も見せつけた星槎国際湘南の茂木

【ベスト8校の投手成績】

学校名	試合数	完投	完封	投球回	打者数	被安打	奪三振	四死球	失点	自責点	防御率
東海大相模	7	0	0	53	216	43	47	18	17	16	2.72
相洋	7	1	1	53	218	48	41	17	19	18	3.06
三浦学苑	6	3	2	51	217	55	40	18	24	19	3.35
星槎国際湘南	6	1	1	42	174	30	29	17	16	16	3.43
平塚学園	5	2	0	31	133	19	19	24	16	12	3.48
横浜	5	1	1	34	131	18	45	9	8	7	1.85
桐光学園	5	0	0	35	138	20	30	12	10	5	1.29
立花学園	5	0	0	36	149	26	27	13	14	9	2.25

【ベスト8校の打撃成績】

学校名	試合数	打席	打数	得点	安打	本塁打	三塁打	二塁打	打点	三振	四死球	犠打	盗塁	失策	残塁	打率
東海大相模	7	270	227	62	87	8	2	20	59	16	34	9	10	3	50	.383
相洋	7	260	206	64	72	2	9	13	57	24	42	12	7	7	51	.350
三浦学苑	6	239	194	40	66	3	2	11	35	23	33	12	15	5	55	.340
星槎国際湘南	6	242	195	73	84	4	8	10	67	14	35	12	17	3	46	.431
平塚学園	5	170	126	49	58	6	3	20	47	5	29	15	5	5	35	.460
横浜	5	178	144	44	60	3	3	18	43	12	26	8	20	5	34	.417
桐光学園	5	183	148	37	53	0	1	13	35	13	24	11	8	4	42	.358
立花学園	5	189	155	39	49	3	4	6	36	26	28	6	23	5	39	.316

（2020年8月26日付紙面から）

K 神奈川 高校野球 2020

代替大会総括 下

「打高投低」顕著に

【ベスト８以上の個人打撃成績30傑】

順位	選手名・学年	学校名	試合数	打席	打数	得点	安打	本塁打	三塁打	二塁打	打点	三振	四死球	犠打	盗塁	失策	残塁	打率
①	庄子 雄大③	（横浜）	5	22	15	9	10	1	1	2	3	0	6	1	3	0	5	.667
②	浜田 琉大③	（星槎国際湘南）	6	28	19	16	12	0	3	1	6	2	9	0	4	0	6	.632
③	山下 碧陸③	（平塚学園）	5	18	14	6	8	0	0	3	5	0	3	1	1	1	4	.571
④	中平 颯馬②	（星槎国際湘南）	6	20	16	8	9	2	1	1	7	1	4	0	0	2	4	.563
⑤	栃木 翼③	（平塚学園）	5	17	11	7	6	2	1	2	8	0	6	0	0	0	3	.545
⑥	仲亀 利哉③	（桐光学園）	5	21	15	3	8	0	0	2	4	0	6	0	2	0	11	.533
⑦	加藤 響③	（東海大相模）	7	31	25	11	13	2	1	3	10	3	6	0	0	0	5	.520
⑦	茂谷 光③	（東海大相模）	7	28	25	8	13	0	1	2	8	4	2	1	3	0	7	.520
⑨	田中慎之介②	（平塚学園）	5	19	16	6	8	0	0	3	4	0	3	0	1	1	3	.500
⑩	神里 陸③	（東海大相模）	7	29	25	8	12	1	0	6	9	0	1	3	0	0	6	.480
⑪	佐野 忍虎②	（星槎国際湘南）	6	26	21	3	10	0	0	4	12	2	4	1	0	0	7	.476
⑫	崎元 涼介②	（相洋）	7	30	19	12	9	0	1	1	4	4	9	2	0	0	4	.474
⑬	塚田 陸翔③	（横浜）	5	19	17	8	8	0	0	3	5	1	1	1	4	2	1	.471
⑭	小倉 千琳③	（相洋）	7	25	15	7	7	0	0	0	2	1	8	2	1	2	7	.467
⑭	楠田 喬脩③	（平塚学園）	5	19	15	5	7	2	0	2	8	0	2	2	2	0	4	.467
⑭	冨田 進悟③	（横浜）	5	18	15	6	7	1	1	1	6	1	2	1	0	0	2	.467
⑰	鵜沼 魁斗③	（東海大相模）	7	33	28	10	13	2	0	2	8	1	5	0	2	0	6	.464
⑱	安達 斗希②	（平塚学園）	5	16	13	5	6	0	0	1	4	0	1	2	0	1	2	.462
⑲	茂木 陸③	（星槎国際湘南）	6	28	24	9	11	1	1	1	7	1	3	1	4	0	3	.458
⑳	小泉 翼③	（三浦学苑）	6	28	20	5	9	0	1	2	3	0	6	2	9	0	10	.450
㉑	石崎 知紀①	（星槎国際湘南）	6	24	20	5	9	0	1	0	5	2	4	0	1	0	6	.450
㉒	本田 真也③	（相洋）	7	22	18	5	8	0	1	2	9	2	4	0	0	1	6	.444
㉓	大塚 凱心③	（平塚学園）	5	22	16	7	7	2	0	3	6	1	6	0	1	0	5	.438
㉓	堀越 颯太③	（星槎国際湘南）	6	21	16	7	7	1	0	0	10	0	4	1	1	0	4	.438
㉕	磯田 大輔②	（平塚学園）	5	21	14	5	6	0	2	2	4	2	5	2	0	0	5	.429
㉖	馬込 悠③	（桐光学園）	5	22	19	5	8	0	0	3	7	2	2	1	0	0	6	.421
㉗	清水 寛太③	（立花学園）	5	24	17	7	7	1	0	2	3	5	7	0	7	0	5	.412
㉗	度会 隆輝③	（横浜）	5	21	17	4	7	0	0	2	3	0	4	0	3	0	6	.412
㉙	清水 翔太③	（三浦学苑）	6	25	22	5	9	0	0	1	3	1	2	1	0	0	7	.409
㉙	鬼頭 勇気③	（横浜）	5	22	22	5	9	1	0	2	7	2	0	0	4	0	3	.409

【注】対象は規定打席数（試合数×3.1）以上の選手

ベスト8進出校の個人打撃成績では、上位9人が5割以上のハイアベレージ。猛暑に加えてコロナ禍の調整の難しさもあり、「打高投低」の傾向が顕著だった。

優勝した東海大相模は加藤響と茂谷がともに打率5割2分。二塁打6本に加え、優勝を決める一打を放った神里の活躍も見逃せない。プロ注目の強打者が厳しいマークに遭う中、厚い選手層を見せつけた。

相洋は中軸の本田や9番小倉が4割台をマーク。切れ目のない好打線で勝ち上がり、勝負どころでは左の鈴木、右の加藤の両スラッガーに一発が出た。

厚い選手層見せた東海

星槎国際湘南は打率2位の主将浜田を筆頭に、個人30傑に最多タイ6人が名を連ねた。三浦学苑の小泉は8強トップの9盗塁と機動力も光った。最高打率は横浜・庄子の6割6分7厘。平塚学園の山下が3位に入った。

投手陣で光ったのは東海の右腕笠川。決勝以外の6試合に登板して防御率2・82。甲子園交流試合を挟んだ過密日程を乗り切る原動力となった。2年生左腕の石田は2試合無失点。秋以降も活躍が期待される。

相洋のエース本田は8強最多の25回⅓を投げた。準々決勝まで18イニング連続無失点の投球は圧巻だった。三浦学苑は防御率0・47の右腕垣内と準々決勝の横浜戦で好救援した2年上村の活躍が目を引いた。星槎は2年生右腕小林が急成長。2安打完封した準々決勝はベストピッチだった。

桐光学園の左腕安達は防御率0点台、横浜のサウスポー松本も同1・00と、前評判通りの安定感が光った。横浜の右腕木下は投球回数（22回⅔）を上回る26三振を奪った。

（泉　光太郎）

星槎・浜田

東海・加藤響

相洋・本田

桐光・安達

【ベスト８以上の個人投手成績】

順位	選手名・学年	学校名	試合数	完投	完封	投球回	打者数	被安打	奪三振	四死球	失点	自責点	防御率
①	石田 隼都②	（東海大相模）	2	0	0	7⅓	28	3	10	3	0	0	0.00
①	今関晃太郎③	（平塚学園）	2	0	0	6	21	1	5	3	0	0	0.00
③	垣内 清吾③	（三浦学苑）	3	2	2	19⅓	78	18	16	6	6	1	0.47
④	安達 壮汰③	（桐光学園）	4	0	0	19	76	12	15	5	7	2	0.95
⑤	松本隆之介③	（横浜）	3	0	0	9	32	4	15	3	1	1	1.00
⑥	林 祐樹③	（星槎国際湘南）	3	0	0	11⅔	45	8	8	3	2	2	1.54
⑦	坂東 俊太③	（桐光学園）	5	0	0	11	41	6	9	3	2	2	1.64
⑧	吉川 宗吾③	（相洋）	4	0	0	10⅔	41	8	5	6	2	2	1.69
⑨	木下 幹也③	（横浜）	4	1	1	22⅔	91	14	26	6	7	6	2.38
⑨	小川 真憧③	（立花学園）	4	0	0	11⅓	47	7	13	7	3	3	2.38
⑪	武井 朋之③	（立花学園）	3	0	0	15	62	14	6	2	7	4	2.40
⑫	東田 優輝②	（立花学園）	2	0	0	6⅔	27	3	6	2	4	2	2.70
⑬	笠川 洋介③	（東海大相模）	6	0	0	22⅓	88	20	19	4	7	7	2.82
⑭	本田 真也③	（相洋）	5	1	1	25⅓	105	25	17	7	9	8	2.84
⑮	小林 匠②	（星槎国際湘南）	6	1	1	18	69	11	12	3	6	6	3.00
⑯	柳沼 亘③	（平塚学園）	3	2	0	14⅔	61	5	9	13	5	5	3.07
⑰	金城 龍輝②	（東海大相模）	4	0	0	11⅓	45	9	8	2	5	4	3.18
⑱	上村 海斗②	（三浦学苑）	4	1	0	23	98	24	19	9	10	10	3.91
⑲	石井 将吾③	（相洋）	5	0	0	16⅔	69	13	18	4	8	8	4.32
⑳	小田駿太郎③	（平塚学園）	2	0	0	5⅔	28	8	1	3	7	3	4.76
㉑	三浦 舞秋③	（星槎国際湘南）	4	0	0	11	54	9	7	11	8	8	6.55
㉒	長谷川 翔③	（三浦学苑）	2	0	0	8⅔	41	13	5	3	8	8	8.31

【注】対象は規定投球回数（試合数と同回数）以上の投手

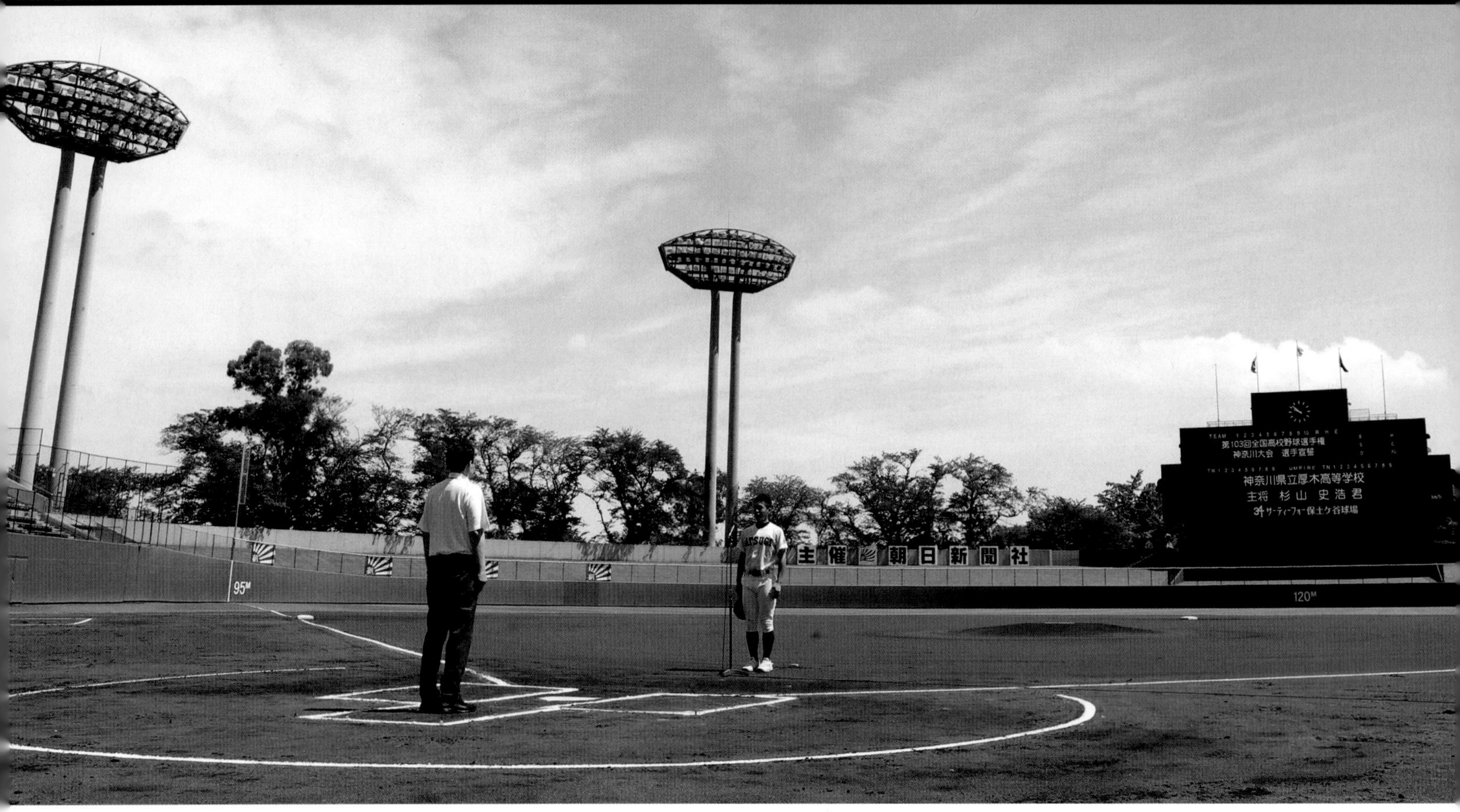

明るい未来の懸け橋に

厚木・杉山主将が選手宣誓

7月10日・サーティーフォー保土ケ谷球場

夏の甲子園を懸けた球児たちの熱戦が２年ぶりに戻ってきた。10日に開幕した全国高校野球選手権神奈川大会。

サーティーフォー保土ケ谷球場（横浜市保土ケ谷区）では出場176校を代表し、厚木高主将の杉山史浩（３年）が「明るい未来に向かう日本中の心の懸け橋となりたい」と選手宣誓した。

「距離は思いやり。球場に来られなくても、声は出せなくても、応援する気持ちは届いています。一投一打に魂を込め、感動と希望を皆さまに与えられるような試合をすることを、今大会に参加する高校球児一同で誓います」

ちょうど２分。澄み切った青空の下、力いっぱいの野太い声がグラウンドに響き渡る。「足が震えるぐらい緊張したけど、自分の思いを言葉にできた。高校野球は熱いんだぞと」。杉山は額に汗をにじませ、はにかんだ。

６月の組み合わせ抽選会で志願し、応募103人の中から大役を射止めた。同学年のチームメートと学校の昼休みの時間を使って意見を出し合い、「しっくりきた」という言葉の一つは「明るい未来」だ。

新型コロナウイルスが猛威を振るった昨春以降、休校や大会中止に直面してきた。それでも「与えられた時間を成長のために使ってきた」と自宅でのトレーニングを怠らなかった。「自分の宣誓から開幕した大会。甲子園という夢に向かって14日の初戦までしっかり練習したい」と杉山。今度は強打の１番打者としてチームの先頭に立つ。

（2021年７月11日付　紙面から）

選手宣誓をする厚木・杉山史浩主将

繋ぐ想い、挑む夏。

お渡ししたいのは、
「くすり」ではなく「健康」です。

田中薬局

横浜・伊勢佐木町で
100余年続く薬局です

〒231-0045
横浜市中区伊勢佐木町6-147
TEL:045-261-3707
FAX:045-252-6477

Smile Partner
リハビリセンター
脳梗塞リハビリテーションセンター神奈川

もっと歩きたい、
もっと動かしたい、
を実現する60日間。

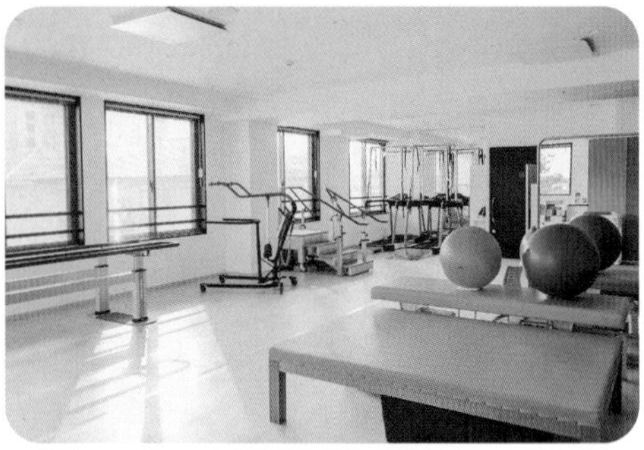

脳梗塞リハビリテーション
脳卒中、脳梗塞、脳出血（脳溢血）など
脳血管障害による後遺症にお悩みの
方のためのリハビリ施設です。
上記以外の症状の方もまずはご相談ください。

＼まずは体験から！／

初回体験プログラム 5,000円
カウンセリング：目標設定についてご説明＋個別リハビリ

3回お試し体験プログラム 25,000円
120分×3回のコース：効果を実感して頂けます！

アロママッサージコース他（Alomahalo）
・リラクゼーションマッサージ
・アロママッサージ
・鍼灸 ［こちらの3つのメニューは リハビリ以外の方も利用可能］

お問い合わせは サウスポート
足柄上郡開成町みなみ5-4-17
☎0465-85-3227
営業時間／8:30〜17:30（定休日：日・月）
ホームページ

練習パートナー完備の
屋内プライベート練習場

1人で来ても大満足な練習が可能です！

ご予約は下記のLINE、お電話、メールにて

TEL 070-8315-7676
E-mail: baseballgym2019@gmail.com

いくつになっても夢を持ち挑戦する
一人ひとりをサポートします

ベースボールジム株式会社

https://www.baseballgym.jp
横浜市泉区上飯田町281
ゆめが丘駅より徒歩8分、下飯田駅より徒歩10分

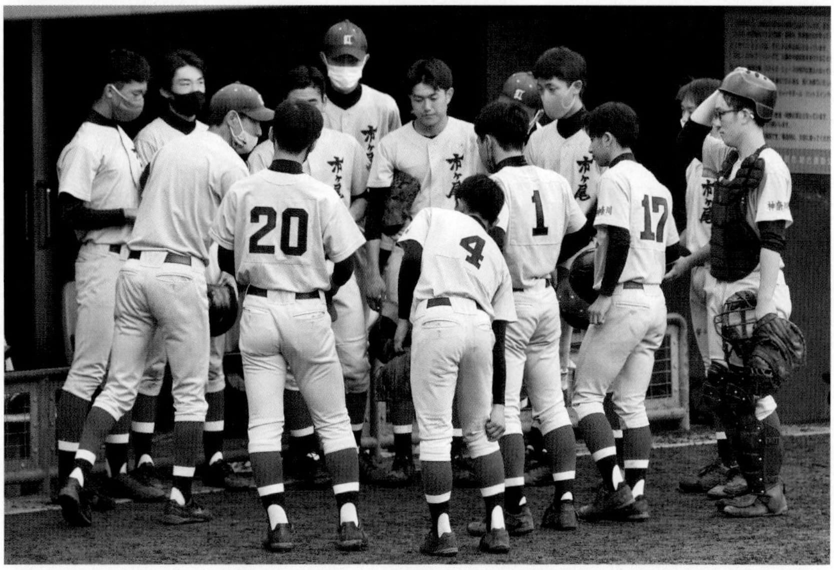

4
Tsurumi
UNIV.

1

14
IKUTA

Hokuryo

瀬

13

KANTO

120

95

私たちが
横浜メディア・ビジネスセンターの
安心・安全・快適を提供しております。

統括・清掃管理　株式会社ハリマビステム

株式会社ハリマビステム

代表取締役社長
鴻　義久

〒220-8116 横浜市西区みなとみらい2-2-1　横浜ランドマークタワー16F
TEL.045-224-3560　FAX.045-224-3561

設備管理　株式会社清光社

SKS
株式会社 清光社

代表取締役社長
鈴木　真

〒231-0023 横浜市中区山下町1　シルクセンター
TEL.045-681-2166　FAX.045-664-5614

警備業務　株式会社ケイ・エス・エス

KSS
KEIHIN SECURITY SERVICE
株式会社 ケイ・エス・エス

代表取締役社長
向井 久雄

〒230-0052 横浜市鶴見区生麦3-5-17 ダイアパレス生麦203
TEL.045-834-9616　FAX.045-834-7278

全国屈指の激戦区 神奈川の 熱き選手たち

全出場189校(176チーム)

生田

県川崎

川崎北

多摩

百合丘

新城・麻生総合・市川崎・幸

菅

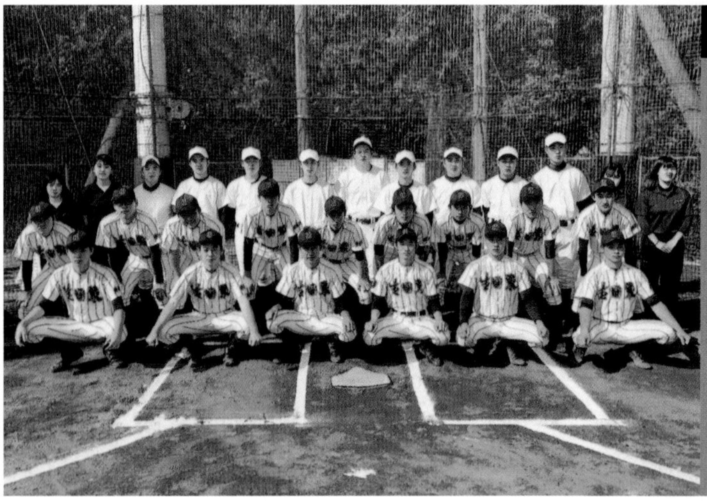

生田東

麻生

住吉

川崎工科

大師

オリーヴ整骨院は
高校球児を応援しています!

平日夜9時まで診療!!
土日も診療しています

体のゆがみを整えてパフォーマンスをアップさせよう!!
是非一度ご相談ください!

オリーヴ整骨院
〒225-0024
横浜市青葉区市ヶ尾町1168
Tel.045-972-0823

▷受付時間　月～金　10:00～13:00／15:00～21:00
　　　　　　土・日　9:00～19:00
▷休 診 日　水曜日・祝日

法政二

向の岡工

桐光学園

橘

希望ケ丘

高津

横浜翠嵐

川崎総合科学

鶴見

横浜緑ケ丘

横浜南陵

横浜立野

港北

横浜平沼

柏陽

川和

霧が丘

瀬谷

金沢総合

市ケ尾

白山

金井

舞岡

旭

新羽

松陽

横浜清陵

横浜栄

田奈・鶴見総合・釜利谷・永谷

横浜氷取沢

子どもからシニアの方まで24時間365日楽しめる、スタジオ付きフィットネスジム！

FITrain24

〒258-0003 松田町松田惣領321-1　●ご入会のお問い合わせは ☎0465-44-4624

FITrain24松田 検索

横浜旭陵・相模向陽館

横浜緑園・横浜明朋

保土ケ谷

荏田

新栄

瀬谷西

元石川

横浜桜陽

城郷

上矢部

県商工

岸根

神奈川工

光陵

突破しよう。
今までの考え方を。
今までのやり方を。
無数の課題が広がる世界、
そのすべてをフィールドに。
未来のずっと先まで、突き抜けよう。

すべてを突破する。
TOPPA!!!
TOPPAN

凸版印刷株式会社 https://www.toppan.co.jp/brand/

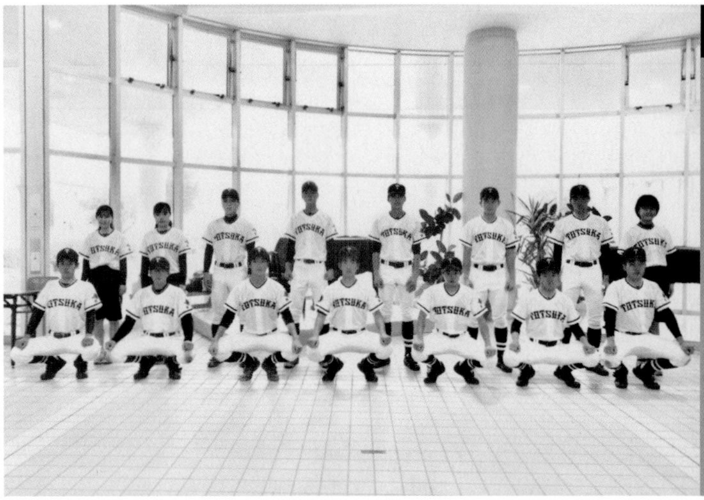

戸塚

磯子工

東

金沢

横浜サイエンスフロンティア

南

横浜商

桜丘

慶応

浅野

関東学院

武相

関東六浦

横浜商大

頑張れ高校球児！！私たちは高校野球を応援しています。

地域の皆様と共に

建設、リノベーション、注文住宅、建物管理、介護等

笑顔の暮らしの創造企業

KUDO

工藤建設株式会社

相談役 工藤次郎
代表取締役 工藤英司

〒225-0003 横浜市青葉区新石川4-33-10
代表電話 045-911-5300
http://www.kudo.co.jp/

山手学院

日大

横浜隼人

桐蔭学園

森村学園

横浜

神奈川大付

横浜創学館

鶴見大付

秀英

横浜翠陵

サレジオ

中大付横浜

横浜学園

茅ケ崎

橘学苑

鶴嶺

茅ケ崎北陵

寒川

鎌倉

藤沢総合・平塚農商

湘南

藤沢清流

藤沢西

湘南台

茅ケ崎西浜

深沢

大船

藤沢工科

七里ガ浜

がんばる球児たちの味方です!

Wizちがさき駅前整骨院
Wizちがさき鍼灸マッサージ院

☎0467-84-0133 茅ケ崎市幸町3－5－104
(JR茅ケ崎駅南口徒歩2分)

Wizちがさき駅前整骨院 検索

鎌倉学園

藤嶺藤沢

湘南工大付

藤沢翔陵

慶応藤沢

日大藤沢

アレセイア

湘南学園

津久井浜

県横須賀

逗葉

追浜

横須賀南

逗子

LOZENSTAR SINCE1971
バリカンなら高品質・低価格のロゼンスターへ。
ロゼンスターJPN株式会社は今年で創業50周年を迎える電気バリカンメーカーです。
野球部員の必勝アイテム！
水洗いで清潔
プロ仕様のカット能力
手軽な乾電池式
RE-460
充電交流式バリカン
RE-531F
水洗い充電交流式バリカン
PR-969
デジタル充電交流式バリカン
CB-211
電池式バリカン
Smile in Beauty 50th Anniversary
おかげさまで50周年。
ロゼンスターJPN株式会社はこれからも、みなさまの生活に寄り添った商品をお届けしてまいります。
●商品に関するお問合せ
ロゼンスターJPN株式会社
〒210-0012
神奈川県川崎市川崎区宮前町11-4
TEL：044-245-9121
メール：info@lozenstar.co.jp
HP:https://www.lozenstar.co.jp/

逗子開成

横須賀大津

三浦学苑

海洋科学

横須賀学院

県横須賀工

湘南学院

横須賀総合

相原

厚木

県相模原

秦野

大和

津久井・橋本

栄和産業

上溝南

座間

伊志田

麻溝台

綾瀬

城山

大和南

上鶴間

相模原総合

厚木北

秦野総合

海老名

大和東

相模原弥栄

座間総合

厚木清南・愛川・中央農

上溝

厚木東

厚木西

伊勢原

大和西

綾瀬西

秦野曽屋

有馬

向上

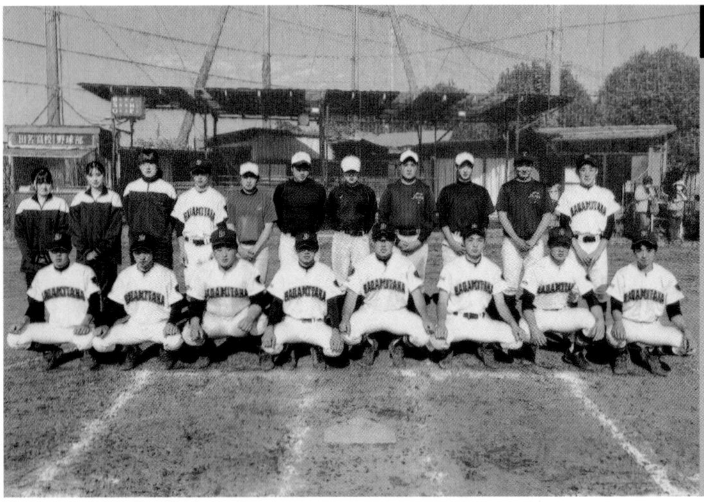

相模田名

光明相模原

相模原中等

麻布大付

東海大相模

小田原 県西地区唯一、店内スペースで
トレーニングが出来るベースボールショップ！

独立系グラブに強い野球専門店。
グラブ職人による、グラブの販売、型付け、修理がメイン。
その他、野球用品の販売や当店にて刺繍の加工も行います。

野球専門
個別貸し出し
トレーニング
ジムあります。

野球専門店だから出来たトレーニングジム
プロを目指す方の為のプログラムも充実！
トレーナー指導や個人での利用も可能な時間貸しジム。

〒250-0875 神奈川県小田原市南鴨宮 3-23-2

ベースボールプロショップ イトウスポーツ

☎ 0465-48-2074

山北

柏木学園

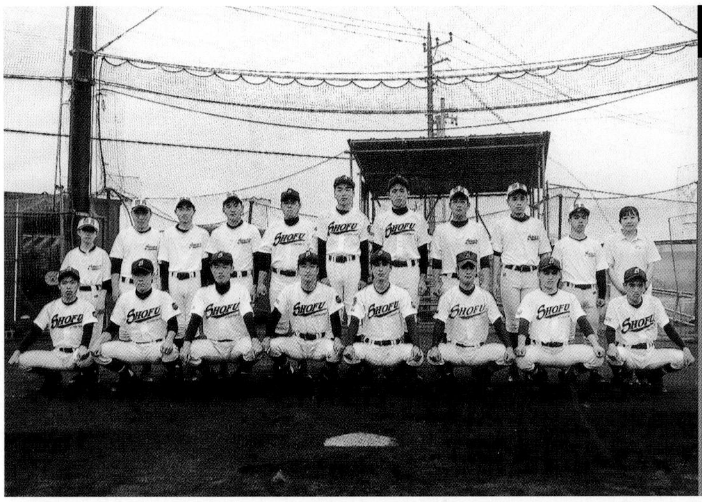

平塚湘風

大磯

二宮

小田原

野球肩・野球ヒジ・脊柱分離症の治療で好評！

スポーツ障害に強い整体院です

開成カイロプラクティックSIOは

高校球児を応援します！

院長の
塩山です

今すぐお電話！

0120-40-4970

神奈川県足柄上郡開成町吉田島3757-2-B　小田急線開成駅 徒歩1分

アクシスパワーマスタリーメソッド
Axis Power Mastery Method
中心軸から体を変える、全く新しい身体能力向上メソッド

「最高のパフォーマンス」を引き出す
施術も行っています

高浜

足柄

平塚江南

西湘

平塚工科

大井・吉田島

高校野球 見るなら
ケーブルテレビ

湘南ケーブルネットワーク

SCN
SHONAN CABLE NETWORK

0120 FreeDial 0120-12-1302 www.scn-net.ne.jp

小田原城北工

平塚学園

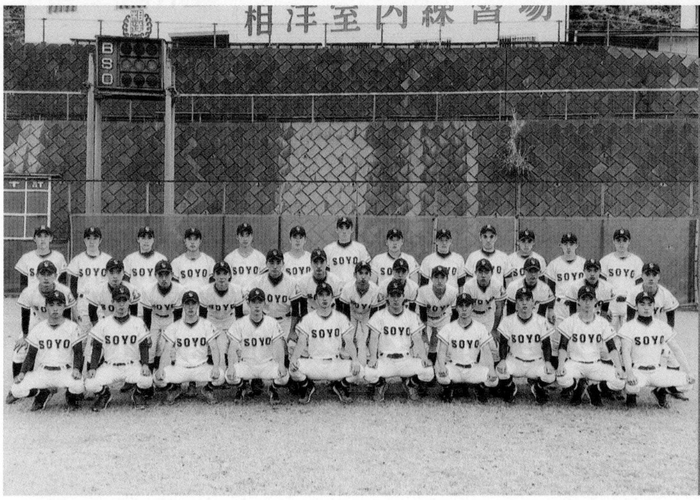

相洋

旭丘

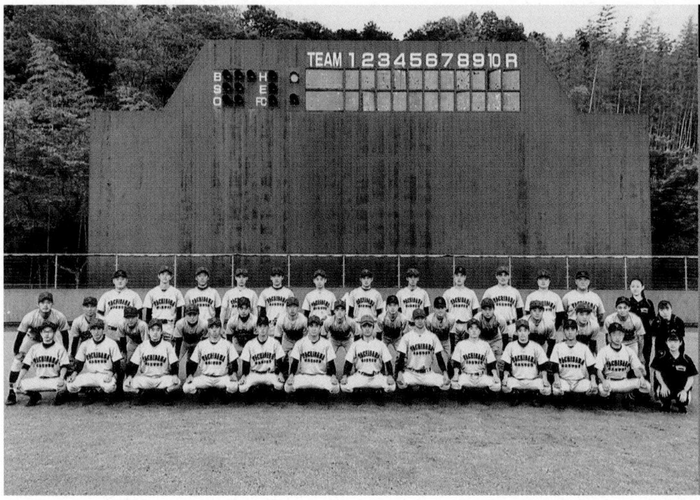

立花学園

星槎国際湘南

学校法人 明徳学園

相洋高等学校

https://www.soyo.ac.jp TEL:0465(22)0211 FAX:0465(24)0196

「繋ぐ想い、挑む夏。」

横浜隼人高

加藤珠海さん

グランプリを受賞した横浜隼人高の加藤さん　＝同高

夏の甲子園キャッチフレーズで

県勢初グランプリ

神奈川高校野球 K 2021

キャッチフレーズは「繋《つな》ぐ想《おも》い、挑む夏。」―。今夏開催される第103回全国高校野球選手権大会の「キャッチフレーズコンクール」のグランプリに、横浜隼人高の加藤珠海さん（2年）の作品が選ばれた。県内高校からの選出は初という。

応募作品は全国の高校から1万512点集まった。「こんなに応募された中での受賞は光栄。『つなぐ』という言葉は一番最初に考えていた」と加藤さん。1993年の第75回大会から実施するコンクールで激戦を勝ち抜き、県勢初のグランプリに驚きを隠せない。

2009年夏に創部初の甲子園出場した同高では、特進クラスに通う2年生。母・亜子さんと相談しながら友人の選手に話を聞いたり、同高野球部のドキュメンタリー番組を見たりして、言葉を紡いできたという。

受賞作品は大会ポスターやパンフレットなどで使用される。加藤さんは「昨年の先輩たちの思いをつないで精いっぱいプレーしてほしい」と球児にエール送った。

（泉　光太郎、写真も）

（2月19日付紙面から）

HI-GOLD

Go for it

http://hi-gold.jp/

株式会社 ハイゴールド　大阪本社 大阪市浪速区元町3-13-10　TEL.06-6632-4884 / 関東支社 神奈川県大和市中央林間西3-2-27　TEL.046-274-1001

HI-GOLD TOKYO BASE　東京都千代田区神田神保町1-42-12　TEL.03-6811-7030

お客様のニーズをカタチにします

BUNKADO Printing Co.,Ltd.

文化堂印刷株式会社

〒250-0002 神奈川県小田原市寿町1丁目10番20号　TEL:0465-34-9206(代)　www.bunkado.jp

文化堂印刷は、企画・撮影・デザインを行うクリエイティブワークから、折込チラシを中心とした大量印刷や作品の再現性を極限まで追求する美術印刷など多種多様な印刷、さらに印刷後、抜き等の加工や中とじ製本アッセンブリ・発送までを社内で一貫して行える総合印刷会社です。

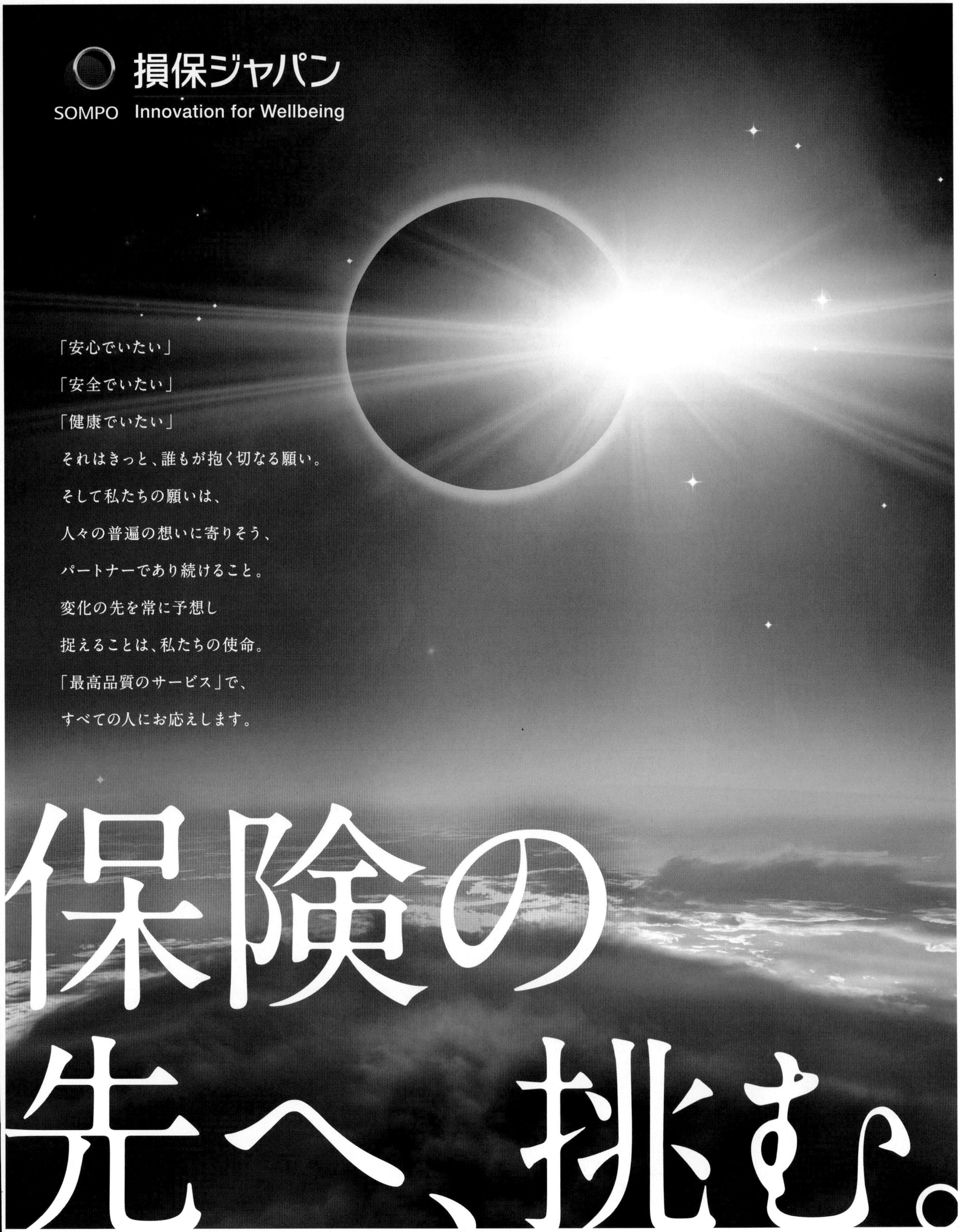

損害保険ジャパン株式会社　〒160-8338 東京都新宿区西新宿1-26-1　https://www.sompo-japan.co.jp/

高校野球神奈川グラフ2021
読者アンケート ご協力のお願い

高校野球神奈川グラフ2021をお買い上げいただき、誠にありがとうございます。
今後の誌面作成の参考にさせていただくため、アンケートへのご協力をお願いいたします。
アンケートにお答えいただいた方、下記クイズにお答えいただいた正解者の方の中から
抽選で1名様に、株式会社ハイゴールドご提供の**硬式用グラブをプレゼント**いたします。
官製はがきに右下の応募券を貼り、住所・氏名・年齢を明記し、**アンケート**と**クイズ**の答えをご記入の上ご応募ください。

応募締め切り　2021年9月6日(月)

応募先　〒231-8445 横浜市中区太田町2-23 神奈川新聞社「高校野球神奈川グラフ2021」宛

硬式用グラブをプレゼント
HI-GOLD　抽選で1名様
※株式会社ハイゴールド

- 硬式用
- 投手用(右投手用)
- カラー／ファイヤーオレンジ

※プレゼント当選者の発表は、商品の発送をもってかえさせていただきます。プレゼント商品の返品は一切受けつけません。
※ご応募いただいた方の個人情報につきましては、プレゼントの抽選、発送にのみ利用させていただき、発送後すべての個人情報を消去させていただきます。

アンケート

A… 高校野球神奈川グラフ2021をお求めになった場所は？

B… 高校野球神奈川グラフを毎年購入されていますか？

C… 今年の神奈川県大会で印象に残る試合をお書きください。

クイズ

Q1 1975年の決勝戦は保土ケ谷球場で開催されましたが、優勝は東海大相模、では準優勝校は？

① 桐蔭学園　② 向上　③ 日大藤沢　④ 横浜商

Q2 1978年、1年生エースとして活躍した横浜の愛甲投手がノーヒット・ノーランを達成した試合は？

① 対鶴見工戦　② 対横浜商戦　③ 対桐蔭学園戦　④ 対柏陽戦

Q3 1990年と2004年の2大会で準優勝した高校は？

① 桐光学園　② 神奈川工　③ 向上　④ 横浜

Q4 東海大相模・門馬監督が主将として準優勝した年は？

① 1988年　② 1992年　③ 1987年　④ 1981年

ハガキのウラ面の書き方

住所
氏名
年齢
A…
B…　アンケート
C…
Q1
Q2　クイズの答え
Q3
Q4

高校野球神奈川グラフ プレゼント応募券

高校野球神奈川グラフ プレゼント応募券

キリトリ線

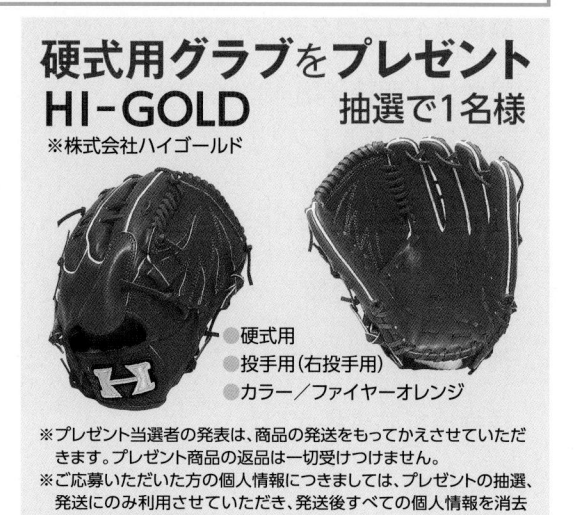

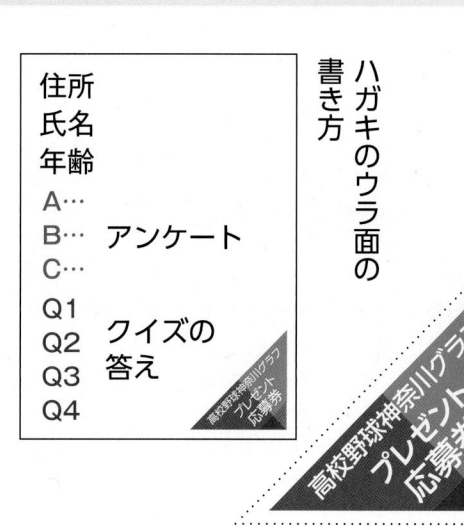

広告索引

ADVERTISEMENT INDEX

カメラマン：田中諭、遠山洋一、番場一浩、萩原昭紀、長尾亜紀、中原義史、金子悟、
知念駿太、石井啓祐、倉内成久、花輪久、立石祐志
編集：神奈川新聞社統合編集局運動部
神奈川新聞社統合編集局映像編集部
神奈川新聞社デジタルビジネス局アーカイブ担当
神奈川新聞社出版メディア部